全国导游资格考试统编教材

QUANGUO DAOYOU ZIGE KAOSHI TONGBIAN JIAOCAI

U0605629

政策与法律法规

ZHENGCE YU FALÜ FAGUI

（第四版）

全国导游资格考试统编教材专家编写组 编

中国旅游出版社

第四版说明

　　全国统一的导游资格考试制度自 2016 年开始施行以来，至今已是第四年。2019 年，文化和旅游部再次组织相关专家对 2018 版考试大纲进行了修订并于 6 月公布。

　　作为文化和旅游部直属的唯一旅游专业出版机构，中国旅游出版社组织业内权威专家编写出版的这套全国导游资格考试统编教材，在过去的三年里，成为国内首屈一指的导游类专业教材，在业界获得了良好的口碑。

　　为适应新考试大纲要求，满足广大考生应考的需要，中国旅游出版社及时组织业内权威专家认真学习与研讨了 2019 年考试大纲及其变化，对 2019 年全国统考版《政策与法律法规》《导游业务》《全国导游基础知识》《地方导游基础知识》四本教材进行了修订。此次统考教材的修订，是以文化和旅游部相关文件精神和最新考试大纲要求为指引，特别注重强化文旅融合的内容，既吸取了前几版全国导游资格考试统编教材内容和编写风格的精华，又体现出了以下特点：其一，教材完全遵从新大纲要求，内容覆盖全部考点，且重点突出，有全国示范意义，经得起业界实践检验；其二，在强调理论与实践相结合、内容与时俱进的基础上，更加注重实用性和业务可操作性；其三，编写风格在保持简洁、通俗的基础上，更强调易学、易记，便于考生学习和掌握，方便应考。

　　同时，我们还修订了与这四本教材相配套的《全国导游资格统一考试模拟习题集（2019版）》，完全遵循新考纲关于题型和分值比例的新变化，为考生开阔思维、掌握难点、突出重点、练习备考提供服务。此外，我们还新上线了"中国旅游出版社导游考试官方在线题库"，方便考生利用碎片化的时间，随时随地练习，检验复习效果。

我们衷心希望这套重新改版的统编教材，不仅能够切实满足广大考生应考的需求，同时还能够为我国导游人员业务和能力等综合素质的提升、为我国旅游业的发展尽一份绵薄之力。

中国旅游出版社
2019 年 7 月

中国旅游出版社
导游考试官方在线题库

目　录

第一篇 依法治国篇

第一章
全面推进法治中国建设

本章导读 ▶▶▶

【本章概述】 本章内容主要包括：依法治国的科学含义和历史沿革；全面推进依法治国的重大意义、指导思想、总目标和基本原则；全面推进依法治国的五大法治体系和六项重大任务。

【学习要求】 了解《中共中央关于全面推进依法治国若干重大问题的决定》所提出的全面依法治国的重大意义、指导思想和总目标；熟悉全面依法治国的"五大体系、六大任务"。

第一节 概 述

一、依法治国的科学含义和历史沿革

1. 依法治国的科学含义

（1）依法治国的基本含义。党的十五大阐述了依法治国的定义：依法治国，就是广大人民群众在党的领导下，依照宪法和法律规定，通过各种途径和形式管理国家事务，管理经济文化事业，管理社会事务，保证国家各项工作都依法进行，逐步实现社会主义民主的制度化、法律化，使这种制度和法律不因领导人的改变而改变，不因领导人看法和注意力的改变而改变。报告

进一步指出，依法治国把坚持党的领导、发扬人民民主和严格依法办事统一起来，从制度和法律上保证党的基本路线和基本方针的贯彻实施，保证党始终发挥总揽全局、协调各方的领导核心作用。

（2）法制与法治。党的十五大报告对我国法制建设问题做出精辟论述，其中一个重要贡献就是将过去通常讲的"法制国家"改为"法治国家"，"法治国家"与邓小平同志的"要法治不要人治"的精神更一致。①"法制"与"法治"虽仅一字之差，但内涵与外延是有区别的。一是法制是法律制度的简称，属于制度范畴；法治则是法律统治的简称，是一种治国的原则和方法，相对于"人治"而言。二是法制的产生和发展与国家直接相联，在任何国家都存在法制；法治的产生和发展却不与所有国家直接相联系，只有在民主制国家才存在法治。三是法制的基本要求是各项工作法律化、制度化，并做到有法可依、有法必依、执法必严、违法必究；法治的基本要求是严格依法办事，法律在各种社会调整措施中具有至高无上的权威。四是实行法制的主要标志，是一个国家从立法、执法、司法、守法到法律监督等方面，都有比较完备的法律和制度可供遵循；而实行法治的主要标志，是一个国家的任何机关、团体和个人，都严格遵守法律和依法办事。总之，法制是实现法治的前提和基础条件，实行法治必须具有完备的法制；法治是法制的立足点和归宿，法制的发展前途必然是最终实现法治。

（3）依法治国与依宪治国。党的十八届四中全会指出，坚持依法治国首先要坚持依宪治国，坚持依法执政首先要坚持依宪执政。这就从根本上确立了宪法作为党和国家治国理政的最高依据，确立了宪法在全面依法治国中的根本法地位和至上权威，体现了宪法优先实施这一现代法治国家的根本要求。科学理解和准确把握这一重大论断的深刻内涵和基本要求，坚持依宪治国、依宪执政，对于维护宪法的崇高权威和尊严，维护国家法制的统一，确保全面依法治国在宪法规范下有序推进具有重大意义。

2. 依法治国方略的历史沿革

改革开放以来，为实行依法治国、建设社会主义法治国家，我们党团结带领人民进行了艰辛探索。

---

① 姜明安. 法治国家［M］. 北京：社会科学文献出版社，2015：36.

1978年，党的十一届三中全会在总结我国民主法治建设正反两方面经验的基础上，提出了发展社会主义民主、健全社会主义法制的战略方针，确立了"有法可依、有法必依、执法必严、违法必究"的社会主义法制的十六字建设方针。

1997年，党的十五大报告首次提出"依法治国，建设社会主义法治国家"的战略目标，强调依法治国是党领导人民治理国家的基本方略，是发展社会主义市场经济的客观需要，是社会文明进步的重要标志，是国家长治久安的重要保障。

2002年，党的十六大提出，发展社会主义民主政治，最根本的是要把坚持党的领导、人民当家做主和依法治国有机统一起来，确立了"推行依法行政"的战略任务。2004年，党的十六届四中全会提出"科学执政、民主执政、依法执政"，并在2007年党的十七大时写入《中国共产党章程》。

2007年，党的十七大提出，依法治国是社会主义民主政治的基本要求，强调要全面落实依法治国基本方略，加快建设社会主义法治国家。

2012年，党的十八大提出全面推进依法治国的要求，提出推进"科学立法、严格执法、公正司法、全民守法"的新法治十六字方针和法治建设总体布局，提出"坚持法律面前人人平等，保证有法必依、执法必严、违法必究"的工作要求，强调要更加注重发挥法治在国家治理和社会管理中的重要作用。2013年，党的十八届三中全会决定将"推进法治中国建设"确立为全面深化改革的重要内容。面向未来，全面建成小康社会对依法治国提出了更高的要求。2014年，党的十八届四中全会提出了"建设中国特色社会主义法治体系，建设社会主义法治国家"的总目标，并形成全面推进依法治国系统的总体方案。

2017年，党的十九大把坚持全面依法治国确立为新时代坚持和发展中国特色社会主义基本方略的重要内容，对深化依法治国实践做出全面部署，为建设社会主义法治国家提供了科学指导。会议指出，全面依法治国是国家治理的一场深刻革命，必须坚持厉行法治，推进科学立法、严格执法、公正司法、全民守法，并决定成立中央全面依法治国领导小组，加强对法治中国建设的统一领导。2018年，党的十九届二中全会审议通过了《中共中央关于修改宪法部分内容的建议》，全会认为党高度重视宪法在治国理政中的重要地位和作用，明确坚持依法治国首先要坚持依宪治国，坚持依法执政首先要坚持依宪执政，把实施宪法摆在全面依法治国的突出位置。

以党的十八大和十八届三中、四中全会、党的十九大及十九届二中全会为标志，当代中国法治建设进入了一个新的时代，充分展示了当代中国共产党人的全局视野和战略眼光，反映了我们党对共产党执政规律、社会主义建设规律和人类社会发展规律的高度认识，丰富和发展了新时代中国特色社会主义理论体系。

二、全面推进依法治国的重大意义

2014年10月20日，党的十八届四中全会在北京召开，这是中国共产党第一次专题研究依法治国问题的中央全会。会议审议通过的《中共中央关于全面推进依法治国若干重大问题的决定》（以下简称《决定》），在深刻总结社会主义法治建设历史经验的基础上，对全面推进依法治国做出了新论断、新部署，这是当代中国法治建设史上的重要里程碑，具有重大的现实意义和深远的历史意义。

1. 是贯彻"四个全面"战略布局坚强有力的法治保障

2015年2月2日，在省部级主要领导干部"学习贯彻党的十八届四中全会精神，全面推进依法治国专题研讨班"开班式上的讲话中，习近平总书记提出了全面建成小康社会、全面深化改革、全面依法治国、全面从严治党的战略布局。在"四个全面"的重大战略布局中，全面建成小康社会是战略目标，全面深化改革、全面依法治国、全面从严治党是三大战略举措。在协调推进"四个全面"战略布局的进程中，全面依法治国具有举足轻重的基础性、保障性作用，正如习近平总书记强调的，"从这个战略布局看，做好全面依法治国各项工作意义十分重大。没有全面依法治国，我们就治不好国、理不好政，我们的战略布局就会落空。要把全面依法治国放在'四个全面'的战略布局中来把握，深刻认识全面依法治国同其他三个'全面'的关系，努力做到'四个全面'相辅相成、相互促进、相得益彰"[①]。由此看出，全面依法治国是一个内涵丰富、意蕴深刻的重大命题，是党治国理政的一个重

---

① 中共中央文献研究室. 习近平关于全面依法治国论述摘编［M］. 北京：中央文献出版社，2015：15.

大战略思想，也是"四个全面"战略布局这个大系统中的一个子系统，是坚持和发展中国特色社会主义的本质要求和重要的法治保障。

2. 是实现国家治理体系和治理能力现代化的必然要求

党的十八届三中全会把完善和发展中国特色社会主义制度、推进国家治理体系和治理能力现代化作为全面深化改革的总目标，并且提出了建设法治中国的历史性任务。习近平总书记指出："推进国家治理体系和治理能力现代化，当然要高度重视法治问题，采取有力措施全面推进依法治国，建设社会主义法治国家，建设法治中国。"① 因此，全面推进依法治国对于实现国家治理现代化具有至关重要的作用。

在当代中国，法治发展与国家治理现代化之间具有密切的关系。一方面，国家治理现代化构成了法治发展的总目标。以现代法治精神为基本依托的国家治理现代化，是一个从人治型的国家治理体系向法治型的国家治理体系的历史创造性的转变过程。另一方面，法治发展是国家治理现代化的前提条件。只有在法治成为国家治理体系的基础的情况下，才能建构现代国家治理体系，实现国家治理现代化。② 通过法律的制定与实施，将国家治理现代化的基本要求、体制机制、程序方法转化为国家治理主体的实际行动，这是全面推进依法治国、加快建设社会主义法治国家的必然要求，也是实现国家治理体系与治理能力现代化的时代抉择。

3. 是确保党和国家长治久安的根本要求

在中国这样一个地域辽阔、人口庞大、民族众多、国情复杂的发展中的社会主义大国，中国共产党要跳出"历史周期律"，实现长期执政，确保人民幸福安康、党和国家长治久安，就必须坚定不移地厉行法治，全面推进依法治国。全面推进依法治国不仅有助于改革和完善党的领导方式和执政方式、防止党内腐败问题的滋生和蔓延、巩固党的执政地位，而且也是维护社会和谐稳定、实现党和国家长治久安的根本保障。基于对中国近代以来历史的深刻把握，当代中国共产党人以高度的历史主动性，充分认识到法治在国家现代化进程中的重要作用，在做出全面深化改革的重大决策基础上，立足

---

① 中共中央文献研究室. 习近平关于全面依法治国论述摘编 [M]. 北京：中央文献出版社，2015：3.

② 公丕祥. 全面依法治国 [M]. 南京：江苏人民出版社，2015：13～14.

全局和长远来统筹谋划，着眼于实现中华民族伟大复兴中国梦、实现党和国家长治久安的长远考虑，对全面推进依法治国提出顶层设计方案，做出重大战略部署，形成了更加完善的全面依法治国的基本思路、更加清晰的全面依法治国的总体目标、更加明确的全面依法治国的重点任务，从而展现出一幅全面推进依法治国、建设法治中国的路线图。

三、全面推进依法治国的指导思想

全面推进依法治国，是一项开创性的伟大事业，必须坚持正确的指导思想，沿着正确的道路稳步前进。《决定》指出，全面推进依法治国，必须贯彻落实党的十八大和十八届三中全会精神，高举中国特色社会主义伟大旗帜，以马克思列宁主义、毛泽东思想、邓小平理论、"三个代表"重要思想、科学发展观为指导，深入贯彻习近平总书记系列重要讲话精神，坚持党的领导、人民当家做主、依法治国有机统一，坚定不移走中国特色社会主义法治道路，坚决维护宪法法律权威，依法维护人民权益、维护社会公平正义、维护国家安全稳定，为实现"两个一百年"奋斗目标、实现中华民族伟大复兴的中国梦提供有力的法治保障。

1.把中国特色社会主义理论体系作为长期坚持的行动指南

党的十八大报告指出，中国特色社会主义理论体系，就是包括邓小平理论、"三个代表"重要思想、科学发展观在内的科学理论体系，是对马克思列宁主义、毛泽东思想的坚持和发展。中国特色社会主义理论体系是全党全国各族人民团结奋斗的共同思想基础，是中国发展进步、实现中华民族伟大复兴的强大思想武器。党的十八大以来，习近平多次就"全面依法治国"发表重要论述，深刻阐明了全面推进法治中国建设的基本遵循和价值追求，进一步指明了社会主义法治国家建设的方向和道路，为社会主义法治国家建设提供了强大的理论武器和实践指南。因此，马克思列宁主义、毛泽东思想、邓小平理论、"三个代表"重要思想、科学发展观及习近平总书记系列重要讲话精神，是全面推进依法治国进程中应当长期坚持的行动指南。

2.把坚持党的领导、人民当家做主、依法治国有机统一作为唯一的正确路径

在党的领导、人民当家做主、依法治国的有机统一体中，党的领导是核

心，是人民当家做主和依法治国的根本政治保证；人民当家做主，是社会主义民主政治的本质要求和基本目标，这是由社会主义制度的本质属性决定的；依法治国是党领导人民治理国家的基本方略，事关我们党执政兴国、人民幸福安康、党和国家长治久安。同时，党的领导、人民当家做主和依法治国之间具有内在的统一性，三者的有机统一决定着社会主义民主法治乃至中国特色社会主义伟大事业的兴衰成败，直接关系着我们党、国家和人民的前途命运。因此，坚持党的领导、人民当家做主、依法治国有机统一是坚定不移走中国特色社会主义法治道路的根本要求，也是全面推进依法治国的唯一的正确路径。

3.把"四个维护"作为永远的价值追求

坚决维护宪法法律权威，依法维护人民利益、维护社会公平正义、维护国家安全稳定，是全面推进依法治国永远的价值追求。宪法和法律是执政党的主张、国家主权意志、人民共同意志的集中体现，是通过科学民主立法程序形成的普遍行为规范，因此全面推进依法治国必须维护宪法的最高权威，把宪法作为保证党和国家兴旺发达和长治久安的根本法。依法维护人民利益、维护社会公平正义、维护国家安全稳定，是社会文明进步的显著标识，也是加强社会主义法治、建设文明强国、实现中国梦的基本要求。

4.把实现中华民族伟大复兴的中国梦作为崇高使命和奋斗目标

党的十八大报告明确提出建设社会主义市场经济、社会主义民主政治、社会主义先进文化、社会主义和谐社会、社会主义生态文明"五位一体"的总体布局，这是全面建成小康社会、实现中华民族伟大复兴的中国梦的必由之路，也是全面推进依法治国的崇高使命和奋斗目标。文明国家的崛起和制度的成熟定型，从未离开过法治能力的彰显。因此，全面推进依法治国需要用法律制度和法治机制为社会主义经济建设、政治建设、文化建设、社会建设、生态文明建设提供重要的法治支撑和保障，使法治贯穿于改革发展稳定的全过程，覆盖国家治理和社会管理各个领域，充分发挥社会主义制度的最大优势，使中国梦更具有吸引力与凝聚力。①

---

① 吴军.依法治国新常态［M］.北京：人民日报出版社，2015：15.

第二节　全面推进依法治国的总目标

一、总目标

在当代中国，法治发展是一个庞大且复杂的社会系统工程，它的推进与实施有其确定的内在发展目标。《决定》指出，"全面推进依法治国，总目标是建设中国特色社会主义法治体系，建设社会主义法治国家。这就是在中国共产党领导下，坚持中国特色社会主义制度，贯彻中国特色社会主义法治理论，形成完备的法律规范体系、高效的法治实施体系、严密的法治监督体系、有力的法治保障体系、完善的党内法规体系，坚持依法治国、依法执政、依法行政共同推进，坚持法治国家、法治政府、法治社会一体建设，实现科学立法、严格执法、公正司法、全民守法，促进国家治理体系和治理能力现代化。"因此，党的十八届四中全会把"建设中国特色社会主义法治体系，建设社会主义法治国家"明确为全面推进依法治国的总目标，并在此基础上向全党全国人民发出号召——"向着建设法治中国不断前进"，"为建设法治中国而奋斗！"习近平总书记进一步指出："这是贯穿《决定》全篇的一条主线，既明确了全面推进依法治国的性质和方向，又突出了全面推进依法治国的工作重点和总抓手，对全面推进依法治国具有纲举目张的意义。"[①]

1.中国特色社会主义法治道路的核心要义

全面推进依法治国，必须切实解决好制度模式和管理形式的选择问题。一个国家选择什么样的法治道路，建设什么样的法治体系，是由这个国家的国体政体、历史传承、文化传统、经济社会发展水平决定的，是由这个国家的人民决定的。改革开放以来，我国法治建设的成功实践清晰地证明，我们已经找到了一条符合中国国情、顺应时代潮流发展的具有中国特色的社会主义法治道路。全面推进依法治国，必须坚持党的领导，坚持中国特色社会主义制度，贯彻中国特色社会主义法治理论，这三方面便是中国特色社会主义法治道路的核心要义。这一核心要义的提出，彰显了我们党的道路自信、理论自信和制度自

---

① 习近平. 加快建设社会主义法治国家 [J]. 求是，2015（1）.

信，指明了全面推进依法治国的正确方向，是党领导全国人民全面推进依法治国方略、建设社会主义法治国家的根本遵循，必须牢牢把握，始终坚持。

2. 全面推进依法治国的总抓手

习近平总书记在做《决定》的说明时指出："全面推进依法治国涉及很多方面，在实际工作中必须有一个总揽全局、牵引各方的总抓手，这个总抓手就是建设中国特色社会主义法治体系。依法治国的各项工作都要围绕这个总抓手来谋划、来推进。"把建设中国特色社会主义法治体系、建设社会主义法治国家确立为全面推进依法治国的总目标，进而把建设中国特色社会主义法治体系视为全面依法治国的总抓手，这深刻反映了党的治国理政思想的重大创新，表明当代中国共产党人对中国法治发展规律的认识水平达到了一个全新的理论高度，意义重大而深远。

3. 全面推进依法治国的工作布局

建设社会主义法治国家，必须将"一个共同推进"和"一个一体建设"有机结合起来，在"共同推进"上着力，在"一体建设"上用劲，更加重视法治建设的全面、整体、协调发展，更加重视调动各方面的主动性和积极性。

（1）坚持依法治国、依法执政、依法行政共同推进。依法治国、依法执政、依法行政是一个内在统一的有机整体，三者具有内涵的统一性、目标的一致性、成效的相关性，其中依法执政处于关键的支配性地位，三者必须彼此协调、共同推进、形成合力。依法治国是党领导人民治理国家的基本方略，依法治国的主体是人民。党领导人民依据法律有效治理国家，实施依法治国的基本方略，必然要求党要改革和完善自身的领导方式和执政方式，坚持依法执政，把党的意志上升为国家意志，在法治化的轨道上实现对国家的领导。这既是依法治国的内在要义，是依法治国的根本保证，也是依法行政的基础和基本条件，标志着党的执政方式和领导方式的重大创新。因此，依法治国必须着眼全局、全面部署，努力确保依法执政、依法行政与之齐头并进，这是中国特色社会主义法治建设与发展的必然抉择。

（2）坚持法治国家、法治政府、法治社会一体建设。法治国家、法治政府、法治社会这三者相互联系、相辅相成、内在统一，构成了一个有机整体。它们是法治建设的三大支柱，缺少任何一个支柱，全面推进依法治国的总目标就无法实现。法治国家是法治建设的目标，它必然是民主的国家、依法而治的国家，是法治政府、法治社会的基本前提和决定性因素。法治政府是法治国家的有机组成部分，是严格按照法定权限和程序行使权力、履行职责的政府，能否建成法治政府决定着法治国家建设的成败。法治社会是法治国家和法治政府的基础，是一个信仰法治、依法治理的社会。因此，在全面推进依法治国的进程中，必须将法治国家、法治政府、法治社会建设同步规划、同步实施、一体建设。

二、基本原则

《决定》指出，要实现全面推进依法治国的总目标，就必须要全面贯彻和坚持五项基本原则，即坚持中国共产党的领导、坚持人民主体地位、坚持法律面前人人平等、坚持依法治国和以德治国相结合、坚持从中国实际出发。这五项基本原则是一个有机整体，其主体内容与精神实质是紧密联系、相互贯通、相互促进、相辅相成的，其中中国共产党的领导是政治保证，人民是主体和力量源泉，法律面前人人平等是价值追求，依法治国和以德治国相结合是精神支撑，从中国实际出发是实践基础。[①]

1.坚持中国共产党的领导

党的领导和社会主义法治具有内在的一致性，是有机统一和共生共存的。坚持和实现党对全面依法治国的领导，这既是我国社会主义法治建设的一条基本经验，也是社会主义法治建设的根本要求。一方面，社会主义法治必须坚持党的领导，党的领导既是中国特色社会主义最本质的特征，也是社会主义法治最根本的保证。另一方面，党的领导必须依靠社会主义法治，依法治国是实现党的领导的基本途径。

2.坚持人民主体地位

人民是社会主义国家和社会的主人，也是依法治国的主体。人民当家做主是依法治国的前提和目标，而人民当家做主最根本的政治制度就是人民代表大会制度。从总体上看，坚持人民主体地位就必须坚持法治建设，为了人民、依靠人民、造福人民、保护人民，充分发挥人民的主体作用，以保障人民根本权益为出发点和落脚点，保证人民依法享有广泛的权利和自由，承担

---

① 公丕祥. 全面依法治国［M］. 南京：江苏人民出版社，2015：67.

应尽的义务，维护社会公平正义，促进共同富裕。

3. 坚持法律面前人人平等

平等是社会主义法律的基本属性，也是社会主义法治的基本要求。坚持法律面前人人平等，要求法律对所有社会成员一视同仁，任何组织和个人都必须遵守宪法和法律，都必须在宪法和法律范围内活动，都必须依照宪法和法律行使权力或权利、履行职责或义务，不得享有超越宪法和法律的特权，任何在社会中处于弱势的公民都应当受到公平对待，不得受到歧视。因此，坚持法律面前人人平等的原则，有助于维护国家法制统一，切实保护宪法和法律的有效实施。

4. 坚持依法治国和以德治国相结合

道德是法律的精神内涵，法律是道德的制度底线，国家和社会治理需要法律和道德共同发挥作用。在全面推进依法治国的进程中，必须一手抓法治，一手抓德治，既重视发挥法律的规范作用，以法治体现道德观念，强化法律对道德建设的促进作用，又重视发挥道德的教化作用，以道德滋养法治精神，强化道德对法治文化的支撑作用，从而实现法律和道德相辅相成、法治和德治相得益彰，不断提高国家治理体系和治理能力的现代化水平。

5. 坚持从中国实际出发

全面推进依法治国，加快建设法治中国，基本的立足点是坚持从中国实际出发。中国特色社会主义道路、理论体系、制度是全面推进依法治国的根本遵循，统一于中国特色社会主义建设的伟大实践之中。全面推进依法治国，必须从我国国情和实际出发，突出中国特色、实践特色、时代特色，坚持在中国特色社会主义道路、在中国特色社会主义理论体系的指引下、在中国特色社会主义制度框架内厉行法治，走中国特色社会主义法治道路，建设社会主义法治国家。

第三节 全面推进依法治国的五大法治体系

一、完备的法律规范体系

完备的法律规范体系，是建设中国特色社会主义法治体系的前提。2011

年 3 月 10 日，时任全国人大常委会委员长的吴邦国在十一届全国人大四次会议上宣布中国特色社会主义法律体系已经形成，这标志着当代中国法治建设的重大进展。国家和社会生活各方面总体上实现了有法可依，但是法律体系的形成并不等于法律体系的完备。法律体系是法治体系的逻辑起点，在法律体系形成后，还要完善、发展，它的高级形态就是达到完备状态。^① 我国现行的法律体系和制度构建与中国特色社会主义法治体系的要求还有一定的差距，形成完备的法律规范体系仍然有许多工作要做，正如《决定》指出的，有的法律法规未能全面反映客观规律和人民意愿，针对性、可操作性不强，立法工作部门化倾向、争权诿责现象较为突出。党的十九大报告指出，深化依法治国实践要求推进科学立法、民主立法、依法立法，以良法促进发展、保障善治。因此，只有健全立法体制，深入推进科学立法、民主立法，加强重点领域立法，才能为建设中国特色社会主义法治体系夯实稳固的基础。

为此，需要着力解决三个问题：

（1）健全立法体制。为发挥立法的引领和推动作用，提高立法质量，党的十八届四中全会、党的十九大都对健全我国立法体制提出了新的要求。一是健全人大主导立法工作的体制机制，发挥人大及其常委会在立法工作中的主导作用，健全人大组织制度和工作制度，支持和保证人大依法行使立法权。二是加强政府立法制度建设，完善行政法规和规章的制定权限和程序，建立和完善政府法制机构。三是明确立法权力边界，从制度上防范部门利益和地方保护主义法律化。四是加强人大对立法工作的协调。立法争议较大时，需要决策机关委托专家或者社会其他机构进行第三方评估，在充分协调和沟通的基础上，及时做出决定。五是加强法律的解释工作，保障法律的有效实施。六是进一步明确地方立法权限和范围，确保中央方针政策和国家法律、行政法规在本地区的有效实施。

（2）强化立法的科学性和民主性。立法质量直接关系到法治的质量，而提高立法的科学性和民主性是提高立法质量的根本途径。立法的科学性是指要尊重和体现社会发展的客观规律、尊重和体现法律所调整的社会关系的客观规律以及法律体系的内在规律；立法的民主性是指立法要为了人民、依

---

① 公丕祥. 全面依法治国［M］. 南京：江苏人民出版社，2015：110～111.

靠人民，使法律真正反映广大人民的共同意愿、充分保障广大人民的各项权利和根本利益。要实现科学立法、民主立法的基本要求，就必须健全立法起草、论证、协调、审议机制，立法机关和社会公众沟通机制，完善法律草案表决程序。

（3）进一步加强重点领域立法。加强重点领域立法要求必须紧紧围绕新时代中国特色社会主义经济建设、政治建设、文化建设、社会建设和生态文明建设，开展重点领域立法工作，把发展改革决策同立法决策更好地结合起来。

二、高效的法治实施体系

习近平总书记指出，"法律的生命力在于实施，法律的权威也在于实施。法令行则国治，法令弛则国乱。"尽管当代中国法治实施工作已经取得了明显成效，但是在现实生活中，有法不依、执法不严、违法不究的现象还比较严重，执法体系权责脱节、多头执法、选择性执法现象仍然存在，执法司法不规范、不严格、不透明、不文明现象较为突出，所以必须采取有效措施，保证法律的公正有效实施，加快形成高效的法治实施体系，从而推动建设中国特色社会主义法治体系的时代进程。

为此，需要着力解决四个问题：

（1）加强宪法实施。宪法的生命在于实施，宪法的权威也在于实施，而健全宪法实施和监督是形成高效法治实施体系的首要任务。习近平总书记指出："宪法是国家的根本法。法治权威能不能树立起来，首先要看宪法有没有权威。必须把宣传和树立宪法权威作为全面推进依法治国的重大事项抓紧抓好，切实在宪法实施和监督上下功夫。"

（2）坚持严格执法。这是形成高效的法治实施体系的重要内容，坚持严格规范公正文明执法，是全面推进依法治国的基本要求，是维护社会公平正义的重大举措，是提升执法公信力的重要途径。

（3）保证公正司法。在法治实施体系中，司法的作用非常重要，司法是维护社会公平正义的最后一道防线，为此必须确保司法机关公正行使职权。

（4）推进全民守法。全民守法在法治实施体系中具有基础性的意义。法

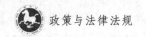

律的权威源自人民的内心拥护和真诚信仰，人民权益要靠法律保障，法律权威要靠人民维护。

三、严密的法治监督体系

习近平总书记强调："要加强对权力运行的制约和监督，把权力关进制度的笼子里。"这就要求以约束公权力为重点，努力形成科学有效的权力运行制约和监督体系。监督体系由党内监督、人大监督、民主监督、行政监督、司法监督、审计监督、社会监督、舆论监督等方面构成。其中，最为关键的是行政监督和司法监督。在全面推进依法治国的时代条件下，加快形成严密的法治监督体系，对于建设新时代中国特色社会主义法治体系具有重要的意义。

为此，需要着力解决两个问题：

（1）强化对行政权力的制约和监督。在现代社会，行政权力作为国家权力的重要组成部分，能否做到严格、规范、公正地行使，对于实现国家的公共管理职能至关重要。习近平总书记指出："权力不论大小，只要不受制约和监督，都可能被滥用。要强化制约，合理分解权力，科学配置权力，不同性质的权力由不同部门、单位、个人行使，形成科学的权力结构和运行机制。"

（2）加强对司法活动的监督。在全面推进依法治国的时代进程中，坚持公正司法，是实现司法功能、维护社会公正的基本要求。习近平总书记指出："如果人民群众通过司法程序不能保证自己的合法权利，那司法就没有公信力，人民群众也不会相信司法。法律本来应该具有定纷止争的功能，司法审判本来应该具有终局性的作用，如果司法不公、人心不服，这些功能就难以实现。"因此，为了维护和促进司法公正，就必须切实加强对司法活动的监督，这是形成严密的法治监督体系的重要内容。

四、有力的法治保障体系

有力的法治保障体系是建设中国特色社会主义法治体系的必要条件，是推进法治中国建设的必然要求，是宪法、法律得以贯彻实施的重要手段。建设新时代中国特色社会主义法治体系是一项庞大和复杂的系统工程，如果缺乏有力的法治保障体系，是难以持久的，而形成有力的法治保障体系，关键是要做好制度保障、组织和人才保障、物质和技术保障。

为此，需要着力解决三个问题：

（1）制度保障。坚持中国特色社会主义制度，是新时代中国特色社会主义法治体系的制度保障。中国特色社会主义制度从根基上保障了社会主义法治体系的建设，更是法治保障体系内容构成的核心所在。当然，中国特色社会主义制度还需要不断完善。习近平总书记指出："要坚持以实践基础上的理论创新推动制度创新，坚持和完善现有制度，从实际出发，及时制定一些新的制度，构建系统完备、科学规范、运行有效的制度体系，使各方面制度更加成熟更加定型。"

（2）组织和人才保障。全面推进依法治国，不仅要建设一支高素质的法治专门队伍，而且要大力加强法律服务队伍建设，进一步创新法治人才培养机制，从而为形成有力的法治保障体系奠定扎实的组织和人才基础。

（3）物质和技术保障。物质保障主要是解决立法机关、行政执法机关、司法机关的经费不足问题，从而为加快建设社会主义法治国家打下坚实的物质基础。技术保障是法治有效运转所不可或缺的保障条件，也是实现司法正义的技术基础。在现代执法和司法过程中，案件事实的认定环节往往具有很强的技术依赖性，甚至需要使用一些先进的、复杂的技术鉴定手段，进而做出令人信服的公正裁判。

五、完善的党内法规体系

完善的党内法规体系是建设中国特色社会主义法治体系的根本保障，加强党内法规体系化的建设是推进党的建设、保持党的先进性的重要方式与保障，也是进一步提升党的执政能力的客观要求。党内法规既是管党治党的重要依据，也是建设社会主义法治国家的有力保障。全面推进依法治国，既要求党依据宪法法律治国理政，也要求党依据党内法规管党治党。在建设中国特色社会主义法治体系的时代条件下，必须努力形成国家法律法规和党内法规制度相辅相成、相互促进、相互联系、相互保障的格局。正如习近平总书记所指出的，"要完善党内法规制定体制机制，注重党内法规同国家法律的衔接和协调，构建以党章为根本、若干配套党内法规为支撑的党内法规制度体系，提高党内法规执行力。"

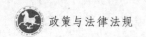

为此，需要着力解决三个问题：

（1）完善以党章为根本、民主集中制为核心的党内法规制度。党内法规制度体系是体现中国国情特点的中国特色社会主义法治体系的独特内容。在全面推进依法治国的新时代，有必要进一步完善党内法规制度体系，着力形成一个以党章为根本，涵盖党内根本制度、基本制度和具体制度的完整系统、配套协调的党内法规制度体系。

（2）推进党内法规同国家法律的衔接和协调。在中国共产党的领导下，党内法规制度建设取得了长足进步。实现党内法规同国家法律的衔接和协调有两个方面的基本要求：一是坚持以党章和宪法为基本遵循。《中国共产党章程》规定，党必须在宪法和法律的范围内活动，同时我国宪法明确规定必须坚持党的领导；二是坚持党纪严于国法。在我国，法律是对全体公民的要求，党内法规制度是对全体党员的要求，而且很多地方比法律的要求更为严格。中国共产党既是中国工人阶级的先锋队，也是中国人民和中华民族的先锋队，因此对党员的要求应该更严。

（3）党的各级组织和党员干部要自觉遵守党的纪律和国家法律。中国共产党是执政党，党的纪律在党内具有规范性和强制性。党的各级组织和广大党员干部必须严格遵守党的纪律，进一步增强遵守党的纪律的自觉性和主动性。不仅如此，党的各级组织和广大党员干部还要模范遵守国家法律。

第四节　全面推进依法治国的六项重大任务

一、完善中国特色社会主义法律体系

《决定》对全面推进依法治国做出重大战略部署，强调"法律是治国之重器，良法是善治之前提"，明确提出建设中国特色社会主义法治体系，必须坚持立法先行，完善以宪法为核心的中国特色社会主义法律体系，这就为我国在依法治国新常态下的立法工作确定了方向和目标，提出了任务和要求。

1. 健全宪法实施和监督制度

党的十八届四中全会指出："坚持依法治国首先要坚持依宪治国，坚持依法执政首先要坚持依宪执政。"宪法作为党和国家治国理政的最高依据，在全面依法治国中具有根本法地位和至上权威。主要包括三个方面：①完善宪法监督制度；②健全宪法解释程序机制；③加强备案审查制度和能力建设。

2. 完善立法体制

完善立法体制是党从中国特色社会主义法律体系已经形成的新的历史起点上提出的一项重要的制度要求，对于加强和改进立法工作、提高立法质量、形成完备的社会主义法律体系、全面推进依法治国具有重大的意义。主要包括四个方面：①加强党对立法工作的领导；②健全人大主导的立法体制机制；③加强和改进政府立法制度建设；④明确立法权力边界。

3. 深入推进科学立法、民主立法

立法质量直接关系和影响到法治质量，完善法律体系必须抓住提高立法质量这个关键，把深入推进科学立法、民主立法作为提高立法质量的根本路径。主要包括两个方面：①加强人大对立法工作的组织协调；②健全立法机关和社会公众沟通机制。

4. 加强重点领域立法

加强重点领域立法就是按照构建系统完备、科学规范、运行有效的制度体系的要求，围绕中国特色社会主义事业"五位一体"总体布局，重点在完善社会主义市场经济体制、加强民主法治建设、促进文化事业发展、保障和改善民生、推进社会治理体制创新、保护生态环境等领域，着力研究和加强立法工作，推动法律体系完善发展。主要包括五个方面：①完善市场经济法律制度；②推进社会主义民主政治法治化；③建立健全文化法律制度；④加强社会建设领域法律制度建设；⑤用严格的法律制度保护生态环境。

二、加快建设法治政府

深入推进依法行政，加快建设法治政府，是全面推进依法治国的中心环节，是党的十八大和十八届三中全会、四中全会提出的明确要求。当前，迫切需要按照推进国家治理体系和治理能力现代化的总体要求，进一步明确法治政府建设的目标、要求和标准，大力推进法治政府建设，确保到2020年基本建成法治政府。

1. 依法全面履行政府职能

依法全面履行政府职能是深入推进依法行政、加快建设法治政府的必然

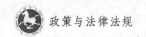

要求。针对当前政府履行职能中存在的突出问题，主要明确四个方面的要求：①完善行政组织和行政程序法律制度；②严格按照法定职责实施行政行为；③推行政府权力清单制度；④推进各级政府事权规范化、法律化。

2. 健全依法决策机制

决策是一种重要的行政权力，行使决策权是否依法合规，事关法治政府建设的方向和目标，事关经济社会可持续发展和人民群众切身利益。主要包括三个方面：①明确重大行政决策的法定程序，即公众参与、专家论证、风险评估、合法性审查和集体讨论决定；②积极推行政府法律顾问制度；③建立重大决策终身责任追究制度及责任倒查机制。

3. 深化行政执法体制改革

行政执法体制是行政执法的载体，也是行政体制的重要组成部分，更是法律法规实施体制的关键环节，它是指由行政执法主体结构、法定执法职权和义务、执法程序和运行机制等构成的有机体系及相关法律制度。主要包括四个方面：①根据不同层级政府事权和职能，合理配置执法力量；②推行综合执法，完善市县两级政府行政执法管理；③严格行政执法主体资格，加强行政执法队伍建设；④健全行政执法和刑事司法衔接机制，坚决制止以罚代刑。

4. 坚持严格规范公正文明执法

法律法规一经颁布，就必须得到严格的遵守和执行，否则形同虚设。行政机关是实施法律法规的重要主体，担负着严格执法的重要职责，因此要准确把握、严格规范公正文明执法的基本要求，大力推进法治政府建设。主要包括三个方面：①依法惩处各类违法行为，完善执法程序；②建立健全行政裁量权基准制度；③全面落实行政执法责任制。

5. 强化对行政权力的制约和监督

通过加强党内监督、人大监督、民主监督、行政监督、司法监督、审计监督、社会监督、舆论监督制度建设，努力形成科学有效的权力运行制约和监督体系，增强监督合力和实效。主要包括两个方面：①加强对政府内部权力的制约，这是强化对行政权力制约的重点；②完善审计制度，保障依法独立行使审计监督权。

6. 全面推行政务公开

全面推进政务公开，是加快行政管理体制改革、建设服务型政府的具体体现。主要包括三个方面：①推进决策公开、执行公开、管理公开、服务公开、结果公开；②推行行政执法公示制度；③推进政务公开信息化。

三、提高司法公信力

司法是法律实施的重要环节，它的基本功能是解决纠纷，这就决定了司法的价值在于实现和维护全社会的公平正义。司法是维护社会公平正义的最后一道防线，司法公正对社会公正具有重要的引领作用。司法是否具有公信力，既是依法治国的必然要求，也是衡量依法治国的重要标准。在当代中国，司法公信力还不高，民众信赖司法的局面还远远没有形成，因此有赖于保证公正司法，提高司法公信力。

1. 完善确保司法机关依法独立公正行使审判权和检察权的制度

人民法院、人民检察院依法独立公正行使审判权和检察权，是宪法确定的原则，突出了人民群众期盼的公平正义，构成依法治国的重要基础。不受行政机关、社会团体和个人的干涉，是依法独立公正行使审判权、检察权的根本前提，也是实现社会公平正义的必然要求。主要包括三个方面：①建立领导干部干预司法活动、插手具体案件处理的记录、通报和责任追究制度；②健全行政机关依法出庭应诉、支持法院受理行政案件、尊重并执行法院生效裁判的制度；③建立健全司法人员履行法定职责保护机制。

2. 优化司法职权配置

作为司法体制改革的核心内容，司法职权的优化配置主要体现在制约和配合两方面，既要充分考虑制约要素，以达到对司法权的制约，实现司法公正；又要合理设置配合要素，使司法权得以顺畅运行，提高司法效率。[①] 主要包括十个方面：①健全公安机关、检察机关、审判机关、司法行政机关相互配合、相互制约的体制机制；②完善司法体制，推动实行审判权和执行权相分离的体制改革试点；③最高人民法院设立巡回法庭，审理跨行政区域重大行政和民事案件；④合理调整行政诉讼案件管辖制度；⑤改革法院案件受理制度，变立案审查制为立案登记制；⑥完善审级制度；⑦完善对行政强制措施实行司法监督制度；⑧探索建立检察机关提起公益诉讼制度；⑨明确

---

① 公丕祥. 全面依法治国［M］. 南京：江苏人民出版社，2015：270.

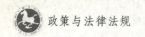

司法机关内部各层级权限，健全内部监督制约机制；⑩加强职务犯罪线索管理，健全受理、分流、查办、信息反馈制度。

3. 推进严格司法

审判是人民法院审理案件、做出裁判的活动，是诉讼的中心环节。充分发挥审判特别是庭审的作用，推进严格司法，是确保案件处理质量和司法公正的重要保障。主要包括五个方面：①健全事实认定符合客观真相、办案结果符合实体公正、办案过程符合程序公正的法律制度；②加强和规范司法解释和案例指导，统一法律适用；③推进以审判为中心的诉讼制度改革；④全面贯彻证据裁判规则；⑤实行办案质量终身负责制和错案责任倒查问责制。

4. 保障人民群众参与司法

我国是人民民主专政的社会主义国家，人民是国家的主人，有权参与各项国家事务的管理，行使国家权力。司法权作为国家权力的重要组成部分，不论是权力的产生，还是权力的运行，都应全面贯彻人民主权的宪法原则。主要包括两个方面：①完善人民陪审员制度，把完善人民陪审员制度作为深入推进司法民主的基本立足点；②构建开放、动态、透明、便民的阳光司法机制，推进审判公开、检务公开、警务公开和狱务公开。

5. 加强人权司法保障

尊重和保障人权，是一个国家法治文明的重要体现，也是我国一项重要的宪法原则。我国《宪法》明确规定"国家尊重和保障人权"，但是宪法不具有直接司法性，宪法原则和制度的落实，需要其他部门法的制度设计和贯彻实施。主要包括七个方面：①强化诉讼过程中当事人和其他诉讼参与人的知情权、陈述权、辩护辩论权、申请权、申诉权的制度保障；②健全落实罪刑法定、疑罪从无、非法证据排除等法律原则的法律制度；③完善对限制人身自由司法措施和侦察手段的司法监督，加强对刑讯逼供和非法取证的源头预防；④切实解决执行难，制定强制执行法；⑤加快建立失信被执行人信用监督、威慑和惩戒法律制度；⑥落实终审和诉讼终结制度；⑦健全国家司法救助制度，完善法律援助制度。

6. 加强对司法活动的监督

司法权承担着判断是非曲直、解决矛盾纠纷、制裁违法犯罪、调节利益关系等重要职责，加强对司法活动的监督就必须健全监督制约的制度机制，让司法权在制度的笼子里运行。主要包括四个方面：①完善检察机关行使监督权的法律制度；②完善人民监督员制度；③依法规范司法人员与当事人、律师、特殊关系人、中介组织的接触、交往行为；④健全司法机关内部监督制约机制。

四、推进法治社会建设

法治社会是与法治国家、法治政府相对应的范畴，是法治在社会领域的拓展和具体体现，是法治演进的逻辑必然。[①] 建设社会主义法治体系必然要将法治国家、法治政府、法治社会一体推进，法治社会建设是中国特色社会主义法治建设中不可或缺的组成部分。在全面推进依法治国的过程中，必须扩展视域，通盘考虑，实现法治国家、法治政府与法治社会的一体建设。

1. 推动全社会树立法治意识

推动全社会树立法治意识，这是法治社会建设的精神保障。建设法治社会，首先需要推动全社会树立法治意识，使人民群众认识到法律既是保障自身权利的有力武器，也是自身必须遵守的行为规范。主要包括四个方面：①深入开展法治宣传教育；②健全普法宣传教育机制；③加强社会诚信建设，健全公民和组织守法信用记录；④增强公民道德建设。

2. 推进多层次多领域依法治理

多层次多领域依法治理就是围绕社会的多方主体开展的新型治理模式，在很大程度上依赖健全的社会自治体系，促使人民团体、社会组织、行业协会等积极参与法治事业的进程。推进多层次多领域依法治理是创新社会治理、推进国家治理体系和治理能力现代化的必然要求。主要包括三个方面：①坚持系统治理、依法治理、综合治理、源头治理，提高社会治理法治化水平；②发挥人民团体和社会组织在法治社会建设中的积极作用；③依法妥善处置涉及民族、宗教等因素的社会问题。

3. 建设完备的法律服务体系

完备的法律服务体系，是全面推进依法治国的必备要素。法律服务主要包括律师、公证、基层法律服务、法律援助等，社会公众对于法律服务的需求会随着依法治国的全面推进和公民法律意识的觉醒而日益增长。主要包括

[①] 公丕祥. 全面依法治国［M］. 南京：江苏人民出版社，2015：281.

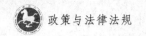

四个方面：①健全公共法律服务体系建设；②完善法律援助制度；③发展律师、公证、涉外等法律服务业；④健全统一司法鉴定管理体制。

4. 健全依法维权和化解纠纷机制

健全依法维权和化解纠纷机制，不仅是法治社会建设的重要内容，而且是有效维护人民群众合法权益的必然要求，也是维护社会和谐稳定的迫切需要。主要包括四个方面：①强化法律在维护群众权益、化解矛盾纠纷中的权威地位；②构建对维护群众利益具有重大作用的制度体系；③健全社会矛盾纠纷预防化解机制；④深入推进社会治安综合治理，健全落实领导责任制。

五、加强法治工作队伍建设

法治工作队伍是全面推进依法治国的中坚力量，是建设法治中国的重要保障。加强法制工作队伍建设，是党的十八届四中全会着眼全面推进依法治国提出的一项重大战略任务，是建设中国特色社会主义法治体系、建设社会主义法治国家的迫切要求。全面推进依法治国，必须大力提高法治工作队伍思想政治素质、业务工作能力、职业道德水准，着力建设一支忠于党、忠于国家、忠于人民、忠于法律的社会主义法治工作队伍，为加快建设社会主义法治国家提供强有力的组织和人才保障。

1. 建设高素质法治专门队伍

我国专门的法治队伍主要包括在人大和政府从事立法工作的人员、在行政机关从事执法工作的人员、在司法机关从事司法工作的人员。建设高素质法治专门队伍，主要包括五个方面措施：①把思想政治建设放在首位；②把善于运用法治思维和法治方式推动工作的人选拔到领导岗位上来；③畅通干部和人才交流渠道；④推进法治专门队伍正规化、专业化、职业化，提高职业素养和专业水平；⑤建立法官、检察官逐级遴选制度。

2. 加强法律服务队伍建设

法律服务队伍包括律师、公证员、基层法律工作者、人民调解员和法律服务志愿者队伍。建设一支完备的法律服务队伍，是全面推进依法治国的必然要求，也是构建完备的法律服务体系的基础工程。主要包括六个方面：①加强律师队伍思想政治建设；②完善律师执业权利保障机制；③严格规范律师执业行为；④加强律师行业党的建设；⑤理顺公职律师、公司律师管理体制机制；⑥发展公证员、基层法律服务工作者、人民调解员队伍，推动法律服务志愿者队伍建设。

3. 创新法治人才培养机制

在当代中国，创新法治人才培养机制，对于培养高素质的法学人才，为全面推进依法治国提供人才保障，具有重要的意义。主要包括两个方面：①基本要求，即加强马克思主义法学思想和中国特色社会主义法治理论教育，加强法学基础理论研究，创新法学教育模式，全面提升法治人才培养质量；②重要保障，即打造一支高素质的法治人才培养专家与教师队伍，健全政法部门和法学院校、法学研究机构人员双向交流机制。

六、加强和改进党对全面推进依法治国的领导

建立中国特色社会主义法治体系，建设社会主义法治国家的根本前提是坚持中国共产党的领导。习近平总书记指出，"党的领导是中国特色社会主义最本质的特征，是社会主义法治最根本的保证。依法治国是我们党提出来的，把依法治国上升为党领导人民治理国家的基本方略也是我们党提出来的，而且党一直带领人民在实践中推进依法治国。"[①] 全面推进依法治国，必须加强和改进党对依法治国的领导，而不是削弱党的领导，因为党的领导和社会主义法治是一致的，社会主义法治必须坚持党的领导，党的领导必须依靠社会主义法治。

1. 坚持依法执政

坚持依法执政，是指党依据宪法和法律，实施对国家和社会的领导。依法执政是依法治国的关键，提高党的依法执政能力、加强和改善党的领导是改革和完善中国共产党的领导方式和执政方式的重要途径。主要包括四个方面：①维护宪法法律权威；②健全党领导依法治国的制度和工作机制；③加强各级党组织在依法治国中的领导和监督作用；④加强党委对政法工作的领导，完善政法委员会的职责。

2. 加强党内法规制度建设

党内法规是政党政治的产物，它既是管党治党的重要依据，也是建设社

① 中共中央文献研究室. 习近平关于全面依法治国论述摘编 [M]. 北京：中央文献出版社，2015：27.

会主义法治国家的有力保障，更是实施依法治国方略的必然要求。中国共产党作为中国唯一的执政党，在领导和推进依法治国的过程中，既要依据宪法法律治国理政，也要依据党内法规管党治党。治国必先治党、治党务必从严。主要包括三个方面：①完善党内法规体系；②严格依照党规党纪管党治党；③依法依纪反对不良风气和行为。

3. 提高党员干部法治思维和依法办事能力

法治思维的根本要义是对权力行使的规制，依法办事是党和政府治国理政的行为方式，衍生于法治思维。党的十八届四中全会决定进一步要求提高党员干部法治思维和依法办事能力，并把法治建设成效作为衡量各级领导班子和领导干部工作实绩的重要内容，纳入政绩考核指标体系。主要包括两个方面：①提高党员干部法治思维，即党员干部要自觉提高运用法治思维和法治方式深化改革、推动发展、化解矛盾、维护稳定的能力；②提升党员干部依法办事能力，即党员干部要带头遵守法律、运用逻辑推理解决问题、依法进行重大决策。

4. 推进基层治理法治化

基层是各类社会活动的主要场域，是全面推进依法治国的基础和重点，离开了基层治理的法治化，就不可能实现国家治理体系和治理能力的现代化，也就不可能实现法治中国建设的伟大目标。主要包括三个方面：①充分发挥基层党组织在全面推进依法治国中的战斗堡垒作用；②加强基层法制机构建设，强化基层法治队伍建设；③建立重心下移、力量下沉的法治工作机制，推进上级法治干部下基层活动。

5. 深入推进依法治军从严治军

改革开放以来，党大力推进依法治国，国家法制与军事法制一体建设，依法治国与依法治军相互促进。法治成为治国理政的基本方式，法治精神深入人心，法治水准不断提高，同时依法治军也确立为军队建设的重要指导方针。主要包括六个方面：①党对军队绝对领导是依法治军的核心和根本要求；②坚持在法治轨道上积极稳妥推进国防和军队改革；③健全适应现代军队建设和作战要求的军事法规制度体系；④完善执法制度，健全执法监督机制；⑤健全军事法制工作体制，建立完善领导机关法制工作机构；⑥提高官兵法治理念和法治素养。

6.依法保障"一国两制"实践和推进祖国统一

我国始终坚持以"一国两制"方针实现祖国的和平统一，坚持依法促进港澳台长期的稳定与繁荣。主要包括三个方面：①依法保障香港、澳门长期稳定繁荣；②坚持"一国两制"的基本方针推进两岸和平统一；③加强内地同香港和澳门、祖国大陆同台湾的执法司法协作，共同打击跨境违法犯罪活动。

7.加强涉外法律工作

涉外法律是中国特色社会主义法律体系中的重要内容，主要包括国际贸易、海外投资和国际争议解决。在依法治国的过程中，我们应当重视加强涉外法律的建设。主要包括四个方面：①完善涉外法律法规体系，促进构建开放型经济新体制；②积极参与国际规则制定，推动依法处理涉外经济、社会事务；③强化涉外法律服务，维护我国公民、法人在海外及外国公民、法人在我国的正当权益；④深化司法领域国际合作，完善我国司法协助体制，扩大国际司法协助覆盖面。

第二章
宪法基本知识

本章导读 ▶▶▶

【本章概述】 本章内容主要包括：宪法的概念和特征；宪法的指导思想、根本任务和基本原则；国家的基本制度；国家机构及组织活动原则；公民的基本权利和基本义务。

【学习要求】 熟悉宪法的序言和总纲，宪法的指导思想、基本原则、基本国策、基本制度和根本任务，国家机构的组成、任期和职权，国旗、国歌、国徽和首都；掌握公民的基本权利和基本义务。

第一节 概　　述

一、宪法概念和特征

1. 宪法的概念

宪法是规定国家根本制度和根本任务，集中表现各种政治力量对比关系、保障公民权利的国家根本法。《中华人民共和国宪法》（以下简称《宪法》）于 1982 年 12 月 4 日由五届全国人大五次会议通过，并根据 1988 年七届全国人大一次会议、1993 年八届全国人大一次会议、1999 年九届全国人大二次会议、2004 年十届全国人大二次会议和 2018 年十三届全国人大一次会议通过的《中华人民共和国宪法修正案》做了必要的修改和补充，从而更加臻于完备。

2. 宪法的特征

（1）在内容上，宪法规定国家生活中最根本、最重要的方面，是治国安邦的总章程。《宪法》规定了国家的根本制度和根本任务、社会制度、国家制度的原则和国家政权的组织以及公民的基本权利、义务等内容，规定了计划生育、男女平等、耕地保护、对外开放、节约资源和保护环境等基本国策，规定了国旗、国歌、国徽和首都。

（2）在效力上，宪法在国家整个法律体系中处于最高地位，具有最高效力；是一切国家机关、武装力量、政党、社会团体以及公民的最高行为准则。《宪法》的"序言"部分规定，本宪法以法律的形式确认了中国各族人民奋斗的成果，规定了国家的根本制度和根本任务，是国家的根本法，具有最高的法律效力。全国各族人民、一切国家机关和武装力量、各政党和各社会团体、各企业事业组织，都必须以宪法为根本的活动准则，并且负有维护宪法尊严、保证宪法实施的职责。《宪法》第5条第3款规定，一切法律、行政法规和地方性法规都不得同宪法相抵触。

（3）在制定和修改程序上，宪法比其他法律更为严格。《宪法》第64条规定，宪法的修改，由全国人民代表大会常委会或1/5以上全国人民代表大会代表提议，并由全国人民代表大会以全体代表的2/3以上的多数通过。法律和其他议案由全国人民代表大会以全体代表的过半数通过。

二、宪法的指导思想和根本任务

《宪法》的"序言"部分规定，我国将长期处于社会主义初级阶段。国家的根本任务是，沿着中国特色社会主义道路，集中力量进行社会主义现代化建设。中国各族人民将继续在中国共产党领导下，在马克思列宁主义、毛泽东思想、邓小平理论、"三个代表"重要思想、科学发展观、习近平新时代中国特色社会主义思想指引下，坚持人民民主专政，坚持社会主义道路，坚持改革开放，不断完善社会主义的各项制度，发展社会主义市场经济，发展社会主义民主，健全社会主义法治，贯彻新发展理念，自力更生，艰苦奋斗，逐步实现工业、农业、国防和科学技术的现代化，推动物质文明、政治文明、精神文明、社会文明、生态文明协调发展，把我国建设成为富强民主文明和谐美丽的社会主义现代化强国，实现中华民族伟大复兴。

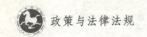

为了增强全社会的宪法意识，弘扬宪法精神，加强宪法实施，全面推进依法治国，第十二届全国人民代表大会常务委员会第十一次会议决定：将12月4日设立为国家"宪法日"。《宪法》第27条第3款规定："国家工作人员就职时应当依照法律规定公开进行宪法宣誓。"

三、宪法的基本原则

1. 人民主权原则

主权是国家的最高权力。人民主权指国家中绝大多数人拥有国家的最高权力，人民是国家的主人。《宪法》第1条第1款明确规定，中华人民共和国是工人阶级领导的、以工农联盟为基础的人民民主专政的社会主义国家。第2条规定，中华人民共和国的一切权力属于人民；人民行使国家权力的机关是全国人民代表大会和地方各级人民代表大会；人民依照法律规定，通过各种途径和形式，管理国家事务，管理经济和文化事业，管理社会事务。《宪法》还规定了选举制度的主要程序，确保人民能够当家做主。

2. 基本人权原则

人权，指人享有的人身自由和各种民主权利。《宪法》第33条第3款规定，国家尊重和保障人权。《宪法》第二章规定了公民的基本权利，体现了对公民的宪法保护。2004年的《宪法修正案》把"国家尊重和保障人权"写入《宪法》后，基本人权原则成为国家基本价值观。基本人权原则体现在《宪法》规定了公民参与国家政治生活的权利和自由、人身自由和宗教信仰自由、社会经济文化方面的权利等基本权利，还要求根据国家社会发展的实际情况，不断为基本权利的实现提供经济、社会与文化保障。

3. 法治原则

《宪法》第5条第1款规定，中华人民共和国实行依法治国，建设社会主义法治国家。在宪法层面上，正式确立了法治原则。依法治国首先是依宪治国，坚持宪法的权威性。第5条第4款规定，一切国家机关和武装力量、各政党和社会团体、各企业事业组织都必须遵守宪法和法律。一切违反宪法和法律的行为，必须予以追究。

4. 权力制约原则

权力制约原则，指国家权力的各个组成部分之间相互监督，彼此制约，从而保障公民权利的实现。

（1）《宪法》规定了人民对国家权力活动进行监督。《宪法》第41条第1款规定，中华人民共和国公民对于任何国家机关和国家工作人员，有提出批评和建议的权利；对于任何国家机关和国家工作人员的违法失职行为，有向有关国家机关提出申诉、控告或者检举的权利，但是不得捏造或者歪曲事实进行诬告陷害。第77条规定，全国人民代表大会代表受原选举单位的监督。原选举单位有权依照法律规定的程序罢免本单位选出的代表。

（2）《宪法》规定了不同国家机关之间、国家机关内部不同的监督形式。《宪法》第3条第3款规定，国家行政机关、监察机关、审判机关、检察机关都由人民代表大会产生，对它负责，受它监督。第140条规定，人民法院、人民检察院和公安机关办理刑事案件，应当分工负责，互相配合，互相制约，以保证准确有效地执行法律。

第二节 国家的基本制度

一、我国的基本政治制度

1. 人民民主专政制度

（1）我国的国家性质。国体即国家性质，是国家的阶级本质，是指社会各阶级在国家生活中的地位和作用。人民民主专政是我国的国体。《宪法》第1条规定，中华人民共和国是工人阶级领导的、以工农联盟为基础的人民民主专政的社会主义国家。社会主义制度是中华人民共和国的根本制度。中国共产党领导是中国特色社会主义最本质的特征。禁止任何组织或者个人破坏社会主义制度。

（2）人民民主专政的性质。人民民主专政，性质上是无产阶级专政，是国家制度的核心；是马克思主义国家理论同中国社会的实际相结合的产物，它比无产阶级专政的提法更符合我国革命和政权建设的历史和现实状况。民主与专政辩证统一、紧密相连、相辅相成、缺一不可。工人阶级掌握国家政权，成为领导力量是人民民主专政的根本标识；工农联盟是人民民主专政的阶级基础，表现了国体的民主性和广泛性；强调了对人民实行民主和对敌人

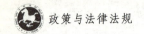

实行专政的统一。

（3）我国人民民主专政的主要特色。

①中国共产党领导的多党合作和政治协商制度。《宪法》的"序言"部分规定，中国共产党领导的多党合作和政治协商制度将长期存在和发展。中国共产党领导的多党合作和政治协商制度是中华人民共和国的一项基本的政治制度，是具有中国特色的政党制度，这种政党制度是由中国人民民主专政的国家性质所决定的。

基本内容包括：一是中国共产党是执政党，各民主党派是参政党；中国共产党和各民主党派是亲密战友，其执政的实质是代表工人阶级及广大人民掌握人民民主专政的国家政权。民主党派具有法律规定的参政权，其参政的基本特点是：参加国家政权，参与国家大政方针和国家领导人人选的协商，参与国家事务的管理，参加国家方针、政策、法律、法规的制定和执行。二是中国共产党与各民主党派合作的首要前提和根本保证是坚持中国共产党的领导和坚持四项基本原则。三是中国共产党与各民主党派合作的基本方针是"长期共存、互相监督、肝胆相照、荣辱与共"。

②爱国统一战线。爱国统一战线是人民民主专政的重要保障，是由中国共产党领导的，由各民主党派和各人民团体参加的政治联盟。《宪法》的"序言"部分规定，社会主义的建设事业必须依靠工人、农民和知识分子，团结一切可以团结的力量。在长期的革命、建设、改革过程中，已经结成由中国共产党领导的，有各民主党派和各人民团体参加的，包括全体社会主义劳动者、社会主义事业的建设者、拥护社会主义的爱国者、拥护祖国统一和致力于中华民族伟大复兴的爱国者的广泛的爱国统一战线，这个统一战线将继续巩固和发展。

爱国统一战线的组织形式是中国人民政治协商会议，简称"政协"。从本质上讲，政协不是国家机关，但它与我国国家机关的活动有着密切的联系。政协是我国政治生活中发展社会主义民主和实现各党派之间互相监督的重要形式，是实现中国共产党领导的多党合作和政治协商制度的重要机构；是我国政治生活中发扬人民民主、联系人民群众的一种重要形式，具有广泛的社会基础，是在我国的政治体制当中具有十分重要的地位和影响的政治性组织。政协围绕团结和民主两大主题履行政治协商、民主监督和参政议政的职能。

（4）我国的国旗、国歌、国徽和首都。

①国旗。《宪法》第 141 条第 1 款规定，中华人民共和国国旗是五星红旗。旗面为红色，长方形，左上方缀黄色五角星五颗，四颗小星环拱在一颗大星的右面。旗面红色，象征革命；星呈黄色，表示中华民族为黄色人种。国旗中的大五角星代表中国共产党，四颗小五角星分别代表工人、农民、小资产阶级和民族资产阶级四个阶级。旗上的五颗五角星互相连缀、疏密相间，其相互关系象征着中国共产党领导下的革命人民大团结；四颗小五角星各有一角正对着大星的中心点，表示围绕着一个中心而团结，表现了人民对党的向心之意。

国旗是国家的象征和标识，我们应当自觉维护国旗尊严，正确升挂和使用国旗，形成全社会尊重和爱护国旗的良好氛围。我国《国旗法》第 19 条规定，在公共场合故意以焚烧、损毁、涂划、玷污、践踏等方式侮辱中华人民共和国国旗的，依法追究刑事责任；情节较轻的，由公安机关处以 15 日以下拘留。

②国歌。《宪法》第 141 条第 2 款规定，中华人民共和国国歌是《义勇军进行曲》。《义勇军进行曲》由田汉作词、聂耳作曲，诞生于抗击日本帝国主义侵略的战争年代；歌曲内容是号召人民奋起抵抗入侵者，歌曲雄壮激烈，催人奋进，1949 年 9 月成为代国歌。1982 年 12 月 4 日，第五届全国人民代表大会第五次会议通过关于中华人民共和国国歌的决议，恢复田汉作词、聂耳作曲的《义勇军进行曲》为中华人民共和国国歌。2004 年 3 月 14 日第十届全国人民代表大会第二次会议正式将《义勇军进行曲》作为国歌写入《中华人民共和国宪法》。

③国徽。《宪法》第 142 条规定，中华人民共和国国徽，中间是五星照耀下的天安门，周围是谷穗和齿轮。国徽是代表国家的徽章、纹章，为国家象征之一，也是民族的象征。只有特定的国家重要文件方能加盖国徽的大印，正式生效。我国国徽图案中的齿轮和谷穗象征工人阶级领导下的工农联盟，天安门表现中国人民自五四运动以来进行民主主义革命斗争的胜利，同时又标志着人民民主专政的中华人民共和国的诞生，形象地体现了我国各族人民的革命传统和民族精神。五星代表中国共产党领导下的中国人民的大团结。国徽在颜色上用正红色和金色互为衬托对比，体现了中华民族特有的吉

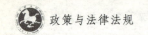

寿喜庆的民族色彩和传统，既庄严又富丽。

我国《国徽法》第 13 条规定，在公共场合故意以焚烧、毁损、涂划、玷污、践踏等方式侮辱中华人民共和国国徽的，依法追究刑事责任；情节较轻的，由公安机关处以 15 日以下拘留。

④首都。《宪法》第 143 条规定，中华人民共和国首都是北京。

2. 人民代表大会制度

人民代表大会制度是我国的政权组织形式，指按照民主集中制原则，由选民直接或间接选举代表组成人民代表大会作为国家权力机关，统一管理国家事务的政治制度。《宪法》第 2 条第 2 款规定，人民行使国家权力的机关是全国人民代表大会和地方各级人民代表大会。这表明，人民代表大会制度是我国的根本政治制度，是我国的政体，是人民当家做主的重要途径和最高实现形式，是社会主义政治文明的重要制度载体。

3. 选举制度

（1）选举制度的含义。选举制度，是一国统治阶级通过法律规定的关于选举国家代表机关的代表和国家公职人员的原则、程序与方法等各项制度的总称，它包括选举的基本原则、选举权利的确定、组织选举的程序和方法，以及选民和代表之间的关系。

（2）选举制度的基本原则。

①普遍性原则。《宪法》第 34 条规定，中华人民共和国年满 18 周岁的公民，不分民族、种族、性别、职业、家庭出身、宗教信仰、教育程度、财产状况、居住期限，都有选举权和被选举权；但是依照法律被剥夺政治权利的人除外。

②平等性原则。依据《宪法》所制定的《中华人民共和国选举法》（以下简称《选举法》），详细规定了各级人大代表的选举要求，体现了人人平等、地区平等和民族平等的原则。①

③直接选举和间接选举并用原则。直接选举指国家代表机关的代表或其他公职人员由选民直接投票选出；间接选举指先由选民选出代表或选举人，再由代表或选举人选出上一级代表或国家公职人员。根据土地辽阔、人口众

---

① 见《中华人民共和国选举法》第 14、16、17、18、19、20 条规定。

多、交通不便、经济文化发展水平还比较低等国情，我国采取直接选举和间接选举并用的选举制度。《宪法》第 97 条第 1 款规定，省、直辖市、设区的市的人民代表大会代表由下一级的人民代表大会选举；县、不设区的市、市辖区、乡、民族乡、镇的人民代表大会代表由选民直接选举。

④秘密投票原则，又称无记名投票。秘密投票有利于选民更真实地表达自己的意愿。《选举法》第 38 条规定，全国和地方各级人民代表大会代表的选举，一律采用无记名投票的方法。选举时应当设有秘密写票处。选民如果是文盲或者因残疾不能写选票的，可以委托他信任的人代写。

4. 地方自治制度

（1）民族区域自治制度，指在我国范围内，在中央政府的统一领导下，以少数民族聚居区为基础，建立相应的自治地方，设立自治机关，行使宪法和法律授予的自治权的政治制度。该制度是我国为解决民族问题、处理民族关系、实现民族平等、团结各民族共同繁荣而建立的。《宪法》第 4 条第 3 款规定，各少数民族聚居的地方实行区域自治，设立自治机关，行使自治权。各民族自治地方都是中华人民共和国不可分离的部分。

（2）特别行政区制度。

①特别行政区制度，指在我国行政区域内，依据我国宪法和法律的规定而设立的具有特殊法律地位、实行特别社会政治经济制度的行政区域，并规定特区政府对所辖区域依法享有高度自治权的制度。《宪法》第 31 条规定，国家在必要时得设立特别行政区。在特别行政区内实行的制度按照具体情况由全国人民代表大会以法律规定。特别行政区是"一国两制"的具体实践，为了以和平的方式来解决历史遗留下来的香港、澳门问题而设立的特殊地方行政区域。特别行政区的建立构成了我国单一制国家结构形式的一大特色，是马克思主义国家学说在我国具体情况下的创造性运用。

②特别行政区的自治权限。全国人民代表大会授权香港特别行政区依照《中华人民共和国香港特别行政区基本法》（以下简称《基本法》）的规定实行高度自治，享有行政管理权、立法权、独立的司法权和终审权。

③中央对特别行政区行使的权限。特别行政区享有高度的自治权，直接由中央人民政府管辖，是一个主权国家内中央与地方的关系，核心是中央与特区权力的划分和行使。对特区直接行使权力的机关有全国人大、全国人

大常委会和中央人民政府。全国人大决定特区设立及其制度；制定和修改特区基本法。全国人大常委会负责增减《基本法》附件3中的全国性法律；监督立法会制定的法律；解释基本法；决定特区紧急状态。中央人民政府负责特区相关的外交事务、防务；任免特区政府行政长官、主要官员、澳门检察长；特殊情况下发布命令在特区实施全国性法律。

（3）基层群众自治制度。

①基层群众自治制度，指人民依法组成基层自治组织，行使民主权利，管理基层公共事务和公益事业，实行自我管理、自我服务、自我教育、自我监督的制度。该制度是在中华人民共和国成立后的民主实践中逐步形成的。

②基层群众性自治组织，指依照有关法律规定，以城乡居民（村民）一定的居住地为纽带和范围设立，并由居民（村民）选举产生的成员组成的，实行自我管理、自我教育、自我服务的社会组织。《宪法》第111条规定，城市和农村按居民居住地区设立的居民委员会或者村民委员会是基层群众性自治组织。

二、国家的基本经济制度

1.社会主义初级阶段的基本经济制度

1993年《宪法修正案》第7条（《宪法》第15条第1款）明确规定："国家实行社会主义市场经济"；1999年《宪法修正案》第12条（《宪法》"序言"部分）又将"发展社会主义市场经济"作为一项重要的国家任务。社会主义市场经济，既包含了市场经济的共性，又包含了中国特色的个性，是具有中国特色的社会主义市场经济体制。《宪法》第6条第2款规定，国家在社会主义初级阶段，坚持公有制为主体、多种所有制经济共同发展的基本经济制度。

2.社会主义经济制度的组成部分

（1）社会主义公有制是我国经济制度的基础。社会主义公有制经济，也称社会主义所有制经济，是社会主义社会全体劳动人民或部分劳动群众共同占有生产资料和劳动成果的所有制经济形式。《宪法》第6条第1款规定，中华人民共和国的社会主义经济制度的基础是生产资料的社会主义公有制，即全民所有制和劳动群众集体所有制。社会主义公有制消灭人剥削人的制度，实行各尽所能、按劳分配的原则。社会主义公有制是社会主义社会区别于其他社会形态的最主要的标志之一，它消除了生产的社会性和生产资料私人占有之间的矛盾，是社会主义经济制度的基础，它决定劳动者在生产中的互助合作关系和按劳分配关系。

（2）非公有制经济是市场经济的重要组成部分。《宪法》第11条规定，在法律规定范围内的个体经济、私营经济等非公有制经济，是社会主义市场经济的重要组成部分。国家保护个体经济、私营经济等非公有制经济的合法的权利和利益，并对非公有制经济依法实行监督和管理。非公有制经济是我国现阶段除了公有制经济形式以外的所有经济结构形式的总称，包括劳动者个体经济、私营经济、外资经济。个体经济，是由劳动者个人或家庭占有生产资料，从事个体劳动和经营的所有制形式，它是以劳动者自己劳动为基础，劳动成果直接归劳动者所有和支配。私营经济，是以生产资料私有和雇佣劳动为基础，以取得利润为目的的所有制形式。外资经济，是我国发展对外经济关系，吸引外资建立起来的所有制形式，它包括中外合资经营企业、中外合作经营企业的境外资本部分和外商独资企业。

三、国家的基本文化制度

1. 国家发展教育事业

《宪法》第19条规定，国家发展社会主义的教育事业，提高全国人民的科学文化水平。国家举办各种学校，普及初等义务教育，发展中等教育、职业教育和高等教育，并且发展学前教育。国家发展各种教育设施，扫除文盲，对工人、农民、国家工作人员和其他劳动者进行政治、文化、科学、技术、业务的教育，鼓励自学成才。国家鼓励集体经济组织、国家企业事业组织和其他社会力量依照法律规定举办各种教育事业。国家推广全国通用的普通话。

2. 国家发展科学事业

《宪法》第20条规定，国家发展自然科学和社会科学事业，普及科学和技术知识，奖励科学研究成果和技术发明创造。

3. 国家发展文学艺术及其他文化事业

《宪法》第22条规定，国家发展为人民服务、为社会主义服务的文学艺术事业、新闻广播电视事业、出版发行事业、图书馆博物馆文化馆和其他文化事业，开展群众性的文化活动。国家保护名胜古迹、珍贵文物和其他重要

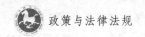

历史文化遗产。

《宪法》第21条第2款规定，国家发展体育事业，开展群众性的体育活动，增强人民体质。

4. 国家开展公民道德教育

《宪法》第24条规定，国家通过普及理想教育、道德教育、文化教育、纪律和法制教育，通过在城乡不同范围的群众中制定和执行各种守则、公约，加强社会主义精神文明的建设。国家倡导社会主义核心价值观，提倡爱祖国、爱人民、爱劳动、爱科学、爱社会主义的公德，在人民中进行爱国主义、集体主义和国际主义、共产主义的教育，进行辩证唯物主义和历史唯物主义的教育，反对资本主义的、封建主义的和其他的腐朽思想。

四、国家基本社会制度

1. 社会保障制度

《宪法》第14条第4款规定，国家建立健全同经济发展水平相适应的社会保障制度。第44条规定，国家依照法律规定实行企业事业组织的职工和国家机关工作人员的退休制度。退休人员的生活受到国家和社会的保障。第45条规定，中华人民共和国公民在年老、疾病或者丧失劳动能力的情况下，有从国家和社会获得物质帮助的权利。国家发展为公民享受这些权利所需要的社会保险、社会救济和医疗卫生事业。国家和社会保障残废军人的生活，抚恤烈士家属，优待军人家属。国家和社会帮助安排盲、聋、哑和其他有残疾的公民的劳动、生活和教育。

2. 医疗卫生事业

《宪法》第21条规定，国家发展医疗卫生事业，发展现代医药和我国传统医药，鼓励和支持农村集体经济组织、国家企业事业组织和街道组织举办各种医疗卫生设施，开展群众性的卫生活动，保护人民健康。国家发展体育事业，开展群众性的体育活动，增强人民体质。

3. 劳动保障制度

《宪法》第43条第2款规定，国家发展劳动者休息和休养的设施，规定职工的工作时间和休假制度。第6条第2款规定，坚持按劳分配为主体，多种分配方式并存的分配制度。第42条第1款和第2款规定，中华人民共和国公民有劳动的权利和义务。国家通过各种途径，创造劳动就业条件，加强劳动保护，改善劳动条件，并在发展生产的基础上，提高劳动报酬和福利待遇。

4. 社会人才培养制度

《宪法》第 23 条规定，国家培养为社会主义服务的各种专业人才，扩大知识分子的队伍，创造条件，充分发挥他们在社会主义现代化建设中的作用。

5. 计划生育制度

《宪法》第 25 条规定，国家推行计划生育，使人口的增长同经济和社会发展计划相适应。

6. 社会秩序及安全维护制度

《宪法》"序言"部分规定，中国人民对敌视和破坏我国社会主义制度的国内外的敌对势力和敌对分子，必须进行斗争。中国坚持独立自主的对外政策，坚持互相尊重主权和领土完整、互不侵犯、互不干涉内政、平等互利、和平共处的五项原则，坚持和平发展道路，坚持互利共赢开放战略，发展同各国的外交关系和经济、文化交流，推动构建人类命运共同体；坚持反对帝国主义、霸权主义、殖民主义，加强同世界各国人民的团结，支持被压迫民族和发展中国家争取和维护民族独立、发展民族经济的正义斗争，为维护世界和平和促进人类进步事业而努力。

《宪法》第 28 条规定，国家维护社会秩序，镇压叛国和其他危害国家安全的犯罪活动，制裁危害社会治安、破坏社会主义经济和其他犯罪的活动，惩办和改造犯罪分子。第 29 条规定，中华人民共和国的武装力量属于人民。它的任务是巩固国防，抵抗侵略，保卫祖国，保卫人民的和平劳动，参加国家建设事业，努力为人民服务。国家加强武装力量的革命化、现代化、正规化的建设，增强国防力量。

第三节 国家机构

一、国家机构及其组织活动原则

1. 国家机构的含义

国家机构，是一定社会的统治阶级为实现其统治职能而建立起来的进行国家管理和执行统治职能的国家机关的总和。国家机构的本质取决于国家的本质。国家机构实际上是掌握国家权力的阶级实现其阶级统治的工具。

《宪法》第三章规定，我国的国家机构包括：全国人民代表大会及其常务委员会；中华人民共和国主席；中华人民共和国国务院；中华人民共和国中央军事委员会；地方各级人民代表大会和地方各级人民政府；民族自治地方的自治机关；监察委员会；人民法院和人民检察院。

2. 国家机构的组织和活动原则

（1）民主集中制原则。《宪法》第3条第1款规定，中华人民共和国的国家机构实行民主集中制的原则。

（2）密切联系群众、为人民服务原则。《宪法》第27条第2款规定，一切国家机关和国家工作人员必须依靠人民的支持，经常保持同人民的密切联系，倾听人民的意见和建议，接受人民的监督，努力为人民服务。

（3）社会主义法治原则。《宪法》第5条第1款规定，中华人民共和国实行依法治国，建设社会主义法治国家。

（4）责任制原则。基于国家机关行使国家权力性质的不同，责任制原则具体表现为集体负责制和个人负责制两种形式。依据《宪法》有关规定，各级人民代表大会及其常务委员会、人民法院和人民检察院等是实行集体负责制的机关；国务院及其各部、委，中央军委以及地方各级人民政府等都实行个人负责制。

（5）精简和效率原则。《宪法》第27条第1款规定，一切国家机关实行精简的原则，实行工作责任制，实行工作人员的培训和考核制度，不断提高工作质量和工作效率，反对官僚主义。

二、全国人民代表大会和地方各级人民代表大会

1. 人大的性质和地位

（1）全国人大的性质和地位。《宪法》第57条规定，中华人民共和国全国人民代表大会是最高国家权力机关。它的常设机关是全国人民代表大会常务委员会。第58条规定，全国人民代表大会和全国人民代表大会常务委员会行使国家立法权。

（2）地方各级人大的性质和地位。《宪法》第95条规定，省、直辖市、

县、市、市辖区、乡、民族乡、镇设立人民代表大会和人民政府。地方各级人民代表大会和地方各级人民政府的组织由法律规定。自治区、自治州、自治县设立自治机关。自治机关的组织和工作根据《宪法》第三章第五节、第六节规定的基本原则由法律规定。第96条规定，地方各级人民代表大会是地方国家权力机关。县级以上的地方各级人民代表大会设立常务委员会。

2. 人大的组成和任期

（1）全国人大的组成和任期。《宪法》第59条第1款规定，全国人民代表大会由省、自治区、直辖市、特别行政区和军队选出的代表组成。各少数民族都应当有适当名额的代表。第60条第1款规定，全国人民代表大会每届任期5年。

（2）地方各级人大的选举和任期。《宪法》第97条规定，省、直辖市、设区的市的人民代表大会代表由下一级的人民代表大会选举；县、不设区的市、市辖区、乡、民族乡、镇的人民代表大会代表由选民直接选举。地方各级人民代表大会代表名额和代表产生办法由法律规定。第98条规定，地方各级人民代表大会每届任期5年。

3. 全国人大和地方各级人大的主要职权

（1）全国人大的主要职权。

①修宪与立法权。修改宪法，监督宪法实施；制定和修改刑事、民事、国家机构的和其他的基本法律。

②选举权。根据《宪法》第62、65条等规定，全国人大有权选举产生全国人大常委会委员长、副委员长、秘书长和委员，国家主席、副主席，中央军委主席，国家监察委员会主任，最高人民法院院长和最高人民检察院检察长。

③决定权。根据《宪法》第62条有关规定，全国人大根据国家主席的提名决定，国务院总理的人选，根据国务院总理的提名，决定国务院副总理、国务委员、各部部长、各委员会主任、审计长和秘书长的人选；全国人大根据中央军事委员会主席的提名，决定中央军事委员会其他组成人员的人选。

④罢免权。《宪法》第63条规定，全国人民代表大会有权罢免中华人民共和国主席、副主席，国务院总理、副总理、国务委员、各部部长、各委员

会主任、审计长、秘书长；中央军事委员会主席和中央军事委员会其他组成人员；国家监察委员会主任；最高人民法院院长；最高人民检察院检察长。第77条规定，全国人民代表大会代表受原选举单位的监督。原选举单位有权依照法律规定的程序罢免本单位选出的代表。

⑤重大事项决定权。审批国民经济和社会发展计划和计划执行情况的报告，以及预算和预算执行情况的报告；批准省、自治区、直辖市的建置；决定特别行政区的设立及其制度；决定战争和和平问题；应当由最高国家权力机关行使的其他职权。

（2）地方各级人大的主要职权。

①立法权。《宪法》第100条规定，省、直辖市的人民代表大会和它们的常务委员会，在不同宪法、法律、行政法规相抵触的前提下，可以制定地方性法规，报全国人民代表大会常务委员会备案。设区的市的人民代表大会和它们的常务委员会，在不同宪法、法律、行政法规和本省、自治区的地方性法规相抵触的前提下，可以依照法律规定制定地方性法规，报本省、自治区人民代表大会常务委员会批准后施行。

②选举权和罢免权。《宪法》第101条规定，地方各级人民代表大会分别选举并且有权罢免本级人民政府的省长和副省长、市长和副市长、县长和副县长、区长和副区长、乡长和副乡长、镇长和副镇长。县级以上的地方各级人民代表大会选举并且有权罢免本级监察委员会主任、本级人民法院院长和本级人民检察院检察长。选出或者罢免人民检察院检察长，须报上级人民检察院检察长提请该级人民代表大会常务委员会批准。

③接受辞职权。《中华人民共和国地方各级人民代表大会和地方各级人民政府组织法》第27条规定，县级以上的地方各级人民代表大会常务委员会组成人员和人民政府领导人员，人民法院院长，人民检察院检察长，可以向本级人民代表大会提出辞职，由大会决定是否接受辞职；大会闭会期间，可以向本级人民代表大会常务委员会提出辞职，由常务委员会决定是否接受辞职。常务委员会决定接受辞职后，报本级人民代表大会备案。人民检察院检察长的辞职，须报经上一级人民检察院检察长提请该级人民代表大会常务委员会批准。乡、民族乡、镇的人民代表大会主席、副主席，乡长、副乡长，镇长、副镇长，可以向本级人民代表大会提出辞职，由大会决定是否接受辞职。

④重大事项决定权。《宪法》第 99 条规定，地方各级人民代表大会在本行政区域内，保证宪法、法律、行政法规的遵守和执行；依照法律规定的权限，通过和发布决议，审查和决定地方的经济建设、文化建设和公共事业建设的计划。县级以上的地方各级人民代表大会审查和批准本行政区域内的国民经济和社会发展计划、预算以及它们的执行情况的报告；有权改变或者撤销本级人民代表大会常务委员会不适当的决定。民族乡的人民代表大会可以依照法律规定的权限采取适合民族特点的具体措施。

三、中华人民共和国主席

中华人民共和国主席对内对外代表国家，依法行使《宪法》规定的国家主席职权，是我国国家机构的重要组成部分。

1. 产生

《宪法》第 79 条规定，中华人民共和国主席、副主席由全国人民代表大会选举。有选举权和被选举权的年满 45 周岁的中华人民共和国公民可以被选为中华人民共和国主席、副主席。中华人民共和国主席、副主席每届任期同全国人民代表大会每届任期相同。

2. 职权

《宪法》第 80 条规定，中华人民共和国主席根据全国人民代表大会的决定和全国人民代表大会常务委员会的决定，公布法律，任免国务院总理、副总理、国务委员、各部部长、各委员会主任、审计长、秘书长，授予国家的勋章和荣誉称号，发布特赦令，宣布进入紧急状态，宣布战争状态，发布动员令。第 81 条规定，中华人民共和国主席代表中华人民共和国，进行国事活动，接受外国使节；根据全国人民代表大会常务委员会的决定，派遣和召回驻外全权代表，批准和废除同外国缔结的条约和重要协定。第 82 条规定，中华人民共和国副主席协助主席工作。中华人民共和国副主席受主席的委托，可以代行主席的部分职权。

四、国务院及地方政府

1. 中央人民政府与地方各级政府的关系

《宪法》第 85 条规定，中华人民共和国国务院，即中央人民政府，是最

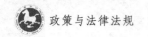

高国家权力机关的执行机关，是最高国家行政机关。地方各级人民政府都要接受国务院的领导。

地方各级人民政府是地方各级国家权力机关的执行机关，是地方各级国家行政机关。从属于本级国家权力机关，由它产生，向它负责；此外，还要服从上级人民政府的领导，向上一级人民政府负责和报告工作，执行上级行政机关的决定和命令。

2. 政府部门的组成和任期

（1）政府部门的组成。

①《宪法》第 86 条规定，国务院组成人员包括总理、副总理、国务委员、各部部长、各委员会主任、审计长、秘书长。根据《国务院关于中国人民银行专门行使中央银行职能的决定》《中国人民银行法》《国务院行政机构设置和编制管理条例》等规定，中国人民银行也属于国务院的组成部分，人民银行行长属于国务院组成人员。

②地市、省级政府由正副职省长、秘书长、厅长、局长、委员会主任等组成。县级政府由正副职县长、局长、科长等组成。乡级政府由正副乡长、镇长组成，不设工作部门。

（2）任期。

《宪法》第 87 条规定，国务院每届任期同全国人民代表大会每届任期相同。总理、副总理、国务委员连续任职不得超过两届。第 106 条规定，地方各级人民政府每届任期同本级人民代表大会每届任期相同。

3. 政府工作机制和职权

（1）政府工作机制。《宪法》第 86 条规定，国务院实行总理负责制，各部、各委员会实行部长、主任负责制。第 105 条第 2 款规定，地方各级人民政府实行省长、市长、县长、区长、乡长、镇长负责制。

（2）国务院职权。《宪法》第 89 条规定，国务院主要行使下列职权：制定行政法规；制定行政措施；提出议案权；批准省、自治区、直辖市的区域划分，批准自治州、县、自治县、市的建置和区域划分；依照法律决定省、自治区、直辖市的范围内部分地区进入紧急状态。

五、中央军事委员会

1. 组成和任期

《宪法》第 93 条规定，中华人民共和国中央军事委员会领导全国武装力量。中央军事委员会由下列人员组成：主席，副主席若干人，委员若干人。中央军事委员会实行主席负责制。中央军事委员会每届任期同全国人民代表大会每届任期相同。

2. 工作机制

《宪法》第 94 条规定，中央军事委员会主席对全国人大和全国人大常委会负责。第 67 条第 6 项规定，全国人大常委会监督中央军事委员会的工作。

六、民族自治地方的自治机关与自治权

1. 民族自治机关

民族自治机关，指民族自治地方设立的国家权力机关和行政机关。《宪法》第 4 条第 3 款规定，各少数民族聚居的地方实行区域自治，设立自治机关，行使自治权。各民族自治地方都是中华人民共和国不可分离的部分。

民族自治机关具有双重性质：在法律地位上是国家的一级地方政权机关，产生方式、任期、机构设置和组织活动原则方面，与一般地方国家机关完全相同，并行使相应的一般地方国家机关的职权；与此同时，是民族自治地方行使宪法和有关法律授予的自治权的国家机关。民族自治机关与同级的一般地方国家机关实行同样的组织原则和领导制度。同时，民族自治机关是当地聚居的民族的人民行使自治权的政权机关。《宪法》第 114 条规定，自治区主席、自治州州长、自治县县长由实行区域自治的民族的公民担任。

2. 民族自治地方自治权

（1）变通自治权，包括变通规定权和变通执行权。变通规定权，主要指制定自治条例和单行条例。变通执行权，即上级国家机关的决议、决定、命令和指示，如有不适合民族自治地方实际情况的，自治机关可以报经该上级国家机关批准，变通执行或者停止执行。

《宪法》第 116 条规定，民族自治地方的人民代表大会有权依照当地民族的政治、经济和文化的特点，制定自治条例和单行条例。自治区的自治条

例和单行条例，报全国人民代表大会常务委员会批准后生效。自治州、自治县的自治条例和单行条例，报省或者自治区的人民代表大会常务委员会批准后生效，并报全国人民代表大会常务委员会备案。

（2）地方财政自治权。《宪法》第117条规定，民族自治地方的自治机关有管理地方财政的自治权。凡是依照国家财政体制属于民族自治地方的财政收入，都应当由民族自治地方的自治机关自主地安排使用。

（3）经济建设自治权。《宪法》第118条规定，民族自治地方的自治机关在国家计划的指导下，自主地安排和管理地方性的经济建设事业。国家在民族自治地方开发资源、建设企业的时候，应当照顾民族自治地方的利益。第122条规定，国家从财政、物资、技术等方面帮助各少数民族加速发展经济建设和文化建设事业。国家帮助民族自治地方从当地民族中大量培养各级干部、各种专业人才和技术工人。

（4）其他自主权。包括：①自主地管理本地方的教育、科学、卫生、文化、体育事业，保护和整理民族的文化遗产，发展和繁荣民族文化。②依照国家的军事制度和当地的实际需要，经国务院批准，可以组织本地方维护社会治安的公安部队。③在执行职务的时候，依照民族自治地方条例的规定，适用当地通用的一种或者几种语言文字。

七、监察委员会

1. 各级监察委员会的设置

《宪法》第123条规定，中华人民共和国各级监察委员会是国家的监察机关。第124条规定，中华人民共和国设立国家监察委员会和地方各级监察委员会。监察委员会由主任，副主任若干人，委员若干人组成。监察委员会主任每届任期同本级人民代表大会每届任期相同。国家监察委员会主任连续任职不得超过两届。监察委员会的组织和职权由法律规定。

2. 监察委员会的领导体制和职权

《宪法》第125条规定，中华人民共和国国家监察委员会是最高监察机关。国家监察委员会领导地方各级监察委员会的工作，上级监察委员会领导下级监察委员会的工作。第126条规定，国家监察委员会对全国人民代表大会和全国人民代表大会常务委员会负责。地方各级监察委员会对产生它的国家权力机关和上一级监察委员会负责。

《宪法》第 127 条规定，监察委员会依照法律规定独立行使监察权，不受行政机关、社会团体和个人的干涉。监察机关办理职务违法和职务犯罪案件，应当与审判机关、检察机关、执法部门互相配合，互相制约。

八、人民法院和人民检察院

1. 人民法院的组织体系与职权

（1）各级人民法院的设置。《宪法》第 128 条规定，中华人民共和国人民法院是国家的审判机关。第 129 条规定，中华人民共和国设立最高人民法院、地方各级人民法院和军事法院等专门人民法院。最高人民法院院长每届任期同全国人民代表大会每届任期相同，连续任职不得超过两届。

最高人民法院是中华人民共和国的最高审判机关。地方各级人民法院，分为基层人民法院、中级人民法院和高级人民法院。专门人民法院，包括军事法院和海事法院等。

（2）最高人民法院的领导体制与职权。《宪法》第 132 条规定，最高人民法院是最高审判机关。最高人民法院监督地方各级人民法院和专门人民法院的审判工作，上级人民法院监督下级人民法院的审判工作。第 133 条规定，最高人民法院对全国人民代表大会和全国人民代表大会常务委员会负责。地方各级人民法院对产生它的国家权力机关负责。第 131 条规定，人民法院依照法律规定独立行使审判权，不受行政机关、社会团体和个人的干涉。

2. 人民检察院的组织体系与职权

（1）各级人民检察院的设置。《宪法》第 134 条规定，中华人民共和国人民检察院是国家的法律监督机关。第 135 条规定，中华人民共和国设立最高人民检察院、地方各级人民检察院和军事检察院等专门人民检察院。最高人民检察院检察长每届任期同全国人民代表大会每届任期相同，连续任职不得超过两届。

（2）检察系统的领导体制。《宪法》第 137 条规定，最高人民检察院是最高检察机关。最高人民检察院领导地方各级人民检察院和专门人民检察院的工作，上级人民检察院领导下级人民检察院的工作。第 138 条规定，最高人民检察院对全国人民代表大会和全国人民代表大会常务委员会负责。地方

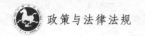

各级人民检察院对产生它的国家权力机关和上级人民检察院负责。第136条规定，人民检察院依照法律规定独立行使检察权，不受行政机关、社会团体和个人的干涉。

第四节　公民的基本权利和义务

一、我国公民的基本权利、义务及其行使原则

1. 概念

（1）公民，通常指具有一国国籍，根据该国宪法和法律享受权利、承担义务的自然人。《宪法》第33条第1款规定，凡具有中华人民共和国国籍的人都是中华人民共和国公民。

（2）基本权利和基本义务。公民的基本权利，也称宪法权利，是指由宪法规定的公民享有的主要的、必不可少的人身、政治、经济、文化等权利。公民的基本义务，也称宪法义务，是指由宪法规定的公民必须遵守和应尽的根本责任。公民的基本义务是国家和社会对公民最起码、最基本的要求，是宪法规定的作为其他义务基础的最重要的义务。公民的基本权利与义务共同反映和决定着公民在国家中的政治与法律地位，并构成普通法律规定公民权利和义务的基础和原则。

2. 行使原则

行使公民基本权利和义务应当遵循的原则：①法律面前一律平等；②权利和义务相统一；③个人利益与国家利益相结合。

二、公民的基本权利

1. 平等权

平等权，指公民根据法律规定享有同等的权利和承担同等的义务，不因任何外在差别而予以不同对待的权利。《宪法》第33条第2款规定，中华人民共和国公民在法律面前一律平等。这既是我国社会主义法制的一项重要原则，也是我国公民的一项基本权利。

（1）守法平等。《宪法》第33条第4款规定，任何公民享有宪法和法律

规定的权利，同时必须履行宪法和法律规定的义务。

（2）司法平等。主要指在法律的适用、执行及审判等方面的平等。《宪法》第 139 条第 1 款规定，各民族公民都有用本民族语言文字进行诉讼的权利。人民法院和人民检察院对于不通晓当地通用的语言文字的诉讼参与人，应当为他们翻译。第 130 条规定，人民法院审理案件，除法律规定的特别情况外，一律公开进行。被告人有权获得辩护。

（3）无法外特权。《宪法》第 5 条第 5 款规定，任何组织或者个人都不得有超越宪法和法律的特权。即不允许任何公民享有法律以外的特权，任何人不得强迫任何公民承担法律以外的义务，也不得使公民受到法律以外的处罚。

（4）法律地位平等。在法律面前公民的地位是平等的，社会身份、职业、出身等原因不应成为任何受到不平等待遇的理由。《宪法》第 48 条规定，中华人民共和国妇女在政治的、经济的、文化的、社会的和家庭的生活等各方面享有同男子平等的权利。国家保护妇女的权利和利益，实行男女同工同酬，培养和选拔妇女干部。第 50 条规定，中华人民共和国保护华侨的正当权利和利益，保护归侨和侨眷的合法权利和利益。

（5）允许合理差别。宪法禁止不合理的差别，合理的差别具有合宪性。《宪法》第 45 条规定，中华人民共和国公民在年老、疾病或者丧失劳动能力的情况下，有从国家和社会获得物质帮助的权利。国家发展为公民享受这些权利所需要的社会保险、社会救济和医疗卫生事业。国家和社会保障残废军人的生活，抚恤烈士家属，优待军人家属。国家和社会帮助安排盲、聋、哑和其他有残疾的公民的劳动、生活和教育。第 49 条第 1 款规定，婚姻、家庭、母亲和儿童受国家的保护。此外，宪法中对于全国人大代表的言论免责权，对被剥夺政治权利者的选举权的限制，对少数民族在政治、经济、文化等方面的扶持政策等，都属于合理差别的情形。

2. 政治权利和自由权

政治权利和自由权，指公民作为国家政治主体而依法享有参加国家管理、参政议政的民主权利和自由，以及在政治上享有表达个人见解和意愿而不受政府非法限制的权利和自由。包括公民参与国家、社会组织与管理活动的选举权、被选举权和监督权，以及公民在国家政治生活中依法发表意见，表达意愿的言论、出版、集会、结社、游行和示威的自由。

（1）选举权和被选举权。选举权是指公民依法享有选举国家代表机关代表和国家公职人员的权利。被选举权是指公民有被推荐为国家代表机关代表和国家公职人员的权利。

《宪法》第 34 条规定，中华人民共和国年满 18 周岁的公民，不分民族、种族、性别、职业、家庭出身、宗教信仰、教育程度、财产状况、居住期限，都有选举权和被选举权；但是依照法律被剥夺政治权利的人除外。这表明，我国公民享有的选举权是一种普选权。

（2）政治自由，是公民表达出个人看法和意见的自由。《宪法》第 35 条规定，公民有言论、出版、集会、结社、游行、示威的自由。言论自由，指公民有权通过各种语言形式表达其思想和见解的自由，但只有法律规定范围内的言论自由才受法律的保障。出版自由，指公民有按照法律规定以出版物形式来自由地表达思想和见解的自由。结社自由，指公民为一定宗旨，有依照程序组织或参加具有持续性的社会团体的自由。集会、游行、示威自由，是言论自由的延伸和具体化，最早来源于公民的请愿权，是多个公民在公共场合集体表达强烈意愿的自由。

3. 宗教信仰自由权

《宪法》第 36 条第 1 款规定，中华人民共和国公民有宗教信仰自由。宗教信仰自由指公民享有选择和保持宗教信仰的自由。宗教信仰自由，对一个国家政治体制的发展起着十分重要的作用，是公民的一项基本权利，也是国家长期坚持的基本政策。第 2 款规定，任何国家机关、社会团体和个人不得强制公民信仰宗教或者不信仰宗教，不得歧视信仰宗教的公民和不信仰宗教的公民。为保护公民宗教信仰自由权，第 36 条第 3 款、第 4 款规定，国家保护正常的宗教活动。任何人不得利用宗教进行破坏社会秩序、损害公民身体健康、妨碍国家教育制度的活动。宗教团体和宗教事务不受外国势力的支配。

4. 人身自由权

人身自由权，是公民参加国家政治、社会生活及享有其他各项权利的基础和前提条件，是公民最基本、最起码的权利和自由。《宪法》第 37 条第 1 款规定，中华人民共和国公民的人身自由不受侵犯。

人身自由的概念有狭义与广义之分。狭义指公民的身体自由不受侵犯，即生命权和身体自由权；广义上除了身体自由不受侵犯之外，还包括人格尊严不受侵犯、公民住宅不受侵犯以及公民的通信自由和通信秘密不受侵犯。《宪法》第37条第2款和第3款规定，任何公民，非经人民检察院批准或者决定或者人民法院决定，并由公安机关执行，不受逮捕。禁止非法拘禁和以其他方法非法剥夺或者限制公民的人身自由，禁止非法搜查公民的身体。第38条规定，中华人民共和国公民的人格尊严不受侵犯。禁止用任何方法对公民进行侮辱、诽谤和诬告陷害。第39条规定，中华人民共和国公民的住宅不受侵犯。禁止非法搜查或者非法侵入公民的住宅。第40条规定，中华人民共和国公民的通信自由和通信秘密受法律的保护。除因国家安全或者追查刑事犯罪的需要，由公安机关或者检察机关依照法律规定的程序对通信进行检查外，任何组织或者个人不得以任何理由侵犯公民的通信自由和通信秘密。

5.社会经济权利

社会经济权利，指公民享有经济物质方面的权利，是公民实现其他权利的物质保证。

（1）财产权，指公民对其合法的私有财产享有的不受非法侵犯的权利。《宪法》第13条规定，公民的合法的私有财产不受侵犯。国家依照法律规定保护公民的私有财产权和继承权。国家为了公共利益的需要，可以依照法律规定对公民的私有财产实行征收或者征用并给予补偿。

（2）劳动权，指有劳动能力的公民从事劳动并获取相应报酬的权利；是人们赖以生存的基本权利，也是其他权利的基础。我国《宪法》规定的劳动权既是公民的基本权利，也是公民的基本义务。

《宪法》第42条规定，中华人民共和国公民有劳动的权利和义务。国家通过各种途径，创造劳动就业条件，加强劳动保护，改善劳动条件，并在发展生产的基础上，提高劳动报酬和福利待遇。劳动是一切有劳动能力的公民的光荣职责。国有企业和城乡集体经济组织的劳动者都应当以国家主人翁的态度对待自己的劳动。国家提倡社会主义劳动竞赛，奖励劳动模范和先进工作者。国家提倡公民从事义务劳动。国家对就业前的公民进行必要的劳动就业训练。

（3）休息权，是劳动者在劳动过程中，为保护身体健康，提高劳动效率，根据国家法律和制度的有关规定而享有的休息和休养的权利。《宪法》

第 43 条规定，中华人民共和国劳动者有休息的权利。国家发展劳动者休息和休养的设施，规定职工的工作时间和休假制度。

（4）退休人员生活保障权利。《宪法》第 44 条规定，国家依照法律规定实行企业事业组织的职工和国家机关工作人员的退休制度。退休人员的生活受到国家和社会的保障。

（5）获得物质帮助的权利。《宪法》第 45 条规定，中华人民共和国公民在年老、疾病或者丧失劳动能力的情况下，有从国家和社会获得物质帮助的权利。国家发展为公民享有这些权利所需要的社会保障、社会救济和医疗卫生事业。国家和社会保障残废军人的生活，抚恤烈士家属，优待军人家属。国家和社会帮助安排盲、聋、哑和其他有残疾的公民的劳动、生活和教育。

（6）文化教育权利，指公民在文化、教育领域所享受的权利。①受教育权，是宪法赋予公民的一项最基本的文化教育权利，也是公民享有其他文化教育权利的前提和基础，它既是公民的一项基本权利，也是公民的一项基本义务。《宪法》第 46 条规定，中华人民共和国公民有受教育的权利和义务。国家培养青年、少年、儿童在品德、智力、体质等方面全面发展。该权利对于建设社会主义精神文明、提高全民族的文化水平有着重要意义。②科学研究、文学艺术创作和其他文化活动的自由，指公民在从事社会科学和自然科学研究时，有选择科学研究课题、研究和探索问题、交流学术思想、发表个人学术见解的自由。第 47 条规定，中华人民共和国公民有进行科学研究、文学艺术创作和其他文化活动的自由。国家对于从事教育、科学、技术、文学、艺术和其他文化事业的公民的有益于人民的创造性工作，给以鼓励和帮助。

（7）监督权和获得国家赔偿权，是公民监督国家权力的运行过程、协调公民与政府之间的关系、使被侵犯的权利得到救济的重要形式。《宪法》第 41 条规定，中华人民共和国公民对于任何国家机关和国家工作人员，有提出批评和建议的权利；对于任何国家机关和国家工作人员的违法失职行为，有向有关国家机关提出申诉、控告或者检举的权利，但是不得捏造或者歪曲事实进行诬告陷害。对于公民的申诉、控告或者检举，有关国家机关必须查清事实，负责处理。任何人不得压制和打击报复。由于国家机关和国家工作人员侵犯公民权利而受到损失的人，有依照法律规定取得赔偿的权利。

三、公民的基本义务

1. 维护国家统一和各民族团结

坚持一个中国原则，维护国家统一和全国各民族团结。《宪法》第 52 条规定，中华人民共和国公民有维护国家统一和全国各民族团结的义务。

2. 遵纪守法和尊重社会公德

《宪法》第 53 条规定，中华人民共和国公民必须遵守宪法和法律，保守国家秘密，爱护公共财产，遵守劳动纪律，遵守公共秩序，尊重社会公德。遵守宪法和法律是公民必须守法的总的原则规定。

例如，在资源保护方面，《宪法》明确规定了公民对动植物保护、土地利用等义务。《宪法》第 9 条第 2 款规定，国家保障自然资源的合理利用，保护珍贵的动物和植物。禁止任何组织或者个人用任何手段侵占或者破坏自然资源。第 10 条规定，城市的土地属于国家所有。农村和城市郊区的土地，除由法律规定属于国家所有的以外，属于集体所有；宅基地和自留地、自留山，也属于集体所有。国家为了公共利益的需要，可以依照法律规定对土地实行征收或者征用并给予补偿。任何组织或者个人不得侵占、买卖或者以其他形式非法转让土地。土地的使用权可以依照法律的规定转让。一切使用土地的组织和个人必须合理地利用土地。

3. 维护祖国安全、荣誉和利益

国家的安全是每一个中国公民生产生活、安居乐业的必要条件，国家安全关系到国家的存在和发展；国家的荣誉和利益关系到祖国的尊严。维护祖国的安全、荣誉和利益，是爱国主义的具体表现，也是公民的神圣职责。《宪法》第 54 条规定，公民有维护祖国的安全、荣誉和利益的义务，不得有危害祖国的安全、荣誉和利益的行为。

4. 保卫祖国，依法服兵役和参加民兵组织

维护国家独立和安全，是保卫社会主义现代化建设和人民幸福生活的需要。《宪法》第 55 条规定，保卫祖国、抵抗侵略是每一个公民的神圣职责；依照法律服兵役和参加民兵组织是中国公民的光荣义务。

5. 依法纳税

税收是国家机关依照法律的规定，向课税对象按一定比例所征收的税款。税收"取之于民，用之于民"，是国家筹措资金的重要方式、国民收入的重要来源，对于保障国家经济建设资金的需要、改善和提高人民生活有重要意义。《宪法》第 56 条规定，中华人民共和国公民有依照法律纳税的义务。

6. 其他基本义务

《宪法》规定的公民的基本义务还包括：第 42 条规定的劳动的义务；第 46 条规定的受教育的义务；第 49 条规定的夫妻双方有实行计划生育的义务，父母有抚养教育未成年子女的义务以及成年子女有赡养扶助父母的义务等。

| 第二篇　方针政策篇 |

第三章
夺取新时代中国特色社会主义
伟大胜利

本章导读　▶▶▶

【本章概述】　本章内容主要包括：习近平新时代中国特色社会主义思想的历史地位和丰富内涵；新时代中国共产党的历史使命；迈向社会主义新时代的重大战略部署。

【学习要求】　了解中国特色社会主义进入新时代的重大意义，中国特色社会主义经济建设、政治建设、文化建设、社会建设、生态文明建设的重大部署，国防和军队建设、港澳台工作、外交工作的重大部署，全面从严治党的重大部署；熟悉习近平新时代中国特色社会主义思想的历史地位、核心要义，新时代中国共产党的历史使命；掌握新时代我国社会的主要矛盾，"两个一百年"奋斗目标的任务要求。

第一节　新时代中国特色社会主义思想

一、党的十八大以来发生的历史性变革

党的十八大以来的 5 年，是党和国家事业取得历史性成就、发生历史性变革的 5 年。在以习近平同志为核心的党中央，举旗定向、运筹帷幄，科学

把握当今世界和当代中国的发展大势，顺应实践要求和人民愿望，以巨大的政治勇气和强烈的责任担当，统筹推进"五位一体"总体布局，协调推进"四个全面"战略布局，提出一系列具有开创性意义的新理念新思想新战略，出台一系列重大方针政策，推出一系列重大举措，推进一系列重大工作，解决了许多长期想解决而没有解决的难题，办成了许多过去想办而没有办成的大事，推动党和国家事业发生深刻的历史性变革。

这些历史性变革主要体现在：①经济建设取得重大成就，发展理念和发展方式发生深刻变革；②全面深化改革取得重大突破，各方面体制机制发生深刻变革；③民主法治建设迈出重大步伐，全面依法治国发生深刻变革；④思想文化建设取得重大进展，党对意识形态工作的领导发生深刻变革；⑤人民生活不断改善，社会治理体系发生深刻变革；⑥生态文明建设成效显著，生态环境保护状况发生深刻变革；⑦强军兴军开创新局面，国防和军队现代化发生深刻变革；⑧港澳台工作取得新进展，内地和港澳地区交流合作深度发生深刻变革；⑨全方位外交布局深入展开，中国特色大国外交发生深刻变革；⑩全面从严治党成效卓著，全面加强党的领导发生深刻变革。

综上所述，党的十八大以来党和国家事业发生的历史性变革，涵盖改革发展稳定、内政外交国防、治党治国治军各个方面，是深层次的、开创性的、根本性的。这些变革力度之大、范围之广、效果之显著、影响之深远，在我们党和国家发展史上、在中华民族发展史上，都具有开创性意义。这些变革所解决的问题是历史本身提出来的，以习近平同志为核心的党中央勇敢直面时代和实践发展所提出的历史性课题，以超凡魄力和顽强斗争精神力挽狂澜，领导全党和全国人民进行具有许多新的历史特点的伟大斗争，推动中国特色社会主义进入新时代。

二、习近平新时代中国特色社会主义思想的形成

1. 习近平新时代中国特色社会主义思想的创立

党的十八大以来，以习近平同志为核心的党中央，坚持以马克思列宁主义、毛泽东思想、邓小平理论、"三个代表"重要思想、科学发展观为指导，坚持解放思想、实事求是、与时俱进、求真务实，坚持辩证唯物主义和历史唯物主义，紧密结合新的时代条件和实践要求，以全新的视野深化对共产党

执政规律、社会主义建设规律、人类社会发展规律的认识，进行艰辛理论探索，取得重大理论创新成果，创立了习近平新时代中国特色社会主义思想。

2017 年 10 月 18 日，中国共产党第十九次全国代表大会在北京召开，这次会议是在全面建成小康社会决胜阶段、中国特色社会主义进入新时代的关键时期召开的一次十分重要的大会。大会的主题是：不忘初心，牢记使命，高举中国特色社会主义伟大旗帜，决胜全面建成小康社会，夺取新时代中国特色社会主义伟大胜利，为实现中华民族伟大复兴的中国梦不懈奋斗。大会把十八大以来党的理论创新成果概括为新时代中国特色社会主义思想，大会通过的党章修正案把习近平新时代中国特色社会主义思想确立为我们党的行动指南。

2. 习近平新时代中国特色社会主义思想的历史地位与核心要义

习近平总书记在党的十九大报告中明确指出："经过长期努力，中国特色社会主义进入了新时代，这是我国发展新的历史方位。"

习近平新时代中国特色社会主义思想，是对马克思列宁主义、毛泽东思想、邓小平理论、"三个代表"重要思想、科学发展观的继承和发展，是马克思主义中国化最新成果，是党和人民实践经验和集体智慧的结晶，是中国特色社会主义理论体系的重要组成部分，是全党全国人民为实现中华民族伟大复兴而奋斗的行动指南，必须长期坚持并不断发展。习近平新时代中国特色社会主义思想的核心要义，就是坚持和发展中国特色社会主义，具体体现在它从理论和实践结合上系统回答了新时代坚持和发展什么样的中国特色社会主义、怎样坚持和发展中国特色社会主义这个重大时代课题，回答了新时代坚持和发展中国特色社会主义的总目标、总任务、总体布局、战略布局和发展方向、发展方式、发展动力、战略步骤、外部条件、政治保证等基本问题，并且根据新的实践对经济、政治、法治、科技、文化、教育、民生、民族、宗教、社会、生态文明、国家安全、国防和军队、"一国两制"和祖国统一、统一战线、外交、党的建设等各方面做出理论分析和政策指导。这一重大思想的创立开辟了马克思主义新境界、中国特色社会主义新境界、党治国理政新境界、管党治党新境界，使马克思主义中国化实现了一次新的飞跃、达到了一个新的起点。

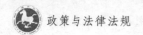

三、习近平新时代中国特色社会主义思想的丰富内涵

1. 中国特色社会主义进入新时代

中国特色社会主义进入了新时代，这是党的十九大做出的一个重大政治判断。这一判断，明确了我国发展新的历史方位，赋予党的历史使命、理论遵循、目标任务以新的时代内涵，为我们深刻把握当代中国发展变革的新特征，增强贯彻落实习近平新时代中国特色社会主义思想的自觉性和坚定性，提供了时代坐标和科学依据。

（1）中国特色社会主义进入新时代的基本依据。①

①中国特色社会主义进入新的发展阶段。党的十八大以来，以习近平同志为核心的党中央科学把握国内外发展大势，顺应实践要求和人民愿望，以巨大的政治勇气和强烈的责任担当，举旗定向、谋篇布局，迎难而上、开拓进取，取得改革开放和社会主义现代化建设的历史性成就，推动党和国家事业发生历史性变革。这些变革力度之大、范围之广、效果之显著、影响之深远，在党的历史上、在中华人民共和国发展史上、在中华民族发展史上都具有开创性意义。这表明，在中华人民共和国成立以来特别是改革开放以来我国发展取得的重大成就基础上，我国的发展站到了新的历史起点上，中国特色社会主义进入新的发展阶段。这个新的发展阶段，既同改革开放40年来的发展一脉相承，又有很多与时俱进的新特征。科学认识和全面把握中国特色社会主义新的发展阶段，需要从新的历史方位、新的时代坐标来思考来谋划。

②我国社会主要矛盾发生了新变化。党的十九大报告指出，我国社会主要矛盾已经由人民日益增长的物质文化需要同落后的社会生产之间的矛盾，转化为人民日益增长的美好生活需要和不平衡不充分的发展之间的矛盾。这个论断，反映了我国发展的实际状况，揭示了制约我国发展的症结所在，指明了解决当代中国发展问题的根本着力点。我们必须认识到，我国社会主要矛盾的变化是关系全局的历史性变化，对党和国家工作提出了许多新要求，同时这种变化没有改变我们对我国社会主义所处历史阶段的判断，我国仍处于并将长期处于社会主义初级阶段的基本国情没有变，我国是世界最大发

---

① 本书编写组. 党的十九大报告辅导读本［M］. 北京：人民出版社，2017：78～82.

展中国家的国际地位没有变。因此，我国社会主要矛盾的变化对我国发展全局必将产生广泛而深刻的影响，科学认识和全面把握我国社会主要矛盾的变化，也需要从新的历史方位、新的时代坐标来思考来谋划。

③我国面临的国际环境发生了新变化。世界正处于大发展大变革大调整时期，我国发展仍处于重要战略机遇期，前景十分光明，挑战也十分严峻。我国正处在从大国走向强国的关键时期，"树大招风"效应日益显现，外部环境更加复杂，一些国家和国际势力对我们的阻遏、忧惧、施压有所增大，这同样是需要面对的重大问题。现在，我国发展同外部世界的交融性、关联性、互动性不断增强，中国正日益走近世界舞台中央。做出中国特色社会主义进入新时代的判断，也充分考量了国际局势和周边环境的新变化。

（2）中国特色社会主义进入新时代的丰富内涵。中国特色社会主义进入了新时代这一重大政治判断，既不是凭空产生的，更不是一个简单的新概念表述，而是具有丰富深厚思想内涵的。党的十九大报告指出："这个新时代，是承前启后、继往开来、在新的历史条件下继续夺取中国特色社会主义伟大胜利的时代，是决胜全面建成小康社会、进而全面建设社会主义现代化强国的时代，是全国各族人民团结奋斗、不断创造美好生活、逐步实现全体人民共同富裕的时代，是全体中华儿女勠力同心、奋力实现中华民族伟大复兴中国梦的时代，是我国日益走近世界舞台中央、不断为人类作出更大贡献的时代。"

（3）中国特色社会主义进入新时代的重大意义。中国特色社会主义进入新时代，在中华人民共和国发展史上、在中华民族发展史上具有重大意义，在世界社会主义发展史上、在人类社会发展史上也具有重大意义。党的十九大报告指出，中国特色社会主义进入新时代，具有以下重大意义：①意味着近代以来久经磨难的中华民族迎来了从站起来、富起来到强起来的伟大飞跃，迎来了实现中华民族伟大复兴的光明前景；②意味着科学社会主义在21世纪的中国焕发出强大生机活力，在世界上高高举起了中国特色社会主义伟大旗帜；③意味着中国特色社会主义道路、理论、制度、文化不断发展，拓展了发展中国家走向现代化的途径，给世界上那些既希望加快发展又希望保持自身独立性的国家和民族提供了全新选择，为解决人类问题贡献了中国智慧和中国方案。

2. 习近平新时代中国特色社会主义思想的主要内容 ①

习近平新时代中国特色社会主义思想内容十分丰富，涵盖改革发展稳定、内政外交国防、治党治国治军等各个领域、各个方面，构成了一个系统完整、逻辑严密、相互贯通的思想理论体系。党的十九大报告用"八个明确"概括了这一重大思想的主要内容。

（1）明确坚持和发展中国特色社会主义，总任务是实现社会主义现代化和中华民族伟大复兴，在全面建成小康社会的基础上，分两步走在本世纪中叶建成富强民主文明和谐美丽的社会主义现代化强国。

（2）明确新时代我国社会主要矛盾是人民日益增长的美好生活需要和不平衡不充分的发展之间的矛盾，必须坚持以人民为中心的发展思想，不断促进人的全面发展、全体人民共同富裕。

（3）明确中国特色社会主义事业总体布局是"五位一体"、战略布局是"四个全面"，强调坚定道路自信、理论自信、制度自信、文化自信。"五位一体"和"四个全面"相互促进、统筹联动，深化了我们党对社会主义建设规律的认识，是事关党和国家长远发展的总战略。

（4）明确全面深化改革总目标是完善和发展中国特色社会主义制度、推进国家治理体系和治理能力现代化。党的十九大报告指出："只有社会主义才能救中国，只有改革开放才能发展中国、发展社会主义、发展马克思主义。"改革开放只有进行时，没有完成时。

（5）明确全面推进依法治国总目标是建设中国特色社会主义法治体系、建设社会主义法治国家。全面依法治国是中国特色社会主义的本质要求和重要保障。全面依法治国，必须把党的领导贯彻落实到依法治国全过程和各方面，坚定不移走中国特色社会主义法治道路，完善以宪法为核心的中国特色社会主义法律体系，建设中国特色社会主义法治体系，建设社会主义法治国家，发展中国特色社会主义法治理论。

（6）明确党在新时代的强军目标是建设一支听党指挥、能打胜仗、作风优良的人民军队，把人民军队建设成为世界一流军队。建设一支听党指挥、能打胜仗、作风优良的人民军队，是实现"两个一百年"奋斗目标、实现中

---

① 本书编写组. 党的十九大报告辅导读本 [M]. 北京：人民出版社，2017：154～158.

华民族伟大复兴的战略支撑。

（7）明确中国特色大国外交要推动构建新型国际关系，推动构建人类命运共同体。中国秉持共商共建共享的全球治理观，倡导国际关系民主化，坚持国家不分大小、强弱、贫富一律平等。中国愿与各国人民同心协力构建人类命运共同体，建设持久和平、普遍安全、共同繁荣、开放包容、清洁美丽的世界。

（8）明确中国特色社会主义最本质的特征是中国共产党领导，中国特色社会主义制度的最大优势是中国共产党领导，党是最高政治领导力量，提出新时代党的建设总要求，突出政治建设在党的建设中的重要地位。

3. 坚持和发展新时代中国特色社会主义的基本方略

习近平新时代中国特色社会主义思想和基本方略共同而各有侧重地体现了新时代坚持和发展中国特色社会主义这条主线，前者更多的是从理论和实践的结合上，系统回答新时代坚持和发展什么样的中国特色社会主义；后者更多的是从理论和实践的贯彻落实上，系统回答在新时代怎样坚持和发展中国特色社会主义。正因为这样，党的十九大报告明确指出：在新时代，中国特色社会主义基本方略是"在各项工作中全面准确贯彻落实""新时代中国特色社会主义思想的精神实质和丰富内涵"的。①

党的十九大报告以新时代中国特色社会主义的 14 条基本方略来概括我们党新时代的行动纲领，可谓既神形兼备，又恰到好处。基本方略是一个思想张力和理论概括力都更强的理论概念，是全面涵盖党的战略策略等行动纲领层面的。基本方略包括：坚持党对一切工作的领导、坚持以人民为中心、坚持全面深化改革、坚持新发展理念、坚持人民当家做主、坚持全面依法治国、坚持社会主义核心价值体系、坚持在发展中保障和改善民生、坚持人与自然和谐共生、坚持总体国家安全观、坚持党对人民军队的绝对领导、坚持"一国两制"和推进祖国统一、坚持推动构建人类命运共同体和坚持全面从严治党。

---

① 本书编写组. 党的十九大报告辅导读本［M］. 北京：人民出版社，2017：160.

第二节　新时代中国共产党的历史使命

习近平在党的十九大报告中指出："实现中华民族伟大复兴是近代以来中华民族最伟大的梦想。中国共产党一经成立，就把实现共产主义作为党的最高理想和最终目标，义无反顾肩负起实现中华民族伟大复兴的历史使命，团结带领人民进行了艰苦卓绝的斗争，谱写了气吞山河的壮丽史诗。"报告全面总结我们党为实现中华民族伟大复兴走过的辉煌历程，明确提出实现新时代党的历史使命的新要求。

一、中国共产党的民族复兴历程

实现中华民族伟大复兴，必须推翻压在中国人民头上的帝国主义、封建主义、官僚资本主义三座大山，实现民族独立、人民解放、国家统一、社会稳定。我们党团结带领人民找到了一条以农村包围城市、武装夺取政权的正确革命道路，进行了 28 年浴血奋战，完成了新民主主义革命，1949 年建立了中华人民共和国，实现了中国从几千年封建专制政治向人民民主的伟大飞跃。

实现中华民族伟大复兴，必须建立符合我国实际的先进社会制度。我们党团结带领人民完成社会主义革命，确立社会主义基本制度，推进社会主义建设，完成了中华民族有史以来最为广泛而深刻的社会变革，为当代中国一切发展进步奠定了根本政治前提和制度基础，实现了中华民族由近代不断衰落到根本扭转命运、持续走向繁荣富强的伟大飞跃。

实现中华民族伟大复兴，必须合乎时代潮流、顺应人民意愿，勇于改革开放，让党和人民事业始终充满奋勇前进的强大动力。我们党团结带领人民进行改革开放新的伟大革命，破除阻碍国家和民族发展的一切思想和体制障碍，开辟了中国特色社会主义道路，使中国大踏步赶上时代。

二、新时代中国共产党的历史使命

新时代给党的历史使命提出了新要求，我们必须紧紧围绕实现伟大梦想去进行伟大斗争、建设伟大工程、推进伟大事业。党的十九大把伟大斗争、伟大工程、伟大事业、伟大梦想作为一个统一整体提出来，是一个重大理论创新，明确了党在新时代治国理政的总方略、引领全局的总蓝图、谋划工作的总坐标。

1. 必须进行伟大斗争

社会是在矛盾运动中前进的，有矛盾就会有斗争。我们党要团结带领人民有效应对重大挑战、抵御重大风险、克服重大阻力、解决重大矛盾，必须进行具有许多新的历史特点的伟大斗争，任何贪图享受、消极懈怠、回避矛盾的思想和行为都是错误的。全党要更加自觉地坚持党的领导和我国社会主义制度，坚决反对一切削弱、歪曲、否定党的领导和我国社会主义制度的言行；更加自觉地维护人民利益，坚决反对一切损害人民利益、脱离群众的行为；更加自觉地投身改革创新时代潮流，坚决破除一切顽瘴痼疾；更加自觉地维护我国主权、安全、发展利益，坚决反对一切分裂祖国、破坏民族团结和社会和谐稳定的行为；更加自觉地防范各种风险，坚决战胜一切在政治、经济、文化、社会等领域和自然界出现的困难和挑战。全党要充分认识这场伟大斗争的长期性、复杂性、艰巨性，发扬斗争精神，提高斗争本领，不断夺取伟大斗争新胜利。

2. 必须建设伟大工程

这个伟大工程就是我们党正在深入推进的党的建设新的伟大工程。历史已经并将继续证明，没有中国共产党的领导，民族复兴必然是空想。我们党要始终成为时代先锋、民族脊梁，始终成为马克思主义执政党，自身必须始终过硬。全党要更加自觉地坚定党性原则，勇于直面问题，敢于刮骨疗毒，消除一切损害党的先进性和纯洁性的因素，清除一切侵蚀党的健康肌体的病毒，不断增强党的政治领导力、思想引领力、群众组织力、社会号召力，确保我们党永葆旺盛生命力和强大战斗力。

3. 必须推进伟大事业

中国特色社会主义是改革开放以来党的全部理论和实践的主题，是党和人民历尽千辛万苦、付出巨大代价取得的根本成就。中国特色社会主义道路是实现社会主义现代化、创造人民美好生活的必由之路，中国特色社会主义理论体系是指导党和人民实现中华民族伟大复兴的正确理论，中国特色社会主义制度是当代中国发展进步的根本制度保障，中国特色社会主义文化是激励全党全国各族人民奋勇前进的强大精神力量。全党要更加自觉地增强道路自信、理论自信、制度自信、文化自信，既不走封闭僵化的老路，也不走改旗易帜的邪路，保持政治定力，坚持实干兴邦，始终坚持和发展中国特色社会主义。

伟大斗争，伟大工程，伟大事业，伟大梦想，紧密联系、相互贯通、相互作用，其中起决定性作用的是党的建设新的伟大工程。推进伟大工程，要结合伟大斗争、伟大事业、伟大梦想的实践来进行，确保党在世界形势深刻变化的历史进程中始终走在时代前列，在应对国内外各种风险和考验的历史进程中始终成为全国人民的主心骨，在坚持和发展中国特色社会主义的历史进程中始终成为坚强领导核心。

三、"两个一百年"奋斗目标

从十九大到二十大，是"两个一百年"奋斗目标的历史交汇期。我们既要全面建成小康社会、实现第一个百年奋斗目标，又要乘势而上开启全面建设社会主义现代化国家新征程，向第二个百年奋斗目标进军。综合分析国际国内形势和我国发展条件，从 2020 年到本世纪中叶可以分两个阶段来安排。

1. 第一个阶段（2020～2035 年）

在全面建成小康社会的基础上，再奋斗 15 年，基本实现社会主义现代化。到那时，我国经济实力、科技实力将大幅跃升，跻身创新型国家前列；人民平等参与、平等发展权利得到充分保障，法治国家、法治政府、法治社会基本建成，各方面制度更加完善，国家治理体系和治理能力现代化基本实现；社会文明程度达到新的高度，国家文化软实力显著增强，中华文化影响更加广泛深入；人民生活更为宽裕，中等收入群体比例明显提高，城乡区域发展差距和居民生活水平差距显著缩小，基本公共服务均等化基本实现，全体人民共同富裕迈出坚实步伐；现代社会治理格局基本形成，社会充满活力又和谐有序；生态环境根本好转，美丽中国目标基本实现。

2. 第二个阶段（2035 年～本世纪中叶）

在基本实现现代化的基础上，再奋斗 15 年，把我国建成富强民主文明和谐美丽的社会主义现代化强国。到那时，我国物质文明、政治文明、精神文明、社会文明、生态文明将全面提升，实现国家治理体系和治理能力现代化，成为综合国力和国际影响力领先的国家，全体人民共同富裕基本实现，我国人民将享有更加幸福安康的生活，中华民族将以更加昂扬的姿态屹立于世界民族之林。

第三节　迈向新时代的重大战略部署

党的十九大牢牢把握我国发展的阶段性特征，牢牢把握人民群众对美好生活的向往，按照中国特色社会主义事业"五位一体"总体布局，对经济建设、政治建设、文化建设、社会建设、生态文明建设进行了全面部署，并且还对国防和军队建设、港澳台工作、外交工作以及坚定不移从严治党做出重大部署。

一、"五位一体"总体布局

1. 贯彻新发展理念，建设现代化经济体系

党的十九大报告指出，我国经济已由高速增长阶段转向高质量发展阶段，正处在转变发展方式、优化经济结构、转换增长动力的攻关期，建设现代化经济体系是跨越关口的迫切要求和我国发展的战略目标。围绕建设现代化经济体系，报告提出了6个方面的重点任务：深化供给侧结构性改革，加快建设创新型国家，实施乡村振兴战略，实施区域协调发展战略，加快完善社会主义市场经济体制，推动形成全面开放新格局。这其中有许多重大战略部署和重大创新举措。比如，提出以供给侧结构性改革为主线，推动经济发展质量变革、效率变革、动力变革，提高全要素生产率；着力加快建设实体经济、科技创新、现代金融、人力资源协同发展的产业体系；着力构建市场机制有效、微观主体有活力、宏观调控有度的经济体制；实施乡村振兴战略、区域协调发展战略；以"一带一路"建设为重点，形成陆海内外联动、东西双向互济的开放格局；等等。

2. 健全人民当家做主制度体系，发展社会主义民主政治

党的十九大报告指出，要长期坚持、不断发展我国社会主义民主政治，积极稳妥推进政治体制改革，推进社会主义民主政治制度化、规范化、程序化，保证人民依法通过各种途径和形式管理国家事务，管理经济文化事业，

管理社会事务，巩固和发展生动活泼、安定团结的政治局面。围绕发展社会主义民主政治，报告从6个方面做出部署：坚持党的领导、人民当家做主、依法治国有机统一，加强人民当家做主制度保障，发挥社会主义协商民主重要作用，深化依法治国实践，深化机构和行政体制改革，巩固和发展爱国统一战线。报告提出了一些重大思想和重大举措。比如，提出加强人民当家做主制度保障，支持和保证人民通过人民代表大会行使国家权力；推动协商民主广泛、多层、制度化发展，统筹推进政党协商、人大协商、政府协商、政协协商、人民团体协商、基层协商以及社会组织协商；完善人大专门委员会设置，优化人大常委会和专门委员会组成人员结构；在省市县对职能相近的党政机关探索合并设立或合署办公；等等。

法治兴则国家兴，法治强则国家强。在中国特色社会主义新时代，坚持不懈深化依法治国实践，对建设富强民主文明和谐美丽的社会主义现代化强国，实现中华民族伟大复兴的中国梦，具有重要意义。党的十九大报告指出，全面依法治国是国家治理的一场深刻革命，必须坚持厉行法治，推进科学立法、严格执法、公正司法、全民守法。具体包括以下七方面要求和措施：①成立中央全面依法治国领导小组，加强对法治中国建设的统一领导。②加强宪法实施和监督，推进合宪性审查工作，维护宪法权威。③推进科学立法、民主立法、依法立法，以良法促进发展、保障善治。④建设法治政府，推进依法行政，严格规范公正文明执法。⑤深化司法体制综合配套改革，全面落实司法责任制，努力让人民群众在每一个司法案件中感受到公平正义。⑥加大全民普法力度，建设社会主义法治文化，树立宪法法律至上、法律面前人人平等的法治理念。⑦各级党组织和全体党员要带头尊法学法守法用法，任何组织和个人都不得有超越宪法法律的特权，绝不允许以言代法、以权压法、逐利违法、徇私枉法。

3. 坚定文化自信，推动社会主义文化繁荣兴盛

党的十九大报告强调，发展中国特色社会主义文化，就是以马克思主义为指导，坚守中华文化立场，立足当代中国现实，结合当今时代条件，发展面向现代化、面向世界、面向未来的，民族的科学的大众的社会主义文化，推动社会主义精神文明和物质文明协调发展。围绕推动社会主义文化繁荣兴盛，报告提出了5个方面的重点任务：牢牢掌握意识形态工作领导权，培育

和践行社会主义核心价值观，加强思想道德建设，繁荣发展社会主义文艺，推动文化事业和文化产业发展。报告强调，要推进马克思主义中国化时代化大众化，建设具有强大凝聚力和引领力的社会主义意识形态，使全体人民在理想信念、价值理念、道德观念上紧紧团结在一起；要落实意识形态工作责任制，加强阵地建设和管理，旗帜鲜明地反对和抵制各种错误观点；要以培养担当民族复兴大任的时代新人为着眼点，把社会主义核心价值观融入社会发展各方面，转化为人们的情感认同和行为习惯。

4. 提高保障和改善民生水平，加强和创新社会治理

党的十九大报告强调，保障和改善民生要抓住人民最关心最直接最现实的利益问题，既尽力而为，又量力而行，一件事情接着一件事情办，一年接着一年干。坚持人人尽责、人人享有，坚守底线、突出重点、完善制度、引导预期，完善公共服务体系，保障群众基本生活，不断满足人民日益增长的美好生活需要。围绕保障和改善民生，报告从 7 个方面做出了部署：优先发展教育事业，提高就业质量和人民收入水平，加强社会保障体系建设，坚决打赢脱贫攻坚战，实施健康中国战略，打造共建共治共享的社会治理格局，有效维护国家安全。报告指出，要全面建成覆盖全民、城乡统筹、权责清晰、保障适度、可持续的多层次社会保障体系；坚决打赢脱贫攻坚战，确保到 2020 年我国现行标准下农村贫困人口实现脱贫，贫困县全部摘帽，解决区域性整体贫困；加强社会治理制度建设，完善党委领导、政府负责、社会协同、公众参与、法治保障的社会治理体制。

5. 加快生态文明体制改革，建设美丽中国

党的十九大报告指出，我们要建设的现代化是人与自然和谐共生的现代化，既要创造更多物质财富和精神财富以满足人民日益增长的美好生活需要，也要提供更多优质生态产品以满足人民日益增长的优美生态环境需要。围绕建设美丽中国，报告提出了 4 个方面的重点任务：推进绿色发展，着力解决突出环境问题，加大生态系统保护力度，改革生态环境监管体制。报告强调，必须坚持节约优先、保护优先、自然恢复为主的方针，形成节约资源和保护环境的空间格局、产业结构、生产方式、生活方式；要着力解决突出环境问题，坚持全民共治、源头防治，构建政府为主导、企业为主体、社会组织和公众共同参与的环境治理体系；加强对生态文明建设的总体设计和组

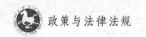

织领导，设立国有自然资源资产管理和自然生态监管机构。

二、国防和军队建设、港澳台工作和外交工作

1. 国防和军队建设

习近平总书记在党的十九大报告中，围绕坚持走中国特色强军之路，全面推进国防和军队现代化，提出了一系列新思想、新观点和新论断。①强调要坚持党对军队的绝对领导。总书记指出建设一支听党指挥、能打胜仗、作风优良的人民军队，是实现"两个一百年"奋斗目标，实现中华民族伟大复兴的战略支撑。②提出新时代党的强军思想这一重大概念。确立了新时代党的强军思想在国防和军队建设中的指导地位，即新时代党的强军思想是加强新时代国防和军队建设的科学指南。③丰富和发展了强军目标思想。总书记赋予强军目标新的内涵，即实现强军目标，要把人民军队全面建成世界一流军队。④提出了军队建设、作战指挥建设、作战体系建设的主要任务。即建设强大的现代化陆军、海军、空军、火箭军和战略支援部队，打造坚强高效的战区联合作战指挥机构，构建中国特色现代作战体系。⑤明确了新时代国防和军队建设的三个发展阶段和总体目标。第一阶段到 2020 年，基本实现机械化，信息化建设取得重大进展，战略能力有大的提升；第二阶段力争到2035 年，基本实现国防和军队现代化；第三阶段到本世纪中叶，把人民军队建成世界一流军队。

2. 港澳台工作

香港、澳门回归祖国以来，"一国两制"实践取得举世公认的成功。事实证明，"一国两制"是解决历史遗留的香港、澳门问题的最佳方案，也是香港、澳门回归后保持长期繁荣稳定的最佳制度。

保持香港、澳门长期繁荣稳定，必须全面准确贯彻"一国两制""港人治港""澳人治澳"高度自治的方针，严格依照宪法和基本法办事，完善与基本法实施相关的制度和机制。要支持特别行政区政府和行政长官依法施政、积极作为，团结带领香港、澳门各界人士齐心协力谋发展、促和谐，保障和改善民生，有序推进民主，维护社会稳定，履行维护国家主权、安全、发展利益的宪制责任。

解决台湾问题、实现祖国完全统一，是全体中华儿女的共同愿望，是中

华民族根本利益所在。必须继续坚持"和平统一、一国两制"方针，推动两岸关系和平发展，推进祖国和平统一进程。一个中国原则是两岸关系的政治基础。体现一个中国原则的"九二共识"明确界定了两岸关系的根本性质，是确保两岸关系和平发展的关键。承认"九二共识"的历史事实，认同两岸同属一个中国，两岸双方就能开展对话，协商解决两岸同胞关心的问题，台湾任何政党和团体同大陆交往也不会存在障碍。

3. 外交工作

习近平在党的十九大报告中强调："坚持和平发展道路，推动构建人类命运共同体。"

中国共产党是为中国人民谋幸福的政党，也是为人类进步事业而奋斗的政党。十九大报告指出了我们的党和国家在国际社会与国际事务中的角色定位和宗旨原则："中国将高举和平、发展、合作、共赢的旗帜，恪守维护世界和平、促进共同发展的外交政策宗旨，坚定不移在和平共处五项原则基础上发展同各国的友好合作，推动建设相互尊重、公平正义、合作共赢的新型国际关系。"

党的十九大报告就应对世界时局的大发展大变革大调整以及人类面临的许多共同挑战时指出："没有哪个国家能够独自应对人类面临的各种挑战，也没有哪个国家能够退回到自我封闭的孤岛"，"我们呼吁，各国人民同心协力，构建人类命运共同体，建设持久和平、普遍安全、共同繁荣、开放包容、清洁美丽的世界"。报告不仅标示出"推动构建人类命运共同体"，内容也多次用到了"共同"一词，表明了中国在国际社会中不仅会提供优质的国际公共产品，更要充当化解纠纷矛盾、构建多元合作、推动共同治理的平台和桥梁的决心与信心，清楚回答了"在国际社会中，中国要面对什么，该怎样面对"的问题。

三、全面从严治党

习近平在党的十九大报告中强调，"坚定不移全面从严治党，不断提高党的执政能力和领导水平。"新时代党的建设总要求是：坚持和加强党的全面领导，坚持党要管党、全面从严治党，以加强党的长期执政能力建设、先进性和纯洁性建设为主线，以党的政治建设为统领，以坚定理想信念宗旨为根基，以调动全党积极性、主动性、创造性为着力点，全面推进党的政治建设、思想建设、组织建设、作风建设、纪律建设，把制度建设贯穿其中，深入推进反腐败斗争，不断提高党的建设质量，把党建设成为始终走在时代前列、人民衷心拥护、勇于自我革命、经得起各种风浪考验、朝气蓬勃的马克思主义执政党。

为此，新时代党的建设要做到：①把党的政治建设摆在首位。党的政治建设是党的根本性建设，决定党的建设方向和效果。②用新时代中国特色社会主义思想武装全党。共产主义远大理想和中国特色社会主义共同理想，是中国共产党人的精神支柱和政治灵魂，也是保持党的团结统一的思想基础。③建设高素质专业化干部队伍。要坚持党管干部原则，坚持德才兼备、以德为先，坚持五湖四海、任人唯贤，坚持事业为上、公道正派，把好干部标准落到实处。④加强基层组织建设。要以提升组织力为重点，突出政治功能。⑤持之以恒正风肃纪。凡是群众反映强烈的问题都要严肃认真对待，凡是损害群众利益的行为都要坚决纠正。⑥夺取反腐败斗争压倒性胜利。推进反腐败国家立法，建设覆盖纪检监察系统的检举举报平台。⑦健全党和国家监督体系。增强党自我净化能力，根本靠强化党的自我监督和群众监督。⑧全面增强执政本领。领导13亿多人的社会主义大国，我们党既要政治过硬，也要本领高强。伟大的事业必须有坚强的党来领导。只要我们党把自身建设好、建设强，确保党始终同人民想在一起、干在一起，就一定能够引领承载着中国人民伟大梦想的航船破浪前进，胜利驶向光辉的彼岸。

第四章
旅游方针政策

本章导读 ▶▶▶

【本章概述】 本章包括《国务院办公厅关于加强旅游市场综合监管的通知》《国务院办公厅关于促进全域旅游发展的指导意见》《文化和旅游部等17部门关于印发〈关于促进乡村旅游可持续发展的指导意见〉的通知》《文化和旅游部关于实施旅游服务质量提升计划的指导意见》等文件的主要内容及其对我国旅游业发展的影响。

【学习要求】 了解《国务院办公厅关于加强旅游市场监管的通知》的主要内容；熟悉《国务院办公厅关于促进全域旅游发展的指导意见》《文化和旅游部等17部门关于印发〈关于促进乡村旅游可持续发展的指导意见〉的通知》和《文化和旅游部关于实施旅游服务质量提升计划的指导意见》的主要内容。

第一节 《国务院办公厅关于加强旅游市场综合监管的通知》

为了加强旅游市场综合监管，加强部门间对旅游市场违法违规行为的信息沟通，强化联合执法协调监管的相关工作机制，提升综合监管效率和治理效果，国务院办公厅在2016年2月4日印发并实施《国务院办公厅关于加强旅游市场综合监管的通知》（国办发〔2016〕5号）（以下简称《通知》）。从国务院的层面首次提出了旅游市场的"综合监管"，为旅游业可持续发展

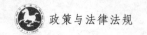

提供了"动力源",是我国旅游市场监管的"里程碑"。

一、《通知》的主要内容

1. 依法落实旅游市场监管责任

(1)强化政府的领导责任。国务院旅游工作部际联席会议下设旅游市场综合监管工作小组,由国务院旅游主管部门牵头负责统筹旅游市场综合监管的指导、协调、监督等工作。地方各级人民政府要建立健全旅游综合协调、旅游案件联合查办、旅游投诉统一受理等综合监管机制,统筹旅游市场秩序整治工作。要进一步落实游客不文明行为记录制度,大力营造诚信经营、公平竞争、文明有序的旅游市场环境,加快形成全国一盘棋的旅游市场综合监管格局。

(2)明确各相关部门的监管责任。按照"属地管理、部门联动、行业自律、各司其职、齐抓共管"的原则,建立旅游行政主管部门对旅游市场执法、投诉受理工作的有效协调机制,明确各相关部门责任。各有关部门配合旅游行政主管部门,做好相关行业指导、协调和督促检查工作。

(3)落实旅游企业的主体责任。各旅游企业要依照法律法规主动规范经营服务行为。旅行社要坚决抵制"不合理低价游"、强迫消费等违法行为。在线旅游企业要遵守公平竞争规则。购物店要自觉抵制商业贿赂。饭店、景区、交通、餐饮等企业要保障旅游者出游安全,提高服务品质。各市场主体要积极践行旅游行业"游客为本、服务至诚"的核心价值观,在旅游服务工作中诚实守信、礼貌待客,共同维护旅游市场秩序,让旅游者体验到优质服务。

(4)发挥社会公众的监督作用。要充分发挥"12301"等旅游服务热线和旅游投诉举报网络平台作用,鼓励社会各界积极提供各类违法违规行为线索。发挥旅游服务质量社会监督员和旅游志愿者的监督作用,提醒旅游者遵守旅游文明行为公约和行为指南,自觉抵制参加"不合理低价游"。要充分发挥旅游行业协会的自律作用,引导旅游经营者注重质量和诚信。强化媒体的舆论监督,支持媒体曝光扰乱旅游市场秩序的典型事件。

2. 创新旅游市场综合监管机制

(1)制定旅游市场综合监管责任清单。各地区、各有关部门要尽快制定旅游市场综合监管责任清单,通过政府公告、政府网站、公开通报等方式,向社会公开旅游部门及相关部门职能、法律依据、实施主体、执法权限、监督方式等事项，加强部门间对旅游市场违法违规行为的信息沟通，强化联合执法协调监管的相关工作机制，提升综合监管效率和治理效果。

旅游部门：依法承担规范旅游市场秩序、监督管理服务质量、维护旅游消费者和经营者合法权益的责任；负责牵头组织对旅游市场秩序的整治工作；负责对组织"不合理低价游"、强迫和变相强迫消费、违反旅游合同等违法违规行为的监管和查处；负责联合相关部门组织查处"黑社""黑导"等非法经营行为；主动配合参与打击涉及旅游行业的"黑车""黑店"等非法经营行为；负责对涉及其他职能部门职责的投诉及案件进行转办等。

公安部门：依法严厉打击在旅游景区、旅游交通站点等侵害旅游者权益的违法犯罪团伙，及时查处强迫消费、敲诈勒索等违法犯罪行为等。

工商部门：依法查处旅游市场中的虚假广告、虚假或者引人误解的宣传、销售假冒伪劣商品、利用合同格式条款侵害消费者合法权益、垄断行为（价格垄断行为除外）、商业贿赂等不正当竞争行为及其他违法违规行为等。

交通运输部门：负责道路、水路运输市场监管，依法查处违法违规行为；负责对交通运输部门在管养公路沿线范围内依法设置的景区、景点指示牌被遮挡的投诉处理等。

文化部门：负责对旅游演出、娱乐场所文化经营活动等方面的投诉处理和案件查处等。

税务部门：依法承担组织实施法律法规规定的税、费征收管理责任，力争税款应收尽收；依照法定职权和程序对从事旅游市场经营的纳税人偷逃税款、虚开发票等税收违法行为严厉查处，涉嫌犯罪的依法移送司法机关处理等。

质检部门：依法对旅游场所大型游乐设施、客运索道等特种设备实施安全监察，对涉及特种设备安全的投诉举报及违法违规行为进行调查处理等。

价格主管部门：负责旅游市场价格行为监管，严肃查处旅游行业经营者不执行政府定价和政府指导价、不按规定明码标价、欺诈宰客、低价倾销，以及达成垄断协议、滥用市场支配地位等问题。充分发挥"12358"价格举报系统的作用，依法受理游客对价格违法行为的投诉举报，切实保护消费者合法权益，整顿规范旅游市场价格秩序等。

商务部门：发挥打击侵犯知识产权和制售假冒伪劣商品工作领导小组办

公室的职能作用，协调有关成员单位，针对旅游纪念品市场侵权假冒问题，加大市场监管力度，维护消费者合法权益等。

通信主管部门：依法对电信和互联网等信息通信服务实行监管，承担互联网行业管理责任；督促电信企业和旅游互联网企业落实网络与信息安全管理责任，配合开展在线旅游网络环境和信息治理，配合处理网上虚假旅游广告信息等。

网信部门（互联网信息办公室）：依法清理网上虚假旅游信息，查处发布各类误导、欺诈消费者等虚假旅游信息的违法违规网站和账号等。

民航部门：依法承担航空运输和通用航空市场监管责任；依法查处民用航空企业侵害航空消费者权益的行为，维护旅游者机票退改签的合法权益；配合旅游部门共同治理旅游不文明行为等。

（2）完善旅游法律规范体系。及时修订《旅行社条例》《导游人员管理条例》《中国公民出国旅游管理办法》等法规、规章和规范性文件。完善《旅游法》配套制度，针对在线旅游、邮轮旅游、露营地旅游等新情况，出台具有针对性的管理规范。探索建立综合监管机构法律顾问、第三方评价等制度。

（3）健全完善旅游市场监管标准。全面推进旅游业国家标准、行业标准和地方标准的制定修订工作，尽快编制《全国旅游标准化发展规划（2016—2020年）》，建立涵盖旅游要素各领域的旅游标准体系。加快旅游新业态、新产品管理服务标准的制定，使标准化工作适应旅游监管的新要求。持续推进旅游标准化试点工作，全面提升旅游企业和从业人员的管理和服务水平。探索建立旅游标准化管理与旅游市场准入、退出相结合的制度。

（4）推进旅游市场监管随机抽查。各有关部门在各自职责范围内，规范相关市场秩序执法检查工作，提高监管效能。要配合旅游部门建立旅游市场主体分类名录库和旅游市场主体异常对象名录库，将行业市场秩序监管与各部门诚信体系建设、全国旅游市场秩序综合水平指数等工作结合起来，及时公布相关市场秩序监管情况。综合运用行政处罚、信用惩戒等措施，加大对违法失信行为的惩处力度，强化随机抽查威慑力，引导相关市场主体自觉守法。

（5）建立健全旅游诚信体系。加快建立旅游行业失信惩戒制度，建立旅游信用信息公示制度，将旅游经营服务不良信息记录与企业信用信息公示系统对接，将旅游行政主管部门对旅游企业做出的行政许可准予、变更、延续信息和行政处罚信息在企业信用信息公示系统上公示，定期公布违法违规旅游经营者和从业人员旅游经营服务不良信息记录；依托全国统一信用信息共享交换平台，加强信息互通，建立失信企业协同监管和联合惩戒机制，使旅游失信行为人付出代价。

（6）推进综合监管体制改革试点。要根据深化行政管理体制改革的精神，创新执法形式和管理机制，加快理顺旅游执法机构与政府职能部门职责关系，在2016年年底前将旅游市场执法列入综合行政执法体制改革试点。

（7）加强执法与司法相衔接。加强相关部门间的执法协作，建立旅游市场执法机构与公安机关案情通报机制，及时查处侵害旅游者权益的违法犯罪行为。主动引导旅游者通过司法、人民调解等途径解决纠纷，提升旅游者依法维权、理性消费的能力。

3. 全面提高旅游市场综合监管水平

（1）加强《中华人民共和国旅游法》（以下本书简称《旅游法》）普法工作。各地区、各有关部门应加强《旅游法》等法律法规普法宣传教育，加强对旅游市场综合监管人员的法律法规和执法程序培训，加大对旅游从业人员的依法经营培训力度，使其准确把握法律法规主要内容，牢固树立依法兴旅、依法治旅的观念和意识，提醒广大旅游者理性消费、文明出游。

（2）加强对旅游市场综合监管的监督。各地区、各有关部门要将旅游市场秩序整治和服务质量提升工作纳入政府质量工作考核。对接到旅游投诉举报查处不及时、不依法对旅游违法行为实施处罚的，对涉嫌犯罪案件不移送的，以及在履行监督管理职责中滥用职权、玩忽职守、徇私舞弊的，要依法依纪追究有关单位和人员的责任；构成犯罪的，依法追究刑事责任。

（3）严格规范旅游执法行为。各地区、各有关部门要建立健全旅游市场综合监管的长效机制，对重大处罚决定建立合法性审查机制，对旅游执法裁量权要有基准制度，进一步细化、量化行政裁量标准，合理规范裁量种类、幅度。对影响旅游市场秩序的重大事件要实行督办问责制度。

4. 提高旅游市场综合监管保障能力

（1）健全旅游市场综合监管协调机构。建立健全旅游执法机构，强化旅游质监执法队伍建设，承担全面受理旅游投诉、开展旅游服务质量现场检查和旅游行政执法工作。国务院旅游主管部门负责指定机构统一受理全国旅游投诉工作，向社会公开投诉电话，承担向有关部门或地方政府转办、跟踪、协调、督办旅游投诉处理情况的职责。各级政府要在2016年年底前建立或指定统一的旅游投诉受理机构，实现机构到位、职能到位、编制到位、人员到位，根治旅游投诉渠道不畅通、互相推诿、拖延扯皮等问题。

（2）加强旅游市场综合监管基础保障。各级政府要积极做好执法经费保障工作。利用旅游大数据开展旅游市场舆情监测分析工作，提升统计分析旅游投诉举报案件数据的水平。建立旅游市场综合监管过程记录制度，切实做到严格执法、科学执法、文明执法。

（3）提升旅游市场综合监管能力。地方各级人民政府要加强对基层旅游市场综合监管人员的培训。所有旅游市场综合执法人员须经执法资格培训考试合格后方可执证上岗，全面提高执法能力和水平。

各地区、各有关部门要充分认识进一步加强旅游市场综合监管的重要意义，切实强化组织领导，积极抓好工作落实。国务院旅游主管部门要会同有关部门加强对本通知落实情况的监督检查，重大情况及时向国务院报告。

二、对我国旅游业发展的影响 ①

1. 提出打造全国治理体系"一盘棋"

《通知》从政府（国务院和地方政府）、各相关部门、旅游企业和社会公众的角度，设定"四位一体"共同监管责任，体现"政府主导、属地管理、部门联动、行业自律、各司其职、齐抓共管、公众参与"的治理原则，通过调动全社会的力量，实施旅游市场治理体系的全国"一盘棋"。

2. 提出构建多维度协同监管"一盘棋"

旅游综合性产业的特点，对应的要求就是构建多维度的协同监管机制。主要包括三方面：一是加强联合执法协调监管；二是加强旅游诚信协同监管；三是加强旅游执法与司法相衔接。

3. 提出实施法定责任清单"一盘棋"

《通知》首次发布国务院层面的部门责任清单，明确了旅游、公安、交

---

① 邹爱勇．对《关于加强旅游市场综合监管的通知》的认识和理解［N］．中国旅游报，2016-03-07（14）．

通、文化、税务、工商等 12 个部门监管职能，并且要求各地区、各有关部门也要尽快制定旅游市场综合监管责任清单，从横向和纵向两条线，梳理了各部门、各行业、各区域的监管职责。使政府做到"法无授权不可为"，强调"法定职责必须为"，防范监管碎片化。

第二节 《国务院办公厅关于促进全域旅游发展的指导意见》

旅游是发展经济、增加就业和满足人民日益增长的美好生活需要的有效手段，旅游业是提高人民生活水平的重要产业。近年来，我国旅游经济快速增长，产业格局日趋完善，市场规模品质同步提升，旅游业已成为国民经济的战略性支柱产业。但是，随着大众旅游时代到来，我国旅游有效供给不足、市场秩序不规范、体制机制不完善等问题日益凸显。发展全域旅游，将一定区域作为完整旅游目的地，以旅游业为优势产业，统一规划布局、优化公共服务、推进产业融合、加强综合管理、实施系统营销，有利于不断提升旅游业现代化、集约化、品质化、国际化水平，更好满足旅游消费需求。鉴于此，2018 年 3 月 9 日，国务院办公厅印发《国务院办公厅关于促进全域旅游发展的指导意见》（国办发〔2018〕15 号）（以下简称《指导意见》），就全域旅游做出新的部署，以指导各地促进全域旅游发展。

一、《指导意见》的主要内容

1. 总体要求

（1）指导思想。全面贯彻党的十九大精神，以习近平新时代中国特色社会主义思想为指导，认真落实党中央、国务院决策部署，统筹推进"五位一体"总体布局和协调推进"四个全面"战略布局，牢固树立和贯彻落实新发展理念，加快旅游供给侧结构性改革，着力推动旅游业从门票经济向产业经济转变，从粗放低效方式向精细高效方式转变，从封闭的旅游自循环向开放的"旅游＋"转变，从企业单打独享向社会共建共享转变，从景区内部管理向全面依法治理转变，从部门行为向政府统筹推进转变，从单一景点景区建设向综合目的地服务转变。

（2）基本原则。

①统筹协调，融合发展。把促进全域旅游发展作为推动经济社会发展的重要抓手，从区域发展全局出发，统一规划，整合资源，凝聚全域旅游发展新合力。大力推进"旅游+"，促进产业融合、产城融合，全面增强旅游发展新功能，使发展成果惠及各方，构建全域旅游共建共享新格局。

②因地制宜，绿色发展。注重产品、设施与项目的特色，不搞一个模式，防止千城一面、千村一面、千景一面，推行各具特色、差异化推进的全域旅游发展新方式。牢固树立绿水青山就是金山银山理念，坚持保护优先，合理有序开发，防止破坏环境，摒弃盲目开发，实现经济效益、社会效益、生态效益相互促进、共同提升。

③改革创新，示范引导。突出目标导向和问题导向，努力破除制约旅游发展的瓶颈与障碍，不断完善全域旅游发展的体制机制、政策措施、产业体系。开展全域旅游示范区创建工作，打造全域旅游发展典型，形成可借鉴可推广的经验，树立全域旅游发展新标杆。

（3）主要目标。

①旅游发展全域化。推进全域统筹规划、全域合理布局、全域服务提升、全域系统营销，构建良好自然生态环境、人文社会环境和放心旅游消费环境，实现全域宜居宜业宜游。

②旅游供给品质化。加大旅游产业融合开放力度，提升科技水平、文化内涵、绿色含量，增加创意产品、体验产品、定制产品，发展融合新业态，提供更多精细化、差异化旅游产品和更加舒心、放心的旅游服务，增加有效供给。

③旅游治理规范化。加强组织领导，增强全社会参与意识，建立各部门联动、全社会参与的旅游综合协调机制。坚持依法治旅，创新管理机制，提升治理效能，形成综合产业综合抓的局面。

④旅游效益最大化。把旅游业作为经济社会发展的重要支撑，发挥旅游"一业兴百业"的带动作用，促进传统产业提档升级，孵化一批新产业、新业态，不断提高旅游对经济和就业的综合贡献水平。

2.推进融合发展，创新产品供给

（1）推动旅游与城镇化、工业化和商贸业融合发展。建设美丽宜居村庄、旅游小镇、风情县城以及城市绿道、慢行系统，支持旅游综合体、主题功能区、中央游憩区等建设。依托风景名胜区、历史文化名城名镇名村、特色景观旅游名镇、传统村落，探索名胜名城名镇名村"四名一体"全域旅游发展模式。利用工业园区、工业展示区、工业历史遗迹等开展工业旅游，发展旅游用品、户外休闲用品和旅游装备制造业。积极发展商务会展旅游，完善城市商业区旅游服务功能，开发具有自主知识产权和鲜明地方特色的时尚性、实用性、便携性旅游商品，增加旅游购物收入。

（2）推动旅游与农业、林业、水利融合发展。大力发展观光农业、休闲农业，培育田园艺术景观、阳台农艺等创意农业，鼓励发展具备旅游功能的定制农业、会展农业、众筹农业、家庭农场、家庭牧场等新型农业业态，打造一二三产业融合发展的美丽休闲乡村。积极建设森林公园、湿地公园、沙漠公园、海洋公园，发展"森林人家""森林小镇"。科学合理利用水域和水利工程，发展观光、游憩、休闲度假等水利旅游。

（3）推动旅游与交通、环保、国土、海洋、气象融合发展。加快建设自驾车房车旅游营地，推广精品自驾游线路，打造旅游风景道和铁路遗产、大型交通工程等特色交通旅游产品，积极发展邮轮游艇旅游、低空旅游。开发建设生态旅游区、天然氧吧、地质公园、矿山公园、气象公园以及山地旅游、海洋海岛旅游等产品，大力开发避暑避寒旅游产品，推动建设一批避暑避寒度假目的地。

（4）推动旅游与科技、教育、文化、卫生、体育融合发展。充分利用科技工程、科普场馆、科研设施等发展科技旅游。以弘扬社会主义核心价值观为主线发展红色旅游，积极开发爱国主义和革命传统教育、国情教育等研学旅游产品。科学利用传统村落、文物遗迹及博物馆、纪念馆、美术馆、艺术馆、世界文化遗产、非物质文化遗产展示馆等文化场所开展文化、文物旅游，推动剧场、演艺、游乐、动漫等产业与旅游业融合开展文化体验旅游。加快开发高端医疗、中医药特色、康复疗养、休闲养生等健康旅游。大力发展冰雪运动、山地户外运动、水上运动、汽车摩托车运动、航空运动、健身气功养生等体育旅游，将城市大型商场、有条件景区、开发区闲置空间、体育场馆、运动休闲特色小镇、连片美丽乡村打造成体育旅游综合体。

（5）提升旅游产品品质。深入挖掘历史文化、地域特色文化、民族民俗文化、传统农耕文化等，实施中国传统工艺振兴计划，提升传统工艺产品品质和旅游产品文化含量。积极利用新能源、新材料和新科技装备，提高旅游产品科技含量。推广资源循环利用、生态修复、无害化处理等生态技术，加强环境综合治理，提高旅游开发生态含量。

（6）培育壮大市场主体。大力推进旅游领域大众创业、万众创新，开展旅游创客行动，建设旅游创客示范基地，加强政策引导和专业培训，促进旅游领域创业和就业。鼓励各类市场主体通过资源整合、改革重组、收购兼并、线上线下融合等投资旅游业，促进旅游投资主体多元化。培育和引进有竞争力的旅游骨干企业和大型旅游集团，促进规模化、品牌化、网络化经营。落实中小旅游企业扶持政策，引导其向专业、精品、特色、创新方向发展，形成以旅游骨干企业为龙头、大中小旅游企业协调发展的格局。

3.加强旅游服务，提升满意指数

（1）以标准化提升服务品质。完善服务标准，加强涉旅行业从业人员培训，规范服务礼仪与服务流程，增强服务意识与服务能力，塑造规范专业、热情主动的旅游服务形象。

（2）以品牌化提高满意度。按照个性化需求，实施旅游服务质量标杆引领计划和服务承诺制度，建立优质旅游服务商名录，推出优质旅游服务品牌，开展以游客评价为主的旅游目的地评价，不断提高游客满意度。

（3）推进服务智能化。涉旅场所实现免费 Wi-Fi、通信信号、视频监控全覆盖，主要旅游消费场所实现在线预订、网上支付，主要旅游区实现智能导游、电子讲解、实时信息推送，开发建设咨询、导览、导游、导购、导航和分享评价等智能化旅游服务系统。

（4）推行旅游志愿服务。建立旅游志愿服务工作站，制定管理激励制度，开展志愿服务公益行动，提供文明引导、游览讲解、信息咨询和应急救援等服务，打造旅游志愿服务品牌。

（5）提升导游服务质量。加强导游队伍建设和权益保护，指导督促用人单位依法与导游签订劳动合同，落实导游薪酬和社会保险制度，明确用人单位与导游的权利义务，构建和谐稳定的劳动关系，为持续提升导游服务质量奠定坚实基础。全面开展导游培训，组织导游服务技能竞赛，建设导游服务网络平台，切实提高导游服务水平。

4. 加强基础配套，提升公共服务

（1）扎实推进"厕所革命"。加强规划引导、科学布局和配套设施建设，提高城乡公厕管理维护水平，因地制宜推进农村"厕所革命"。加大中央预算内资金、旅游发展基金和地方各级政府投资对"厕所革命"的支持力度，加强厕所技术攻关和科技支撑，全面开展文明用厕宣传教育。在重要旅游活动场所设置第三卫生间，做到主要旅游景区、旅游线路以及客运列车、车站等场所厕所数量充足、干净卫生、实用免费、管理有效。

（2）构建畅达便捷的交通网络。完善综合交通运输体系，加快新建或改建支线机场和通用机场，优化旅游旺季以及通往重点客源地与目的地的航班配置。改善公路通达条件，提高旅游景区可进入性，推进干线公路与重要景区连接，强化旅游客运、城市公交对旅游景区、景点的服务保障，推进城市绿道、骑行专线、登山步道、慢行系统、交通驿站等旅游休闲设施建设，打造具有通达、游憩、体验、运动、健身、文化、教育等复合功能的主题旅游线路。鼓励在国省干线公路和通景区公路沿线增设观景台、自驾车房车营地和公路服务区等设施，推动高速公路服务区向集交通、旅游、生态等服务于一体的复合型服务场所转型升级。

（3）完善集散咨询服务体系。继续建设提升景区服务中心，加快建设全域旅游集散中心，在商业街区、交通枢纽、景点景区等游客集聚区设立旅游咨询服务中心，有效提供景区、线路、交通、气象、海洋、安全、医疗急救等信息与服务。

（4）规范完善旅游引导标识系统。建立位置科学、布局合理、指向清晰的旅游引导标识体系，重点涉旅场所规范使用符合国家标准的公共信息图形符号。

5. 加强环境保护，推进共建共享

（1）加强资源环境保护。强化对自然生态、田园风光、传统村落、历史文化、民族文化等资源的保护，依法保护名胜名城名镇名村的真实性和完整性，严格规划建设管控，保持传统村镇原有肌理，延续传统空间格局，注重文化挖掘和传承，构筑具有地域特征、民族特色的城乡建筑风貌。倡导绿色旅游消费，实施旅游能效提升计划，降低资源消耗，推广使用节水节能产品和技术，推进节水节能型景区、酒店和旅游村镇建设。

（2）推进全域环境整治。积极开展主要旅游线路沿线风貌集中整治，在路边、水边、山边、村边开展净化、绿化、美化行动，在重点旅游村镇实行改厨、改厕、改客房、整理院落和垃圾污水无害化、生态化处理，全面优化旅游环境。

（3）强化旅游安全保障。组织开展旅游风险评估，加强旅游安全制度建设，按照职责分工强化各有关部门安全监管责任。强化安全警示、宣传、引导，完善各项应急预案，定期组织开展应急培训和应急演练，建立政府救助与商业救援相结合的旅游救援体系。加强景点景区最大承载量警示、重点时段游客量调控和应急管理工作，提高景区灾害风险管理能力，强化对客运索道、大型游乐设施、玻璃栈道等设施设备和旅游客运、旅游道路、旅游节庆活动等重点领域及环节的监管，落实旅行社、饭店、景区安全规范。完善旅游保险产品，扩大旅游保险覆盖面，提高保险理赔服务水平。

（4）大力推进旅游扶贫和旅游富民。大力实施乡村旅游扶贫富民工程，通过资源整合积极发展旅游产业，健全完善"景区带村、能人带户"的旅游扶贫模式。通过民宿改造提升、安排就业、定点采购、输送客源、培训指导以及建立农副土特产品销售区、乡村旅游后备厢基地等方式，增加贫困村集体收入和建档立卡贫困人口人均收入。加强对深度贫困地区旅游资源普查，完善旅游扶贫规划，指导和帮助深度贫困地区设计、推广跨区域自驾游等精品旅游线路，提高旅游扶贫的精准性，真正让贫困地区、贫困人口受益。

（5）营造良好社会环境。树立"处处都是旅游环境，人人都是旅游形象"理念，面向目的地居民开展旅游知识宣传教育，强化居民旅游参与意识、形象意识和责任意识。加强旅游惠民便民服务，推动博物馆、纪念馆、全国爱国主义教育示范基地、美术馆、公共图书馆、文化馆、科技馆等免费开放。加强对老年人、残疾人等特殊群体的旅游服务。

6. 实施系统营销，塑造品牌形象

（1）制定营销规划。把营销工作纳入全域旅游发展大局，坚持以需求为导向，树立系统营销和全面营销理念，明确市场开发和营销战略，加强市场推广部门与生产供给部门的协调沟通，实现产品开发与市场开发无缝对接。制定客源市场开发规划和工作计划，切实做好入境旅游营销。

（2）丰富营销内容。进一步提高景点景区、饭店宾馆等旅游宣传推广水

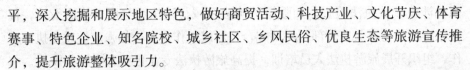

平，深入挖掘和展示地区特色，做好商贸活动、科技产业、文化节庆、体育赛事、特色企业、知名院校、城乡社区、乡风民俗、优良生态等旅游宣传推介，提升旅游整体吸引力。

（3）实施品牌战略。着力塑造特色鲜明的旅游目的地形象，打造主题突出、传播广泛、社会认可度高的旅游目的地品牌，建立多层次、全产业链的品牌体系，提升区域内各类旅游品牌影响力。

（4）完善营销机制。建立政府、行业、媒体、公众等共同参与的整体营销机制，整合利用各类宣传营销资源和渠道，建立推广联盟等合作平台，形成上下结合、横向联动、多方参与的全域旅游营销格局。

（5）创新营销方式。有效运用高层营销、网络营销、公众营销、节庆营销等多种方式，借助大数据分析加强市场调研，充分运用现代新媒体、新技术和新手段，提高营销精准度。

7. 加强规划工作，实施科学发展

（1）加强旅游规划统筹协调。将旅游发展作为重要内容纳入经济社会发展规划和城乡建设、土地利用、海洋主体功能区和海洋功能区划、基础设施建设、生态环境保护等相关规划中，由当地人民政府编制旅游发展规划并依法开展环境影响评价。

（2）完善旅游规划体系。编制旅游产品指导目录，制定旅游公共服务、营销推广、市场治理、人力资源开发等专项规划或行动方案，形成层次分明、相互衔接、规范有效的规划体系。

（3）做好旅游规划实施工作。全域旅游发展总体规划、重要专项规划及重点项目规划应制定实施分工方案与细则，建立规划评估与实施督导机制，提升旅游规划实施效果。

8. 创新体制机制，完善治理体系

（1）推进旅游管理体制改革。加强旅游业发展统筹协调和部门联动，各级旅游部门要切实承担起旅游资源整合与开发、旅游规划与产业促进、旅游监督管理与综合执法、旅游营销推广与形象提升、旅游公共服务与资金管理、旅游数据统计与综合考核等职责。发挥旅游行业协会自律作用，完善旅游监管服务平台，健全旅游诚信体系。

（2）加强旅游综合执法。建立健全旅游部门与相关部门联合执法机制，强化涉旅领域执法检查。加强旅游执法领域行政执法与刑事执法衔接，促进旅游部门与有关监管部门协调配合，形成工作合力。加强旅游质监执法工作，组织开展旅游执法人员培训，提高旅游执法专业化和人性化水平。

（3）创新旅游协调参与机制。强化全域旅游组织领导，加强部门联动，建立健全旅游联席会议、旅游投融资、旅游标准化建设和考核激励等工作机制。

（4）加强旅游投诉举报处理。建立统一受理旅游投诉举报机制，积极运用"12301"智慧旅游服务平台、"12345"政府服务热线以及手机 APP、微信公众号、咨询中心等多种手段，形成线上线下联动、高效便捷畅通的旅游投诉举报受理、处理、反馈机制，做到及时公正，规范有效。

（5）推进文明旅游。加强文明旅游宣传引导，全面推行文明旅游公约，树立文明旅游典型，建立旅游不文明行为记录制度和部门间信息通报机制，促进文明旅游工作制度化、常态化。

9.强化政策支持，认真组织实施

（1）加大财政金融支持力度。通过现有资金渠道，加大旅游基础设施和公共服务设施建设投入力度，鼓励地方统筹相关资金支持全域旅游发展。创新旅游投融资机制，鼓励有条件的地方设立旅游产业促进基金并实行市场化运作，充分依托已有平台促进旅游资源资产交易，促进旅游资源市场化配置，加强监管、防范风险，积极引导私募股权、创业投资基金等投资各类旅游项目。

（2）强化旅游用地用海保障。将旅游发展所需用地纳入土地利用总体规划、城乡规划统筹安排，年度土地利用计划适当向旅游领域倾斜，适度扩大旅游产业用地供给，优先保障旅游重点项目和乡村旅游扶贫项目用地。鼓励通过开展城乡建设用地增减挂钩和工矿废弃地复垦利用试点的方式建设旅游项目。农村集体经济组织可依法使用建设用地自办或以土地使用权入股、联营等方式开办旅游企业。城乡居民可以利用自有住宅依法从事民宿等旅游经营。在不改变用地主体、规划条件的前提下，市场主体利用旧厂房、仓库提供符合全域旅游发展需要的旅游休闲服务的，可执行在五年内继续按原用途和土地权利类型使用土地的过渡期政策。在符合管控要求的前提下，合理有序安排旅游产业用海需求。

（3）加强旅游人才保障。实施"人才强旅、科教兴旅"战略，将旅游人才队伍建设纳入重点人才支持计划。大力发展旅游职业教育，深化校企合作，加快培养适应全域旅游发展要求的技术技能人才，有条件的县市应积极推进涉旅行业全员培训。鼓励规划、建筑、设计、艺术等各类专业人才通过到基层挂职等方式帮扶指导旅游发展。

（4）加强旅游专业支持。推进旅游基础理论、应用研究和学科体系建设，优化专业设置。推动旅游科研单位、旅游规划单位与国土、交通、住建等相关规划研究机构服务全域旅游建设。强化全域旅游宣传教育，营造全社会支持旅游业发展的环境氛围。增强科学技术对旅游产业发展的支撑作用，加快推进旅游业现代化、信息化建设。

各地区、各部门要充分认识发展全域旅游的重大意义，统一思想、勇于创新，积极作为、狠抓落实，确保全域旅游发展工作取得实效。国务院旅游主管部门要组织开展好全域旅游示范区创建工作，会同有关部门对全域旅游发展情况进行监督检查和跟踪评估，重要情况及时报告国务院。

二、对我国旅游业发展的影响

发展全域旅游，将一定区域作为完整旅游目的地，以旅游业为优势产业，统一规划布局、优化公共服务、推进产业融合、加强综合管理、实施系统营销，有利于不断提升旅游业现代化、集约化、品质化、国际化水平，有利于更好满足旅游消费需求。《指导意见》的颁布，标志着全域旅游正式上升为国家战略，是大众旅游时代我国旅游业发展战略的一次新提升。以全域旅游为载体，推动旅游体制机制创新、旅游产业融合发展、旅游公共服务优化、发展成果共建共享，有利于提升区域旅游业的整体实力和综合竞争力，是旅游业更好地服务国家经济社会发展大局的必然要求。

1. 创新了旅游产业体制和机制

《指导意见》将全域旅游作为一项长期性、战略性、全局性任务，作为助力经济社会健康可持续发展的重要突破口，就推进旅游管理体制改革、加强旅游综合执法、积极创新旅游协调参与机制等做出了具体部署，成了旅游行业全面深化改革、实现从部门行为向党政统筹的突破口和助推器，亦成了重要的改革创新平台和现代旅游治理方式。

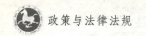

2. 推动了旅游产业融合发展，创新产品供给

《指导意见》深入贯彻党的十九大和两会精神，就发展全域旅游要重点落实的八方面任务分别进行了深入阐述。其中，促进旅游产业融合发展，列为八项任务之首，诠释了产业融合是全域旅游发展的基石。

3. 激发了公共服务的潜力

便捷化、高质量、全覆盖的旅游公共服务既是发展全域旅游的基础条件，又是更好地满足人民日益增长的美好生活需要的重要保障。因此，发展全域旅游、建设现代化的旅游目的地体系，应在《指导意见》的指引下，加大建设力度，完善内容体系，提高运行质量，构建与全域旅游发展相匹配的旅游公共服务体系。

总而言之，全域旅游是顺应新时代我国人民美好旅游生活需要而产生的旅游发展理念和模式，必将随着人民美好生活水平不断提高而持续深入发展，并进而成为我国旅游发展普遍适用的理念和模式。作为国务院办公厅代表中央政府对促进全域旅游发展所进行的系统、全面部署，《指导意见》具有极大的权威性和很强的指导性，在对全域旅游发展道路的充分肯定和思想动员的基础上，亦必将对我国旅游业发展发挥重大的推动作用和深远的影响。

第三节 《关于促进乡村旅游可持续发展的指导意见》

乡村旅游是旅游业的重要组成部分，是实施乡村振兴战略的重要力量，在加快推进农业农村现代化、城乡融合发展、贫困地区脱贫攻坚等方面发挥着重要作用。为深入贯彻落实《中共中央　国务院关于实施乡村振兴战略的意见》（中发〔2018〕1号）和《乡村振兴战略规划（2018—2022年）》，推动乡村旅游提质增效，促进乡村旅游可持续发展，加快形成农业农村发展新动能，文化和旅游部、国家发展改革委等17部门于2018年12月10日联合印发《关于促进乡村旅游可持续发展的指导意见》（文旅资源发〔2018〕98号）（以下简称《指导意见》）。《指导意见》的出台有利于引导实现农民致富、投资者获得合理回报、乡村环境持续美化的共赢格局，对于区域乡村产业振兴具有重要意义。

一、《指导意见》的主要内容

1.总体要求

（1）指导思想。全面贯彻党的十九大和十九届二中、三中全会精神，以习近平新时代中国特色社会主义思想为指导，牢固树立新发展理念，落实高质量发展要求，紧紧围绕统筹推进"五位一体"总体布局和协调推进"四个全面"战略布局，按照产业兴旺、生态宜居、乡风文明、治理有效、生活富裕的总要求，从农村实际和旅游市场需求出发，强化规划引领，完善乡村基础设施建设，优化乡村旅游环境，丰富乡村旅游产品，促进乡村旅游向市场化、产业化方向发展，全面提升乡村旅游的发展质量和综合效益，为实现我国乡村全面振兴作出重要贡献。

（2）基本原则。

①生态优先，绿色发展。践行绿水青山就是金山银山的理念，注重开发与保护并举，统筹考虑资源环境承载能力和发展潜力，加强对乡村生态环境和乡村特色风貌的保护，强化有序开发、合理布局，避免急功近利、盲目发展。

②因地制宜，特色发展。根据区域特点和资源禀赋，以市场为导向，因地制宜，科学规划，积极开发特色化、差异化、多样化的乡村旅游产品，防止大拆大建、千村一面和城市化翻版、简单化复制，避免低水平同质化竞争。

③以农为本，多元发展。坚持以农民为受益主体，以农业农村为基本依托，尊重农民意愿，注重农民的全过程参与，调动农民积极性与创造性，加大政府的支持和引导力度，吸引更多的社会资本和经营主体投入乡村旅游的发展，释放乡村旅游发展活力。

④丰富内涵，品质发展。挖掘乡村传统文化和乡俗风情，加强乡村文物保护利用和文化遗产保护传承，吸收现代文明优秀成果，在保护传承基础上创造性转化、创新性发展，提升农村农民精神面貌，丰富乡村旅游的人文内涵，推动乡村旅游精品化、品牌化发展。

⑤共建共享，融合发展。整合资源，部门联动，统筹推进，加快乡村旅游与农业、教育、科技、体育、健康、养老、文化创意、文物保护等领域深度融合，培育乡村旅游新产品新业态新模式，推进农村一二三产业融合发展，实现农业增效、农民增收、农村增美。

（3）主要目标。到 2022 年，旅游基础设施和公共服务设施进一步完善，乡村旅游服务质量和水平全面提升，富农惠农作用更加凸显，基本形成布局合理、类型多样、功能完善、特色突出的乡村旅游发展格局。

2.加强规划引领，优化区域布局

（1）优化乡村旅游区域整体布局。推动旅游产品和市场相对成熟的区域、交通干线和 A 级景区周边的地区深化开展乡村旅游，支持具备条件的地区打造乡村旅游目的地，促进乡村旅游规模化、集群化发展。鼓励东部地区围绕服务中心城市，重点推进环都市乡村旅游度假带建设，提升乡村旅游产品品质，推动乡村旅游目的地建设；鼓励中西部地区围绕脱贫攻坚，重点推动乡村旅游与新型城镇化有机结合，合理利用古村古镇、民族村寨、文化村镇，打造"三区三州"深度贫困地区旅游大环线，培育一批乡村旅游精品线路；鼓励东北地区依托农业、林业、避暑、冰雪等优势，重点推进避暑旅游、冰雪旅游、森林旅游、康养旅游、民俗旅游等，探索开展乡村旅游边境跨境交流，打造乡村旅游新高地。

（2）促进乡村旅游区域协同发展。加强东、中西部旅游协作，促进旅游者和市场要素流动，形成互为客源、互为市场、互动发展的良好局面。加强乡村旅游产品与城市居民休闲需求的对接，统筹城乡基础设施和公共服务，加大城市人才、智力资源对乡村旅游的支持，促进城乡间人员往来、信息沟通、资本流动，加快城乡一体化发展进程。注重旅游资源开发的整体性，鼓励相邻地区打破行政壁垒，统筹规划，协同发展。依托风景名胜区、历史文化名城名镇名村、特色景观旅游名镇、传统村落，探索名胜名城名镇名村"四名一体"全域旅游发展模式。

（3）制定乡村旅游发展规划。各地区要将乡村旅游发展作为重要内容纳入经济社会发展规划、国土空间规划以及基础设施建设、生态环境保护等专项规划，在规划中充分体现乡村旅游的发展要求。支持有条件的地区组织开展乡村旅游资源普查和发展状况调查，编制乡村旅游发展规划，鼓励突破行政区域限制，跨区域整合旅游资源，制定区域性乡村旅游发展规划。乡村旅游发展规划要符合当地实际，强化乡土风情、乡居风貌和文化传承，尊重村民发展意愿，落实国土空间规划有关要求，注重规划衔接与落地实施。严格保护耕地，落实永久基本农田控制线并实行特殊保护。独立编制的乡村旅游发展规划应符合镇规划、乡规划和村庄规划的有关要求。

3. 完善基础设施，提升公共服务

（1）提升乡村旅游基础设施。结合美丽乡村建设、新型城镇化建设、移民搬迁等工作，实施乡村绿化、美化、亮化工程，提升乡村景观，改善乡村旅游环境。加快交通干道、重点旅游景区到乡村旅游地的道路交通建设，提升乡村旅游的可进入性。鼓励有条件的旅游城市与游客相对聚集乡村旅游区间开通乡村旅游公交专线、乡村旅游直通车，方便城市居民和游客到乡村旅游消费。完善农村公路网络布局，加快乡镇、建制村硬化路"畅返不畅"整治，提高农村公路等级标准，鼓励因地制宜发展旅游步道、登山步道、自行车道等慢行系统。引导自驾车房车营地、交通驿站建设向特色村镇、风景廊道等重要节点延伸布点，定期发布乡村旅游自驾游精品线路产品。加强乡村旅游供水供电、垃圾污水处理以及停车、环卫、通信等配套设施建设，提升乡村旅游发展保障能力。

（2）完善乡村旅游公共服务体系。实施"厕所革命"新三年计划，引进推广厕所先进技术。结合乡村实际因地制宜进行厕所建设、改造和设计，注重与周边和整体环境布局协调，尽量体现地域文化特色，配套设施始终坚持卫生实用，反对搞形式主义、奢华浪费。积极组织开展"厕所革命"公益宣传活动，深入开展游客、群众文明如厕教育。推动建立乡村旅游咨询服务体系，在有条件、游客数量较大的乡村旅游区建设游客咨询服务中心，进一步完善乡村旅游标志标牌建设，强化解说、信息咨询、安全救援等服务体系建设，完善餐饮住宿、休闲娱乐、户外运动、商品购物、文化展演、民俗体验等配套服务，促进乡村旅游便利化。加快推动乡村旅游信息平台建设，完善网上预订、支付、交流等功能，推动乡村旅游智慧化。

4. 丰富文化内涵，提升产品品质

（1）突出乡村旅游文化特色。在保护的基础上，有效利用文物古迹、传统村落、民族村寨、传统建筑、农业遗迹、灌溉工程遗产、农业文化遗产、非物质文化遗产等，融入乡村旅游产品开发。促进文物资源与乡村旅游融合发展，支持在文物保护区域因地制宜适度发展服务业和休闲农业，推介文物领域研学旅行、体验旅游、休闲旅游项目和精品旅游线路，发挥文物资源对提高国民素质和社会文明程度、推动经济社会发展的重要作用。支持农村地区地域特色文化、民族民间文化、优秀农耕文化、传统手工艺、优秀戏曲曲艺等传承发展，创新表现形式，开发一批乡村文化旅游产品。依托乡村旅游创客基地，推动传统工艺品的生产、设计等和发展乡村旅游有机结合。鼓励乡村与专业艺术院团合作，打造特色鲜明、体现地方人文的文化旅游精品。大力发展乡村特色文化产业。支持在乡村地区开展红色旅游、研学旅游。

（2）丰富乡村旅游产品类型。对接旅游者观光、休闲、度假、康养、科普、文化体验等多样化需求，促进传统乡村旅游产品升级，加快开发新型乡村旅游产品。结合现代农业发展，建设一批休闲农业精品园区、农业公园、农村产业融合发展示范园、田园综合体、农业庄园，探索发展休闲农业和乡村旅游新业态。结合乡村山地资源、森林资源、水域资源、地热冰雪资源等，发展森林观光、山地度假、水域休闲、冰雪娱乐、温泉养生等旅游产品。鼓励有条件地区，推进乡村旅游和中医药相结合，开发康养旅游产品。充分利用农村土地、闲置宅基地、闲置农房等资源，开发建设乡村民宿、养老等项目。依托当地自然和文化资源禀赋发展特色民宿，在文化传承和创意设计上实现提升，完善行业标准、提高服务水平、探索精准营销，避免盲目跟风和低端复制，引进多元投资主体，促进乡村民宿多样化、个性化、专业化发展。鼓励开发具有地方特色的服饰、手工艺品、农副土特产品、旅游纪念品等旅游商品。

（3）提高乡村旅游服务管理水平。制定完善乡村旅游各领域、各环节服务规范和标准，加强经营者、管理者、当地居民等技能培训，提升乡村旅游服务品质。提升当地居民旅游观念和服务意识，提升文明习惯、掌握经营管理技巧。鼓励先进文化、科技手段在乡村旅游产品体验和服务、管理中的运用，增加乡村旅游发展的知识含量。大力开展专业志愿者支援乡村行动，鼓励专业人士参与乡村景观设计、乡村旅游策划等活动。探索运用连锁式、托管式、共享式、会员制、分时制、职业经理制等现代经营管理模式，提升乡村旅游的运营能力和管理水平。

5. 创建旅游品牌，加大市场营销

（1）培育构建乡村旅游品牌体系。树立乡村旅游品牌意识，提升品牌形象，增强乡村旅游品牌的影响力和竞争力。鼓励各地整合乡村旅游优质资源，推出一批特色鲜明、优势突出的乡村旅游品牌，构建全方位、多层次的乡村旅游品牌体系。建立全国乡村旅游重点村名录，开展乡村旅游精品工程，培育一批全国乡村旅游精品村、精品单位。鼓励具备条件的地区集群发展乡村旅游，积极打造有影响力的乡村旅游目的地。支持资源禀赋好、基础设施完善、公共服务体系健全的乡村旅游点申报创建 A 级景区、旅游度假区、特色小镇等品牌。

（2）创新乡村旅游营销模式。发挥政府积极作用，鼓励社会力量参与乡村旅游宣传推广和中介服务，鼓励各地开展乡村旅游宣传活动，拓宽乡村旅游客源市场。依托电视、电台、报纸等传统媒体资源，利用旅游推介会、博览会、节事活动等平台，扩大乡村旅游宣传。充分利用新媒体自媒体，支持电商平台开设乡村旅游频道，开展在线宣传推广和产品销售等。

6. 注重农民受益，助力脱贫攻坚

（1）探索推广发展模式。支持旅行社利用客源优势，最大限度宣传推介旅游资源并组织游客前来旅游，并通过联合营销等方式共同开发市场的"旅行社带村"模式。积极推进景区辐射带动周边发展乡村旅游，形成乡村与景区共生共荣、共建共享的"景区带村"模式。大力支持懂经营、善管理的本地及返乡能人投资旅游，以吸纳就业、带动创业的方式带动农民增收致富的"能人带户"模式。不断壮大企业主导乡村旅游经营，吸纳当地村民参与经营或管理的"公司＋农户"模式。引导规范专业化服务与规模化经营相结合的"合作社＋农户"模式。鼓励各地从实际出发，积极探索推广多方参与、机制完善、互利共赢的新模式新做法，建立定性定量分析的工作台账，总结推广旅游扶贫工作。

（2）完善利益联结机制。突出重点，做好深度贫困地区旅游扶贫工作。建立健全多元的利益联结机制，让农民更好分享旅游发展红利，提高农民参与性和获得感。探索资源变资产、资金变股金、农民变股东的途径，引导村集体和村民利用资金、技术、土地、林地、房屋以及农村集体资产等入股乡村旅游合作社、旅游企业等获得收益，鼓励企业实行保底分红。支持在贫困地区实施一批以乡村民宿改造提升为重点的旅游扶贫项目，引导贫困群众对闲置农房升级改造，指导各地在明晰产权的基础上，建立有效的带贫减贫机制，增加贫困群众收益。支持当地村民和回乡人员创业，参与乡村旅游经营和服务。鼓励乡村旅游企业优先吸纳当地村民就业。

7. 整合资金资源，强化要素保障

（1）完善财政投入机制。加大对乡村旅游项目的资金支持力度。鼓励有条件、有需求的地方统筹利用现有资金渠道，积极支持提升村容村貌，改善乡村旅游重点村道路、停车场、厕所、垃圾污水处理等基础服务设施。按规定统筹的相关涉农资金可以用于培育发展休闲农业和乡村旅游。

（2）加强用地保障。各地应将乡村旅游项目建设用地纳入国土空间规划和年度土地利用计划统筹安排。在符合生态环境保护要求和相关规划的前提下，鼓励各地按照相关规定，盘活农村闲置建设用地资源，开展城乡建设用地增减挂钩，优化建设用地结构和布局，促进休闲农业和乡村旅游发展，提高土地节约集约利用水平。鼓励通过流转等方式取得属于文物建筑的农民房屋及宅基地使用权，统一保护开发利用。在充分保障农民宅基地用益物权的前提下，探索农村集体经济组织以出租、入股、合作等方式盘活利用闲置宅基地和农房，按照规划要求和用地标准，改造建设乡村旅游接待和活动场所。支持历史遗留工矿废弃地再利用、荒滩等未利用土地开发乡村旅游。

（3）加强金融支持。鼓励金融机构为乡村旅游发展提供信贷支持，创新金融产品，降低贷款门槛，简化贷款手续，加大信贷投放力度，扶持乡村旅游龙头企业发展。依法合规推进农村承包土地的经营权、农民住房财产权抵押贷款业务，积极推进集体林权抵押贷款、旅游门票收益权质押贷款业务，扩大乡村旅游融资规模，鼓励乡村旅游经营户通过小额贷款、保证保险实现融资。鼓励保险业向乡村旅游延伸，探索支持乡村旅游的保险产品。

（4）加强人才队伍建设。将乡村旅游纳入各级乡村振兴干部培训计划，加强对县、乡镇党政领导发展乡村旅游的专题培训。通过专题培训、送教上门、结对帮扶等方式，开展多层次、多渠道的乡村旅游培训。各级人社、农业农村、文化和旅游、扶贫等部门要将乡村旅游人才培育纳入培训计划，加大对乡村旅游的管理人员、服务人员的技能培训，培养结构合理、素质较高的乡村旅游从业人员队伍。开展乡村旅游创客行动，组织引导大学生、文化艺术人才、专业技术人员、青年创业团队等各类"创客"投身乡村旅游发展，促进人才向乡村流动，改善乡村旅游人才结构。

各地各部门要把乡村旅游可持续、高质量发展作为实施乡村振兴战略的

重要举措，统筹乡村旅游发展工作，结合实际出台落实意见或实施方案，明确部门工作职责，建立督导机制，形成推动乡村旅游发展的强大合力，推动各项任务贯彻落实。

二、对我国旅游业发展的影响

1. 有利于促进乡村旅游市场化、产业化发展

随着我国城镇化水平的不断提高，乡村旅游的市场规模将持续扩大，我国乡村旅游资源丰富，开发潜力巨大。《指导意见》提出加强规划引领，引导各地将乡村旅游的发展作为重要内容纳入地方经济社会发展、城乡建设、土地利用、基础设施建设、生态环境保护等相关规划中，使乡村旅游成为地区整体发展的重要组成部分，与乡村振兴中的相关产业融合发展，整合区域资源，形成发展合力，促进乡村旅游规模化、集群化发展。

2. 有利于全面提升乡村旅游的发展质量

《指导意见》准确瞄准当前乡村旅游存在的一些问题及症结，提出因地制宜、特色发展措施，指出促进乡村旅游提质增效，真正把农民劳动生活、乡村风情风貌、农业产业特色体现出来。促进农业与旅游的融合发展，依托农业产业资源，丰富乡村旅游的内容，提升传统农业的附加值。促进文化和旅游的融合发展，依托乡村地区独特的历史、习俗、传统技艺、节庆活动等乡土文化资源，丰富乡村旅游的文化内涵。促进生态与旅游的融合发展，大力开发乡村生态服务产品。丰富乡村旅游产品体系，推动乡村旅游转型升级，制定完善服务规范和标准，提升乡村旅游产品的内涵与品质，推动乡村旅游精品化、品牌化发展。

3. 有利于更大发挥乡村旅游的综合带动作用

《指导意见》的出台是对党的十九大提出的实施乡村振兴战略的进一步落实，通过发展乡村旅游，加强农村自然生态和文化生态环境的保护，留住青山绿水和田园风光，保护传承文化遗产和优秀传统文化。并通过吸收现代文明，进一步提升农民的受教育程度、文化素养和精神面貌，通过乡村旅游的引领作用，健全自治、法治、德治相结合的乡村治理体系。提升乡村旅游基础设施，完善乡村旅游公共服务体系，推动本地村民与旅游者对环境与服务的共享，优化农民生活环境，促进农民广泛参与乡村旅游发展中，更好分

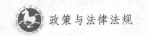

享旅游发展红利。借助乡村旅游的带动作用，实现农民增收，把乡村旅游业态打造成农民就业增收、实现乡村振兴的新增长极。

第四节 《文化和旅游部关于实施旅游服务质量提升计划的指导意见》

旅游是新时代人民美好生活和精神文化需求的重要内容，是人民群众获得感和幸福感的重要体现，是展示国家形象和国民素质的重要窗口。良好的旅游市场秩序是企业依法诚信经营和公民文明素养的集中反映，也是社会综合治理水平的集中体现。我国旅游业经过几十年的快速发展，正在进入提高管理服务水平、提升旅游品质的大众旅游新阶段，但是旅游市场中存在的虚假宣传、强迫消费、安全卫生等问题在有些地区依然较为突出。为进一步提高旅游管理服务水平，提升旅游品质，推动旅游业高质量发展，根据《中共中央 国务院关于开展质量提升行动的指导意见》（中发〔2017〕24 号），文化和旅游部于 2019 年 1 月 6 日印发《文化和旅游部关于实施旅游服务质量提升计划的指导意见》（文旅市场发〔2019〕12 号）（以下简称《指导意见》）。

一、《指导意见》的主要内容

1. 总体要求

（1）指导思想。以习近平新时代中国特色社会主义思想为指导，按照"创新、协调、绿色、开放、共享"的发展理念，着力解决影响广大游客旅游体验的重点问题和主要矛盾，推动旅游业高质量发展。

（2）基本原则。①坚持政府、市场主体、行业组织、个人 4 个层面协同推进；②坚持加强和改进市场监管，完善旅游管理政策，支持、引导和规范市场主体健康发展；③坚持落实市场主体责任，增强内生动力，提高旅游服务提供者提升旅游服务质量的自觉性；④坚持发挥行业组织的协调作用和行业标准的引领作用，强化行业自律，提升旅游管理和服务水准；⑤坚持提升从业人员专业素养和业务能力，调动广大从业人员提升旅游服务质量的积极性和主动性。

（3）发展目标。到 2020 年，促进旅游服务质量提升的政策合力进一步增强，市场秩序进一步规范，旅游的舒适度进一步提升，旅游市场环境和消费环境进一步改善，旅游服务成为中国服务的重要代表，为质量强国建设做出积极贡献。

2.主要任务

通过提升旅游区点、旅行社的服务水平，规范和优化旅游住宿、在线旅游经营服务，提高导游和领队业务能力，建立完善旅游信用体系，不断增强旅游市场秩序治理能力，提升旅游服务质量，推动旅游业高质量发展。

（1）提升旅游区点服务水平。

旅游区点是主要的旅游场所，是激发游客出游需求的重要因素，因此持续提升旅游区点软硬件水平，对提高旅游服务质量具有重要意义。

①政府行动。完善、细化、落实A级旅游景区复核和退出机制，坚决清退不符合标准的A级旅游景区；全面落实景区流量控制制度，加快推广景区门票网上预约制度，依法落实旅游景区最大承载量核定要求，及时发布客流预警信息，引导游客合理安排出行，避免滞留拥堵；严格实施旅游度假区和生态旅游示范区标准，加大复核工作力度；持续抓好全国红色旅游经典景区建设。

②市场主体和行业组织行动。A级旅游景区要完善旅游引导标志，标志应布局合理、科学设置、制作精良。5A级旅游景区应采用至少有中英文的导览标志，中英文对照说明要准确、科学，不能有错字、错译和语病。A级旅游景区应提升游客消费便利化程度，景区消费不得拒收现金，5A级旅游景区可协调增设外币兑换点。A级旅游景区和具备条件的行业组织应针对景区管理人员、一线服务人员开展管理实务、日常业务、应急处置等培训，提升服务专业性。

（2）优化旅游住宿服务。

旅游住宿业是旅游业的重要支柱，也是提高旅游服务质量的关键领域。旅游住宿业在卫生方面的问题频发，引发社会广泛关注。因此，要全面落实标准化、规范化服务，发展和改善个性化、特色化服务，持续提高服务水平。

①政府行动。加快修订星级饭店国家标准，强化星级饭店评定复核工作，建立动态监管机制。联合相关部门对卫生、食品安全、消防安全等重点环节开展抽查，对不达标的星级饭店坚决取消星级；以星级饭店为基础，开展旅游住宿业监管试点工作，研究制定管理办法，探索有效监管方式；加强

对旅游住宿新业态的引导和管理。加强旅游住宿新业态标准的制定和推广，完善乡村旅游服务标准，推动民宿行业标准全面实施，出台《旅游民宿设施与服务规范》国家标准，推动乡村民宿服务质量提档升级。引导和规范城市民宿有序发展。出台支持政策，加快培育一批特色鲜明的文化主题旅游饭店、精品旅游饭店。进一步提高汽车露营地、汽车旅馆等住宿新业态的服务水平。举办旅游住宿业服务技能竞赛活动。

②市场主体和行业组织行动。星级饭店应提升游客消费便利化程度，不得拒收现金。高星级饭店可协调增设外币兑换点，能为境外游客提供手机卡入网、购买火车票、租车等方面的便利服务；星级饭店要优化对一线服务人员的奖惩措施，进一步增强服务人员的职业责任感；民宿业主和从业人员要主动学习相关标准和规范，提升服务技能和管理能力；相关行业协会要切实增强凝聚行业共识和加强行业自律的能力，充分发挥在提升旅游住宿业服务质量方面的重要作用。

（3）提升旅行社服务水平。

旅行社是整合旅游要素的龙头企业，也是服务质量问题比较集中的领域。要针对旅行社服务不规范、不透明、不诚信等重点问题，不断提高服务水平。

①政府行动。完善旅行社退出机制，依法依规清理一批不缴纳旅行社质量保证金、长期未经营业务和违法违规的旅行社；全面开展旅行社等级评定及复核行动，进一步提高旅行社管理水平和综合竞争力；规范旅行社经营活动，推动服务信息透明化，防范旅行社领域系统性经营风险；探索建立优质旅游服务承诺标识和管理制度，建立完善优质旅游服务品牌培育、评价和推广机制。积极参与"中国品牌日"活动。

②市场主体和行业组织行动。旅行社要完善内部管理、人员培训制度，不断规范服务流程，对照《旅行社等级的划分与评定》标准，全面提高服务水平；各级旅行社协会要加强旅行社行业自律，通过开展旅游线路创意设计大赛、旅行社服务技能大赛等方式，推动旅行社增强新产品研发能力，提升旅游综合服务技能。

（4）规范在线旅游经营服务。

在线旅游经营服务是互联网时代新型的旅游经营和服务方式，也是服务质量提升的关键领域，要切实解决在线旅游经营服务出现的新问题，推动在线旅游行业健康可持续发展。

①政府行动。制定在线旅游经营服务管理相关规定，规范在线旅游企业经营服务行为；建立符合在线旅游经营服务规律的市场检查制度，依法依规实施监督检查；会同市场监管、公安、网信、电信主管等部门开展市场监督检查和联合执法，打击违法违规经营行为；引导和支持在线旅游企业成立行业组织，发挥其沟通、协调、监督和研究等作用，加强行业自律、倡导诚信经营，提升服务质量。

②市场主体和行业组织行动。在线旅游企业应不断完善风险提示、信息披露、资质审核、应急管理等制度，提供良好的在线旅游消费环境；在线旅游企业应全面排查境内外自助游产品，发现不合格自助游产品立即下架，对涉及高风险的攀岩、冲浪、浮潜等自助游项目，在宣传销售等环节加强安全风险提示；在线旅游企业和行业组织可制定相关服务标准，充分发挥游客网络评价的监督作用，不断提升服务质量。

（5）提高导游和领队业务能力。

导游和领队是旅游服务和形象的重要窗口，是传承和弘扬中华优秀文化和社会主义核心价值观的重要力量，是提升旅游服务质量的关键因素。要下大力气解决导游和领队服务意识不强、专业技能不高、职业素养不足、执业保障不够等问题，不断提高其服务能力。

①政府行动。完善导游人员资格考试和等级考核制度，提升中高级导游员在导游队伍中的比重，增强导游的职业自尊和荣誉感。实施导游和领队专业素养研培计划。加强国情和执业地区省情、市情、乡情以及旅游区点的历史、人文、地理、气候等应知应会的通识类知识储备，不断提升导游和领队文化底蕴、理解能力、表达能力和外语能力，增强主动传承和弘扬社会主义核心价值观的意识。开展应急培训和演练，增强应急处置、沟通协调和风险防控能力。建立完善校企合作培训机制，充分发挥高校、旅游职业院校、研究机构等师资和设施等优势，建立并巩固一批研培基地，提升研培质量。用5年左右的时间，实现对全国持证导游轮训一遍的目标，有条件的地方可由导游行业组织来承担导游培训任务。加快推进导游体制机制改革工作。探索建立体现导游专业技能、职业素养、执业贡献、从业年限等综合因素的职

业评价制度，促进导游薪酬和社会保险制度落实，依法保障导游合法劳动权益。举办导游大赛，培育一批职业素养好、服务技能强的先进典型。

②市场主体和行业组织行动。市场主体和导游行业组织应加强对专职和兼职导游人员的管理，完善导游和领队的培训和管理制度，有条件的企业可制定领队执业相关标准。旅游区点可探索聘请专业技术人员特别是退休专家、教师等从事专业讲解工作。导游等行业组织要维护导游和领队的合法权益，加强对先进人物和典型事迹的宣传推广，表彰一批优秀人员，提升职业荣誉感。

（6）增强旅游市场秩序治理能力。

平稳有序的旅游市场秩序是现代治理能力的重要体现，是旅游服务质量提升的重要指标。要不断增强发现旅游市场秩序薄弱环节、解决当前突出矛盾和长期积累矛盾的能力，提升治理水平，推动旅游市场秩序持续向好。

①政府行动。提升发现问题的能力。加强旅游市场秩序舆情监测，及时发现问题、妥善处置、总结经验，并据此完善相关政策和制度。全面梳理本地区旅游市场秩序问题的特点和规律，对具有本地个性特点的问题，出台有针对性的整治措施。对本地旅游市场秩序问题要有研判和预防措施。按照"谁审批、谁监管，谁主管、谁监管"的原则，强化旅游市场综合监管，对具有共性的"黑社""黑导""黑车"和"黑店"等违法违规行为，联合市场监管、公安等部门，加大打击力度。保持对"不合理低价游"、强迫或者变相强迫消费、虚假宣传等高频违法行为的高压态势。畅通旅游投诉渠道，制定旅游市场"诉转案"工作规范，推进"诉转案"、行政执法与刑事司法相衔接工作，加强有效衔接，实现高效处理。及时公布违法违规典型案例，强化震慑；加强执法队伍建设，强化法制宣传教育，完善执法培训体系，提高执法办案量，提升执法程序规范化水平，不断增强执法人员的执法办案能力。创新监管方式，提高监管能力。全面推广使用全国旅游监管服务平台，运用大数据实现精准监管和分类监管。支持和鼓励重点旅游地区先行先试，创新现代旅游治理机制。

②市场主体和行业组织行动。市场主体须自觉遵守《中华人民共和国旅游法》等相关法律法规，增强依法规范经营意识，注重培育和提升企业形象；旅游协会等行业组织应创新活动形式，通过活动、培训、研讨会、行业

评奖等多种形式，大力倡导依法规范经营。

（7）建立完善旅游信用体系。

信用是市场的基石，信用制度是旅游服务质量提升的重要保障。要适应旅游市场监管的新形势新需要，以建立"黑名单"和"重点关注名单"制度为突破口，加快建立以信用监管为核心的新型旅游监管制度，不断完善旅游信用体系。

①政府行动。建立"黑名单"制度。出台旅游市场黑名单管理办法，将具有严重违法失信行为的旅游市场主体和从业人员、人民法院认定的失信被执行人列入全国或地方旅游市场黑名单，实施惩戒。建立"重点关注名单"制度。出台旅游市场重点关注名单管理办法，将具有违法失信行为的旅游市场主体、从业人员列入重点关注名单，实施惩戒。支持和鼓励社会力量积极参与旅游行业信用建设，推进征信、评信与用信。

②市场主体和行业组织行动。旅游市场主体和从业人员应将诚信作为服务的基本理念和自觉行为，不断提升企业诚信口碑；行业组织应完善行规行约，组织开展行业诚信建设、质量评议等活动，促进行业规范诚信经营。

3. 保障措施

（1）加强组织领导。①地方各级文化和旅游行政部门要充分认识旅游服务质量提升工作的重要意义，将旅游服务质量提升工作纳入地方各级政府质量提升工作总体部署，建立旅游服务质量提升的领导机制和协调机制，加强与市场监管、公安、网信、电信主管等部门的合作，明确职责分工；②要结合本地实际情况，研究制订具体落实方案，可适当扩展相关内容，突出创新和地方特色；③要将任务分解和统筹协调结合起来，分阶段、分步骤组织实施，确保旅游服务质量提升工作取得实效。

（2）加强标准建设。①要以标准实施促进质量提升，重点加强旅游新业态和产业融合类旅游服务标准的制定修订工作，对照国际先进标准，修订和完善国内旅游服务标准；②加大旅游服务标准的宣传贯彻和培训力度，尤其要对游客宣传旅游标准，使游客了解优质旅游服务应达到的相应水平，增强监督能力，倒逼旅游经营者提升服务质量；③要开展旅游标准化试点工作，创新旅游服务标准化管理体制，形成政府、市场主体和行业组织协调配合、共同推进的工作格局。

（3）加强政策保障。①要围绕旅游服务质量发展目标，加大对旅游服务质量提升的政策扶持力度，要推动政府部门向社会购买优质旅游服务；②要将旅游服务质量教育纳入旅游教育培训体系，引导建立高等院校、科研院所、行业协会和旅游企业共同参与的旅游服务质量教育网络；③各地可结合实际，对在旅游服务质量提升方面取得突出成绩的单位和个人给予奖励。

（4）加强效果评估。①要加强对旅游服务质量提升计划落实情况的跟踪评估，逐步建立和完善旅游服务质量评价体系，并于2019年11月底前和2020年11月底前向文化和旅游部报送本地旅游服务质量提升计划落实情况，提出意见建议。②文化和旅游部将对各地落实情况开展第三方评估。

二、对我国旅游业发展的影响

1. 旅游业发展的质量意识需要不断增强

从旅游业发展的实际情况看，尽管近年来我国旅游业发展速度很快，已经形成了全世界最大的国内旅游市场，但我国旅游市场秩序依然不容乐观，旅游市场中存在的虚假宣传、强迫消费、安全卫生等问题在有些地区依然较为突出。与此同时，我国正在从服务业大国向服务业强国跨越，作为"中国服务"的重要代表，旅游业特别需要在提升服务质量方面走在前列，这就需要我们把认识进一步统一到旅游服务质量的提升上来。

2. 旅游服务质量既需要守住"底线"，又需要争取"高线"

一方面，当前我国社会主义市场经济体制处于持续改革完善之中，各种矛盾和问题都会不同程度地反映到旅游业上。同时，我们正处于大众旅游新阶段，政府部门监管不完善、旅游企业运营不规范、旅游消费者不理性等阶段性特征还存在。因此，《指导意见》特别强调要守住旅游服务质量的"底线"。另一方面，游客的旅游需求正从过去的"有没有"转变为现在的"好不好"，特别是市场进一步分层、旅游目的地之间竞争日趋激烈，这要求我们采取各种措施实现旅游服务的个性化、精细化和品牌化。因此，《指导意见》除了要求守住"底线"之外，还对促进旅游优质服务提出了一系列"高线"要求。

3. 旅游服务质量提升计划需要注重系统推进的方法

旅游服务质量提升不是零敲碎打，而是一个系统工程，需要多管齐下。

《指导意见》特别要求,在主体方面"坚持政府、市场主体、行业组织、个人4个层面协同推进"。政府应着重抓监管和政策;行业组织应抓协调和标准引领,强化行业自律;从业人员则应在提高自身专业素养和业务能力上下功夫。《指导意见》对各个主体承担的责任均做了明确部署,这有利于各个主体对照做好自身工作。而在内容上,《指导意见》从当前最突出的七个领域提出了具体要求,包括旅游区点、旅游住宿、旅行社、在线旅游、导游和领队、旅游市场秩序、旅游信用体系等旅游供给主要环节。

4. 旅游质量中突出问题的解决需要标本兼治

《指导意见》提出,到2020年,政策合力进一步增强,市场秩序进一步规范,旅游的舒适度进一步提升,旅游市场环境和消费环境进一步改善。要实现这一目标,就需要围绕现阶段的重点、热点、难点开展工作。在重点方面,A级旅游景区、星级饭店、旅行社、导游等既是文化和旅游部门监管的主要领域,也是关系旅游服务质量的重要环节。在热点方面,《指导意见》针对广大游客反映集中的旅游服务质量问题,如针对节假日景区拥堵问题、一些旅游场所不收现金问题、新型民宿发展问题、导游素质问题等作出了安排部署。在难点方面,《指导意见》没有回避矛盾,而是"敢啃硬骨头",明确提出既要治标更要治本,如针对在线旅游乱象、长期困扰旅游业健康发展的不合理低价游等问题,提出采取一系列制度来不断夯实旅游市场秩序治理的基石。

5. 在保障上需要抓深抓实、务求实效

考虑到旅游服务质量提升工作的整体性和各地实际,《指导意见》一方面突出顶层设计和普适性要求,提出旅游服务质量提升的方向性指导;另一方面也就一些关键性问题进行了明确部署,并为各地政府、企业和行业协会结合实际提升旅游服务质量留出了空间。这就要求各级文化和旅游部门以高度的责任感结合本地实际情况,研究制订具体落实方案;根据所在地区旅游业的发展阶段,适当扩展相关内容,突出创新和地方特色。此外,为了提高实效,《指导意见》还提出要逐步建立和完善旅游服务质量评价体系,文化和旅游部也将对各地落实情况开展评估。

第五章
"十三五"旅游业发展规划

本章导读 ▶▶▶

【本章概述】 本章内容主要包括《中华人民共和国"十三五"旅游业发展规划》(以下简称《规划》)的含义、制定意义,"十二五"旅游业发展成就,"十三五"旅游业发展机遇和发展趋势,《规划》的指导思想与基本原则、主要目标与任务。

【学习要求】 了解《规划》的制定背景、发展趋势、指导思想、基本原则、主要目标、规划指标和主要任务等主要内容。

第一节 概　　述

一、《规划》制定背景

1.《规划》的含义

《规划》是为认真贯彻《中华人民共和国国民经济和社会发展第十三个五年规划纲要》,根据《旅游法》制定的指导我国"十三五"旅游业发展的主导方针和纲领性文件。2016 年 12 月 7 日,国务院印发《规划》并于同日起实行。《规划》确定了"十三五"时期我国旅游业发展的总体思路、基本目标、主要任务和保障措施,是未来五年旅游业发展的行动纲领和基本遵循。

2.《规划》的制定意义

近年来，党中央、国务院高度重视旅游业的发展。习近平总书记在党的十八届五中全会上审议《中共中央关于制定国民经济和社会发展第十三个五年规划的建议》时提出"要大力发展旅游业"，李克强总理强调指出："旅游业不仅是培育发展新动能的生力军和大众创业万众创新的大舞台，也是实现扶贫脱贫的重要支柱和建设美丽中国的助推器，要实施旅游消费促进计划和旅游投资促进计划，以旅游业的升级换代促进国民经济的提质增效。"

按照党中央、国务院决策部署，根据《旅游法》第17条"国务院和县级以上地方人民政府应当将旅游业发展纳入国民经济和社会发展规划。国务院和省、自治区、直辖市人民政府以及旅游资源丰富的设区的市和县级人民政府，应当按照国民经济和社会发展规划的要求，组织编制旅游发展规划"的规定，国务院旅游主管部门会同发展改革委、原财政部、原国土资源部、原环境保护部、交通运输部、原农业部、原林业局和扶贫办等部门共同编制了《规划》。国务院将《规划》列为"十三五"国家重点专项规划，并以国务院名义正式印发。这对于统一思想、提高认识、形成合力，广泛动员组织各部门、各地方和全社会力量推动旅游业发展，具有重大意义；对新常态下更好地发挥旅游业稳增长、调结构、惠民生作用将产生重大影响。

3."十二五"旅游业发展成就

改革开放以来，我国实现了从旅游短缺型国家到旅游大国的历史性跨越。"十二五"期间，旅游业全面融入国家战略体系，走向国民经济建设的前沿，成为国民经济战略性支柱产业。

（1）战略性支柱产业基本形成。2015年，旅游业对国民经济的综合贡献度达到10.8%，已成为世界第一大出境旅游客源国和全球第四大入境旅游接待国。旅游业成为社会投资热点和综合性大产业。

（2）综合带动功能全面凸显。"十二五"期间，旅游业对社会就业综合贡献度为10.2%。旅游业成为传播中华传统文化、弘扬社会主义核心价值观的重要渠道，成为生态文明建设的重要力量，并带动大量贫困人口脱贫。

（3）现代治理体系初步建立。《旅游法》公布实施，建立了国务院旅游工作部际联席会议制度，出台了《国民旅游休闲纲要（2013—2020年）》《国务院关于促进旅游业改革发展的若干意见》（国发〔2014〕31号）等文件，各地出台了旅游条例等法规制度，形成了以《旅游法》为核心、政策法规和地方条例为支撑的法律政策体系。

（4）国际地位和影响力大幅提升。出境旅游人数和旅游消费均列世界第一，与世界各国各地区及国际旅游组织的合作不断加强。积极配合国家总体外交战略，举办了中外旅游年等具有影响力的旅游交流活动，旅游外交工作格局开始形成。

4."十三五"旅游业发展机遇

全面建成小康社会对旅游业发展提出了更高要求，也为旅游业发展提供了重大机遇。全面建成小康社会有利于大众旅游消费持续快速增长，贯彻五大发展理念有利于旅游业成为优势产业，推进供给侧结构性改革有利于促进旅游业转型升级，旅游业被确立为幸福产业有利于优化旅游发展环境，良好外部环境有利于我国旅游业发展。要把握黄金发展机遇，迎接大众旅游新时代。

二、"十三五"旅游业发展趋势

1. 消费大众化

随着全面建成小康社会持续推进，旅游已经成为人民群众日常生活的重要组成部分。自助游、自驾游成为主要的出游方式。

2. 需求品质化

人民群众休闲度假需求快速增长，对基础设施、公共服务、生态环境的要求越来越高，对个性化、特色化旅游产品和服务的要求越来越高，旅游需求的品质化和中高端化趋势日益明显。

3. 竞争国际化

各国各地区普遍将发展旅游业作为参与国际市场分工、提升国际竞争力的重要手段，纷纷出台促进旅游业发展的政策措施，推动旅游市场全球化、旅游竞争国际化，竞争领域从争夺客源市场扩大到旅游业发展的各个方面。

4. 发展全域化

以抓点为特征的景点旅游发展模式向区域资源整合、产业融合、共建共享的全域旅游发展模式加速转变，旅游业与农业、林业、水利、工业、科技、文化、体育、健康医疗等产业深度融合。

5. 产业现代化

科学技术、文化创意、经营管理和高端人才对推动旅游业发展的作用日益增大。云计算、物联网、大数据等现代信息技术在旅游业的应用更加广泛。产业体系的现代化成为旅游业发展的必然趋势。

第二节 指导思想与基本原则

一、指导思想

高举中国特色社会主义伟大旗帜，全面贯彻党的十八大和十八届三中、四中、五中、六中全会精神，深入贯彻习近平总书记系列重要讲话精神，落实党中央、国务院决策部署，按照"五位一体"总体布局和"四个全面"战略布局，牢固树立和贯彻落实创新、协调、绿色、开放、共享发展理念，以转型升级、提质增效为主题，以推动全域旅游发展为主线，加快推进供给侧结构性改革，努力建成全面小康型旅游大国，将旅游业培育成经济转型升级重要推动力、生态文明建设重要引领产业、展示国家综合实力的重要载体、打赢脱贫攻坚战的重要生力军，为实现中华民族伟大复兴的中国梦做出重要贡献。

二、基本原则

1. 坚持市场主导

发挥市场在资源配置中的决定性作用，遵循旅游市场内在规律，尊重企业的市场主体地位。更好发挥政府作用，营造良好的基础环境、发展环境和公共服务环境。

2. 坚持改革开放

改革体制机制，释放旅游业的发展活力，形成宏观调控有力、微观放宽

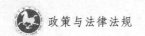

搞活的发展局面。统筹国际国内两个大局，用好两个市场、两种资源，形成内外联动、相互促进的发展格局。

3. 坚持创新驱动

以创新推动旅游业转型升级，推动旅游业从资源驱动和低水平要素驱动向创新驱动转变，使创新成为旅游业发展的不竭动力。

4. 坚持绿色发展

牢固树立"绿水青山就是金山银山"的理念，将绿色发展贯穿到旅游规划、开发、管理、服务全过程，形成人与自然和谐发展的现代旅游业新格局。

5. 坚持以人为本

把人民群众满意作为旅游业发展的根本目的，通过旅游促进人的全面发展，使旅游业成为提升人民群众生活品质的幸福产业。

第三节　主要目标与任务

一、主要目标

1. 旅游经济稳步增长

城乡居民出游人数年均增长 10% 左右，旅游总收入年均增长 11% 以上，旅游直接投资年均增长 14% 以上。到 2020 年，旅游市场总规模达到 67 亿人次，旅游投资总额 2 万亿元，旅游业总收入达到 7 万亿元（表5-1）。

表5-1　"十三五"期间旅游业发展主要指标

指　标	2015 年实际数	2020 年规划数	年均增速（％）
国内旅游人数（亿人次）	40.00	64.00	9.86
入境旅游人数（亿人次）	1.34	1.50	2.28
出境旅游人数（亿人次）	1.17	1.50	5.09
旅游业总收入（万亿元）	4.13	7.00	11.18
旅游投资规模（万亿元）	1.01	2.00	14.65
旅游业综合贡献度（％）	10.80	12.00	—

2. 综合效益显著提升

旅游业对国民经济的综合贡献度达到 12%，对餐饮、住宿、民航、铁路客运业的综合贡献率达到 85% 以上，年均新增旅游就业人数 100 万人以上。

3. 人民群众更加满意

"厕所革命"取得显著成效，旅游交通更为便捷，旅游公共服务更加健全，带薪休假制度加快落实，市场秩序显著好转，文明旅游蔚然成风，旅游环境更加优美。

4. 国际影响力大幅提升

入境旅游持续增长，出境旅游健康发展，与旅游业发达国家的差距明显缩小，在全球旅游规则制定和国际旅游事务中的话语权和影响力明显提升。

二、主要任务

1. 创新驱动，增强旅游业发展新动能

（1）理念创新，构建发展新模式。加快由景点旅游发展模式向全域旅游发展模式转变，促进旅游发展阶段演进，实现旅游业发展战略提升。围绕全域统筹规划，全域资源整合，全要素综合调动，全社会共治共管、共建共享的目标，在推动综合管理体制改革方面取得新突破；创新规划理念，将全域旅游发展贯彻到城乡建设、土地利用、生态保护等各类规划中，在旅游引领"多规合一"方面取得新突破；补齐短板，加强旅游基础设施建设，在公共服务设施建设方面取得新突破；推进融合发展，丰富旅游供给，形成综合新动能，在推进"旅游+"方面取得新突破；实施旅游扶贫，推进旅游增收富民，在旅游精准扶贫方面取得新突破；规范市场秩序，加强旅游综合执法，在文明旅游方面取得新突破；完善旅游业发展评价考核体系，在健全旅游业统计体系方面取得新突破；保护城乡风貌和自然生态环境，在优化城乡旅游环境方面取得新突破。创建 500 个左右全域旅游示范区。

（2）产品创新，扩大旅游新供给。适应大众化旅游发展，优化旅游产品结构，创新旅游产品体系。推动精品景区建设，加快休闲度假产品开发，大力发展乡村旅游，提升红色旅游发展水平，加快发展自驾车旅居车旅游，大力发展海洋及滨水旅游，大力发展冰雪旅游，加快培育低空旅游。

（3）业态创新，拓展发展新领域。实施"旅游+"战略，推动"旅游+

城镇化""旅游 + 新型工业化""旅游 + 农业现代化""旅游 + 现代服务业"的融合发展，拓展旅游发展新领域。

（4）技术创新，打造发展新引擎。推进旅游互联网基础设施建设，加快重点涉旅区域无线网络建设，推动游客集中区、环境敏感区、高风险地区物联网设施建设；构建全国旅游产业运行监测平台，建立旅游与公安、交通、统计等部门数据共享机制，形成旅游产业大数据平台；实施"互联网 + 旅游"创新创业行动计划；建设一批国家智慧旅游城市、智慧旅游景区、智慧旅游企业、智慧旅游乡村，支持"互联网 + 旅游目的地联盟"建设；规范旅游业与互联网金融合作，探索"互联网 + 旅游"新型消费信用体系。

（5）主体创新，提高发展新效能。依托有竞争力的旅游骨干企业，促进规模化、品牌化、网络化经营，形成一批大型旅游企业集团，支持旅游企业发展知名旅游品牌；大力发展旅游电子商务，推动在线旅游业务发展，培育新型互联网旅游龙头企业；支持中小微旅游企业特色化、专业化发展；积极培育具有世界影响力的旅游院校和科研机构，鼓励院校与企业共建旅游创新创业学院或企业内部办学；支持旅游规划、设计、咨询、营销等旅游相关智力型企业发展。构建产学研一体化平台，提升旅游业创新创意水平和科学发展能力。

2. 协调推进，提升旅游业发展质量

（1）优化空间布局，构建新型旅游功能区。按照分类指导、分区推进、重点突破的原则，全面推进跨区域资源要素整合，加快旅游产业集聚发展，构筑新型旅游功能区，构建旅游业发展新格局。做强跨区域旅游城市群、培育跨区域特色旅游功能区，打造国家精品旅游带、重点建设国家旅游风景道、推进特色旅游目的地建设，构建特色鲜明、品牌突出的区域旅游业发展增长极。

（2）加强基础设施建设，提升公共服务水平。①大力推进"厕所革命"。重点抓好乡村旅游厕所整体改造，推进厕所无障碍化，积极倡导文明如厕。新建、改扩建10万座旅游厕所，主要旅游景区、旅游场所、旅游线路和乡村旅游点的厕所全部达到A级标准，实现数量充足、干净无味、实用免费、管理有效，中西部地区旅游厕所建设难题得到初步解决。②加强旅游交通建设。做好旅游交通发展顶层设计，完善旅游交通布局；推动旅游交通大数据应用，建立旅游大数据和交通大数据的共享平台和机制；改善旅游通达条件，推进乡村旅游公路建设，优化旅游航空布局，提升铁路旅游客运能力。

③完善旅游公共服务体系。加强旅游集散体系建设,完善旅游咨询中心体系,完善旅游观光巴士体系,完善旅游交通标识体系,完善旅游绿道体系,推进残疾人、老年人旅游公共服务体系建设。

(3)提升旅游要素水平,促进产业结构升级。①提升餐饮业发展品质。弘扬中华餐饮文化,开发中国文化型传统菜品,支持文化餐饮"申遗"工作。打造特色餐饮品牌,促进民间烹饪技术交流与创新。推动形成有竞争力的餐饮品牌和企业集团,鼓励中餐企业"走出去"。②构建新型住宿业。推进结构优化、品牌打造和服务提升,培育一批有竞争力的住宿品牌,推进住宿企业连锁化、网络化、集团化发展。适度控制高星级酒店规模,支持经济型酒店发展。鼓励发展自驾车旅居车营地、帐篷酒店、民宿等新型住宿业态。③优化旅行社业。鼓励在线旅游企业进行全产业链运营,提高集团化、国际化发展水平。推动传统旅行社转型发展,鼓励有实力的旅行社跨省(区、市)设立分支机构,支持旅行社服务网络进社区、进农村。④积极发展旅游购物。实施中国旅游商品品牌提升工程。加强对老字号商品、民族旅游商品的宣传,加大对旅游商品商标、专利的保护力度。构建旅游商品生产标准和认证体系,规范旅游商品流通体系。在机场、高铁车站、邮轮码头、旅游服务中心、重点旅游景区等地,设置特色旅游商品购物区。⑤推动娱乐业健康发展。推广"景区 + 游乐""景区 + 剧场""景区 + 演艺"等景区娱乐模式。支持高科技旅游娱乐企业发展。有序引进国际主题游乐品牌,推动本土主题游乐企业集团化、国际化发展。提升主题公园的旅游功能,打造一批特色鲜明、品质高、信誉好的品牌主题公园。

3. 绿色发展,提升旅游生态文明价值

(1)倡导绿色旅游消费。践行绿色旅游消费观念,大力倡导绿色消费方式,发布绿色旅游消费指南。鼓励酒店实施客房价格与水电、低值易耗品消费量挂钩,逐步减少一次性用品的使用。引导旅游者低碳出行,大力推广绿色生态出行方式。

(2)实施绿色旅游开发。推动绿色旅游产品体系建设,打造生态体验精品线路,拓展绿色宜人的生态空间;开展绿色旅游景区建设,加大生态资源富集区基础设施和生态旅游设施建设力度,推动生态旅游协作区、生态旅游目的地、生态旅游精品线路建设,提升生态旅游示范区发展水平;以水利风景区为重点，推出一批生态环境优美、文化品位较高的水利生态景区和旅游产品；拓展森林旅游发展空间。加大对能源节约、资源循环利用、生态修复等重大生态旅游技术的研发和支持力度；推进生态旅游技术成果的转化与应用，推进旅游产业生态化、低碳化发展。

（3）加强旅游环境保护。严格遵守相关法律法规，坚持保护优先、开发服从保护的方针，对不同类型的旅游资源开发活动进行分类指导。发挥规划引领作用，强化环境影响评价约束作用，规范旅游开发行为。推进旅游业节能减排。加强旅游企业用能计量管理，组织实施旅游业合同能源管理示范项目。实施旅游能效提升计划，降低资源消耗强度。开展旅游循环经济示范区建设。推广节能节水产品和技术，建设节水型景区、酒店和旅游村镇。

（4）创新绿色发展机制。实施绿色认证制度，建立健全以绿色景区、绿色饭店、绿色建筑、绿色交通为核心的绿色旅游标准体系，推行绿色旅游产品、绿色旅游企业认证制度，统一绿色旅游认证标识，开展绿色发展教育培训，引导企业执行绿色标准；建立旅游环境监测预警机制；完善旅游预约制度，建立景区游客流量控制与环境容量联动机制。健全绿色发展监管制度。

（5）加强宣传教育。开展绿色旅游公益宣传，推出绿色旅游形象大使。加强绿色旅游教育和培训工作，制定绿色消费奖励措施，引导全行业、全社会树立绿色旅游价值观，形成绿色消费自觉。

4. 开放合作，构建旅游开放新格局

（1）实施旅游外交战略。开展"一带一路"国际旅游合作，联合打造国际旅游精品线路，提升"一带一路"旅游品牌的知名度和影响力；拓展与重点国家旅游交流，推动大国旅游合作向纵深发展，深化与周边国家旅游市场、产品、信息、服务融合发展，加强与中东欧国家旅游合作，扩大与传统友好国家和发展中国家的旅游交流，推动与相关国家城市缔结国际旅游伙伴城市；创新完善旅游合作机制，完善双多边旅游对话机制，推动建立更多合作平台，倡导成立国际旅游城市推广联盟，支持旅游行业组织、旅游企业参与国际旅游交流，推进与周边国家的跨境旅游合作区、边境旅游试验区建设，开发具有边境特色和民族特色的旅游景区和线路。

（2）大力提振入境旅游。①实施中国旅游国际竞争力提升计划。统筹优化入境旅游政策，推进入境旅游签证、通关便利化。依法扩大符合条件的口岸开展外国人签证业务范围,提升购物退税网络服务水平,开发过境配套旅游产品。完善入境旅游公共服务和商业接待体系,提升入境旅游服务品质。发挥自由贸易试验区在促进入境旅游发展方面的先行先试作用。②完善旅游推广体系,塑造"美丽中国"形象。

(3)深化与港澳台旅游合作。通过支持港澳地区旅游发展、深化对台旅游交流、扩大对港澳台开放、规范港澳台旅游市场秩序等系列措施,创建合作机制,提升产品质量,健全保障制度,深化交流与合作。

(4)有序发展出境旅游。推动出境旅游目的地国家和地区简化签证手续、缩短签证申办时间,扩大短期免签证、口岸签证范围。将中文电视广播等媒体落地、改善中文接待环境、中文报警服务、中国公民安全保障措施和游客合法权益保障等纳入中国公民出境旅游目的地管理体系。完善出境旅游服务保障体系,加强境外旅游保险、旅游救援合作。推动建立与有关国家和地区旅游安全预警机制和突发事件应急处理合作机制。加强与友好国家客源互送合作。

(5)提升旅游业国际影响力。实施旅游业"走出去"战略,将旅游业"走出去"发展纳入国家"走出去"战略,制定战略规划;制订实施国家旅游援外计划,对"一带一路"沿线国家、部分发展中国家和地区提供旅游投资、品牌、技术、管理、标准等援助;积极参与国际旅游规则制定。

5. 共建共享,提高人民群众满意度

(1)实施乡村旅游扶贫工程。通过发展乡村旅游带动 2.26 万个建档立卡贫困村实现脱贫。实施乡村旅游扶贫重点村环境整治行动,到 2020 年,完成 50 万户贫困户"改厨、改厕、改客房、整理院落"的"三改一整"工程;开展旅游规划扶贫公益行动,实施旅游扶贫电商行动,开展万企万村帮扶行动,实施金融支持旅游扶贫行动,实施旅游扶贫带头人培训行动,启动旅游扶贫观测点计划。

(2)实施旅游创业就业计划。建设面向旅游创新创业的服务平台。支持各类旅游产业发展孵化器建设。开展国家旅游文创示范园区、国家旅游科技示范园区、国家旅游创业示范园区和示范企业、示范基地建设。举办中国旅游创新创业大赛。推动旅游共享经济商业模式创新,开展互联网约车、民宿旅游接待、分时度假等共享经济试点项目。建设国家旅游就业需求服务平台。完善居民参与旅游发展利益共享机制，鼓励旅游企业为当地居民提供工作岗位和就业机会。

（3）规范旅游市场秩序。①创新旅游监管机制。发布全国旅游秩序指数，建立重点地区旅游市场监管机制，完善旅游纠纷调解机制，健全互联网旅游企业监管体系；完善"12301"旅游投诉受理机制；严厉打击扰乱旅游市场秩序的违法违规行为，切实维护旅游者合法权益。②建立健全旅游诚信体系，将旅游失信行为纳入社会信用体系记录范围，及时发布旅游失信行为信息记录；推进旅游失信行为记录和不文明行为记录与全国信用信息共享平台共享，开展联合惩戒；发挥旅游行业协会的自律作用，引导旅游经营者诚信经营。③开展专项治理行动。④引导旅游者理性消费。

（4）大力推进文明旅游。加强宣传教育，建立文明旅游法规体系，落实旅游文明行为公约和行动指南；开展"为中国加分"文明旅游主题活动，征集"中国旅游好故事"；选树旅游行业文明单位、青年文明号，评选文明旅游公益大使，培养一批能够讲好中国故事的导游人员；完善旅游不文明行为记录制度，建立信息通报机制，加大惩戒力度；加强旅游志愿者队伍建设。

（5）构筑旅游安全保障网。①加强旅游安全制度建设。强化有关部门安全监管责任；建立健全旅游安全预警机制，加强境外旅行安全提示、热点景区景点最大承载量警示、旅游目的地安全风险提示；落实旅行社、旅游饭店、旅游景区安全规范；做好高风险旅游项目安全管理。②强化重点领域和环节监管。强化对特种设备的安全监察及景区地质灾害安全管理；落实旅游客运车辆"导游专座"制度；推动旅游客运车辆安装卫星定位装置并实行联网联控，建设旅游包车安全运营及动态监管平台；实施旅游用车联合检查制度；加强旅游节庆活动安全管理；加强景区景点最大承载量管控；加强旅游场所消防基础设施建设，落实消防安全主体责任。③加快旅游紧急救援体系建设。健全旅游突发事件应对机制；完善旅游突发事件信息报送和应急值守制度，完善应急预案体系；建设国家旅游应急管理指挥平台；推动建立政府救助与商业救援相结合的旅游紧急救援体系，推进国家旅游紧急救援基地建设，鼓励有条件的旅游企业建立紧急救援队伍。④深化旅游保险合作机制。完善旅游保险产品，提高保险保障额度，扩大保险覆盖范围，提升保险理赔服务水平；完善旅行社责任保险机制，推动旅游景区、宾馆饭店、旅游大巴及高风险旅游项目旅游责任保险发展；加强与重点出境旅游目的地开展旅游保险合作，建立健全出境旅游保险保障体系。

（6）实施旅游服务质量提升计划。推进旅游标准化建设，完善标准体系，建立政府主导与市场自主相互衔接、协同发展的旅游标准制定、修订机制。加大对旅游标准化的宣传推广力度，开展旅游标准化试点示范，加强旅游标准实施绩效评估。深入实施《旅游质量发展纲要（2013—2020年）》，加快建立以游客评价为主的旅游目的地评价机制。开展"品质旅游"宣传推广活动，鼓励旅游企业公布服务质量承诺和执行标准，实施旅游服务质量标杆引领计划。建立优质旅游服务商目录，推出优质旅游服务品牌。

6. 深化改革，完善旅游发展保障体系

（1）推进旅游综合管理体制改革。鼓励各地成立由地方政府牵头的旅游业发展领导协调机构。推动旅游综合管理体制改革，增强旅游部门综合协调和行业统筹能力。加强旅游执法队伍和市场监管、司法仲裁等机构建设。推进旅游业改革创新先行区发展。建立健全统一规范的全国旅游业数据采集平台，建立旅游业统计数据共建共享机制。加强旅游业统计国际合作，积极参与旅游业统计国际标准和规范制定。

（2）优化景区服务管理机制。建立景区旅游开放备案制度、景区旅游建设与经营项目会商制度、景区建设经营负面清单制度等。推动景区旅游实现特许经营管理，推进经营决策、劳动用工、薪酬制度等去行政化改革。完善景区建设经营活动事中事后监管制度，建立健全景区安全风险评估制度、景区预约预报预订机制。

（3）推进导游旅行社体制改革。以市场主导、执业灵活、服务规范、社会监督为目标，推进导游体制改革，建立适应市场需求的导游准入制度。改革导游注册制度，明确导游资格证终身有效。依法开展导游自由执业改革试点，完善旅行社委派执业制度，打破导游异地执业的区域壁垒。建立导游社会化评价与监督体系。改革导游保险保障体系，建立导游品牌制度，完善导游等级评定制度。完善旅行社监管服务平台，健全旅行社退出机制，优化完善旅行社分社网点设立、旅行社质量保证金、旅行社委托招徕、出境旅游保险等方面政策。

（4）强化政策扶持。落实职工带薪休假制度，加大对旅游公共服务设施建设投入力度，完善土地供给政策，创新金融支持政策，完善旅游财税政策。

（5）加强法治建设。适应旅游业发展要求，修订完善《中国公民出国旅游管理办法》《旅行社条例》《导游人员管理条例》等法规和旅游安全监管、发展规划、宣传推广、公共服务等方面规章制度。落实旅游行政处罚、旅游违法行为法律适用指引，推动研究旅行社、导游收取"佣金""小费"法律适用问题。积极参与旅游国际规则的研究制定。推动重点地区开展旅游立法试点，健全地方旅游法规体系。加强旅游执法队伍建设。加大旅游执法检查力度，推进依法行政、严格执法。

（6）加强人才队伍建设。①实施重点人才开发计划。依托国家重点人才工程、项目、重点学科等，培育一批具有国际影响力的旅游科研机构、高等院校和新型智库。将旅游人才队伍建设纳入地方重点人才支持计划。②发展现代旅游职业教育。加强对旅游职业教育改革发展的统筹指导和综合保障，加快建立适应旅游产业发展需求、产教深度融合、中高职有机衔接、布局结构更加合理的现代旅游职业教育体系。遴选和建设一批职业院校旅游类专业示范点，加强专业教师培养培训，深化校企合作，建设一批旅游职业教育实习实训基地，开展创新型示范性校企合作项目。办好全国职业院校技能大赛等相关赛项。推动省部共建旅游院校、共同培养人才。③加强旅游相关学科专业建设。鼓励高校根据旅游业发展需求，设置酒店管理、会展经济与管理、旅游管理与服务本科专业。推动适应旅游业发展新形势的教材建设和数字化课程资源建设共享。④加强人才培养国家合作。开展"一带一路"等国际旅游人才开发合作，推动高校开展国际交流。大力引进海外高端旅游教育人才和创新创业人才，支持旅游专业骨干教师和优秀学生到海外留学进修。⑤加强旅游基础研究。整合各方面智力资源，加强我国旅游业发展战略、布局、管理、制度等研究，形成一批基础性、战略性研究成果。支持中国旅游研究院、中国旅游智库等专业智库建设。推动成立中国旅游学会，逐步构建旅游智库群，形成产学研互动的旅游学术共同体。推进中国特色旅游发展理论体系建设，培养和造就一批具有国际视野、学术功底深厚、作风扎实的国家级旅游基础研究专家队伍。

第三篇 法律法规篇

第六章
旅游法的基本知识

本章导读 ▶▶▶

【本章概述】 本章内容主要包括:《旅游法》的立法背景及其特点,以及立法目的和适用范围,《旅游法》的基本原则和主要制度;对旅游者及其权利义务的规定;对旅游规划与促进的规定;旅行社、景区、道路旅游客运经营规范,以及城镇和乡村居民从事旅游经营的规则;旅游监督管理及其检查事项与措施,以及行业协会自律管理等。

【学习要求】 了解《旅游法》的框架及其修正的内容;熟悉《旅游法》的立法目的、适用范围和发展原则;掌握《旅游法》的主要法律制度,《旅游法》关于旅游者权利和义务的规定。

---

① 本章内容的编写,参照 1.《〈中华人民共和国旅游法〉解读》编写组.《〈中华人民共和国旅游法〉解读》. 中国旅游出版社, 2013; 2. 国家旅游局《旅游法》宣传背景材料及重点口径; 3. 关于《中华人民共和国旅游法(草案)》的说明. 全国人大财经委副主任委员尹中卿. 2012 年 8 月 27 日在全国人大常委会第二十八次会议上的讲话。

第一节　概　　述

一、《旅游法》的立法背景及其特点

1. 立法背景

（1）旅游法的概念。旅游法有广义和狭义之分。广义的旅游法，指调整旅游活动领域中各种社会关系的法律规范的总称，包括狭义的旅游法，以及其他调整旅游活动领域社会关系的法律、法规等规范性文件。狭义的旅游法，指调整游览、度假、休闲等形式的旅游活动以及为旅游活动提供相关服务中发生的权利义务关系的基本法。本章所指旅游法为狭义的旅游法，即《旅游法》。

《旅游法》的框架：共设10章,112条。具体包括：第一章总则，共8条，规定了立法目的、适用范围、原则等；第二章旅游者，共8条，规定了旅游者的权利和义务；第三章旅游规划和促进，共11条，规定了旅游规划的编制、与相关规划的衔接、旅游促进与保障等；第四章旅游经营，共29条，规定了旅行社的设立和经营业务范围、旅游经营的规则、旅游经营者和履行辅助人的权利义务和责任等；第五章旅游服务合同，共19条，规定了旅游服务合同的类别，包价旅游合同的内容和形式，合同当事人的权利、义务和责任等；第六章旅游安全，共7条，确立了旅游安全的责任主体，旅游安全的事前、事中、事后的全过程制度等；第七章旅游监督管理，共8条，确立了旅游综合监管制度，规定了行业组织自律规范；第八章旅游纠纷处理，共4条，规定了旅游投诉统一受理制度、纠纷处理途径和方法等；第九章法律责任，共16条，规定了违反本法应当承担的法律责任；第十章附则，共2条，规定了相关用语的含义、法律的生效。[①]

---

① 本章编写说明：为避免重复，本章设置了5节，第一节概述涵盖了《旅游法》总则的内容；第二节旅游者依据《旅游法》第二章编写；第三节旅游规划和促进依据《旅游法》第三章编写；第四节旅游经营依据《旅游法》第四章编写，其中的旅行社、导游和领队的相关规定，见本书第九、十章；第五节旅游监督管理依据《旅游法》第七章编写；《旅游法》第五章旅游服务合同的相关规定见本书第七章；《旅游法》第六章旅游安全的相关规定，见本书第十一章；《旅游法》第八章旅游纠纷处理的相关规定见本书第十五章；《旅游法》第九章法律责任、第十章附则的相关规定，归类编写至相关章节。

（2）立法背景与修法。改革开放以来，我国旅游业快速发展，产业规模不断扩大，产业体系日趋完善。在经济新常态背景下，日益增长的大众化、多元化消费需求为旅游业发展提供了新机遇。旅游业对于保增长、扩内需、调结构、促就业的积极作用越来越明显。近年来，国家高度重视旅游业发展。《国务院关于加快发展旅游业的意见》提出把旅游业培育成国民经济的战略性支柱产业和人民群众更加满意的现代服务业的发展目标，将发展旅游业作为推动经济结构调整、促进经济发展方式转变、丰富人民群众精神文化生活、促进社会和谐进步的重要举措。随着我国经济的持续稳定增长、居民收入和生活水平的不断提高、全面建设小康社会的步伐加快，人民群众对旅游及与之相关的精神文化的需求不断增长，对旅游业发展提出了更多希望、更高要求。

与此同时，旅游业还存在着服务质量不高、资源保护不力、产品不够丰富以及市场不规范等突出问题，社会各界迫切希望制定旅游法，全国人大代表多次提出相关议案、建议。实践中，对旅游活动的规范主要是国务院制定的行政法规、各省（区、市）制定的地方法规以及有关部门和地方政府制定的规章、规范性文件等。法律层级不高、权威性不够、系统性不强，欠缺基本的民事制度和规范，难以适应市场经济条件下旅游业快速发展的需要。亟待通过制定旅游法，提升法律层级，增强法律规范的权威性、系统性，完善我国旅游法律制度，促进旅游业健康持续发展。

《旅游法》是改革开放初期启动的立法项目之一，曾列入七届全国人大常委会立法计划和国务院立法计划。从八届全国人大一次会议至十一届全国人大五次会议，共有1400多名代表和3个代表团提交48件议案，建议制定《旅游法》。2009年12月，全国人大财经委牵头组织国家发展和改革委员会、国家旅游局等23个部委和有关专家成立《旅游法》起草组，启动《旅游法》的起草工作。《旅游法》起草组历时两年多，先后举行5次全体会议，到十几个省（区、市）调研考察，召开了数十次座谈会，深入研究国内外旅游业发展和旅游立法的情况和经验，先后形成三个阶段性草案文本和数十个修改稿并多次听取意见，2012年3月14日，全国人大财经委第64次全体会议审议并通过《旅游法（草案）》，于同年8月27日提请十一届全国人大常委会第二十八次会议初次审议。2013年4月25日下午，在充分吸收一审、二审、三审以及社会各方面意见和建议的基础上，十二届全国人大常委会第二次会议以 150 票赞成、5 票弃权表决通过了本届人大常委会通过的第一部法律——《旅游法》，该法于同年 10 月 1 日生效。

2016 年 11 月 7 日，国家主席习近平签署中华人民共和国主席令（第 57 号），公布了第十二届全国人民代表大会常务委员会第二十四次会议于同日通过并生效的对《旅游法》关于领队的规定做出的修改。[①] 2018 年 10 月 26 日第十三届全国人民代表大会常务委员会第六次会议《关于修改〈中华人民共和国野生动物保护法〉等十五部法律的决定》第二次修正。对《旅游法》作出修改：将第 83 条中的"工商行政管理、产品质量监督"修改为"市场监督管理"；将第 95 条、第 104 条中的"工商行政管理部门"修改为"市场监督管理部门"。

2. 特点

（1）采取综合立法模式。究其原因：一是综合性产业特征的需要；二是跨部门、跨行业特征的需要；三是旅游业在促进、管理、民事等方面都有立法需求。《旅游法》规定的内容比较全面，涵盖发展原则、规划和促进、旅游者权利、旅游经营、旅游监管等，民事、行政、经济法律规范并重。综合立法的优点是，在同一部法律中将旅游业发展最主要、最根本的问题囊括其中，能够满足明确旅游业发展促进措施、确立统一的市场规则和规范的权利义务关系、建立国家旅游发展协调机制等方面紧迫的立法需求，立法成本小、效力高。

（2）在权益平衡基础上注重保护旅游者。表现在：一是坚持以人为本，安全第一，以保障旅游者合法权益为主线；二是注重平衡各方权益，厘清政府与旅游者和旅游经营者，旅游者和旅游经营者，旅游者和旅游从业人员、旅游经营者之间的权利、义务和责任；三是在维护权益总体平衡的基础上，更加突出以旅游者为本，在强化政府监管、公共服务、旅游经营规则、民事行为规范、各方旅游安全保障义务、旅游纠纷解决等方面均有多项保护旅游者权益的相关规定。

（3）规范市场秩序，完善市场规则。表现在：一是充分发挥市场配置资

---

① 修改内容见本书第十章。

源的基础性要求，明确、细化各市场主体的权利义务关系，着力解决部门、行业和地区分割的问题，实行统一的服务标准和市场准则。二是在合同部分针对旅游活动的特殊性设定若干规范，使民事规范在维护市场秩序和保障各方权益方面的作用更充分、更贴合。三是坚持诚信经营、公平竞争，严格规范旅游经营者的经营行为，为逐步形成良好、有序的旅游市场环境提供制度保障。四是总结旅游业发展和旅游监管的经验，充分吸收行之有效的政策和制度，使之制度化、规范化。

（4）借鉴吸收国际立法经验。世界上有 60 多个国家制定了《旅游法》，国际组织也制定了相关规定。立足我国旅游业发展经验和现实需求，在借鉴的基础上，做好与国际通行的行业规则的衔接，对国际旅游法律法规进行了选择性的吸收和创新。表现在：一是在旅游者权益保护方面，借鉴了世界旅游组织《旅游权利法案和旅游者守则》的旅游者权利理念，强调为旅游者提供旅行便利和安全保障等。二是在资源的旅游利用方面，借鉴了《世界自然基金会关于旅游政策主张的声明》，提出了资源旅游利用的保护性开发原则。三是借鉴《欧盟一揽子旅游指令》，完善了旅游服务合同关于旅游者替换、旅行社协助返程、不可抗力等客观原因导致的变更等规定。四是借鉴美国、法国、巴西、西班牙、俄罗斯、中国台湾等国家和地区的经验，丰富和完善了旅游综合协调机制、市场监管、行业自律等内容。

二、立法目的和适用范围

1. 立法目的

立法目的也称立法宗旨，是制定法律所要达到的目标。立法目的统领一部法律全部规范的价值取向，决定法律其他具体规范的内容，贯穿于法律条文的始终，并指引法律的适用。《旅游法》第 1 条规定，为保障旅游者和旅游经营者的合法权益，规范旅游市场秩序，保护和合理利用旅游资源，促进旅游业持续健康发展，制定本法。这表明，立法目的包括以下内容：

（1）保障旅游者和旅游经营者的合法权益，规范旅游市场秩序。旅游者是游览、度假、休闲等旅游活动的主体，只有其合法权益得到充分保护，才能满足其参加旅游活动娱悦身心的目的，从而增强人们的旅游意愿，实现旅游业可持续发展。伴随着旅游消费需求的日益增长，旅游市场还存在着经营规则不健全、竞争秩序不够规范，尤其是"零负团费"等恶性竞争、强迫购物、过度开发旅游资源、景区生态环境被破坏等问题，不仅损害了旅游者的合法权益，也冲击了守法的旅游经营者的正当经营，影响了中国旅游形象，亟须通过制定旅游法保障旅游业的健康发展。

（2）保护和合理利用旅游资源。通过开发利用资源将其建设成为可供人们游览、参观、休闲、度假的旅游资源是旅游业发展不可或缺的，旅游资源是旅游者参加旅游活动的基础和前提条件，具有不可替代性，一些自然景观、文物古迹一旦被破坏，便不可再生，旅游业的发展也失去了可持续性。保护资源是旅游开发利用的前提，合理利用是实现资源保护的有效途径。实践中，在资源的旅游利用中，存在盲目建设、过度开发、忽视资源的自然价值和人文内涵等问题，破坏了旅游资源的区域整体性、文化代表性、地域特殊性，影响了旅游资源的永续利用和旅游业的可持续发展。为此，立法强调在有效保护旅游资源的前提下，依法合理利用，实现保护和合理利用的有机统一。

（3）促进旅游业持续健康发展。旅游业是经济新常态背景下涉及领域广、产业带动强、消耗能源低、创造就业多、综合效益好的经济发展新的增长点。发展旅游业，可以有效拉动居民消费，优化产业结构，扩大就业途径，增加居民收入，促进社会科学和谐发展。通过立法促进旅游业健康、持续发展，充分发挥旅游业对经济、文化、社会、生态文明建设的综合推动作用成为旅游立法的重要目的。

2.适用范围

法律的适用范围，指法律的效力范围，包括法律适用的地域范围和主体、行为范围。《旅游法》第2条规定，在中华人民共和国境内的和在中华人民共和国境内组织到境外的游览、度假、休闲等形式的旅游活动，以及为旅游活动提供相关服务的经营活动，适用本法。

（1）地域范围。作为国内法，《旅游法》的效力仅限于在我国境内开展的旅游活动和经营活动。具体而言：一是我国公民在境内的旅游活动和外国旅游者的入境旅游活动。二是在我国境内，通过旅行社等经营者组织的，由我国境内赴境外的团队旅游活动。

根据属地管辖原则，我国旅游者前往旅游目的地国参加旅游活动，应当遵守所在国或地区的法律。根据属人管辖原则，《旅游法》是我国公民在境外参加旅游活动的行为规范；我国其他出境入境管理法律、法规，出境旅游者也应当遵守。

（2）主体行为范围。《旅游法》的调整对象，一是从事游览、休闲、度假等形式的旅游活动；二是为这些活动提供相关服务的经营活动。①主体范围，由于《旅游法》未对适用主体做出限制，则凡从事上述活动的单位和个人都应遵守本法。②行为范围，由于旅游包括食、住、行、游、购、娱各环节，涉及面广，行为范围既包括观光、休闲、度假等有特定目的的旅游活动和经营行为，也包括为旅游活动提供相关服务的其他行业的经营行为。

三、《旅游法》的基本原则和主要制度

1.基本原则

（1）发展旅游事业、完善旅游公共服务的原则。《旅游法》第3条规定，国家发展旅游事业，完善旅游公共服务。国家为加快旅游业发展出台了一系列支持政策，诸如《国务院关于加快发展旅游业的意见》《国民旅游休闲纲要（2013—2020年）》等。随着我国旅游业的进一步发展，旅游者对旅游信息、交通服务、安全保障等旅游公共服务的需求越来越强烈。原国家旅游局推出的《关于进一步做好旅游公共服务工作的意见》，提出加快建设旅游信息咨询服务、旅游安全保障服务、旅游交通便捷服务、旅游便民惠民服务、旅游行政服务五大体系。上述政策性文件，为《旅游法》的实施奠定了基础。同时，《旅游法》在第三章旅游规划和促进中，对国家提供公共服务做出明确、具体的规定，是对本原则的具体化。

（2）依法保护旅游者在旅游活动中权利的原则。基于旅游者在旅游消费中的特殊性，旅游立法充分体现了对旅游者权利的保护。《旅游法》第3条规定，国家发展旅游业，依法保护旅游者在旅游活动中的权利。《旅游法》第二章专章规定了旅游者的权利与义务。为坚持该原则，《旅游法》对旅游公共服务提出明确要求，强调要满足旅游者的基本需求；对旅游经营者及旅游从业人员设定较为严格的义务，体现了对旅游者倾斜性的保护；根据旅游活动的特点，有针对性地规定了旅游者的权利，体现了以人为本，保护旅游

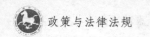

者合法权益的立法宗旨。

（3）社会、经济、生态效益相统一的原则。《旅游法》第4条规定，旅游业发展应当遵循社会效益、经济效益和生态效益相统一的原则。国家鼓励各类市场主体在有效保护旅游资源的前提下，依法合理利用旅游资源。该原则包括三层意思：一是发展旅游业要注意平衡社会效益、经济效益和生态效益的关系，坚持三者的统一。二是鼓励各类市场主体在有效保护旅游资源的前提下，依法合理利用旅游资源，其目的是引导各类市场主体在遵守法律法规的前提下，更多地参与旅游发展，承担社会责任。三是利用公共资源建设的游览场所应当更多地考虑社会效益，应当体现公益性质。

（4）国家鼓励全社会参与旅游业发展的原则。旅游日益成为人们生活中不可或缺的消费需求，发展旅游更需要全社会的共同参与。《旅游法》第5条规定，国家倡导健康、文明、环保的旅游方式，支持和鼓励各类旅游机构开展旅游公益宣传，对促进旅游业发展做出贡献的单位和个人给予奖励。

健康：强调从事的旅游活动符合社会主义核心价值观，有利于身心愉悦。文明：指在旅游活动中要遵守社会公共秩序，遵守社会公德，遵守文明行为规范。环保：指开展旅游活动要保护生态环境、节约能源资源。为倡导健康、文明、环保的旅游方式，国家鼓励新闻媒体、公益组织及社会企业进行旅游公益宣传，促进旅游业发展。国家对做出突出贡献的单位和个人给予精神或者物质奖励，表彰其成绩，支持其工作。

2. 主要法律制度

（1）旅游综合管理制度。旅游活动涉及多个行业，为保障旅游与有关行业的工作协调，促进旅游业健康发展，《旅游法》第7条规定，国务院建立健全旅游综合协调机制，对旅游业发展进行综合协调。县级以上地方人民政府应当加强对旅游工作的组织和领导，明确相关部门或者机构，对本行政区域的旅游业发展和监督管理进行统筹协调。该制度的内容包括：国务院建立健全旅游综合协调机制；确立了地方政府统筹协调旅游业发展和管理的职能；旅游市场综合监管机制；整合投诉受理机构、投诉受理部门间转办、处理结果告知的旅游投诉统一受理制度。

（2）旅游者权益保护制度。《旅游法》以保护旅游者为主线设立了旅游者权益保护制度。该制度的内容包括：设旅游者专章，规定了旅游者的权利、义务和权利保障措施；对政府旅游公共服务及基础设施建设提出明确要求；对旅游经营者及其从业人员设定较为严格的行为规范和义务；在遵循《中华人民共和国消费者权益保护法》（以下本书简称《消费者权益保护法》）和《中华人民共和国合同法》（以下本书简称《合同法》）一般性原则的基础上，根据旅游活动的特点，规定了针对性强的、特殊的旅游者的权利及其救助途径。

（3）旅游促进和公共服务制度。为满足日益增长的旅游消费需求，提高旅游服务质量，《旅游法》规定了旅游促进和公共服务制度。该制度的内容包括：对各级政府安排资金提出要求，并明确了资金用途；规定政府将旅游业发展纳入国民经济和社会发展规划，制定有利于旅游业持续健康发展的产业扶持政策；完善旅游基础设施建设；政府无偿向旅游者提供旅游景区、线路、交通、气象、住宿等必要的信息和咨询服务；建立统一的旅游形象宣传推广；鼓励和支持发展旅游职业教育和培训。

（4）资源保护和旅游利用制度。旅游业是凭借资源为旅游者提供服务的，资源通过旅游开发成为旅游资源，但资源的合理利用十分重要；我国的法律体系是统一的，《旅游法》与相关20多部资源保护法律、法规关系密切，资源的旅游利用、旅游者和旅游经营者在旅游活动中都应当依法履行相关保护义务。为此，《旅游法》规定了资源保护和旅游利用制度。该制度的内容包括：规定编制完整的规划体系，明确了编制主体和内容；明确旅游规划与其他规划的关系；规定了旅游资源事前、事中、事后保护利用的制度，资源的旅游利用的原则；规定了景区流量控制制度，完善了景区门票价格制度。

（5）旅游服务合同制度。针对旅游服务合同具有关系复杂性、主客体双方不完全对等性、合同的非物质性、合同履行人身关联性等特点，为平等保护合同主体利益，《旅游法》确立了旅游服务合同制度。该制度的内容包括：规范了旅游服务合同的类别、内容、形式；规范了旅游经营者与旅游者的合同权利与义务；规定特殊情况下对旅游者保护的规则，诸如告知、说明义务，协助返程义务，无正当理由不得拒绝旅游者替换的义务，规定时间内无条件退货、退费的义务等；规范了特殊的责任承担，包括旅行社与旅游者之间，诸如采取安全措施费用的合理分担，滞留安置返程费用的分担，自行安排活动期间的责任承担，旅游者自身原因导致责任的承担，委托社和代理社之间、组团社和地接社之间、旅行社和旅行辅助人之间的特殊责任的承担；规定了特殊的合同变更、解除制度，诸如不能成团的特殊处理、单方解除合同、旅游者的任意解除合同权、旅行社的法定解除合同权、因不可抗力等影响行程的处理等。

（6）规范旅游市场、提高服务质量制度。为促进旅游市场健康发展，《旅游法》第6条规定了规范旅游市场、提高服务质量制度。该制度的主要内容包括：在平衡旅游者与旅游经营者权益的基础上，设立了相关民事法律规范，规范旅游经营者的经营行为；对旅游行业全链条重点领域的经营行为进行规范，尤其对旅行社规定了"五不得"的要求，对从业人员提出了"三不得"的要求，对其他经营者提出了"一不得"的要求；规范了旅游综合监管机制；明确了旅游行业组织的自律规范。

（7）旅游安全保障制度。没有安全便没有旅游业的发展，安全是旅游业的生命线。基于此认识，《旅游法》专章规定了旅游安全要求，设立了旅游安全保障制度。该制度的主要内容包括：明确了包括政府统一负责、部门依法履职，旅游经营者主体责任，旅游者的自我保护义务的主体责任制度；规定了旅游安全的全程责任制度，诸如政府风险提示、流量控制、旅游经营者安全评估、说明警示和培训、高风险旅游项目许可、购买责任保险和提示旅游者购买意外保险、旅游者掌握相关信息和告知相关信息的事前预防，政府安全监管和救助、旅游经营者的报告和救助、旅游者遵守安全规定的义务的事中管理，政府、旅游经营者的事后处置，旅游者的配合和依法承担费用的义务。

第二节　旅游者

一、旅游者与消费者

1. 旅游者的属性

旅游者本质上属于消费者，具备消费者的一般共性。旅游消费，即旅游者通过购买旅游产品，满足自身旅游需求的过程。在现代社会，为了保持正常生活，人们已经无法摆脱对消费的依赖。尤其是旅游，是一种支出较高的精神文化消费。无论去哪里、采用何种形式旅游，都要通过消费来满足旅游者食、住、行、游、购、娱最基本的需求。

2. 旅游者的特殊性

与一般消费者相比，旅游者的特殊性表现在：

（1）参加旅游活动的目的是获得精神上的愉悦，与满足人的基本需求有明显的不同。由此，对于提供旅游服务的经营者的要求更高。

（2）由于旅游活动的空间移动性和一定的时间性特征，旅游者的弱者地位更加明显。与一般消费者相比，他们不但会遭遇经济上的损害，还可能遇到生命安全的威胁，由此，特殊的安全保障措施必不可少。

（3）旅游消费的复杂性和专业性，先付费再旅游的特点，使旅游者对旅游经营者的依赖更加明显。实现旅游活动的最终目的，不仅需要经营者的诚信和努力，也需要旅游者的积极配合，更需要旅游者文明程度的不断提高。

在旅游活动中，旅游者作为一般消费者受《消费者权益保护法》等法律的保护。同时，针对旅游经营行为的特殊性和旅游活动的特点，为了保护旅游者的合法权益，《旅游法》不仅设专章规定了旅游者的权利和义务，还在其他章节规定了旅游者参加旅游活动的相关权利。

二、旅游者权利

1. 自主选择权

《旅游法》第 9 条规定，旅游者有权自主选择旅游产品和服务，有权拒绝旅游经营者的强制交易行为。这表明：旅游者在购买旅游产品和服务时，享有与旅游经营者进行公平交易的权利。该权利的主要内容：

（1）能够自主选择价格合理的旅游产品和服务。旅游者可以对旅游产品进行比较、鉴别和挑选，可以自主选择提供旅游产品和提供服务的经营者，可以自主选择旅游产品的品种和服务的方式，可以自主决定是否购买、是否接受任何一种产品和服务。即使是在旅游经营者已经事先拟定好的旅游产品和服务的格式合同中，也应当允许、尊重和保护旅游者按照自己的意志选择消费。

（2）有权拒绝旅游经营者的强制交易行为。实践中，有的旅游经营者擅自将旅游者转给其他经营者接待；有的违背市场交易原则，擅自在行程中增加购物或者自费项目等行为，损害了旅游者的自主选择权。

为保护旅游者的自主选择权，《旅游法》第35条明确规定，旅行社以低价组织旅游活动，诱骗旅游者，并通过安排购物或者另行付费旅游项目获取回扣等不正当利益；旅行社未与旅游者协商一致或未经旅游者要求，指定购物场所、安排旅游者参加另行付费项目的，旅游者有权在旅游行程结束后30日内，要求旅行社为其办理退货并先行垫付退货货款，或者退还另行付费旅游项目的费用。

2. 知悉真情权

《旅游法》第9条规定，旅游者有权知悉其购买的旅游产品和服务的真实情况。了解和熟悉旅游产品和服务的真实情况，是旅游者将消费愿望付诸实施的前提，是自主选择权得以实现的保证。该权利的主要内容：

（1）有权要求宣传信息真实。由于旅游活动的跨区域性，多数旅游者往往通过旅游经营者提供的宣传手册了解旅游目的地的信息，信息的描述直接影响旅游者的购买行为。为此，《旅游法》第32条明确规定，旅行社为招徕、组织旅游者发布信息，必须真实、准确，不得进行虚假宣传，误导旅游者。旅游经营者应当保证所提供的诸如行程安排、价格、旅游活动中可能存在的风险等信息真实可靠。

（2）有权要求旅游经营者作为合同一方主体的情况真实。在包价旅游合同中，负责签约的旅行社将接待业务委托给地接社履行的，应当载明地接社的名称及相关信息；签约的旅行社是受其他旅行社的委托代理销售包价旅游产品的，应当载明委托社和签约旅行社的名称及相关信息。

（3）有权获得旅游产品和服务的真实详情。旅游者有权就包价旅游合同中的行程安排、成团最低人数、服务项目的具体内容和标准、自由活动时间安排、旅行社责任减免信息，以及旅游者应当注意的旅游目的地相关法律法规和风俗习惯、宗教禁忌、依照中国法律不宜参加的活动等内容，要求旅行社做出详细说明，并有权要求旅行社在旅游行程开始前提供旅游行程单。

3. 要求履约权

《旅游法》第9条规定，旅游者有权要求旅游经营者按照约定提供产品和服务。《合同法》规定，依法成立的合同，受法律保护；依法成立的合同，对当事人具有法律约束力。据此，当事人应当按照合同约定全面履行合同义务，否则，应当承担赔偿或者违约责任。具体而言：

（1）有权要求旅游经营者按照约定提供旅游产品和服务，无论约定是口头的还是书面的。包价旅游合同必须采用书面形式，该合同附随的旅游行程单是合同的重要组成部分。

（2）有权要求旅游经营者根据诚信原则，严格按照合同约定的旅游行程单的安排全面履行合同义务。

（3）有权要求旅游经营者不得任意解除合同。旅游者有任意解除合同的权利，除旅游者自己提出的、出现《旅游法》第66条规定的旅行社法定解除合同情形的、出现《旅游法》第67条规定的发生不可抗力或者旅游经营者已尽合理注意义务仍不能避免的事件等可以解除合同的法定情形外，旅游经营者不得擅自解除合同。

4. 被尊重权

《旅游法》第10条规定，旅游者的人格尊严、民族风俗习惯和宗教信仰应当得到尊重。旅游者有权要求旅游经营者应当依据《旅游法》第52条的规定，对在经营活动中知悉的旅游者个人信息予以保密。旅游者参加旅游活动是为了获得精神享受，是个体进行体验的经历，与旅游者的人格、习惯和信仰密切相关。该权利的主要内容：

（1）人格尊严得到尊重。人格尊严在法律上是人格权的一部分，是整个法律体系中的一种基础性权利，是社会个体生存和发展的基础。旅游者的人格尊严得到尊重意味着其在参加旅游活动中，应当受到旅游经营者和他人的尊重，任何人不得侵犯其姓名权、名誉权、荣誉权和肖像权。

（2）民族风俗习惯得到尊重。民族风俗习惯，是指一个民族在长期的生产生活中形成的风尚、礼节、行为、倾向等。我国是一个多民族的国家，来自各民族、各地区的旅游者要相互尊重，和睦相处，旅游经营者应当尊重旅游者的民族风俗习惯。

（3）宗教信仰得到尊重。宗教信仰，是指人们对某种特定宗教的信奉和皈依。旅游者在参加旅游活动时可以自由地表达自己的宗教信仰和表明宗教身份，旅游经营者和其他人对其宗教信仰应当予以尊重。

5. 特殊群体的便利和优惠权

《旅游法》第11条规定，残疾人、老年人、未成年人等旅游者在旅游活动中依照法律、法规和有关规定享受便利和优惠。残疾人、老年人、未成年人等特殊群体有愿望、有条件参与旅游活动，为他们提供便利和优惠是社会文明的基本体现和要求。该权利的主要内容：

（1）重视对特殊群体的保护，满足其对精神文化生活的需求。残疾人、老年人、未成年人等特殊群体由于年龄和生理特点，在社会生活中属于应当受到照顾的群体。我国历来重视对该群体的保护，无论是立法还是基础设施建设。

（2）本规定使用"等旅游者"的表述方式，为实践中各地方、景区对诸如在校学生、现役军人、教师等身份的旅游者给予的优惠予以认可。

6. 救助请求权

旅游者的人身、财产安全是其参加旅游活动的前提和保障。人身安全，是指旅游者的生命、健康没有危险，免受威胁，不出事故。财产安全，是指旅游者随身携带的现金、银行卡、身份证件、携带物品等财产不受侵犯。《旅游法》不仅设置旅游安全专章、在相关条文中规定旅游者的安全权，且在第12条规定，旅游者在人身、财产安全遇有危险时，有请求救助和保护的权利。旅游者人身、财产受到侵害的，有依法获得赔偿的权利，以保障安全权的实现。该权利的主要内容：

（1）请求救助和保护。旅游者在人身、财产安全遇有危险时，即存在侵害旅游者的生命、健康、身体或者其财产的可能性时，有请求救助和保护的权利，以消除可能发生侵害的因素，防止侵害的实际发生，保护自己的人身、财产安全。

（2）依法获得赔偿。旅游者的人身、财产受到侵害时，有依法获得赔偿的权利。为保障该权利的实现，《旅游法》第54条，第70条第1款、第3款，第71条第2款等将该权利具体化。由于其他原因造成旅游者人身、财产损害的，旅游者还可以依据民法、侵权责任法等法律请求赔偿、维护其权利。

7. 其他权利

《旅游法》还在相关章节规定了旅游者的安全保障权、合同的任意解除权、合同的替换权、协助返程权、投诉举报权等权利，为旅游者参加旅游活动、实现旅游目的提供了保证。

三、旅游者义务

1. 遵纪守法、文明旅游的义务

《旅游法》第13条规定，旅游者在旅游活动中应当遵守公共秩序和社会公德，尊重当地风俗习惯、文化传统和宗教信仰，爱护旅游资源，保护生态环境，遵守旅游文明行为规范。公民的权利、义务相一致，旅游者享有权利的同时也应当履行义务。该义务的主要内容：

（1）遵守社会公共秩序和社会公德。社会公共秩序，指为维护社会公共生活所必需的秩序，包括生产、工作、营业、交通、娱乐、公共场所等方面；社会公德，是全体公民在社会交往和公共生活中应该遵守的行为准则。良好的公共秩序和高素质的旅游者，是旅游活动有序进行、旅游业健康发展的保证。

（2）尊重当地风俗习惯、文化传统和宗教信仰。无视旅游地风俗习惯、文化传统和宗教信仰，容易引发与当地居民的摩擦和矛盾，造成纠纷和冲突，不仅影响旅游质量，自身安全还可能受到威胁。

（3）爱护资源、保护生态。旅游资源是旅游业发展的前提；生态环境与人类关系密切，影响人类的生存和发展，杜绝旅游活动中旅游者的不良行为，有利于实现旅游业可持续发展。

（4）遵守旅游文明行为规范。少数旅游者旅游活动中的不文明行为，破坏了中国形象，为此，国家制定了《中国公民国内旅游文明行为公约》《中国公民出国（境）旅游文明行为指南》等文明旅游行为规范，旅游者应当遵守。

2. 不得损害他人合法权益

《旅游法》第14条规定，旅游者在旅游活动中或者在解决旅游纠纷时，不得损害当地居民的合法权益，不得干扰他人的旅游活动，不得损害旅游经营者和旅游从业人员的合法权益。处理好旅游活动中与旅游经营者及其从业人员、旅游目的地居民、同行旅游者的关系，既能保证旅游者舒心、愉快、顺利地实现旅游目的，也能维护良好的旅游市场秩序。该义务的主要内容：

（1）不得损害当地居民的利益。当地居民的利益是指旅游目的地或者纠纷发生地的居民，其受法律保护的权益，旅游者无论在旅游活动中或者在解决旅游纠纷时都不能损害当地居民的合法权益，否则应当承担赔偿责任。

（2）不得干扰他人的旅游活动。即旅游者不得因其行为而使他人的旅游活动难以顺利进行甚至无法进行。

（3）不得损害旅游经营者和从业人员的合法权益。旅游经营者和从业人员的合法权益受法律保护，损害其合法权益，应当依法承担法律责任。

为使旅游者更好地履行该项义务，《旅游法》第66条规定，旅游者从事严重影响其他旅游者权益的活动，且不听劝阻、不能制止的，旅行社可以解除合同；给旅行社造成损失的，旅游者应当依法承担赔偿责任。第72条规定，旅游者在旅游活动中或者在解决纠纷时，损害旅行社、履行辅助人、旅游从业人员或者其他旅游者的合法权益的，依法承担赔偿责任。

3. 安全配合义务

安全是旅游活动的基本要求，不仅仅是政府、旅游经营者的责任，旅游者也应当履行安全配合的义务。《旅游法》第15条规定，旅游者购买、接受旅游服务时，应当向旅游经营者如实告知与旅游活动相关的个人健康信息，遵守旅游活动中的安全警示规定。旅游者对国家应对重大突发事件暂时限制旅游活动的措施以及有关部门、机构或者旅游经营者采取的安全防范和应急处置措施，应当予以配合。旅游者违反安全警示规定，或者对国家应对重大突发事件暂时限制旅游活动的措施、安全防范和应急处置措施不配合的，依法承担相应责任。该项义务的主要内容：

（1）如实告知健康信息、遵守安全警示规定。旅游活动能带给人们精神享受，同时有的旅游产品和服务对参加者的身体条件有要求，需要旅游者积极配合，在购买旅游产品或者接受旅游服务时，如实告知。这既是对自身安全、其他旅游者负责，也是与旅游经营者诚信缔约、履约的要求。

（2）对相关措施予以配合的义务。旅游活动中可能遭遇突发事件，根据《中华人民共和国突发事件应对法》（以下本书简称《突发事件应对法》）的规定，有关人民政府会组织有关部门采取相应的应急处置措施，旅游经营者也会采取必要的处置措施，对旅游者做出妥善安排。为了保障旅游安全，旅游者应当服从指挥和安排，配合应对重大突发事件采取的措施。

（3）不履行配合义务应承担相应责任。旅游者如果违反安全警示规定，不配合政府、旅游经营者为应对突发事件采取的应急措施，可能给自身造成损害，也可能给他人或者国家造成损失，应当依法承担相应的民事甚至刑事法律责任。

4. 不得非法滞留、擅自分团或脱团

《旅游法》第16条规定，出境旅游者不得在境外非法滞留，随团出境的旅游者不得擅自分团、脱团。入境旅游者不得在境内非法滞留，随团入境的旅游者不得擅自分团、脱团。该规定既适用于我国旅游者前往其他国家和地区参加旅游活动，也适用于来中国参加旅游活动的外国人。其主要内容是：出境旅游者前往其他国家或者地区参加旅游活动，应当按照证件载明的期限、从国家开放的口岸出入国边境，依据许可的期限在旅游目的地停留，按照旅游行程的安排参加旅游活动。不得非法滞留、擅自分团或脱团。同样，入境旅游者在我国境内参加旅游活动，也应当遵守本规定。

为规范出境、入境旅游者参加出境、入境旅游活动的行为，《旅游法》第55条规定，旅游经营者组织、接待出入境旅游，发现有非法滞留和擅自分团、脱团情形的，应当依法及时向公安机关、旅游主管部门或者我国驻外机构报告，未履行报告义务的，根据《旅游法》第99条的规定，由旅游主管部门对其及其直接负责的主管人员和其他责任人员依法追究责任。

第三节　旅游规划和促进

一、旅游规划

1. 旅游规划的编制主体

政府是组织编制旅游发展规划的主体。《旅游法》第17条规定，国务院和县级以上地方人民政府应当将旅游业发展纳入国民经济和社会发展规划。国务院和省、自治区、直辖市人民政府以及旅游资源丰富的设区的市和县，应当按照国民经济和社会发展规划的要求，组织编制旅游发展规划。对跨行政区域且适宜进行整体利用的旅游资源进行利用时，应当由上级人民政府组织编制或由相关地方政府协商编制统一的旅游发展规划。

2. 旅游规划的内容

《旅游法》第18条规定，旅游发展规划应当包括旅游业发展的总体要求和发展目标，旅游资源保护和利用的要求和措施，以及旅游产品开发、旅游服务质量提升、旅游文化建设、旅游形象宣传和推广、旅游基础设施和公共服务设施建设的要求和促进等内容。

根据旅游发展规划，县级以上人民政府可以编制重点旅游资源开发利用的专项规划，对特定区域内的旅游项目、设施和服务功能配套提出专门要求。

3.旅游规划与相关规划的关系

《旅游法》确立了旅游发展规划的法定地位，并通过规定"相衔接"的工作要求处理好旅游规划与相关规划的关系。与此同时，规定政府通过其他规划的编制支持旅游业发展，进一步细化了第19条的规定。

（1）旅游规划与其他规划相衔接。《旅游法》第19条规定，旅游发展规划应当与土地利用总体规划、城乡规划、环境保护规划以及其他自然资源和文物等人文资源的保护和利用规划相衔接。

①与土地利用总体规划相衔接。土地利用总体规划要适当增加旅游业发展用地；涵养风景、适宜进行旅游利用的土地，应当尽量划定为旅游用地；旅游发展规划也应当根据土地利用总体规划合理确定旅游发展的目标和措施。

②与城乡规划相衔接。城乡规划要将促进旅游业发展作为城乡发展的重要目标之一，科学确定旅游功能分区、用地布局，合理配给和提供旅游基础设施、公共服务设施、建设旅游景观设施等，逐步完善城乡的"游憩"功能。

③与环境保护规划相衔接。主要体现在具体内容上，特别是旅游项目和设施的规划、建设要体现有关法律法规关于环境保护的要求，不得违反有关环境保护的禁止性规定。

④与其他自然资源、文物等保护和利用规划相衔接。旅游规划应当遵循不违反禁止性规定的原则，通过对资源合法、合理的利用，发挥最大效用，实现各产业共同发展，促进经济、环境、社会、文化效益和谐统一。

（2）政府编制其他规划支持旅游业发展。《旅游法》第20条规定，各级人民政府编制土地利用总体规划、城乡规划，应当充分考虑相关旅游项目、设施的空间布局和建设用地要求。规划和建设交通、通信、供水、供电、环保等基础设施和公共服务设施，应当兼顾旅游业发展的需要。

4.旅游规划的评估

《旅游法》第22条规定，各级人民政府应当组织对本级政府编制的旅游发展规划的执行情况进行评估，并向社会公布。

（1）政府是旅游发展规划评估的组织主体。政府的组织职能包括：确定评估的周期，规划编制完成并开始执行后，即可以开始定期或不定期组织评估；确定参加评估的人员范围，并科学确定相应方面代表的比例；建立相应的评估工作机制和工作程序；确立评估标准和指标体系，以使评估工作有章可循；对评估成果的落实等情况进行监督和检查，并建立责任追究制。

（2）评估的内容及组织。评估的内容包括：规划确定的内容是否得到了严格执行，通过执行，发现规划本身存在哪些问题。发现规划没有得到严格执行的，政府应该建立严格的责任追究制，通过内部程序进行解决，纠正偏差；发现规划本身存在问题的，应该及时调整或修编。评估要按照公平的要求，合理选择政府及部门、第三方机构或专家学者、公众代表等评估人员，遵循以第三方和公众评价为主的原则。

（3）评估的结果应当向社会公布。引入公众监督，畅通公众表达渠道，搜集和反馈意见，吸纳合理内容，促进旅游规划的科学实施。公布的方式，可以通过政府网站、政府公报、新闻发布会以及报刊、广播、电视、网络等。

二、旅游促进

1.旅游产业的政策扶持

《旅游法》第23条规定，国务院和县级以上地方人民政府应当制定并组织实施有利于旅游业持续健康发展的产业政策，推进旅游休闲体系建设，采取措施推动区域旅游合作，鼓励跨区域旅游线路和产品开发，促进旅游与工业、农业、商业、文化、卫生、体育、科教等领域的融合，扶持少数民族地区、革命老区、边远地区和贫困地区旅游业发展。

（1）推进旅游休闲体系建设。旅游休闲体系建设内涵丰富，从休息时间的保障到休闲设施的完善，再到休闲服务的体系性支撑，都需要政府给予政策支持。

（2）推动区域旅游合作。加强区域旅游合作，打破地区间的行政和非行政壁垒，有利于形成合力，促进旅游业发展。区域旅游合作不仅是为了解决旅游资源的跨区域问题，还在于实现不同地区的优势互补。

（3）促进与其他产业融合发展。实现旅游业与工业、农业、文化、体育、科教等领域的不断融合，丰富旅游产品类型，带动相关产业发展，需要相关政策的扶持和协调。

（4）扶持老少边穷地区旅游发展。革命老区、少数民族地区、边远地区和贫困地区社会经济发展还比较落后，基础设施差，但旅游资源丰富。促进这些地区旅游业的发展，具有重要的社会意义和政治意义。

2. 提供资金保障

促进旅游业发展需要资金保障。《旅游法》第 24 条规定，国务院和县级以上地方人民政府应当根据实际情况安排资金，加强旅游基础设施建设、旅游公共服务和旅游形象推广。确立了政府投入资金促进旅游业发展的职责。

政府投入资金需要根据实际情况，总体原则是根据旅游发展的需要，量力而行，因地制宜、因事制宜、以引导为主发挥市场的作用。投入资金的用途主要是：促进旅游基础设施建设、促进旅游公共服务、促进旅游形象推广。

3. 旅游形象推广

《旅游法》第 25 条规定，国家制定并实施旅游形象推广战略。国务院旅游主管部门统筹组织国家旅游形象的境外推广工作，建立旅游形象推广机构和网络，开展旅游国际合作与交流。县级以上地方人民政府统筹组织本地的旅游形象推广工作。

（1）制定旅游形象推广战略。国家旅游形象确立有特殊市场针对性、国家文化识别性和政治社会代表性，要根据旅游业发展的实际情况和国家整体战略来确立。将旅游形象推广纳入国家整体形象推广的战略布局，建立起国家层面的旅游形象推广工作机制，制定跨行业、跨部门旅游形象的总体规划，明确工作目标、工作任务、工作措施和各部门工作职责，实现各类对外宣传资源的优势互补、资源共享、效果增强。

（2）旅游形象推广战略内容。旅游形象推广战略的内容包括：将旅游形象推广纳入国家整体形象推广的战略布局；对旅游形象推广进行总体规划，明确工作的目标、推进的主要步骤、采取的主要措施、传播的主要渠道等；形成国家旅游形象统一，各地旅游形象各具特色，有重点、分层次的旅游对外形象体系；确定旅游形象推广重点工程；配套旅游形象推广的保障机制；转变推广理念，创新推广方式和手段，探索政府推力和市场动力相结合的旅游形象推广新路径。

（3）国务院旅游主管部门的主要职责。国务院旅游主管部门在旅游形象境外推广中的职责主要是：对国家旅游形象境外推广进行统筹组织、建立旅游形象推广机构和网络、开展旅游国际合作与交流。

4. 构建旅游公共服务体系

《旅游法》第26条规定，国务院旅游主管部门和县级以上地方人民政府应当根据需要建立旅游公共信息和咨询平台，无偿向旅游者提供旅游景区、线路、交通、气象、住宿、安全、医疗急救等必要信息和咨询服务。设区的市和县级人民政府有关部门应当根据需要在交通枢纽、商业中心和旅游者集中场所设置旅游咨询中心，在景区和通往主要景区的道路设置旅游指示标识。旅游资源丰富的设区的市和县级人民政府可以根据本地的实际情况，建立旅游客运专线或者游客中转站，为旅游者在城市及周边旅游提供服务。

（1）政府是旅游公共服务的主体。提供公共服务是政府应有职责，旅游公共服务的提供涉及多个部门、多个产业，应当由政府统一协调和推动。政府在公共服务提供方面的责任是统筹职责。

（2）旅游公共信息和咨询服务。旅游公共信息和咨询平台包括旅游咨询服务中心、旅游集散中心等实体，也包括网络、咨询电话等载体。信息和咨询服务的内容主要指：旅游目的地旅游景区、酒店、餐馆等的简介及价格信息；旅游景区及旅游目的地整体的交通布局、流量等相关信息，包括自驾游线路信息；旅游目的地气象信息；旅游景区及旅游目的地安全环境、不可抗力事件、突发事件、公共卫生事件等安全信息；旅游景区及旅游目的地紧急医疗救助机构等相关信息。

（3）建立旅游客运专线和游客中转站。旅游客运专线主要指联系城市中心区和城市及周边主要景区的专门客运服务；游客中转站一般是集旅游者集散、分流、旅游信息咨询服务等功能于一身的综合服务体。建立的目的是解决通往景区道路交通的拥堵问题。

5. 旅游职业教育和培训

《旅游法》第27条规定，国家鼓励和支持发展旅游职业教育和培训，提高旅游从业人员素质。通过立法促进旅游业人力资源的发展，是转变发展方式、增加劳动就业的迫切需要。旅游从业人员与旅游者直接接触，其服务水平关乎整体的旅游者满意度，有必要鼓励积极开展对从业人员的教育与培训工作，实现旅游从业人员综合素质与旅游者满意度的同步提升。需要在专项资金设立、规划指导、整合资源等方面，加强旅游职业教育和培训。

第四节　旅游经营

一、概述

1.旅游经营者

（1）旅游经营者的含义。《旅游法》第 111 条第 1 项规定，旅游经营者是指旅行社、景区以及为旅游者提供交通、住宿、餐饮、购物、娱乐等服务的经营者。

（2）旅游经营者的义务。

①履行旅游合同。《旅游法》第 49 条规定，为旅游者提供交通、住宿、餐饮、娱乐等服务的经营者，应当符合法律、法规规定的要求，按照合同约定履行义务。

②提供合格产品。《旅游法》第 50 条规定，旅游经营者应当保证其提供的商品和服务符合保障人身、财产安全的要求。旅游经营者取得相关质量标准等级的，其设施和服务不得低于相应标准；未取得质量标准等级的，不得使用相关质量等级的称谓和标识。

③不得进行商业贿赂。《旅游法》第 51 条规定，旅游经营者销售、购买商品或者服务，不得给予或者收受贿赂。

④保护旅游者个人信息。《旅游法》第 52 条规定，旅游经营者对其在经营活动中知悉的旅游者个人信息，应当予以保密。

⑤承担连带责任。《旅游法》第 54 条规定，景区、住宿经营者将其部分经营项目或者场地交由他人从事住宿、餐饮、购物、游览、娱乐、旅游交通等经营的，应当对实际经营者的经营行为给旅游者造成的损害承担连带责任。

⑥履行报告义务。《旅游法》第55条规定，旅游经营者组织、接待出入境旅游，发现旅游者从事违法活动或者有违反本法第16条规定情形的，应当及时向公安机关、旅游主管部门或者我国驻外机构报告。

⑦投保责任险。《旅游法》第56条规定，国家根据旅游活动的风险程度，对旅行社、住宿、旅游交通以及本法第47条规定的高风险旅游项目等经营者实施责任保险制度。

（3）旅游经营者的责任承担。违反《旅游法》规定的旅游经营者，将受到相应的处罚。构成犯罪的，依法追究刑事责任。《旅游法》第104条规定，旅游经营者给予或者收受贿赂的，由市场监督管理部门依照有关法律、法规的规定处罚；情节严重的，并由旅游主管部门吊销旅行社业务经营许可证。第107条规定，旅游经营者违反有关安全生产管理和消防安全管理的法律、法规或者国家标准、行业标准的，由有关主管部门依照有关法律、法规的规定处罚。第108条规定，对违反本法规定的旅游经营者及其从业人员，旅游主管部门和有关部门应当记入信用档案，向社会公布。

2. 旅游市场规则

《旅游法》第6条规定，国家建立健全旅游服务标准和市场规则，禁止行业垄断和地区垄断。旅游经营者应当诚信经营，公平竞争，承担社会责任，为旅游者提供安全、健康、卫生、方便的旅游服务。

（1）政府通过制定标准，引导旅游经营者提高服务质量，通过制定法律、法规完善市场规则，干预市场失灵。

（2）国家采取措施禁止旅游经营中的行业垄断和地区垄断，以保护市场公平竞争，提高市场效率。

（3）在经营活动中以诚为本，公平确定与交易对方的权利、义务，讲求信用，严格履行合同。

（4）在经营活动中应当公平对待竞争对手，不得以虚假宣传、假冒他人标识、贿赂等不当竞争手段参与市场竞争，损害竞争对手的合法权益，破坏市场秩序。

（5）旅游经营者在履行法律、行政法规规定的强制性服务的基础上，为实现自身和社会可持续发展，在道德规范、商业伦理方面应承担保护生态环境、维护职工权益及参与社会公益事业等社会责任。

二、旅行社业务经营规则

1. 旅行社及其经营业务范围

（1）设立条件。《旅游法》第 28 条规定了我国对旅行社实行许可制度，并规定了设立旅行社的条件。

（2）经营业务范围。《旅游法》第 29 条规定了旅行社的经营业务范围，并且明确规定，旅行社经营出境旅游、边境旅游业务的，应当取得相应的业务经营许可，遵守相关法规规定。

（3）法律责任。开设旅行社，经营旅行社业务，应当具备法律、法规规定的条件，否则，由旅游主管部门或者市场监督管理部门依据《旅游法》第 95 条追究违法经营者的法律责任。

2. 交纳旅游服务质量保证金

《旅游法》第 31 条将被实践证明行之有效的、保护旅游者合法权益的质量保证金制度法律化，规定旅行社应当按照规定交纳旅游服务质量保证金，并规定了质量保证金的适用范围。

3. 经营行为规范

《旅游法》第 31 条至第 41 条，规范了旅行社、导游与领队的行为规范，并规定了违反上述行为规范应当承担的法律责任，为矫正不规范的旅游市场，为旅游者提供优质服务，为旅游业持续、健康发展提供了法律保障。

三、旅游景区经营规则

1. 开放条件

《旅游法》第 42 条规定，景区开放应当具备下列条件，并听取旅游主管部门的意见：一是有必要的旅游配套服务和辅助设施；二是有必要的安全设施及制度，经过安全风险评估，满足安全条件；三是有必要的环境保护设施和生态保护措施；四是法律、行政法规规定的其他条件。

（1）旅游配套服务和辅助设施。旅游配套服务和辅助设施是实现景区旅游功能的必备条件。一般包括：住宿接待设施及其服务、餐饮设施及其服务、旅游购物设施及其服务、文化娱乐设施及其服务、医疗设施及其服务、景区交通设施，具体如供水、排水、供电、停车场、通信、公厕、垃圾箱、无障碍设施，以及景区区域界限、服务设施、游览解说系统、通用指示标识、旅游者中心、求助电话等。

（2）安全设施及制度。景区要有安全设施及制度：①场所的安全保障，如景区内道路交通、卫生、环境、山体、植被、物种或水域、雷电等自然环境危害的防范设备等；②设施设备的安全保障，如工程管线、游乐设施设备、消防设施设备等；③针对旅游者的安全保障制度等，如治安保卫、安全救护、安全警示标识、安全使用说明、紧急救援配置、景区流量控制等安全制度和预案情况、安全操作从业人员和管理人员状况及安全培训。

景区安全风险评估，是指运用各相关领域的科学、专业方法和手段，系统地分析景区本身及开放接待旅游者可能面临的威胁及其存在的脆弱性，评估安全事件发生的可能性以及一旦发生可能造成的危害程度，景区是否具有针对性的抵御威胁的防护对策，有效地保护旅游者。

（3）有必要的环境保护设施和生态保护措施。景区应根据其资源的特质和要求，采取相关措施，包括必要的污水处理设施、生态公厕、旅游者容量控制、植被及绿地的保护、噪声的控制、空气质量的监控等，为旅游者创造良好的旅游环境，实现生态文明的要求。

（4）法律、行政法规规定的其他条件。开放各类型景区其他法律、法规有规定的，景区也应当遵守。

（5）法律责任。《旅游法》第105条第1款规定，景区不符合规定的开放条件接待旅游者的，由景区主管部门责令停业整顿直至符合开放条件，并处2万元以上20万元以下罚款。

2. 门票管理

《旅游法》第43条规定，利用公共资源建设的景区的门票以及景区内的游览场所、交通工具等另行收费项目，实行政府定价或者政府指导价，严格控制价格上涨。拟收费或者提高价格的，应当举行听证会，征求旅游者、经营者和有关方面的意见，论证其必要性、可行性。利用公共资源建设的景区，不得通过增加另行收费项目等方式变相涨价；另行收费项目已收回投资成本的，应当相应降低价格或者取消收费。公益性的城市公园、博物馆、纪念馆等，除重点文物保护单位和珍贵文物收藏单位外，应当逐步免费开放。

（1）严格控制景区的门票等收费项目价格上涨。随着我国经济快速增长以及发展方式的转变，旅游活动日益成为人民大众普遍的需求。"门票经济"已不符合我国旅游业转型升级、建设和谐社会、小康社会发展阶段的要求，需要对这种模式做出适当调整，为此，《旅游法》对门票问题做出规定。严格控制景区门票等价格上涨是基本原则和要求；在定价机制上，实行政府定价或者政府指导价；在定价程序上，拟收费或者提高价格的，应当举行听证会；为防止利用公共资源建设的景区变相涨价，在规定政府定价和政府指导价的基础上，明确景区不得通过增加另行收费项目等方式变相涨价。

（2）公益性城市公园、博物馆、纪念馆逐步免费开放。公益性主要是指非营利性和社会效益。城市公园与人民群众的生活密切相关，成为其日常休息、锻炼和放松的重要场所；博物馆、纪念馆免费开放有利于完善我国现代国民教育体系并充分利用其教育功能、发挥其社会价值的作用，符合世界文物展览业的发展趋势。

（3）门票价格公示、合并售票、减少收费的规定。《旅游法》第44条规定，景区应当在醒目位置公示门票价格、另行收费项目的价格及团体收费价格。景区提高门票价格应当提前6个月公布。将不同景区的门票或者同一景区内不同游览场所的门票合并出售的，合并后的价格不得高于各单项门票的价格之和，且旅游者有权选择购买其中的单项票。景区内的核心游览项目因故暂停向旅游者开放或者停止提供服务的，应当公示并相应减少收费。

（4）法律责任。《旅游法》第106条规定，景区违反规定，擅自提高门票或者另行收费项目的价格，或者有其他价格违法行为的，由有关主管部门依照有关法律、法规的规定处罚。

3. 承载量

《旅游法》第45条规定，景区接待旅游者不得超过景区主管部门核定的最大承载量。景区应当公布景区主管部门核定的最大承载量，制订和实施旅游者流量控制方案，并可以采取门票预约等方式，对景区接待旅游者的数量进行控制。旅游者数量可能达到最大承载量时，景区应当提前公告并同时向当地人民政府报告，景区和当地人民政府应当及时采取疏导、分流等措施。

（1）景区是流量控制的责任主体。景区的主要责任包括：接待旅游者不得超过景区主管部门核定的最大承载量；在其收费处、入口处、网站，必要时还要通过旅游公共服务信息平台、公共媒体等途径公布最大承载量，保障旅游者的知情权和选择权；制订并实施旅游者流量控制方案，做好各项预案；在旅游者数量可能达到最大承载量时，应当提前公告，并同时向当地人民政府报告，根据旅游流量控制方案、预案，采取切实可行的疏导、分流等措施，保障安全。

（2）当地人民政府对景区流量控制负有统筹职责。当景区旅游者数量可能达到最大承载量时，调动各方资源，与景区共同及时采取疏导、分流等措施。

（3）景区主管部门具有核定和监督景区承载量的职责。核定景区最大承载量有两种方式：一是在景区制定规划时核定旅游者容量；二是在景区开放时核定旅游者容量。景区主管部门可以通过专家评估等方式进行核定。

（4）景区采取流量控制的方式。景区应当公布景区主管部门核定的最大承载量，制订和实施旅游者流量控制方案，可以采取门票预约等方式对接待旅游者的数量进行控制。除此之外，景区还应当采取的其他措施，诸如合理设计景区内的游览线路，提高旅游者的流动率；设置明确、清晰的景区指示牌，避免误导旅游者，造成不必要的拥堵；提前、及时公布景区流量，保持景区流量信息实时畅通，供旅游者选择和参考；合理设计旅游者排队的方式和途径。

（5）法律责任。《旅游法》第105条第2款规定，景区在旅游者数量可能达到最大承载量时，未依照《旅游法》规定公告或者未向当地人民政府报告，未及时采取疏导、分流等措施，或者超过最大承载量接待旅游者的，由景区主管部门责令改正。情节严重的，责令停业整顿1个月至6个月。

四、道路旅游客运经营规范

《旅游法》第53条规定，从事道路旅游客运的经营者应当遵守道路客运安全管理的各项制度，并在车辆显著位置明示道路旅游客运专用标识，在车厢内显著位置公示经营者和驾驶人信息、道路运输管理机构监督电话等事项。明确了从事道路旅游客运的经营规范。

1. 遵守道路客运安全管理各项制度

我国现行规定道路客运安全管理相关制度的法律法规主要有《道路交通安全法》《道路运输条例》《道路旅客运输及客运站管理规定》和《关于加强道路交通安全工作的意见》，道路旅游客运经营者均应遵守。

2.遵守旅游方面的道路客运安全管理制度

地方性旅游法规对道路旅游客运做出规定的，道路旅游客运经营者也应当遵守这些规定。

3.明示道路旅游客运经营的相关信息

（1）明示专用标识。从事道路旅游客运的经营者应当在车辆显要位置明示道路旅游客运专用标识。其目的是加强道路旅游客运市场的管理，形成品牌效应，提升道路旅游客运服务水平。

（2）公布规定事项。从事道路旅游客运的经营者应当在车厢内显著位置公示经营者和驾驶人信息、道路运输管理机构监督电话。其目的是方便旅客在接受旅游客运服务过程中维护自身合法权益，加强对从事道路旅游客运经营者的监督。经营者的信息包括经营者的名称、性质、法人代表或者负责人、联系方式以及取得道路客运经营许可、线路、经营期限等内容。驾驶人信息包括驾驶人姓名、年龄、取得相应的机动车驾驶证，经道路运输管理机构对有关客运法规、机动车维修和旅客急救基本知识考核合格而取得的相应从业资格证书等内容。

五、城镇和乡村居民从事旅游经营的规则

城镇和乡村居民利用自有住宅或者其他条件从事旅游经营的活动，在满足旅游发展需要的同时，在传承文化、解决就业、提高生活水平、增加收入等方面有着积极的作用。为鼓励、支持、引导和规范城镇和乡村居民从事旅游经营活动，《旅游法》第46条规定，城镇和乡村居民利用自有住宅或其他条件依法从事旅游经营，其管理办法由省、自治区、直辖市制定。

第五节　旅游监督管理

一、监督管理与监督检查

1.主体

（1）监督管理的主体。《旅游法》第83条第1款规定，县级以上人民政府旅游主管部门和有关部门依据《旅游法》和有关法律、法规的规定，在各

自职责范围内对旅游市场实施监督管理。这表明，对旅游市场实施监督管理的主体，为"县级以上人民政府旅游主管部门和有关部门"。

旅游主管部门，是指县级以上人民政府中负责旅游工作的机构。有关部门，是指县级以上人民政府旅游主管部门以外的其他涉及旅游工作的部门。诸如市场监督管理、交通等执法部门，以及景区主管部门、价格主管部门、负责安全生产监督管理的部门、公安机关等。

（2）监督检查的主体。《旅游法》第83条第2款规定，县级以上人民政府应当组织旅游主管部门、有关主管部门和市场监督管理、交通等执法部门对相关旅游经营行为实施监督检查。这表明：旅游主管部门、有关主管部门和市场监督管理、交通等执法部门是实施相关监督检查的主体。

2. 依据

监督管理、监督检查的法律依据，主要是指《旅游法》以及全国人大或者全国人大常委会通过的规范性文件，以及国务院制定的行政法规、地方人大及其常委会依法制定的地方性法规。

3. 对象

《旅游法》第83条规定的监督检查的对象，是"相关旅游经营行为"。根据《旅游法》的相关规定，相关旅游经营行为，主要包括旅行社及其从业人员、景区以及为旅游者提供交通、住宿、餐饮、娱乐等服务的经营者的经营行为。

二、旅游主管部门实施监督检查事项及措施

1. 监督检查事项

《旅游法》第85条规定了县级以上人民政府旅游主管部门监督检查的事项范围。主要包括：经营旅行社业务以及从事导游、领队服务是否取得经营、执业许可；旅行社的经营行为；导游和领队等旅游从业人员的服务行为；法律、法规规定的其他事项。

2. 实施监督检查可以采取的措施

监督检查也称现场检查，是旅游主管部门履行监督职责、实施监督管理的一种重要方式，同时也是旅游主管部门作为执法机关执行法律的一种重要手段。为防止旅游监督检查部门及其人员滥用职权，侵犯企业和个人的合

法权益,《旅游法》第85条规定,旅游主管部门实施监督检查时可以对涉嫌违法的合同、票据、账簿及其他资料进行查阅、复制。这里所指的合同,既包括旅行社与旅游者之间签订的包价旅游合同,也包括旅行社与其他经营者之间签订的订购产品和服务的合同。所指的票据,是指以支付金钱为目的的有价证券。所指账簿即会计账簿。所指其他资料,是指合同、票据、账簿之外,旅行社在开展经营活动过程中产生或者形成的其他单据、凭证等材料,诸如原始凭证、记账凭证等。

三、监督检查主体的行为限制

1. 不得违法收费及参与旅游经营活动

为了维护旅游行政执法的公正性、正义性,《旅游法》第84条规定,旅游主管部门履行监督管理职责,不得违反法律、行政法规的规定向监督管理对象收取费用。同时还规定,旅游主管部门及其工作人员不得参与任何形式的旅游经营活动。

2. 规范实施监督检查职责

《旅游法》第86条规定,旅游主管部门和有关部门依法实施监督检查,其监督检查人员不得少于两人,并应当出示合法证件。"两人以上"和"出示合法证件"必须同时具备,目的是防止监督检查人员独立执法可能出现的滥用权力,以保证监督检查行为及其获取证据的合法性。此处的合法证件是指地方政府法制部门或者国务院有关主管部门颁发的行政执法证件。

监督检查人员少于两人或者未出示合法证件的,被检查单位和个人有权拒绝。

3. 履行保密义务

行政机关及其工作人员在进行旅游监督检查时,可能需要查阅经营者的合同、票据、账簿等资料,这些资料有的可能是企业的商业秘密,一旦泄露将有可能给经营者造成损失;旅游经营者直接面对广大旅游者,旅行社、住宿等旅游经营者按照有关法律法规的规定,或者按照交易习惯,通常会要求旅游者向其提供必要的个人信息,这些信息往往会在企业保存一段时间,且数量较大,监督检查人员在检查中难免会接触到,不经当事人同意泄露,将可能给当事人的生产、生活造成麻烦,甚至带来损失。

4. 法律责任

《旅游法》第109条规定，旅游主管部门和有关部门工作人员在履行监督管理职责中，滥用职权、玩忽职守、徇私舞弊，尚不构成犯罪的，依法给予处分。

四、行业协会自律管理

《旅游法》第8条规定，依法成立的旅游行业组织，实行自律管理。第90条规定，依法成立的旅游行业组织依照法律、行政法规和章程的规定，制定行业经营规范和服务标准，对其会员的经营行为和服务质量进行自律管理，组织开展职业道德教育和业务培训，提高从业人员素质。

1. 自律管理的依据

旅游行业组织的自律管理应当依照法律、行政法规以及本行业组织的章程、自律管理规范。法律、行政法规是旅游行业组织及其会员必须遵守的规范，实行自律管理首先应当监督会员合法经营，履行法定义务。行业组织的章程和自律管理规范，是由会员共同制定、反映会员共同利益和意愿的行为规则，对全体会员具有约束力，也是行业组织进行自律管理的依据。旅游行业组织应当根据本行业的实际情况和需要，制定并不断完善行业经营规范和服务标准，作为自律管理的依据。

2. 监督会员的经营行为和服务质量

对会员的经营行为和服务质量进行监督，是旅游行业组织最重要的自律管理职能。一方面，旅游行业组织应当按照法律、行政法规和自律规范规定的要求和标准，对会员的经营行为和服务质量进行监督，考核其合法合规性，对不合法不合规的会员，依照自律规范予以惩戒；另一方面，可以按照本行业组织制定的经营规范和服务标准，对会员的经营行为和服务质量进行考核与评价，对于服务质量优良的会员，可以向社会公示或者给予奖励。

3. 开展教育、培训

发展旅游业，培育人才、提高从业人员素质至关重要。旅游行业组织应当采取多种方式，对从业人员开展职业道德教育和业务培训，提高从业人员素质。旅游行业组织对从业人员进行职业道德教育和业务培训，属于公益性质，应当按照有关规定和本组织的规范进行。

第七章
合同与旅游服务合同法律制度

本章导读 ▶▶▶

【本章概述】 本章内容主要包括合同的概念和法律特征、基本原则，合同的订立和效力、合同的内容与形式，合同的变更、转让、解除和终止，合同的履行和违约责任，旅游服务合同等。

【学习要求】 了解《合同法》的基本原则、合同的订立、合同的内容与形式；熟悉合同的效力，合同的履行，合同的变更、转让、解除和终止，合同违约责任的构成要件和承担方式；掌握《合同法》关于防止损失扩大义务的规定，《旅游法》关于旅游服务合同的规定。

第一节　概　　述

一、合同的概念和法律特征

1. 合同的概念

《合同法》第 2 条规定：合同是平等主体的自然人、法人、其他组织之间设立、变更、终止民事权利义务关系的协议。

2. 合同的法律特征

合同具有的法律特征是：合同是两个或者两个以上当事人的法律行为，是当事人之间建立的一种民事法律关系；合同是当事人意思一致的表示，是当事人之间的协议，当事人在合同关系中的法律地位是平等的；合同是当事人合法的行为，是一种具有法律约束力的行为，当事人必须依法行使权利和履行义务。

二、合同法的基本原则

《合同法》的基本原则，反映了合同的内在规律，体现了《合同法》总的指导思想，是立法机关制定《合同法》、司法机关或者仲裁机关处理合同纠纷、当事人订立和履行合同应当遵循的基本准则。具有指导、约束和规范作用。

1. 平等原则

《合同法》第 3 条规定，合同当事人的法律地位平等，一方不得将自己的意志强加给另一方。该原则强调在合同法律关系中，当事人之间在合同的订立、履行和承担违约责任等方面，都处于平等的法律地位，彼此权利义务对等，不允许一方将自己的意志强加给另一方。

2. 自愿原则

《合同法》第 4 条规定，当事人依法享有自愿订立合同的权利，任何单位和个人不得非法干预。该原则强调当事人是否订合同、与谁订合同、订什么样的合同，除法律另有规定之外，完全取决于他们的自由意志，任何单位和个人不得非法干预。

3. 公平原则

《合同法》第 5 条规定，当事人应当遵循公平原则确定各方的权利和义务。公平主要针对合同的内容，即合同的权利义务而言。公平原则要求权利义务在合同中对等体现，任何一方当事人都不能滥用权利、强迫对方接受权利义务不平衡的约定。

4. 诚实信用原则

《合同法》第 6 条规定，当事人行使权利、履行义务应当遵循诚实信用原则。该原则要求当事人在订立、履行合同以及处理合同争议的全部过程中，都要心怀善意，要诚实，守信用，相互协作。

5. 合法原则

《合同法》第 7 条规定，当事人订立、履行合同，应当遵守法律、行政法规，尊重社会公德，不得扰乱社会经济秩序，损害社会公共利益。合同关

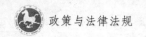

系不仅仅涉及当事人，还可能涉及社会公共利益和社会经济秩序，因此，国家需要进行适度干预，法律是国家干预的重要手段。

第二节　合同的订立和效力

一、订立合同的主体

1.合同订立的当事人及订约资格

《合同法》第2条规定了合同订立的当事人包括自然人、法人和其他组织。第9条规定，当事人订立合同，应当具有相应的民事权利能力和民事行为能力。这表明，具有相应民事权利能力和民事行为能力的自然人、法人和其他组织是具有订立合同资格的当事人。

2.民事权利能力与民事行为能力

（1）民事权利能力。民事权利能力是民事法律赋予民事主体从事民事活动，从而享受民事权利和承担民事义务的资格。2017年3月5日颁布、同年10月1日生效的我国《民法总则》第13条规定，自然人从出生时起到死亡时止，具有民事权利能力，依法享有民事权利，承担民事义务。第14条规定，自然人的民事权利能力一律平等。《民法总则》第59条规定，法人的民事权利能力，从法人成立时产生，到法人终止时消灭。

（2）民事行为能力。民事行为能力是指民事主体能以自己的行为取得民事权利、承担民事义务的资格。根据我国《民法总则》的规定，自然人的民事行为能力分为三种情况：

①完全民事行为能力人。18周岁以上，可以独立实施民事法律行为，为完全民事行为能力人。16周岁以上的未成年人，以自己的劳动收入为主要生活来源的，视为完全民事行为能力人。

②限制民事行为能力人。《民法总则》第19、22条规定，8周岁以上的未成年人、不能完全辨认自己行为的成年人为限制民事行为能力人，实施民事法律行为由其法定代理人代理或者经其法定代理人同意、追认；但是，8周岁以上的未成年人可以独立实施纯获利益的民事法律行为或者与其年龄、智力相适应的民事法律行为，而不能完全辨认自己行为的成年人可以独立实

施纯获利益的民事法律行为或者与其智力、精神健康状况相适应的民事法律行为。

③无民事行为能力人。《民法总则》第 20、21 条规定，不满 8 周岁的未成年人、不能辨认自己行为的成年人是无民事行为能力人，由他的法定代理人代理实施民事法律行为。8 周岁以上的未成年人不能辨认自己行为的，适用第 21 条的规定。

《民法总则》第 59 条规定，法人的民事行为能力，从法人成立时产生，到法人终止时消灭。第 60 条规定，法人以全部财产独立承担民事责任。第 61 条规定，依照法律或者法人章程的规定，代表法人从事民事活动的负责人，为法人的法定代表人。法定代表人以法人的名义从事民事活动，其法律后果由法人承担。

3. 委托代订合同

《合同法》第 9 条规定，当事人可以依法委托代理人订立合同。据此，现实经济生活中，当事人可以委托代理人代其订立合同。

代理作为一种重要的民事法律行为和制度，具有以下特征：代理是由代理人以被代理人的名义所进行的行为；代理人必须在代理权限内进行代理活动；代理人在代理活动中独立进行意思表示；代理行为的法律后果由被代理人承担。代理人订立合同时，一般应向对方出具其委托人签发的授权委托书。

《旅游法》对有关"旅游服务合同"的委托也有相应的规定。第 60 条规定，旅行社委托其他旅行社代理销售包价旅游产品，并与旅游者订立包价旅游合同的，应当在包价旅游合同中载明委托社和代理社的基本信息；旅行社将包价旅游合同中的接待义务，委托给地接社履行的，应当在包价旅游合同中载明地接社的基本信息。同时《旅游法》第 63 条第 2 款规定，旅行社因未达到约定人数不能出团的，组团社征得旅游者书面同意，可以委托其他旅行社履行合同。组团社对旅游者承担责任，受委托的旅行社对组团社承担责任。

二、合同订立的形式

1. 合同形式的含义

合同形式，是指当事人达成合意的外在表现形式，是合同内容的载体。《合同法》第 10 条规定，当事人订立合同，有书面形式、口头形式和其他形式。法律、行政法规规定采用书面形式的，应该采用书面形式。当事人约定采用书面形式的，应当采用书面形式。第36条规定，法律、行政法规规定或者当事人约定采用书面形式订立合同，当事人未采用书面形式但一方已经履行主要义务，对方接受的，该合同成立。

2.合同形式的类别

（1）口头形式。指当事人只有口头语言而不用文字表现合同主要内容的形式。口头形式的优点在于方便快捷，缺点在于没有凭证，容易发生争议，发生纠纷时难以取证，不易分清责任。口头形式适用于能即时清结的合同关系。

（2）书面形式。《合同法》第11条规定，书面形式是指合同书、信件和数据电文（包括电报、电传、传真、电子数据交换和电子邮件）等可以有形地表现所载内容的形式。书面形式有利于交易的安全，是诉讼中的重要证据。实践中，是当事人最为普遍采用的一种合同约定形式。

（3）其他形式。这为概括性的规定，是指可能存在的书面形式、口头形式之外的合同形式。

三、合同的内容

1.合同的条款

合同的条款即合同的内容，是确定合同当事人权利义务关系的基本依据、判断合同是否有效的客观依据。

《合同法》第12条规定，合同的内容由当事人约定，一般包括以下条款：当事人的名称或者姓名和住所；标的（即合同权利义务指向的对象）；数量；质量；价款或者报酬；履行期限、地点和方式；违约责任；解决争议的方法。

2.合同示范文本

《合同法》第12条第2款规定，当事人可以参照各类合同的示范文本订立合同。合同示范文本是由市场监督管理部门单独或与有关行业主管部门联合，在广泛听取各方面意见后，按照一定程序制定的具有规范性、指导性的合同文本格式。合同示范文本一般都包含了合同的主要条款内容和样式，供当事人参考，不具有法律约束力。

3.合同的格式条款

（1）格式条款的含义。《合同法》第39条第2款规定，格式条款是指当事人为了重复使用而预先拟定，并在合同订立时未与对方协商的条款。格式条款具有事先拟定的性质。采用格式条款，有利于减少交易成本，节约大量的人力、物力和时间，实践中应用较为广泛。格式条款由单方决定的特点，提供者在拟定格式条款时，可能更多地考虑一方利益，减轻自己的责任，从而对另一方合同当事人不利。为维护公平，规范格式条款的使用，法律做出了相关限制性规定。

（2）格式条款的限制。《合同法》第39至41条对格式条款从三方面予以限制：①提供格式条款的一方应当遵循公平原则确定当事人之间的权利和义务，并采取合理的方式提请对方注意免除或者限制其责任的条款，并按照对方的要求，对该条款予以说明。②提供格式条款一方免除其责任、加重对方责任、排除对方主要权利的相应条款无效。另外，合同中出现无效合同情形以及下列免责条款也无效：因故意或者重大过失给对方造成财产损失的；造成对方人身伤害的。③对格式条款的理解发生争议的，应当按照通常理解予以解释。对格式条款有两种以上解释的，应当做出不利于提供格式条款一方的解释。格式条款和非格式条款不一致的，应当采用非格式条款。

四、合同订立的方式

1.合同订立的方式

合同的订立可以采取不同的方式，如双方当事人协商经过要约与承诺的方式、招标等竞争方式。《合同法》第13条规定，当事人订立合同，采取要约、承诺方式。采用该方式订立合同，一般要经过要约和承诺两个法律行为，两个行为完成则标志着合同的成立。

2.要约

（1）《合同法》第14条规定，要约是希望和他人订立合同的意思表示。该意思表示应当符合下列条件：①内容具体确定；②表明经受要约人承诺，要约人即受该意思表示约束。发出要约的人称为要约人，接受要约的人称为受要约人。

（2）要约邀请。《合同法》第15条规定，要约邀请是希望他人向自己发出要约的意思表示。寄送的价目表、拍卖公告、招标公告、招股说明书、商业广告等为要约邀请。商业广告的内容符合要约规定的，视为要约。

（3）生效、撤回、撤销与失效。

①生效。《合同法》第16条规定，要约到达受要约人时生效。采用数据电文形式订立合同，收件人指定特定系统接收数据电文的，该数据电文进入该特定系统的时间，视为到达时间；未指定特定系统的，该数据电文进入收件人的任何系统的首次时间，视为到达时间。

②撤回。《合同法》第17条规定，要约可以撤回。撤回要约的通知应当在要约到达受要约人之前或者与要约同时到达受要约人。

③撤销。《合同法》第18条规定，要约可以撤销。撤销要约的通知应当在受要约人发出承诺通知之前到达受要约人。第19条规定，有下列情形之一的，要约不得撤回：要约人确定了承诺期限或者以其他形式明示要约不可撤回；受要约人有理由认为要约是不可撤销的，并已经为履行合同做了准备工作。

④失效。有下列情形之一的，要约失效：拒绝要约的通知到达要约人；要约人依法撤销要约；承诺期限届满，受要约人未做出承诺；受要约人对要约的内容做出实质性变更。

3. 承诺

（1）承诺。《合同法》第21条规定，承诺是受要约人同意要约的意思表示。受要约人做出承诺后，称之为承诺人。《合同法》第25、26条规定了承诺的法律效力：承诺送达要约人时，合同即告成立。

（2）承诺做出的方式。《合同法》第22条规定，承诺应当以通知的方式做出，但根据交易习惯或者要约表明可以通过行为做出承诺的除外。

（3）承诺的期限。《合同法》第23条规定，承诺应当在要约确定的期限内到达要约人。要约没有确定承诺期限的，承诺应当依照下列规定到达：①要约以对话方式做出的，应当即时做出承诺，但当事人另有约定的除外；②要约以非对话方式做出的，承诺应当在合理期限内到达。

（4）生效、撤回。

①生效。《合同法》第26条规定，承诺通知到达要约人时生效。承诺不需要通知的，根据交易习惯或者要约的要求做出承诺的行为时生效。采用数据电文形式订立合同的，承诺到达的时间适用《合同法》第16条第2款的规定。

②撤回。《合同法》第27条规定，承诺可以撤回，撤回承诺的通知应当

在承诺通知到达要约人之前或者与承诺通知同时到达要约人。

③新要约。《合同法》第28条规定，受要约人超过承诺期限发出承诺的，除要约人及时通知受要约人该承诺有效外，为新要约。

五、合同的效力

合同的效力问题，是指合同是否有效。有效合同对当事人有约束力，受法律保护。合同成立后，根据情况的不同，可能出现以下结果：依法成立的合同是有效合同、无效合同、可撤销的合同、效力待定合同。

1. 合同的成立与生效

（1）合同成立。指双方当事人成功完成签订合同的全过程，并达到订立合同的预期目的。《合同法》第25条规定，承诺生效时合同成立。这表明：合同的成立从实质内容而言应当具备的条件包括：合同必须有双方当事人参加；合同必须依法订立；承诺的内容应当和要约的内容一致。

（2）合同的生效。指已经成立的合同在当事人之间产生法律约束力。《合同法》第44条规定，依法成立的合同，自成立时生效，法律、行政法规规定应当办理批准、登记手续生效的，依照其规定。

2. 当事人对合同效力的限制

（1）附条件的合同。《合同法》第45条规定，当事人对合同的效力可以约定附加条件。附生效条件的合同，自条件成就时生效。附解除条件的合同，自条件成就时失效。当事人为自己的利益不正当地阻止条件成就的，视为条件已成就；不正当地促成条件成就的，视为条件不成就。

（2）附期限的合同。《合同法》第46条规定，当事人对合同的效力可以约定附期限，附生效期限的合同，自期限届至时生效。附终止期限的合同，自期限届满时失效。

3. 效力待定合同

（1）限制民事行为能力人订立的合同。《合同法》第47条规定，限制民事行为能力人订立的合同，经法定代理人追认后，该合同有效，但纯获利益的合同或者与其年龄、智力、精神健康状况相适应而订立的合同，不必经法定代理人追认。相对人可以催告法定代理人在一个月内予以追认。法定代理人未做表示的，视为拒绝追认。合同被追认之前，善意相对人有撤销的权利。撤销应当以通知的方式做出。

（2）无权代理的行为人代订的合同。

①无权代理人代订的合同对被代理人不发生效力。《合同法》第48条规定，行为人没有代理权、超越代理权或者代理权终止后以被代理人名义订立的合同，未经被代理人追认，对被代理人不发生效力，由行为人承担责任。相对人可以催告被代理人在一个月内予以追认。被代理人未做表示的，视为拒绝追认。合同被追认之前，善意相对人有撤销的权利。撤销应当以通知的方式做出。

②无权代理人代订合同行为有效的情形。《合同法》第49条规定，行为人没有代理权、超越代理权或者代理权终止后以被代理人名义订立合同，相对人有理由相信行为人有代理权的，该代理行为有效。

③法人或者其他组织的法定代表人越权订立合同的效力。《合同法》第50条规定，法人或者其他组织的法定代表人、负责人超越权限订立的合同，除相对人知道或者应当知道其超越权限的以外，该代表行为有效。

④无处分权人处分他人财产的合同效力。《合同法》第51条规定，无处分权的人处分他人财产，经权利人追认或者无处分权的人订立合同后取得处分权的，该合同有效。

4.合同的无效

（1）合同无效的法定情形。无效合同是指欠缺合同的生效要件，自始不发生法律效力的合同。《合同法》第52条规定，有下列情形之一的，合同无效：①一方以欺诈、胁迫的手段订立合同，损害国家利益；②恶意串通，损害国家、集体或者第三人利益；③以合法形式掩盖非法目的；④损害社会公共利益；⑤违反法律、行政法规的强制性规定。

（2）合同免责条款的无效。《合同法》第53条规定，合同中的下列免责条款无效：①造成对方人身伤害的；②因故意或者重大过失造成对方财产损失的。

5.可变更、可撤销的合同

（1）可变更、可撤销合同的法定情形。《合同法》第54条规定，下列合同，当事人一方有权请求人民法院或者仲裁机构变更或者撤销：①因重大误解订立的合同；②显失公平的合同；③一方以欺诈、胁迫或者乘人之危，使对方在违背真实意思的情况下订立的合同，受害方有权提出变更或撤销。当事人请求变更的，人民法院或者仲裁机构不得撤销。

（2）撤销权的消灭。《合同法》第55条规定，有下列情形之一的，撤销权消灭：具有撤销权的当事人自知道或者应当知道撤销事由之日起一年内没有行使撤销权；具有撤销权的当事人知道撤销事由后明确表示或者以自己的行为放弃撤销权。

6. 合同无效或者被撤销后的法律后果

（1）合同被确认无效或者被撤销，就将产生溯及力，使合同从订立之时起就不具有法律约束力。《合同法》第56条规定，无效的合同或者被撤销的合同自始没有法律约束力。合同部分无效，不影响其他部分效力的，其他部分仍然有效。《合同法》第57条规定，合同无效、被撤销或者终止的，不影响合同中独立存在的有关解决争议方法的条款的效力。

（2）《合同法》第58条规定了合同无效或者被撤销后的法律后果，通常有以下三种情况：①返还财产。合同无效或者被撤销后，因该合同取得的财产，应当予以返还；不能返还或者没有必要返还的，应当折价补偿。②赔偿损失。一方当事人有过错的应当赔偿对方因此所受到的损失，双方都有过错的，应当各自承担相应的责任。③追缴财产。当事人恶意串通，损害国家、集体或者第三人利益的，因此取得的财产收归国家所有或者返还集体、第三人。

第三节　合同的变更、转让、解除和终止

一、合同的变更

1. 合同变更的含义

合同的变更，是指合同内容的变化，在合同成立以后至未履行或者未完全履行之前，当事人经过协商对合同的内容进行修改或补充。

合同依法成立以后，对双方当事人都有法律约束力，双方必须严格按照合同约定履行自己的义务，任何一方都不得擅自变更依法成立的合同。否则，就要承担违约责任。但是，当事人并非绝对不能变更合同。因为合同的成立和履行本身都要依赖于一定的主客观情况，而这些情况很可能会发生变

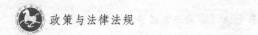

化，绝对不允许变更将违背合同满足经济生活需要的本质属性。

2. 合同变更的条件

《合同法》第 77 条对合同的变更做了如下限定：当事人协商一致，可以变更合同；法律、行政法规规定变更合同应当办理批准、登记等手续的，依照其规定。第 78 条规定，当事人对合同变更的内容约定不明确的，推定为未变更。

二、合同的转让

1. 合同转让的含义

合同的转让是合同主体的变更，是指合同的一方当事人将合同的全部或者部分权利义务转让给第三人，而合同的内容并不发生变化。通常又将此视为广义的变更合同。

合同的转让包括合同权利（债权）的转让、合同义务（债务）的转移、合同权利义务的概括转让。

2. 债权转让

（1）债权转让及其限制。《合同法》第 79 条规定，债权人可以将合同的权利全部或者部分转让给第三人，但是有下列情形之一的除外：①根据合同性质不得转让；②按照当事人约定不得转让；③依照法律规定不得转让。《合同法》第 80 条规定，债权人转让权利的，应当通知债务人。未经通知，该转让对债务人不发生效力。债权人转让债权的通知不得撤销，但经受让人同意的除外。

（2）合同权利转让的效力。《合同法》第 81 条规定，债权人转让权利的，受让人取得与债权有关的从权利，但该从权利专属于债权人自身的除外。第 82 条规定，债务人接到债权转让通知后，债务人对让与人的抗辩，可以向受让人主张。第 83 条规定，债务人接到债权转让通知时，债务人对让与人享有债权，并且债务人的债权先于转让的债权到期或者同时到期的，债务人可以向受让人主张抵销。

3. 债务转移

（1）债务转移及其形式要件。债务转移，是指债务人经债权人同意将合同的义务全部或者部分转让给第三人。《合同法》第 84 条规定，债务人将合同的义务全部或者部分转移给第三人的，应当经债权人的同意。第 87 条规定，法律、行政法规规定转让权利或者转让义务应当办理批准、登记手续的，依照其规定。

（2）债务承担人的抗辩与从债的转移。《合同法》第 85 条规定，债务人转移债务的，新债务人可以主张原债务人对债权人的抗辩。第 86 条规定，债务人转移义务的，新债务人应当承担与主债务有关的从债务，但该从债务专属于原债务人自身的除外。

4. 债权债务的概括转让

（1）概括转让的含义。债权债务的概括转让是指将合同的权利和义务一并转移给第三人的行为。《合同法》第 88 条规定，当事人一方经对方同意，可以将自己在合同中的权利和义务一并转让给第三人。

（2）概括转让的效力。根据《合同法》第 89 条的规定，权利义务一并转让的，适用《合同法》第 79 条、第 81 至 83 条、第 85 至 87 条的规定。

（3）新当事人的概括承受。除以上合同转让导致的概括转让外，当法人、其他组织合并和分立时也会引起债权债务概括转让的问题。对此，《合同法》第 90 条规定，当事人订立合同后合并的，由合并后的法人或者其他组织行使合同权利，履行合同义务。当事人订立合同后分立的，除债权人和债务人另有约定的以外，由分立的法人或者其他组织对合同的权利和义务享有连带债权，承担连带债务。

三、合同的终止

1. 合同终止及其终止的情形

合同的终止，是指依法生效的合同，因具备法定情形或当事人约定的情形，使确立的权利义务关系消灭。《合同法》第 91 条规定，有下列情形之一的，合同的权利义务终止：①债务已经按照约定履行；②合同解除；③债务相互抵销；④债务人依法将标的物提存；⑤债权人免除债务；⑥债权债务同归于一人；⑦法律规定或者当事人约定终止的其他情形。第 98 条规定，合同的权利义务终止后，不影响合同中结算和清理条款的效力。

2. 合同因解除而终止

合同的解除，指合同有效成立后，当具备合同解除条件后，因当事人一方的意思表示或者由当事人双方协商，使合同关系归于消灭。合同解除的条件包括约定解除和法定解除。

（1）约定解除。根据合同自愿的原则，合同当事人在不违背法律和社会利益的条件下，可以在合同订立之前或订立之后，通过约定或协议使合同解除。《合同法》第93条规定，当事人协商一致，可以解除合同。当事人可以约定一方解除合同的条件。解除合同的条件成就时，解除权人可以解除合同。

（2）法定解除。指合同生效后，没有履行或未履行完毕前，当事人在法律规定的解除条件出现时，行使解除权而使合同关系消灭。《合同法》第94条规定，有下列情形之一的，当事人可以解除合同：①因不可抗力致使不能实现合同目的；②在履行期限届满之前，当事人一方明确表示或者以自己的行为表明不履行主要债务；③当事人一方迟延履行主要债务，经催告后在合同期限内仍未履行；④当事人一方迟延履行债务或者有其他违约行为致使不能实现合同目的；⑤法律、法规规定的其他情形。

3. 合同解除的程序与法律后果

（1）合同解除的程序。合同解除的程序，是指当事人解除合同的方法和步骤。

《合同法》第95、96条规定解除合同应遵循以下程序：①符合法律规定的解除条件。②按照法律规定进行催告。③一方主张解除合同的，必须通知对方，而且一般采取书面形式通知对方，合同自通知到达对方时解除。④在法律规定或者当事人约定解除权限内行使解除权，否则该权利消灭。另外，法律没有规定或者当事人没有约定解除权的行使期限，经对方催告后在合理期限内不行使的，解除权消灭。⑤依法办理批准登记手续，法律、行政法规规定解除合同应当办理登记手续的，未办理有关手续，合同关系不能终止。⑥当事人行使解除权时，如果对方有异议的，可以请求人民法院或者仲裁机构确认合同效力。

（2）合同解除的法律后果。《合同法》第97条规定，合同解除后，尚未履行的，终止履行；已经履行的，根据履行情况和合同性质，当事人可以要求恢复原状、采取其他补救措施，并有权要求赔偿损失。第98条规定，合同的权利义务终止，不影响合同中结算和清理条款的效力。

第四节　合同的履行和违约责任

一、合同的履行

1. 合同的履行的概念

合同的履行是指合同生效以后，债务人通过完成合同规定的义务，使债权人的合同权利得以实现的行为。合同的履行既是订立合同的出发点，也是订立合同的最终目的，是整个合同制度的核心，对于保护合同当事人的合法权益、维护经济秩序有着重要的意义。

2. 合同履行的原则

《合同法》第 60 条规定，当事人应当按照约定全面履行自己的义务。当事人应当遵循诚实信用原则，根据合同的性质、目的和交易习惯履行通知、协助、保密等义务。这表明，合同履行的原则包括：全面履行原则和遵循诚实信用原则。

3. 合同约定不明的补救与处理

（1）合同约定不明的补救。《合同法》第 61 条规定，合同生效后，当事人就质量、价款或者报酬、履行地点等内容没有约定或者约定不明确的，可以协议补充；不能达成补充协议的，按照合同有关条款或者交易习惯确定。

（2）合同约定不明时的处理。《合同法》第 62 条规定，当事人就有关合同的内容约定不明确，依照本法第 61 条的规定仍然不能确定的，适用下列规定：①质量要求不明确的，按照国家标准、行业标准履行；没有国家标准、行业标准的，按照通常标准或者符合合同目的的特定标准履行。②价款或者报酬不明确的，按照订立合同时履行地的市场价格履行；依法应当执行政府定价或者政府指导价的，按照规定履行。③履行地点不明确，给付货币的，在接受货币一方所在地履行；交付不动产的，在不动产所在地履行；其他标的，在履行义务一方所在地履行。④履行期限不明确的，债务人可以随时履行，债权人也可以随时要求履行，但应当给对方必要的准备时间。⑤履行方式不明确的，按照有利于实现合同目的的方式履行。⑥履行费用的负担不明确的，由履行义务一方负担。

二、违约责任

1.违约责任的概念和性质

（1）违约责任，指合同当事人因违反合同义务所应承担的责任。《合同法》第 107 条规定，当事人一方不履行合同义务或者履行合同义务不符合法律规定的，应当承担继续履行、采取补救措施或者赔偿损失等违约责任。第 120 条规定，当事人双方都违反合同的，应当各自承担相应的责任。

违约责任具有以下特点：违约责任以合同的有效存在为前提；是合同当事人不履行合同义务所产生的责任；具有相对性，即违约责任只能在合同关系的当事人之间发生；可以由当事人约定。

（2）违约责任的性质。《合同法》对于违约责任的规定具有补偿性和惩罚性双重性质。

《合同法》第 113 条规定，当事人一方不履行合同义务或者履行合同义务不符合约定，给对方造成损失的，损失赔偿额应相当于因违约所造成的损失，包括合同履行后可以获得的利益，但不得超过违反合同一方订立合同时预见到或者应当预见到的因违反合同可能造成的损失。该规定表明，违约方承担赔偿损失的责任时，是以对方所受实际损失为限的，目的在于补偿对方。

《合同法》规定，当事人可以在合同中约定违约金和定金条款，违约金和定金具有制裁违约的性质。

2.违约责任的构成要件

（1）当事人有违约行为。《合同法》规定的违约责任归责原则为严格责任制。归责原则是指基于一定的归责事由而确立违约责任成立的法律原则。只要合同当事人有违约行为存在，无论导致违约的原因是什么、主观上是否有过错，除了法定的免责事由外，就要承担违约责任。

（2）不存在法定和约定的免责事由。

3.违约责任的种类

根据合同当事人违反合同义务的性质、特点，违约责任可以分为预期违约和届期违约。

（1）预期违约。《合同法》第 108 条规定，当事人一方明确表示或者以自己的行为表明不履行合同义务的，对方可以在履行期限届满之前要求其承担违约责任。

（2）届期违约。依据《合同法》第107条，在合同履行期限到来之后，当事人不履行或不完全履行合同义务的，构成届期违约。

4.承担违约责任的方式

（1）继续履行。《合同法》第109、110条规定，当事人一方未支付价款或报酬的，对方可以要求其支付价款或者报酬。当事人一方不履行非金钱债务或者履行非金钱债务不符合约定的，对方可以要求履行，但有下列情形之一的除外：①法律上或者事实上不能履行；②债务的标的不适于强制履行或者履行费用过高；③债权人在合理期限内未要求履行。

（2）补救措施。《合同法》第111条规定，当事人履行合同义务，质量不符合约定的，应当按照当事人的约定承担违约责任。对违约责任没有约定或者约定不明确，依照本法第61条的规定仍不能确定的，受损害方根据标的的性质以及损失的大小，可以合理选择要求对方承担修理、更换、重做、退货、减少价款或者报酬等违约责任。

（3）赔偿损失。《合同法》第112条规定，当事人一方不履行合同义务或者履行合同义务不符合约定的，在履行义务或者采取补救措施后，对方还有其他损失的，应当承担损害赔偿责任。

具体方式包括赔偿损失、支付违约金和适用定金罚则等。

赔偿损失。《合同法》第113条规定，损失赔偿额应当相当于因违约所造成的损失，包括合同履行后可以获得的利益，但不得超过违反合同一方订立合同时预见到或者应当预见到的因违反合同可能造成的损失。经营者为消费者提供商品或者服务有欺诈行为的，依据《消费者权益保护法》的规定承担损害赔偿责任。第119条规定，当事人一方违约后，对方应当采取适当措施防止损失的扩大；没有采取适当措施致使损失扩大的，不得就扩大的损失要求赔偿。当事人因防止损失扩大而支出的合理费用由违约方承担。

支付违约金。《合同法》第114条规定，当事人可以约定一方违约时应当根据违约情况向对方支付一定数额的违约金，也可以约定因违约产生的损失赔偿额的计算方法。约定的违约金低于造成的损失的，当事人可以请求人民法院或者仲裁机构予以增加；约定的违约金过分高于造成的损失的，当事人可以请求人民法院或者仲裁机构予以适当减少。当事人就迟延履行约定违约金的，违约方支付违约金后还应当履行债务。

适用定金罚则。《合同法》第 115 条规定，当事人可以约定一方向对方给付定金作为债权担保。债务人履行债务后，定金应当抵作价款或者收回。给付定金的一方不履行约定的债权的，无权要求返还定金；收受定金的一方不履行约定的债务的，应当双倍返还定金。第 116 条规定，当事人既约定违约金，又约定定金的，一方违约时，对方可以选择适用违约金或者定金条款。

5. 不可抗力、责任竞合及第三方原因造成的违约

（1）不可抗力。①根据《合同法》第 117 条，不可抗力，是指不能预见、不能避免并不能克服的客观情况。通常包括自然灾害（例如地震、台风、洪水等）、政府行为、突发的社会事件（例如战争、罢工）。《合同法》规定的法定免责事由仅限于不可抗力。第 117 条规定，因不可抗力不能履行合同的，根据不可抗力的影响，部分或者全部免除责任，但法律另有规定的除外。当事人迟延履行后发生不可抗力的，不能免除责任。②主张不可抗力人的义务。《合同法》第 118 条规定，当事人一方因不可抗力的原因不能履行合同的，应当及时通知对方当事人，以减轻可能给对方造成的损失，并应当在合理期限内提供证明。

（2）责任竞合。责任竞合是指同一行为符合民法规定的数种责任要件的情形。《合同法》第 122 条规定，因当事人一方的违约行为，侵害对方人身、财产权益的，受损方有权选择依照本法要求其承担违约责任或者依照其他法律要求其承担侵权责任。

（3）第三方原因造成的违约。《合同法》第 121 条规定，当事人一方因第三人的原因造成违约的，应当向对方承担违约责任。当事人一方和第三人之间的纠纷，依照法律规定或者按照约定解决。

6. 防止损失扩大义务

（1）意义。合同一方当事人违约给对方造成了损失尽管可以从违约方获得赔偿，但是如果可以采取适当措施防止和减轻损失却不采取，致损失扩大，再让违约方按照实际损失赔偿，则显失公平，于国家、于社会公共利益都是不利的。为此，该规定的立法目的在于彰显公平、防止损失的扩大。

（2）义务内容。《合同法》第 119 条规定，当事人一方违约后，对方应当采取适当措施防止损失的扩大；没有采取适当措施致使损失扩大的，不得就扩大的损失要求赔偿。

（3）费用承担。《合同法》第119条第2款规定，当事人因防止损失扩大而支出的合理费用，由违约方承担。合理费用，是指因采取有关措施防止损失扩大而支出的必要费用。由于费用因违约而产生，是违约损失的一部分，理应由违约方承担。

第五节 旅游服务合同

一、旅游服务合同及与合同的关系

1. 旅游服务合同

《旅游法》专章规定了旅游服务合同，第57条规定，旅行社组织和安排旅游活动，应当与旅游者签订合同。为保护旅游者、旅游经营者合法权益，规范旅游市场提供了法律依据。

（1）概念。旅游服务合同，指旅游经营者与旅游者约定旅游活动过程中旅行社和旅游者之间权利义务关系的协议。

（2）法律特征。旅游服务合同具有以下法律特征：①是双务、有偿、诺成合同；②合同标的具有特殊性，是一种旅游经历以及为获得这种经历所必需的食、住、行、游、购、娱等旅游服务条件；③多为格式合同。

2. 旅游服务合同类型

《旅游法》规定的旅游服务合同主要是指包价旅游合同、旅游代订合同和旅游设计、咨询合同等。本节重点介绍包价旅游合同。

（1）旅游代订合同。是指旅行社接受旅游者的委托，为其代订交通、住宿、餐饮、游览、娱乐等旅游服务，旅游者支付代办费用的合同，是《合同法》规定的委托合同的一种类型。《旅游法》第74条第1款规定，旅行社接受旅游者的委托，为其代订交通、住宿、餐饮、游览、娱乐等旅游服务，收取代办费用的，应当亲自处理委托事务。因旅行社的过错给旅游者造成损失的，旅行社应当承担赔偿责任。

旅游代订合同是建立在旅游者（委托人）与旅行社（受托人）相互信任的基础上的。根据《合同法》的规定，受托人应当亲自处理受托的事务，不经委托人同意，不能转托他人处理受托之事。旅行社作为旅游者的受托人，其行为后果由旅游者承担，旅行社仅对其代订行为承担责任。对旅行社而言，为旅游者提供代订相关服务是其经营活动，可以收取代办费用，二者之间成立的旅游代订合同属于有偿合同。

（2）旅游设计、咨询合同。是指旅行社接受旅游者的委托，为旅游者提供旅游行程设计、旅游信息咨询等服务，旅游者为此支付相应服务费用的合同。《旅游法》第74条第2款规定，旅行社接受旅游者的委托，为其提供旅游行程设计、旅游信息咨询等服务的，应当保证设计合理、可行，信息及时、准确。

3. 合同与旅游服务合同的关系

旅游服务合同属于典型的合同，具有合同的法律属性，又因为旅游服务的特殊性使旅游服务合同成为典型合同的一种。与旅游服务合同相关的当事人之间确立合同关系、明确权利义务，首先适用《旅游法》的规定，《旅游法》没有规定的，适用《合同法》总则的规定。此外，国务院于2009年颁布施行的《旅行社条例》，国家旅游局于1997年发布的《旅行社国内旅游服务质量要求》、2002年发布的《旅行社出境旅游服务质量》等法规、行业标准对旅游服务合同的有关内容做了专门规定。

二、包价旅游合同的概念及特征

1. 包价旅游合同的概念

在各国立法中，包价旅游合同的称谓不尽相同。德国、日本称之为"旅行契约""旅游契约"；欧盟称之为"一揽子包价旅游合同"；英美国家多称之为"一揽子旅行""一揽子旅游""一揽子度假"等，以突出旅游由多项给付结合的特征；《关于包价旅游合同的布鲁塞尔公约》则称之为"组织包价旅游合同"，突出旅游经营者组织旅游活动的行为特征。

《旅游法》第111条第3款对包价旅游合同做出界定：包价旅游合同，是指旅行社预先安排行程，提供或者通过履行辅助人提供交通、住宿、餐饮、游览、导游或领队等两项以上旅游服务，旅游者以总价支付旅游费用的合同。

2. 包价旅游合同的特征

根据《旅游法》的规定，包价旅游合同的特征表现在以下三个方面：

（1）合同内容预先安排。合同内容中的旅游行程及相关服务是由旅行社预先安排的。不论是旅行社自主设计还是根据旅游者具体要求安排的线路和日程，都需要旅行社预先确定行程和安排吃住，并通过向交通、食宿、游览等经营者订购相关服务，使旅游行程及完成行程所必需的相关服务共同组成一个完整的旅行社服务。

（2）服务的数量符合法律规定。旅行社所提供的服务应当包括两项或两项以上。交通、住宿、餐饮、游览、导游或者领队服务中任意两项或以上服务的组合，是包价旅游合同服务要素的构成要件，不论其中的服务是由旅行社直接提供，还是旅行社向相关经营者订购后间接提供。

（3）合同价款以总价方式一揽子支付。包价旅游合同的价款中，既包括旅行社向交通、住宿、餐饮、游览经营者订购服务的成本，也包括旅行社自身的经营成本，如运营费用、人员工资等，还包括其合理利润。由于旅行社向其他经营者的采购批量大、能获得一定的折扣，加上其经营成本和利润，旅游者以总价支付购买一个完整的旅游线路产品较旅游者个人逐项支出的总额要低，这也是旅行社的市场优势所在。

三、包价旅游合同的订立

1. 包价旅游合同的形式

《旅游法》规定，包价旅游合同应当采用书面形式。签订包价旅游合同是旅行社与旅游者之间做出意思表示、达成合意，最终签订书面合同的过程。

订立书面形式的包价旅游合同，最常见的是采用国家或地方政府相关部门发布的示范文本。目前在旅游合同方面，原国家工商总局和原国家旅游局联合发布的有 2014 年版《团队境内旅游合同（示范文本）》《团队出境旅游合同（示范文本）》《大陆居民赴台湾地区旅游合同（示范文本）》和《境内旅游组团社与地接社合同（示范文本）》等。

在实践中，如果旅行社设计使用格式条款性质的包价旅游合同条款，则应当符合《合同法》《旅游法》及相关法律、法规的规定。

2. 包价旅游合同的内容

《旅游法》第 58 条第 1 款规定，包价旅游合同应当包括下列内容：①旅行社、旅游者的基本信息；②旅游行程安排；③旅游团成团的最低人数；

④交通、住宿、餐饮等旅游服务安排和标准；⑤游览、娱乐等项目的具体内容和时间；⑥自由活动时间安排；⑦旅游费用及其交纳的期限和方式；⑧违约责任和解决纠纷的方式；⑨法律、法规规定和双方约定的其他事项。

《旅游法》第59条规定，旅行社应当在旅游行程开始前向旅游者提供旅游行程单。旅游行程单是包价旅游合同的组成部分。实践中，旅行社通过提供旅游行程单以说明具体旅游服务时间、地点、内容、顺序等，是对包价旅游合同的履行所做的承诺，是对包价旅游合同中旅行社义务的具体化。因此，合同与行程单虽有先后，但内容、标准和权利义务必须是一致的；旅行社不仅应当按照包价旅游合同履行合同义务，而且应当按照旅游行程单的规定履行合同；如果旅行社提供的实际旅游服务与旅游行程单载明的内容不一致，旅行社应承担相应的违约责任。

3. 旅行社的订约说明告知义务

（1）说明义务。《旅游法》第58条第2款规定，在订立包价旅游合同时，旅行社负有向旅游者详细说明本条第1款所规定的第2项至第8项相关内容的义务；未履行该义务的，即可能因为违反说明义务而导致包价旅游合同不成立、被撤销等，因此造成旅游者损失的，应当承担赔偿损失的责任。

（2）告知事项。《旅游法》第62条规定，订立包价旅游合同时，旅行社还应当向旅游者告知下列事项：①旅游者不适合参加旅游活动的情形；②旅游活动中的安全注意事项；③旅行社依法可以减免责任的信息；④旅游者应当注意的旅游目的地相关法律、法规和风俗习惯、宗教禁忌，依照中国法律不宜参加的活动等；⑤法律、法规规定的其他应当告知的事项。

四、包价旅游合同的履行

1. 履行原则

旅游者与旅行社订立包价旅游合同，其目的是通过接受旅行社提供的服务，进而满足其精神享受的需求，不论组团社直接履行合同，还是委托地接社履行合同，都应当全面、适当地履行合同中对旅游者承诺的义务，以实现旅游者参加包价旅游活动的目的。因此，《旅游法》第69条规定，旅行社应当按照包价旅游合同的约定履行义务，不得擅自变更旅游行程安排。经旅游者同意，旅行社将包价旅游合同中的接待业务委托给其他具有相应资质的地接社履行的，应当与地接社订立书面委托合同，约定双方的权利和义务，向地接社提供与旅游者订立的包价旅游合同的副本，并向地接社支付不低于接待和服务成本的费用。地接社应当按照包价旅游合同和委托合同提供服务。

2. 履行规则

（1）组团社必须根据合同约定的内容、标准提供服务。合同的履行，是合同目的的基本要求，合同不履行，合同目的就无法实现。作为旅游者一方，通常在订立包价旅游合同时，完成团费的缴纳，即已适当履行；而旅行社一方，除由于旅游者个人的原因或不可抗力等客观因素可以解除、变更合同外，必须根据合同所约定的服务内容和标准，向旅游者提供其所承诺的相关服务，且不得降低档次、增减项目。实践中，一些旅行社以满足旅游者个性化需求为借口，或者以多数旅游者的要求为理由，擅自减少合同约定的项目，增加购物和自费旅游项目，以获取不正当利益，损害旅游者权益。因此，《旅游法》特别强调不得擅自变更旅游行程安排。

（2）组团社将接待业务必须委托给有资质的地接社履行。基于旅游活动的跨地域性特征，旅行社在履行旅游合同的过程中，通常由旅游者所在地的旅行社与旅游者签订旅游合同，该旅行社并不直接到旅游目的地为旅游者提供旅游服务，而是交由旅游目的地的旅行社负责接待旅游者。

组团社将接待业务委托地接社履行时应当遵守下列规定：一是选择缔约对象时，应当选择具有相应资质的旅行社；二是应当采取书面形式约定双方的权利和义务；三是应当向地接社提供与旅游者订立的包价旅游合同的副本；四是应当向地接社支付不低于接待和服务成本的费用。

（3）地接社必须按包价旅游合同履行义务。在履行旅游合同、向旅游者提供旅游服务的过程中，地接社扮演着在旅游目的地实际接待旅游者、具体执行旅游行程安排的重要角色。按照法律规定，地接社应当按照组团社与旅游者签订的包价旅游合同和组团社与地接社签订的委托合同提供服务。该规定有利于明确包价旅游合同履行过程中当事人之间的法律关系。

如果严格根据合同的相对性原则，地接社只需履行与组团社之间的委托合同义务。但是，旅游者在旅游目的地接受旅游服务的过程中，必然与地接社之间发生关系，如果要求旅游者必须先向组团社提出请求，再由组团社向地接社转达，这不符合现实。因此，法律规定地接社应当按照包价旅游合同和委托合同提供服务，也有利于保护旅游者的权益。

五、包价旅游合同的转让、解除及法律后果

1. 旅游者转让、解除合同权的行使及法律后果

（1）旅游者转让包价旅游合同及法律后果。旅游者需要以亲自参加的方式才能完成旅游行程，但可能会由于不可预见的情势变化，在行程开始前无法参加原定行程。一方面，由于大部分旅行社已向履行辅助人支付旅游团费且难以退还，若旅游者因此解除合同，将承担较大损失。另一方面，多数旅游活动对于旅游者并无特殊要求，旅游者将合同权利义务转让给第三人，由其替代参加旅游活动，尽管可能需要增加部分费用，但与可能产生的损失相比更可接受。为此，《旅游法》第64条规定，旅游行程开始前，旅游者可以将包价旅游合同中自身的权利义务转让给第三人，旅行社没有正当理由的不得拒绝，因此增加的费用由旅游者和第三人承担。

需要注意的是，旅游者行使包价旅游合同的转让权并不是绝对的，旅行社如有正当、合理的理由，有权拒绝转让请求。正当、合理的理由主要有两类：一是对应原报名者办理的相关服务、手续不能变更或者不能及时变更，例如出团前无法为第三人办妥签证等；二是旅游活动对于旅游者的身份、资格等有特殊要求的，第三人并不具备相应身份、资格等。

旅游者转让合同中自身权利义务的，应当符合两个要求：一是向旅行社提出转让的请求；二是在"旅游行程开始前"提出。由于旅游者发生了替换，可能会发生旅游费用增加的情形，对于增加的部分，旅游者与第三人应当向旅游经营者补交。

（2）旅游者解除包价旅游合同及法律后果。包价旅游合同具有旅游者必须亲自参加才能得到履行的性质，当旅游者出现因个人原因不能成行，或者已出行却必须终止行程的情形时，《旅游法》第65条规定，旅游行程结束前，旅游者解除合同的，组团社应当在扣除必要的费用后，将余款退还旅游者。

包价旅游合同因旅游者行使合同解除权而终止，合同规定的旅游服务已经提供的、旅游者已经享受其利益的，旅游者应当依据解除前的包价旅游合同支付相应的费用；对于尚未提供的旅游服务，旅游经营者无须继续提供，

旅游者也无须就未提供的服务向旅游经营者给付报酬。实践中，由于旅游行程开始前，旅游者已预交全部旅游费用，因此，旅游经营者应当向旅游者退还相关费用。

依照法律规定，组团社应当在扣除必要的费用后，将余款退还旅游者。必要费用包括两个部分：一是组团社已向地接社或者履行辅助人支付且不可退还的费用；二是旅游行程中已实际发生的费用。

2. 旅行社转让、解除合同权的行使及法律后果

（1）因未达到约定成团人数不能出团而解除合同及法律责任。包价旅游合同的价格是预先固定的，旅行社是根据形成团队的旅游者数量，与每一履行辅助人商定价格的；只有达到一定数量，履行辅助人才会提供相应的价格折扣，旅行社以此确定报价；一旦达不到人数的约定，履行辅助人则将相应调高价格，致使旅行社不能再以原报价提供服务。旅游团队的规模化才有履行辅助人的价格优惠，这与现实中的团购情况是相同的。因此，《旅游法》第63条规定：旅行社招徕旅游者组团旅游，因未达到约定人数不能出团的，组团社可以解除合同。但是，境内旅游应当至少提前7日通知旅游者，出境旅游应当至少提前30日通知旅游者。因未达到约定人数不能出团的，组团社经征得旅游者书面同意，可以委托其他旅行社履行合同。组团社对旅游者承担责任，受委托的旅行社对组团社承担责任。旅游者不同意的，可以解除合同。因未达到约定的成团人数解除合同的，组团社应当向旅游者退还已收取的全部费用。

（2）因旅游者原因导致合同解除及法律责任。包价旅游合同关系中，除因不可抗力等导致合同不能履行外，旅行社通常无权解除合同。但是，因旅游者的原因也可能导致合同不能履行，为了保护大多数旅游者的合法权益，法律赋予旅行社在法定情形下的单方解除权。《旅游法》第66条规定，旅游者有下列情形之一的，旅行社可以解除合同：①患有传染病等疾病，可能危害其他旅游者健康和安全的；②携带危害公共安全的物品且不同意交有关部门处理的；③从事违法或者违反社会公德的活动的；④从事严重影响其他旅游者权益的活动，且不听劝阻、不能制止的；⑤法律规定的其他情形。因前款规定情形解除合同的，组团社应当在扣除必要的费用后，将余款退还旅游者；给旅行社造成损失的，旅游者应当依法承担赔偿责任。

3. 包价旅游合同解除后旅行社的协助义务及费用承担

在旅游行程中，由于各种原因导致行程终止、合同解除的情形时有发生。旅游者跟随旅行社统一安排出游，一旦行程终止，其对后续事项的处置，特别是返回出发地的安排，通常需要得到旅行社的协助。为此，《旅游法》第68条规定，旅游行程中解除合同的，旅行社应当协助旅游者返回出发地或者旅游者指定的合理地点。由于旅行社或者履行辅助人的原因导致合同解除的，返程费用由旅行社承担。

（1）旅行社协助旅游者返回的义务。旅游的本质是旅游者离开常住地、前往异地活动。因此，在旅游行程中，无论基于何种原因解除合同，旅游者都会因身处异地而面临信息缺乏甚至语言不通等多方面的困难。作为专门从事旅游服务的经营者，旅行社对旅游目的地的信息掌握较为全面，为保护旅游者的权益和安全，有必要要求旅行社协助安排旅游者返程。

旅游者的返回地，应不限于旅游出发地，也可由旅游者指定合理的地点以方便旅游者。协助旅游者返回出发地或者旅游者指定的合理地点，是《旅游法》基于保护旅游者利益而规定旅行社必须履行的法定义务。

应当指出，不论何种情形导致行程中合同解除、旅游者需要返程的，旅行社都必须协助其返程。

（2）旅游者返程费用的承担。返程费用的负担，需要根据不同情形分别处理：①旅游者因个人原因主动解除合同或者旅行社根据《旅游法》第66条规定行使解除权的，返程费用由旅游者自己承担。②因不可抗力或者旅行社、履行辅助人已尽合理注意义务仍不能避免的事件，导致合同不能继续履行，或者旅游者不同意调整行程而解除合同的，应根据《旅游法》第67条，返程费用由旅行社与旅游者合理分担。③由于旅行社或履行辅助人的原因导致合同解除的，返程费用由旅行社承担。

六、包价旅游合同的违约责任

1. 旅行社的违约责任

违反合同约定应当承担相应责任是民事法律的基本原则。包价旅游合同，除一般性违约外，故意违约，甚至造成严重后果的，例如旅行社无正当理由拒绝履行合同义务甚至甩团等，仅承担违约、赔偿责任不能体现公平、合理的原则，需要法律予以特殊规定。《旅游法》第 70 条针对不同情形下旅行社的违约责任做出了具体的规定。

（1）旅行社在一般情形下应当承担的责任。旅行社的违约行为是旅行社承担违约责任的客观前提，是指旅行社不履行包价旅游合同义务或者履行合同义务不符合约定，主要表现为旅行社擅自改变旅游行程、遗漏旅游景点、减少旅游服务项目、降低旅游服务标准等。

《旅游法》第 70 条第 1 款中对旅行社在一般情形下的违约责任做了规定，即旅行社不履行包价旅游合同义务或者履行合同义务不符合约定的，应当依法承担继续履行、采取补救措施或者赔偿损失等违约责任。继续履行，是指违约方不履行合同时，另一方当事人要求违约方按合同规定的标的履行义务，而不得以支付违约金或赔偿金的方式代替履行的违约责任承担方式。旅行社承担继续履行责任，应当以旅游者在合理期限内请求且旅行社能够继续履行合同为前提。采取补救措施作为一种独立的违约责任形式，是矫正合同不适当履行，使履行缺陷得以消除的具体措施。具体在包价旅游合同中，通常为合理的服务项目的替代。旅游者要求旅行社采取补救措施的，应当在发现旅游服务不符合包价旅游合同约定后的合理期限内提出。损害赔偿责任，是指违约方因不履行或不完全履行合同义务而给对方造成损失，依法或根据合同约定承担赔偿对方当事人所受损失的责任。具体在包价旅游合同中，承担损害赔偿的范围通常是指旅游者的实际损失，主要包括未完成约定旅游服务项目的费用，以及降低旅游服务标准的差价等。如果因旅行社违约导致旅游者食宿费用的增加，以及产生误工等费用的，也在此范围内。

因旅行社的违约行为，还可能造成旅游者的人身损害或者财产损失，旅行社也应当依法承担赔偿责任。

（2）旅行社的惩罚性赔偿责任。《旅游法》第 70 条第 1 款规定，旅行社具备履行条件，经旅游者要求仍拒绝履行合同，造成旅游者人身损害、滞留等严重后果的，旅游者还可以要求旅行社支付旅游费用一倍以上三倍以下的赔偿金。这即是对旅行社惩罚性赔偿责任的规定。该规定针对的主要是"旅行社具备履行条件，经旅游者要求仍拒绝履行合同"的行为，该行为在旅游行业中通常被称为甩团。甩团往往是由于旅游者拒绝购物或者参加另行付费项目，导游、领队未能从中获得回扣等不正当利益所引起的，这种行为性质恶劣，有时会发生旅游者走失、人身伤害、滞留等严重后果。因此，法律规定了对旅行社的惩罚性赔偿。

旅行社承担惩罚性赔偿责任的构成要件包括：①旅行社具备履行条件但拒不履行合同。若旅行社因为不可抗力以及尽到合理注意义务仍不可预见的事件而无法履行，则不能认为旅行社拒不履行合同。②经旅游者要求仍然拒绝履行合同。旅游者要求旅行社继续履行合同，是旅行社承担惩罚性赔偿责任的必经程序。经旅游者要求仍然拒绝履行合同，并不要求旅行社明确做出拒不履行的意思表示，而只要存在不履行合同的事实即可。③旅游者发生人身损害、滞留等严重后果。旅游者因旅行社甩团等原因造成人身损害、滞留异地、境外等严重后果，可要求旅行社承担惩罚性赔偿责任。④拒绝履行与人身损害、滞留之间存在因果关系。

需要说明的是，旅游者要求旅行社承担旅游费用一倍以上三倍以下的赔偿金，是惩罚性赔偿，不影响旅游者依照《旅游法》第70条第1款的前述规定要求旅行社承担人身损害、财产损失赔偿的一般性违约责任。

（3）旅行社不承担违约责任的情形。《旅游法》第70条第2款规定，由于旅游者自身原因导致包价旅游合同不能履行或者不能按照约定履行，或者造成旅游者人身损害、财产损失的，旅行社不承担责任。

旅游者自身的原因包括：旅游者未尽其应尽的配合、协助履行义务，例如擅自脱团、自行参加行程外的活动等主客观原因，以及《旅游法》第66条规定的情形。发生上述情形造成旅行社无法履行包价旅游合同时，根据法律规定，旅游者应自负责任，旅行社不承担违约责任。

（4）旅游者自行安排活动期间的旅行社责任。《旅游法》第70条第3款规定，在旅游者自行安排活动期间，旅行社未尽到安全提示、救助义务的，应当对旅游者的人身损害、财产损失承担相应责任。

旅游者自行安排活动期间，包括旅行社安排的在旅游行程中独立的自由活动期间、旅游者不参加旅游行程的活动期间以及旅游者经导游或者领队同意暂时离队的个人活动期间，也包括旅行社开发的"机票＋酒店"的包价自助旅游产品（小包价）等。旅游者自行安排活动期间的本质是，旅行社在此期间不提供旅游服务，由旅游者自己安排自己的旅游活动，这些旅游活动与包价旅游合同没有紧密的关系，不属于包价旅游合同服务的组成部分。尤其是在此期间，团队中所有旅游者的活动是个性化的，离开了旅行社、导游、领队或履行辅助人的视线，既不可预期其活动内容，也不可控制其活动风险。因此，旅行社在此期间无须承担包价旅游合同所要求的全部安全保障义务，只需承担安全提示、救助义务；如果旅行社未尽到安全提示、救助义务，则应承担相应的法律责任。

要求旅行社不提供旅游服务期间承担提示义务，是因为作为提供专业服务的旅行社，对旅游目的地的自然、社会环境较为熟悉，对于该地区容易造成旅游者人身损害、财产损失的风险比较了解，旅游者却可能不完全知悉将会面临的危险。为此，从保护旅游者合法权益的角度考虑，赋予旅行社必要的提示义务，是有其合理性的。对于救助义务，旅游者在自行安排活动期间，即使听从了旅行社的提示，仍然可能遭受各种人身伤害、财产损失。在此情况下，旅行社就负有必要、合理的救助义务，不论此种损害是何种原因造成，旅行社均负有相应的救助义务。

2. 旅游者的违约责任

旅游者在旅游活动中或者在解决纠纷时，享有法定的权利，同时也应承担相应的义务。违反相关义务，给他人造成损害的，应承担相应责任。因此，《旅游法》第72条规定，旅游者在旅游活动中或者在解决纠纷时，损害旅行社、履行辅助人、旅游从业人员或者其他旅游者的合法权益的，依法承担赔偿责任。

（1）旅游者的不当行为。由于旅游者在旅游活动中或者在解决纠纷时的不当行为，可能导致损害旅行社、履行辅助人、旅游从业人员或者其他旅游者的合法权益的情形，主要有三种类型：

①影响行程，阻碍合同的正常履行。旅游者不遵守行程时间安排的，擅自脱团不归的，违反目的地法律、法规或风俗习惯、禁忌被当地部门处理的，采取"霸机"、阻止经营者或从业人员正常服务等不正当手段解决纠纷的等，都会造成团队无法按照行程计划顺利进行活动甚至滞留的后果，给旅行社和同团旅游者的利益带来损失。

②侵害他人的财产权。旅游者在行程中故意或过失侵害他人的财产，包括对旅行社、履行辅助人、旅游从业人员或者其他旅游者在内的公私财物的侵犯。例如，拿走飞机上配备的救生衣、损毁酒店或客房物品、在景区内乱

涂乱画等。

③侵害他人的人身权。旅游者侮辱、打骂旅游从业人员或其他旅游者等的行为，都属于侵犯人身权的行为。

（2）旅游者的侵权损害赔偿责任。旅游者承担赔偿责任，原则上应具备四个要件：①实施了侵害他人民事权益的行为；②旅行社、履行辅助人、旅游从业人员或者其他旅游者遭受了损害；③旅游者的行为与旅行社、履行辅助人、旅游从业人员或者其他旅游者所受损害之间存在因果关系；④主观上存在过错。

3. 地接社、履行辅助人的违约责任

包价旅游合同中，由于服务内容包含食、住、行等多个方面，旅行社虽然已承诺向旅游者提供这些服务，但实际是委托地接社以及通过交通、餐饮、住宿、景区等履行辅助人直接为旅游者提供合同约定服务的方式实现的。当包价旅游合同的履行是由于地接社或其他直接提供服务的履行辅助人的原因，出现履行瑕疵或者障碍时，在实践中，因在确定承担责任的主体时，极易产生纠纷，为有效保护旅游者的合法权益，《旅游法》第 71 条第 1款规定，由于地接社、履行辅助人的原因导致违约的，由组团社承担责任；组团社承担责任后可以向地接社、履行辅助人追偿。第 71 条第 2 款规定，由于地接社、履行辅助人的原因造成旅游者人身损害、财产损失的，旅游者可以要求地接社、履行辅助人承担赔偿责任，也可以要求组团社承担赔偿责任；组团社承担责任后可以向地接社、履行辅助人追偿。但是，由于公共交通经营者的原因造成旅游者人身损害、财产损失的，由公共交通经营者依法承担赔偿责任，旅行社应当协助旅游者向公共交通经营者索赔。

（1）组团社应当为地接社、履行辅助人的违约行为承担责任。在包价旅游合同关系中，无论相关旅游服务是由组团社提供的，还是由组团社通过其选择的地接社、履行辅助人提供的，违约责任均由组团社承担。因为，旅游者与地接社、履行辅助人之间并无直接的合同关系，即使后者违约，旅游者也难以依据合同要求其承担责任。但旅游者与组团社存在合同关系，地接社、履行辅助人又是组团社选择、确定的，是代表或者协助组团社履行合同义务的，因此，其行为的后果应当由组团社负责，旅游者有权要求组团社承担因地接社、履行辅助人违约造成损失的责任。

（2）组团社向地接社、履行辅助人行使追偿权。为了通过地接社、履行辅助人向旅游者提供服务，组团社也需根据包价旅游合同中的服务内容与提供服务的经营者订立合同。地接社、履行辅助人的服务不符合包价旅游合同要求的，也就违反了其与组团社订立的合同，组团社可以据此要求地接社、履行辅助人承担该合同约定的违约责任，形成组团社向旅游者承担包价旅游合同责任后，再向地接社、履行辅助人行使追偿权的机制。

（3）人身损害、财产损失责任的承担。在包价旅游合同的履行中，若旅行社提供的服务存在缺陷，旅游者除不能享受旅游服务外，还可能会受到人身损害、财产损失。根据《侵权责任法》的规定，旅游者可以以被侵权为由，直接要求作为侵权行为人的地接社、履行辅助人承担侵权赔偿责任，即《旅游法》第71条规定的可以要求地接社、履行辅助人承担赔偿责任。但是，地接社、履行辅助人都在旅游目的地经营，直接要求其承担赔偿责任，往往会给异地旅游者造成困难和不便。在此情况下，旅游者也可以要求与其订立合同的组团社承担责任。这就是法律关系中出现的违约与侵权责任竞合的问题。同样地，组团社承担赔偿责任后，有权向地接社、履行辅助人追偿。

（4）旅行社协助旅游者索赔义务。《旅游法》第71条第2款规定，由于公共交通经营者的原因造成旅游者人身损害、财产损失的，由公共交通经营者依法承担赔偿责任。所指公共交通包括航空、铁路、航运客轮、城市公交、地铁等。之所以将由于公共交通经营者的原因造成的旅游者的损害，排除在旅行社的责任范围之外，其理由主要在于：与其他履行辅助人不同，旅行社对公共交通经营者基本没有选择余地，更无控制能力。虽然不承担赔偿责任，但由于旅行社组织旅游的特性，因此，法律规定其有义务协助旅游者向公共交通经营者索赔。

4. 因不可抗力或者其他原因导致合同解除、变更的法律责任

旅游活动中经常会发生意外状况，导致行程改变以至取消。遇此情形，团队旅游者可能各执己见难以形成统一意见，而旅行社又不可能满足每位旅游者的诉求。为此，《合同法》第94条、117条，《旅游法》第67条做出了明确规定。

（1）影响旅游行程的客观因素。①不可抗力。《合同法》第94条规定，因不可抗力致使不能实现合同目的时，当事人可以解除合同。第117条规定，因不可抗力不能履行合同的，根据不可抗力的影响，部分或者全部免除责任，但法律另有规定的除外。《旅游法》也将不可抗力作为当事人可以解除合同的法定情形之一。②旅行社、履行辅助人已尽合理注意义务仍不能避免的事件。除不可抗力外，合同履行过程中，还可能发生其他旅行社、履行辅助人已尽合理注意义务仍不能避免的事件，导致合同不能履行，或者合同虽能履行，但会产生对一方当事人极不公平的后果，依法则应允许变更合同或者解除合同。

（2）因客观原因解除包价旅游合同的法律后果。《旅游法》第67条第1款规定，由于不可抗力或者旅行社、履行辅助人已尽合理注意义务仍不能避免的事件，致使包价旅游合同无法继续履行的，旅行社和旅游者可以解除合同。合同解除的法律后果，主要体现在以下几个方面：①合同尚未履行的部分，终止履行。②不可抗力等客观原因解除合同，不可归责于旅行社和履行辅助人，旅行社因此不承担解除合同的违约责任。③组团社应当在扣除已向地接社或者履行辅助人支付且不可退还的费用后，将余款退还旅游者。实践中，旅游者在签订旅游合同时，大多已经全部支付旅游费用，因此享有请求旅行社返还旅游费用的权利，组团社应当从旅游费用中扣除已经提供服务的部分和已向地接社或者履行辅助人支付且不可退还的费用。

（3）因客观原因变更包价旅游合同的法律后果。包价旅游合同通常包含多个阶段的旅游活动，而不可抗力等客观原因，有可能仅影响部分阶段的活动，在对合同做部分变更后，旅游合同其他部分依然可以继续履行。据此，《旅游法》第67条规定了合同不能完全履行的，旅行社可以在合理范围内变更合同，但应当向旅游者做出说明；旅游者不同意变更的，可以解除合同。在部分旅游者同意变更、部分旅游者不同意变更时，旅行社依法应当仅对同意变更行程的旅游者根据变更后的行程履行旅游合同；对于不同意变更的，则应当根据第67条规定，解除旅游合同。

旅游合同变更的法律后果，主要体现在《旅游法》第67条第2项关于费用增加、减少的处理上。因为变更旅游行程，可能会因此导致旅游费用的增减，按照本条规定，增加的费用由旅游者承担，对于减少的费用应当退还旅游者。

（4）因客观原因需要采取的安全、安置措施与相关费用承担。由于不可抗力或者旅行社、履行辅助人已尽合理注意义务仍不能避免的事件，不仅可能影响旅游行程，还可能发生危及旅游者人身、财产安全，造成旅游者滞留的情况。对此，《旅游法》第67条第3项和第4项分别做了相应的规定。即在发生危及旅游者人身、财产安全的情况下，旅行社应当采取相应的安全措施，因此支出的费用，由旅行社与旅游者分担；在造成旅游者滞留的情况下，旅行社应当采取相应的安置措施，因此增加的食宿费用，由旅游者承担；增加的返程费用，由旅行社与旅游者分担。发生上述情形，旅行社和旅游者双方都无过错，按照公平原则，相关费用应主要由双方分担。

第八章
侵权责任法律制度

本章导读 ▶▶▶

【本章概述】 本章内容主要包括：侵权损害赔偿的归责原则；一般侵权责任的构成要件、免责和减轻责任的事由和责任承担方式；特殊侵权责任的类型、构成要件和责任承担。

【学习要求】 了解《中华人民共和国侵权责任法》（以下简称《侵权责任法》）关于一般规定的内容，不承担责任和减轻责任的情形；熟悉侵权的责任构成和责任方式，监护人责任和用人责任，机动车交通事故责任、高度危险活动致人损害责任、饲养动物致人损害责任和物件致人损害责任；掌握违反安全保障义务的责任。

第一节 概　　述

一、立法宗旨和适用范围

1. 立法宗旨

（1）立法宗旨。《侵权责任法》第 1 条明确规定，制定该法的宗旨是保护民事主体的合法权益，明确侵权责任，预防并制裁侵权行为，促进社会和谐稳定。

（2）侵权责任。侵权行为是指侵害他人权利或利益的行为。侵权责任是指实施侵权行为的主体侵害他人民事权益应当依法承担的民事责任。民事责任包括侵权责任和违约责任。主要特点包括：主要在于救济当事人的权利，赔偿或者补偿当事人的损失；是一种财产责任；可以由当事人协商解决。

2.适用范围

《侵权责任法》第 2 条规定，侵害民事权益，应当依照本法承担侵权责任。本法所称民事权益，包括生命权、健康权、姓名权、名誉权、荣誉权、肖像权、隐私权、婚姻自主权、监护权、所有权、用益物权、担保物权、著作权、专利权、商标专用权、发现权、股权、继承权等人身、财产权益。

3.一般侵权行为和特殊侵权行为

依据不同标准，侵权行为划分为不同类型，以归责原则为标准则划分为一般侵权行为和特殊侵权行为。凡适用过错责任原则的侵权行为属于一般侵权行为，这些侵权行为在法律中并不逐一列举；适用作为例外的无过错责任、过错推定责任原则的侵权行为，需要由法律做出特别规定的，称为特殊侵权行为。①

二、侵权损害赔偿的归责原则②

归责原则是确认和追究行为人侵权责任的基本规则。归责是指行为人因其行为或者物件致使他人损害的事实发生以后，应依何种根据使之负责，从而体现出法律的价值判断。③

1.过错责任原则

过错责任原则，指以行为人在主观上是否存在过错作为判断侵权行为是否成立的必要条件，并以此确定行为人是否承担侵权责任。《侵权责任法》第 6 条第 1 款规定，行为人因过错侵害他人民事权益，应当承担侵权责任。

2.过错推定责任

过错推定责任，指在法律有特别规定的情形下。行为人的行为造成他人民事权益损害的，推定行为人具有过错，并据此判断行为人承担侵权责任。《侵权责任法》第 6 条第 2 款规定，根据法律规定推定行为人有过错，行为

---

① 程啸. 侵权责任法 [M]. 北京：法律出版社，2016：54~55.

② 吴高盛.《中华人民共和国侵权责任法》释义及实用指南 [M]. 北京：中国民主法制出版社，2014：7.

③ 王利明. 侵权责任法 [M]. 北京：中国人民大学出版社，2016：47.

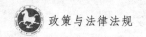

人不能证明自己没有过错的，应当承担侵权责任。

3. 无过错责任原则

无过错责任原则，也称严格责任，指不管行为人在主观上有无过错，只要其行为损害了他人的民事权益，都必须依照法律规定承担侵权责任。《侵权责任法》第 7 条规定，行为人损害他人民事权益，不论行为人有无过错，法律规定应当承担侵权责任的，依照其规定。

4. 公平责任原则

公平责任原则，指在法律规定的情形下，根据当事人双方的财产状况等因素，由双方公平合理地分担损失。《侵权责任法》第 24 条规定，受害人和行为人对损害的发生都没有过错的，可以根据实际情况，由双方分担损失。

三、《侵权责任法》的立法概况 ①

《侵权责任法》是保护民事主体合法权益，明确侵权责任，预防并制裁侵权行为，促进社会和谐稳定的民事基本法律。我国相关法律对侵权责任做了一些规定，对于保护公民、法人的合法权益，维护社会秩序起到了积极的作用。随着经济社会的发展，新的侵权类型不断出现，现行法律规定较为原则，缺乏可操作性。2003 年以来全国人大共有 216 人提出 7 件制定《侵权责任法》的议案和 8 件建议。根据十届、十一届全国人大常委会的立法规划，2008 年的立法计划，法制工作委员会启动立法工作。2009 年 12 月 26 日，第十一届全国人民代表大会常务委员会第十二次会议通过了于 2010 年 7 月 1 日起正式施行的《侵权责任法》。

第二节　一般侵权责任

一般侵权责任，指行为人因过错侵害他人民事权益，并适用过错责任原则而依法应当承担的民事责任。

---

① 全国人民代表大会法律委员会关于《中华人民共和国侵权责任法（草案）》主要问题的汇报，全国人大法律委员会副主任委员李适时。

一、构成要件

1. 加害行为

加害行为是行为人实施的加害于受害人民事权益的不法行为，其不具有意思表示的要素，属于一种事实行为。

2. 损害

损害也称损害后果，指受害人一方因他人的侵害行为或者准侵害行为而遭受的人身、精神或财产方面的不利后果。依据《侵权责任法》第 16~22 条的规定，损害可以分为财产损失、人身损害和精神损害。

3. 因果关系

法律上的因果关系指损害结果和造成损害的原因之间的关联性，它是各种法律责任中确定责任归属的基础。侵权责任中的因果关系，指行为或物件与损害事实之间的前因后果的联系。

4. 过错

过错，指行为人的一种可归责的心理状况，表现为故意和过失两种形态。故意是指行为人预见到损害结果的发生并希望或放任该结果发生的心理状态，分为直接故意和间接故意。过失是指行为人因疏忽或轻信而未达到应有的注意程度的一种不正常或不良的心理状态，分为疏忽大意的过失和过于自信的过失。

二、免责和减轻责任的事由

免责事由指减轻或免除行为人责任的事由，也称抗辩事由。免责事由在广义上既包括免除行为人责任的事由，也包括减轻行为人责任的事由。

1. 受害人故意

受害人故意指受害人明知自己的行为会发生损害后果，仍然追求损害后果的发生，或者放任损害后果的发生。《侵权责任法》第 27 条规定，损害是因受害人故意造成的，行为人不承担责任。

2. 受害人过失

受害人过失指受害人疏忽大意或者盲目自信，实施某种积极作为行为或者消极不作为行为，该行为对损害的发生具有原因力的情况。《侵权责任法》

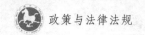

第 26 条规定，被侵权人对损害的发生也有过错的，可以减轻侵权人的责任。

3. 第三人的原因

第三人的原因指除原告和被告之外的第三人对原告的损害的发生或扩大具有过错，此种过错包括故意和过失。《侵权责任法》第 28 条规定，损害是因第三人造成的，第三人应当承担侵权责任。

4. 不可抗力

《侵权责任法》第 29 条规定，因不可抗力造成他人损害的，不承担责任。法律另有规定的，依照其规定。据此，在法律没有特别规定的情况下，原则上不可抗力可以作为免责事由。

5. 正当防卫

正当防卫指公共利益、他人或本人的人身或其他利益受到不法侵害时，行为人所采取的一种防卫措施。《侵权责任法》第 30 条规定，因正当防卫造成损害的，不承担责任。正当防卫超过必要的限度，造成不应有损害的，正当防卫人应当承担适当的责任。

6. 紧急避险

紧急避险是指为了使公共利益、本人或他人的合法权益免受正在发生的损害为限，不得已而采取的致公共利益、他人或本人损害的行为。《侵权责任法》第 31 条规定，因紧急避险造成损害的，由引起险情发生的人承担责任。如果危险是由自然原因引起的，紧急避险人不承担责任或者给予适当补偿。紧急避险采取措施不当或者超过必要的限度，造成不应有的损害的，紧急避险人应当承担适当的责任。

三、侵权责任的承担

1. 侵权责任承担的方式 ①

侵权责任承担的方式，指侵权人承担侵权责任的具体方法，属于《侵权责任法》的核心问题。《侵权责任法》第 15 条规定，承担侵权责任的方式主要有：①停止侵害；②排除妨碍；③消除危险；④返还财产；⑤恢复原状；⑥赔偿损失；⑦赔礼道歉；⑧消除影响、恢复名誉。以上承担侵权责任的方

---

① 王利明. 侵权责任法［M］. 北京：中国人民大学出版社，2016：152～153.

式，可以单独适用，也可以合并适用。

《侵权责任法》第4条规定，侵权人因同一行为应当承担行政责任或者刑事责任的，不影响依法承担侵权责任。因同一行为应当承担侵权责任和行政责任、刑事责任，侵权人的财产不足以支付的，先承担侵权责任。

2. 侵权损害赔偿

侵权损害赔偿，指因侵权人侵害他人民事权益造成他人财产损害和精神损害而应承担的损害赔偿责任，通过损害赔偿责任的承担，使受害人遭受的损害得以恢复。

（1）财产损害赔偿。《侵权责任法》规定了财产损害赔偿：①第19条规定，侵害他人财产的，财产损失按照损失发生时的市场价格或者其他方式计算。②第20条规定，侵害他人人身权益造成财产损失的，按照被侵权人因此受到的损失赔偿；被侵权人的损失难以确定，侵权人因此获得利益的，按照其获得的利益赔偿；侵权人因此获得的利益难以确定，被侵权人和侵权人就赔偿数额协商不一致，向人民法院提起诉讼的，由人民法院根据实际情况确定赔偿数额。③侵害他人造成人身损害的，应当赔偿医疗费、护理费、交通费等为治疗和康复支出的合理费用，以及因误工减少的收入。造成残疾的，还应当赔偿残疾生活辅助具费和残疾赔偿金。造成死亡的，还应当赔偿丧葬费和死亡赔偿金。

（2）精神损害赔偿。精神损害赔偿，是指自然人因人身权益受到不法侵害而导致严重精神痛苦，受害人因此可以就其精神痛苦要求金钱上的赔偿，以对受害人予以抚慰并制裁不法行为人。《侵权责任法》第22条规定，侵害他人人身权益，造成他人严重精神损害的，被侵权人可以请求精神损害赔偿。

第三节　特殊侵权责任

特殊侵权责任，指行为人因侵害或者损害他人民事权益，依照法律规定采取过错推定方式，或者无论行为人是否有过错，都应当依法承担的民事责任。

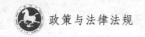

一、监护人责任

1. 概念

监护人责任，指监护人就无民事行为能力人或限制民事行为能力人造成他人的损害，依法所应承担的责任。《侵权责任法》第 32 条第 1 款规定，无民事行为能力人、限制民事行为能力人造成他人损害的，由监护人承担侵权责任。监护人尽到监护责任的，可以减轻其侵权责任。这就在法律上确立了监护人责任制度，该制度有利于督促监护人履行其监护责任，避免被监护人侵害他人权益，也有利于对受害人进行救济。

2. 构成要件

（1）加害人是无民事行为能力人、限制民事行为能力人。

（2）只有在无民事行为能力人或限制民事行为能力人造成他人损害的时候，监护人才承担侵权责任。

（3）《侵权责任法》第 32 条第 2 款规定，有财产的无民事行为能力人、限制民事行为能力人造成他人损害的，从本人财产中支付赔偿费用。不足部分，由监护人赔偿。据此，如果被监护人有自己的独立财产，则不能要求监护人承担完全责任。

3. 监护人责任的承担

依据《侵权责任法》第 32 条第 2 款，监护人的责任范围是以被监护人能否承担责任、承担多大的责任为前提。第 32 条第 1 款规定，监护人尽到监护责任的，可以减轻其侵权责任。该规则将公平理念引入无过错责任中，缓解了监护人责任的严格性。此外，第 9 条第 2 款规定，教唆、帮助无民事行为能力人、限制民事行为能力人实施侵权行为的，应当承担侵权责任；该无民事行为能力人、限制民事行为能力人的监护人未尽到监护责任的，应当承担相应的责任。

二、用人责任

1. 概念

用人责任，指被用工者因执行工作任务或劳务造成他人损害，用工者所应承担的侵权责任。《侵权责任法》第 34 条第 1 款规定，用人单位的工作人员因执行工作任务造成他人损害的，由用人单位承担侵权责任。第35条规定，个人之间形成劳务关系，提供劳务一方因劳务造成他人损害的，由接受劳务一方承担侵权责任。提供劳务一方因劳务自己受到损害的，根据双方各自的过错承担相应的责任。上述对单位和个人用工责任的规定，对于保护受害人的合法权益，维护正常的用工关系，促进社会生活的和谐发展具有重要意义。

2.构成要件

（1）用人责任成立的前提是被用工者实施了侵权行为，如果被用工者没有实施侵权行为，则无法成立用工责任。"被用工者"是指为他人提供劳务或工作，并受他人指挥或监督的人。如果被用工者的行为虽然造成了损害，但是存在法定的免责事由，自然也不构成用人责任。

（2）存在用工关系。用工关系指用工者和被用工者之间因用工而形成的关系，用工关系的存在并不一定以劳动合同的存在为前提，即使在临时用工中，当事人没有签订劳动合同，也可以形成用工关系。因此《侵权责任法》中的用工关系比《劳动法》中的劳动关系的范围更宽泛。

（3）被用工者因执行工作任务或劳务造成他人损害。在单位用工关系中，用人责任必须是单位的工作人员执行职务造成他人损害；在个人劳务关系中，被用工者因提供劳务而造成他人损害，用工者也要承担责任。

3.劳务派遣相关的责任承担

劳务派遣，指由劳务派遣机构与被派遣劳动者签订劳动合同，由劳动者向接受劳务派遣的实际用工单位给付劳动的特殊劳动关系。依据《侵权责任法》第34条第2款规定：①接受方的责任。劳务派遣的接受方被视为主要的用人者，对劳务派遣工作人员的侵权行为承担无过错责任。②派遣方的责任。如果劳务派遣单位有过错，则承担相应的补充责任，即只有在接受派遣方无力赔偿的情况下，派遣方才需要现实地承担责任。③被派遣个人的责任。《侵权责任法》对此没有规定，可以参照《最高人民法院关于审理人身损害赔偿案件适用法律若干问题的解释》第9条关于雇员的规定来处理：雇员在从事雇佣活动中致人损害的，雇主应当承担赔偿责任；雇员因故意或者重大过失致人损害的，应当与雇主承担连带赔偿责任。雇主承担连带赔偿责任的，可以向雇员追偿。

三、违反安全保障义务的责任

1.概念

违反安全保障义务的责任，指侵权人未尽到法律、合同、习惯等产生的对他人的安全保障义务，造成他人损害时应承担的赔偿责任。《侵权责任法》第 37 条第 1 款规定，宾馆、商场、银行、车站、娱乐场所等公共场所的管理人或者群众性活动的组织者，未尽到安全保障义务，造成他人损害的，应当承担侵权责任。

2.构成要件

（1）公共场所的管理人或群众性活动的组织者。负有安全保障义务之人是特定的主体，即"宾馆、商场、银行、车站、娱乐场所等公共场所的管理人或者群众性活动的组织者"。①《侵权责任法》对"公共场所"采用的是不完全列举方式，动物园、公园、游乐园等企业事业单位的营业场所以及运送旅客的交通工具的内部空间等也属于公共场所。②是否属于群众性活动，不可以简单地以人数多少为标准，还应考虑该活动是否面向社会公众即不特定的人。③如果某一群众性活动是在某公共场所内举办的，组织者和公共场所的管理人均为安全保障义务人，各负其责。

（2）未尽到安全保障义务。《侵权责任法》并没有对此做出明确规定，从我国司法实践来看，在判断行为人是否违反安全保障义务时，应当考虑行为人安全保障义务的范围、损害的来源、侵害的强度以及损害预防的能力等多种因素，综合加以判断。

（3）他人遭受了损害。"他人"指安全保障义务人及其工作人员之外的人，这些人可能与安全保障义务人有某种合同关系，也可能曾经有合同关系但已经消灭，也可能完全没有任何合同关系。此外，无论受害人是因安全保障义务人的行为直接遭受侵害，还是因第三人的侵权行为遭受损害，该损害都必须与安全保障义务人未尽安全保障义务的行为之间存在因果关系。

3.违反安全保障义务责任的承担

依据《侵权责任法》第 37 条第 1 款的规定，在没有直接侵权人时，安全保障义务人违反了安全保障义务，就要承担全部侵权责任。《侵权责任法》

第 37 条第 2 款规定，因第三人的行为造成他人损害的，由第三人承担侵权责任；管理人或组织者未尽到安全保障义务的，承担相应的补充责任。据此，实施行为的第三人所承担的责任为第一顺序的责任，且是独立的责任。只有在受害人无法从第三人那里获得救济的情况下，才应当要求违反安全保障义务的人承担责任，即所谓的补充责任。

四、机动车交通事故责任

1. 概念

机动车交通事故责任，指因机动车在道路上运行造成交通事故，导致他人人身或财产的损害，机动车一方所应承担的侵权责任。"机动车"包括汽车、摩托车、非农用拖拉机、各种专用机械车、特种车等用于载人、载物和从事某种作业的轮式车辆。

2. 构成要件

（1）机动车因交通事故造成损害。《侵权责任法》第 48 条规定，机动车发生交通事故造成损害的，依照《道路交通安全法》的有关规定承担赔偿责任。依据《道路交通安全法》规定，机动车交通事故责任中的损害主要包括两类，即人身伤亡与财产损失。

（2）机动车运行与损害之间具有因果联系。在机动车一方与非机动车、行人之间发生交通事故的情况下，需要强调机动车运行造成了损害。实践中，机动车交通事故责任在因果关系判断上往往需要借助于公安交通机关对交通事故的认定。

（3）机动车一方不能证明自己没有过错。在机动车与非机动车或行人之间发生事故时，机动车致人损害的责任主要是过错推定责任，机动车一方必须在事故发生之后证明自己没有过错，才能在法定的范围内减轻其责任。

3. 机动车交通事故责任的承担 [①]

依据《侵权责任法》第 48 条，机动车一方包括机动车所有人、驾驶人、承租人、借用人、买受人、盗窃者等主体。

---

① 王利明. 侵权责任法 [M]. 北京：中国人民大学出版社，2016：298～313.

（1）"人车分离"的责任承担。《侵权责任法》第49条规定，因租赁、借用等情形机动车所有人与使用人不是同一人时，发生交通事故后属于该机动车一方责任的，由保险公司在机动车强制保险责任限额范围内予以赔偿。不足部分，由机动车使用人承担赔偿责任；机动车所有人对损害的发生有过错的，承担相应的赔偿责任。据此，在机动车强制保险赔付之外，受害人仍然有损害的，应当由机动车使用人承担赔偿责任；机动车所有人的过错是指其没有尽到合理的、谨慎的注意义务，此时由其依据过错程度对自己的行为承担赔偿责任。

（2）盗窃、抢劫或者抢夺的机动车发生交通事故造成损害的责任承担。《侵权责任法》第52条规定，盗窃、抢劫或者抢夺的机动车发生交通事故造成损害的，由盗窃人、抢劫人或者抢夺人承担赔偿责任。保险公司在机动车强制保险责任限额范围内垫付抢救费用的，有权向交通事故责任人追偿。据此，在机动车被盗窃、抢劫或者抢夺的情况下，此时盗窃者、抢劫者、抢夺者已经取得了对机动车的运行支配，损害的发生完全超出了所有人可以控制的范围，因此应当作为责任主体。同时，鉴于很可能找不到盗抢者或者即便找到其也无力赔偿，为了对受害人提供充分救济，有必要让保险公司提供一定的垫付资金，保险公司有权向盗抢人追偿。

（3）机动车驾驶人发生交通事故后逃逸的责任承担。《侵权责任法》第53条规定，机动车驾驶人发生交通事故后逃逸，该机动车参加强制保险的，由保险公司在机动车强制保险责任限额范围内予以赔偿；机动车不明或者该机动车未参加强制保险，需要支付被侵权人人身伤亡的抢救、丧葬等费用的，由道路交通事故社会救助基金垫付。道路交通事故社会救助基金垫付后，其管理机构有权向交通事故责任人追偿。

五、高度危险活动致害责任

1.概念

高度危险活动致害责任，指从事法律明确规定的高度危险活动（包括高空、高压、地下挖掘活动或者使用高速轨道运输工具），经营者应当承担的严格责任。《侵权责任法》第73条规定，从事高空、高压、地下挖掘活动或者使用高速轨道运输工具造成他人损害的，经营者应当承担侵权责任，但能够证明损害是因受害人故意或者不可抗力造成的，不承担责任。被侵权人对损害的发生有过失的，可以减轻经营者的责任。高度危险活动致害责任适用无过错责任原则。

2. 构成要件

（1）必须是从事高空、高压、地下挖掘活动或者使用高速轨道运输工具。从事高度危险活动是高度危险活动致害责任的基础和前提。依据《侵权责任法》第73条，高度危险活动是法律具体列举的活动，包括高空作业、高压活动、地下挖掘活动和使用高速轨道运输工具。从规定来看，属于封闭性列举，没有兜底规定。

（2）因高度危险活动造成他人损害。此处的损害既包括财产损害，也包括人身损害。

（3）高度危险活动与损害后果之间存在因果关系。高度危险活动责任无须证明责任人的主观过错，但是仍然要以高度危险活动与受害人的损害之间具有因果关系为前提。如果完全是因为受害人的故意行为、不可抗力造成了损害，将导致因果关系中断，行为人不承担侵权责任。

3. 高度危险活动责任的赔偿限额

《侵权责任法》第77条规定，承担高度危险责任，法律规定赔偿限额的，依照其规定。这是对最高赔偿限额的确认，主要考虑到高度危险责任的特殊性，因为这种活动是对社会有益的活动，法律要给予其特殊的保护。

六、饲养动物致人损害责任

1. 概念

饲养动物致人损害责任，指饲养的动物造成他人人身或财产损害。《侵权责任法》规定的饲养动物还包括了遗弃、逃逸的动物致害，这对于规范人们饲养动物的行为、救济受害人的损害都具有十分重要的意义。

2. 构成要件

（1）必须是饲养的动物造成损害。《侵权责任法》中动物的概念有其特定的含义，其主要限定于饲养的动物。野生动物致人损害，不属于饲养动物致人损害的范围。

（2）必须是基于动物固有危险的实现而造成的损害。动物的固有危险是指基于动物的固有本性，脱离于具体的人的指使和控制而造成对他人的损害。

（3）造成了受害人的损害。《侵权责任法》第78条规定，饲养的动物造成他人损害的，动物饲养人或者管理人应当承担侵权责任，但能够证明损害是因被侵权人故意或者重大过失造成的，可以不承担或者减轻责任。

（4）饲养的动物与损害之间存在因果关系。在饲养动物致人损害的情况下，因果关系是指动物致害与损害之间引起与被引起的关系。按照举证责任的一般规则，原告应当举证证明被告饲养的动物造成其损害。

3. 饲养动物致人损害责任的特殊规则

（1）违反管理规定饲养动物和禁止饲养的危险动物致人损害的责任。《侵权责任法》第79条规定，违反管理规定，未对动物采取安全措施造成他人损害的，动物饲养人或者管理人应当承担侵权责任。第80条规定，禁止饲养的烈性犬等危险动物造成他人损害的，动物饲养人或者管理人应当承担侵权责任。这两条规定采用的是严格的无过错责任原则，即便受害人对于损害的发生具有重大过失，也不能减轻侵权人的责任，只有受害人存在故意时才能免责。

（2）动物园的动物致人损害的责任。《侵权责任法》第81条规定，动物园的动物造成他人损害的，动物园应当承担侵权责任，但能够证明尽到管理职责的，不承担责任。该条规定采用的是过错推定责任原则，动物园可以通过证明尽到管理职责而免除责任，但是鉴于动物园所承担的独特的社会功能，不应该只是承担善良管理人的注意义务，而应该承担更高的符合其专业管理动物的注意义务。此外，依据《侵权责任法》第26、27、83条规定，如果动物园能够证明被侵权人或者被害人对于损害的发生也有过错的，可以减轻动物园的责任；能够证明损害是受害人故意造成的，动物园不承担责任；如果是第三人过错致使动物造成他人损害的，被侵权人可以选择向动物园请求赔偿，也可以向第三人请求赔偿，在选择向动物园请求赔偿时，动物园不能以第三人的过错提出抗辩。[①]

（3）遗弃或逃逸的动物致人损害的责任。《侵权责任法》第82条规定，

---

① 最高人民法院侵权责任法研究小组.《中华人民共和国侵权责任法》条文理解与适用［M］. 北京：人民法院出版社，2016：542～543.

遗弃、逃逸的动物在遗弃、逃逸期间造成他人损害的，由原动物饲养人或者管理人承担侵权责任。本条规定采用的是无过错责任原则。

（4）因第三人过错致使动物致害的责任。《侵权责任法》第 83 条规定，因第三人的过错致使动物造成他人损害的，被侵权人可以向动物饲养人或者管理人请求赔偿，也可以向第三人请求赔偿。动物饲养人或者管理人赔偿后，有权向第三人追偿。

七、物件致人损害责任

1. 概念

物件致人损害责任，指因物件造成他人财产或人身损害，所有人、管理人等依法应当承担的侵权责任。《侵权责任法》所指"物件"包括不动产、道路、林木以及不动产之上的悬挂物、搁置物等。

2. 构成要件

（1）建筑物、构筑物或者其他设施致人损害责任：①必须是物件；②受害人遭受损害；③建筑物等倒塌、脱落、坠落与受害人遭受损失之间存在因果关系；④所有人、管理人或者使用人存在推定的过失。

（2）抛掷物或坠物致人损害责任：①发生高楼抛掷物或坠物的情形；②受害人遭受损害；③从建筑物抛掷物品与受害人损害之间具有因果关系；④难以确定具体侵权人。

（3）堆放物致人损害责任：①堆放物倒塌；②受害人遭受损害；③堆放物倒塌与受害人遭受损害之间存在因果关系；④堆放人有过错。

（4）妨碍通行物致人损害责任：①在公共道路上堆放、倾倒、遗撒妨碍通行的物品；②受害人遭受损害；③妨碍通行的物品与受害人遭受损害之间存在因果关系；④堆放人、倾倒人、遗撒人有过错。

（5）地面施工致害责任：①行为人是在公共场所、道旁或者通道上从事挖坑、修缮安装地下设施等作业的施工人；②行为人违反设置明显标志和采取安全措施的注意义务；③受害人遭受损害；④行为人违反注意义务之不作为与受害人所受损害之间有因果关系。

（6）地下设施致人损害责任：①地下设施欠缺覆盖物或者覆盖物有缺陷；②受害人遭受损失；③地下设施欠缺覆盖物或者覆盖物有缺陷与受害人遭受

损失之间存在因果关系；④管理人存在推定的过失。

3. 物件致人损害责任的承担

（1）建筑物、构筑物或者其他设施致人损害责任：①所有人、管理人或者使用人的责任。《侵权责任法》第85条规定，建筑物、构筑物或者其他设施及其搁置物、悬挂物发生脱落、坠落造成他人损害，所有人、管理人或者使用人不能证明自己没有过错的，应当承担侵权责任。②所有人、管理人或者使用人的追偿权。《侵权责任法》第85条规定，所有人、管理人或者使用人赔偿后，有其他责任人的，有权向其他责任人追偿。③建设单位与施工单位的连带责任。《侵权责任法》第86条第1款规定，建筑物、构筑物或者其他设施倒塌造成他人损害的，由建设单位与施工单位承担连带责任。④其他责任人的责任。《侵权责任法》第86条第1款规定，建设单位、施工单位赔偿后，有其他责任人的，有权向其他责任人追偿。第2款规定，因其他责任人的原因，建筑物、构筑物或者其他设施倒塌造成他人损害的，由其他责任人承担侵权责任。

（2）抛掷物或坠物致人损害责任：依据《侵权责任法》第87条，从建筑物上抛掷的物品致他人损害的，如果能够查明该建筑物的所有人、管理人或者使用人，则由其承担侵权责任；难以确定具体侵权人的，除能够证明自己不是侵权人的外，由可能加害的建筑物使用人给予补偿。

（3）堆放物致人损害责任：依据《侵权责任法》第88条，堆放物致人损害，堆放人应当承担过错推定责任。

（4）妨碍通行物致人损害责任：依据《侵权责任法》第89条，堆放人、倾倒人、遗撒人的责任适用过错推定，但如果车辆驾驶者已经看到道路上存在妨碍通行物，并且可以轻易避开，而因为疏忽大意未能避开，则表明其主观上也具有过错，因此应减轻侵权人的责任。

（5）地面施工致害责任：依据《侵权责任法》第91条第1款，该种责任的责任主体是施工人，适用过错推定原则。对于施工人的判断，应当从如下几个角度考虑：①如果某人独立地承包了施工项目，承包人为施工人。②在分包的情况下，只要是独立承建的承包人，就应当认定为施工人。③在共同承建的情况下，数个共同的承建人都应认定为施工人。④建造人委托他人施工，受托人都是自然人的，应当以建造人为施工人。①

（6）地下设施致人损害责任：依据《侵权责任法》第91条第2款，对于窨井等地下设施致人损害适用的是一般过错推定原则，窨井等地下设施的管理人应当承担民事责任，但是窨井等地下设施的管理人能够证明自己没有过错的除外。

---

① 张新宝. 侵权责任法［M］. 北京：中国人民大学出版社，2016：328.

第九章
旅行社法律制度

本章导读 ▶▶▶

【本章概述】 本章内容主要包括：旅行社概念及其立法、经营范围、经营原则，旅行社（包括分支机构）设立与变更；旅行社管理法律制度、经营规则及服务质量赔偿标准等。

【学习要求】 了解《旅行社条例》和《旅行社条例实施细则》关于旅行社（包括分支机构）设立与变更的规定；熟悉《旅游法》《旅行社条例实施细则》《旅游服务质量保证金存取管理办法》关于旅行社经营范围、经营原则、旅游服务质量保证金制度的规定，旅行社经营规范、旅行社权利和义务等法律制度及其相关法律责任；掌握《旅行社服务质量赔偿标准》关于旅游主管部门调解旅游纠纷时执行的赔偿依据的规定。

第一节 概   述

一、旅行社及其立法

1.我国的旅行社立法

为了加强对旅行社的管理，保障旅游者和旅行社的合法权益，维护旅游市场秩序，促进旅游业的健康发展，国务院发布《旅行社条例》（以下简称《条例》）并于 2009 年 5 月 1 日起施行。国务院旅游主管部门发布《旅行社条例实施细则》（以下简称《实施细则》）于 2009 年 5 月 3 日起施行。全国人大常委会通过的《旅游法》于 2013 年 10 月 1 日施行。2016 年 2 月 6 日，国务院发布并于同日生效的《国务院关于修改部分行政法规的决定》，对《旅行社条例》的部分内容进行了修改。2016 年 12 月 12 日，国务院旅游主管部门发布并于同日生效的决定对《实施细则》（国家旅游局令第 30 号）部分条款进行修改。

2. 旅行社的概念

依据《旅游法》第 29 条和《条例》第 2 条的规定，旅行社是指从事招徕、组织、接待旅游者等活动，为旅游者提供相关旅游服务，开展境内旅游业务、入境旅游业务或者出境旅游业务、边境旅游业务和其他旅游业务的企业法人。

依据《实施细则》第 2 条规定，提供的相关旅游服务主要包括：①安排交通服务；②安排住宿服务；③安排餐饮服务；④安排观光游览、休闲度假等服务；⑤导游、领队服务；⑥旅游咨询、旅游活动设计服务。接受旅游者委托提供的旅游服务包括：①接受旅游者的委托，代订交通客票、代订住宿和代办出境、入境、签证手续等（出境、签证手续等服务，应当由具备出境旅游业务经营权的旅行社代办）；②接受机关、事业单位和社会团体的委托，为其差旅、考察、会议、展览等公务活动，代办交通、住宿、餐饮、会务等事务；③接受企业委托，为其各类商务活动、奖励旅游等，代办交通、住宿、餐饮、会务、观光游览、休闲度假等事务；④其他旅游服务。

3.《条例》的适用范围

《条例》第 2 条规定，本条例适用于中国境内旅行社的设立及经营活动。第 67 条规定，香港特别行政区、澳门特别行政区和台湾地区的投资者在内地投资设立旅行社，参照适用《条例》。

二、旅行社的经营范围和经营原则

1. 旅行社的经营范围

《旅游法》第 29 条规定，旅行社可以经营下列业务：①境内旅游；②出境旅游；③边境旅游；④入境旅游；⑤其他旅游业务。旅行社经营出境旅游与边境旅游业务，应当取得相应的业务经营许可，具体条件由国务院规定。具体包括：

（1）境内旅游，指在我国领域内，除港、澳特别行政区以及台湾地区之外的地区进行的旅游活动。

（2）出境旅游，指中国内地居民前往其他国家或地区，赴港、澳特别行政区旅游；中国大陆居民前往台湾地区旅游；在中国内地的外国人、无国籍人，在内地的港、澳特别行政区居民和在大陆的台湾地区居民前往其他国家或地区旅游。

（3）边境旅游，指经批准的旅行社组织和接待我国及毗邻国家的公民，集体从指定的边境口岸出入境，在双方政府商定的区域和期限内进行的旅游活动。

（4）入境旅游，指其他国家或地区的旅游者来中国境内旅游；港、澳特别行政区旅游者来内地旅游；台湾地区旅游者来大陆旅游。实践中，对在中国境内长期居住的外国人、无国籍人和港、澳、台居民在境内旅游也作为入境旅游管理。

（5）其他旅游业务，是兜底条款，例如代订旅游服务、代售旅游产品、提供旅游设计、咨询等业务。根据旅游业发展的需要，旅行社可以从事的业务经营范围还可能不断拓展。

2. 旅行社的经营原则

依据《条例》第4条规定，旅行社在经营活动中应当遵循自愿、平等、公平、诚信的原则，提高服务质量，维护旅游者的合法权益。

（1）自愿原则。自愿原则，指旅游者有权自主自愿选择旅游产品，旅行社不得违背旅游者的意愿，强迫或者变相强迫旅游者与自己签订旅游合同，或者干涉旅游者与其他旅行社订立旅游合同。

（2）平等原则。平等原则，指旅行社和旅游者具有平等的法律地位，在权利义务对等的基础上，双方就旅游合同相关条款充分协商达成一致，旅行社不得将自己的意志强加给旅游者。

（3）公平原则。公平原则，指在设立权利义务、承担民事责任等方面应当公平、平等，合情合理，保证公平交易和公平竞争。

（4）诚信原则。也称诚实信用原则，诚实是指旅行社在招徕、组织、接待旅游者时，不得对旅游者进行隐瞒、欺骗；信用是指旅行社应当善意地、全面地履行旅游合同，按照约定的旅游项目、标准或者档次提供服务。

三、旅行社的设立与变更

1. 旅行社的设立

（1）设立条件。《旅游法》第 28 条规定，设立旅行社，招徕、组织、接待旅游者，为其提供旅游服务，应当具备下列条件，取得旅游主管部门的许可，依法办理工商登记：①有固定的经营场所；②有必要的营业设施；③有符合规定的注册资本；④有必要的经营管理人员和导游；⑤法律、行政法规规定的其他条件。

依据《条例》《实施细则》和《国家旅游局关于执行〈旅游法〉有关规定的通知》（旅发〔2013〕280 号）规定，具体条件包括：

①有固定的经营场所，指在较长的一段时间里为旅行社拥有或能为旅行社所使用的固定的营业场所。经营场所应当符合下列要求：申请者拥有产权的营业用房，或者申请者租用的、租期不少于 1 年的营业用房；营业用房应当满足申请者业务经营的需要。

②有必要的营业设施，应当至少包括：2 部以上的直线固定电话；传真机、复印机；具备与旅游行政管理部门及其他旅游经营者联网条件的计算机。

③符合规定的注册资本，注册资本是旅行社业务经营活动的基础，也是其承担法律责任的依托。出资的形式包括现金，实物、土地使用权等非现金资产。申请经营境内旅游业务和入境旅游业务经营的旅行社，注册资本不少于 30 万元。

④有必要的经营管理人员与导游，必要的经营管理人员指具有旅行社从业经历或者相关专业经历的经理人员和计调人员；必要的导游指有不低于旅行社在职员工总数 20% 且不少于 3 名、与旅行社签订固定期限或者无固定期限劳动合同的持有导游证的导游。

⑤法律、行政法规规定的其他条件，此为兜底条款，《旅游法》对旅行社设立条件的规定比较原则化，具体条件还有待行政法规细化。

（2）提交的文件。依据《实施细则》第 8 条的规定，申请设立旅行社，经营境内旅游业务和入境旅游业务的，应当向省、自治区、直辖市旅游行政管理部门（以下简称省级旅游行政管理部门）提交下列文件：①设立申请书。内容包括申请设立的旅行社的中英文名称及英文缩写，设立地址，企业形式、出资人、出资额和出资方式，申请人、受理申请部门的全称、申请书名称和申请的时间；②法定代表人履历表及身份证明；③企业章程；④经营场所的证明；⑤营业设施、设备的证明或者说明；⑥工商行政管理部门出具的企业法人营业执照。

2.旅行社的设立登记与许可

（1）登记与许可。我国旅行社登记制度变革后，依据《条例》《实施细则》规定，旅行社登记、许可，具体包括：

①营业执照的领取。申请人到工商行政管理机关办理设立登记手续，经登记主管机关核准登记注册，领取企业法人营业执照。

②旅行社业务经营许可证的领取。申请经营境内旅游业务和入境旅游业务的，应当向所在地省级旅游主管部门或者其委托的设区的市级旅游主管部门提出申请，并提交符合"取得企业法人资格并且注册资本不少于30万元"的相关证明文件。

受理申请的旅游主管部门应当自受理申请之日起20个工作日内做出许可或者不予许可的决定。予以许可的，向申请人颁发旅行社业务经营许可证；不予许可的，书面通知申请人并说明理由。

③办理税务登记。旅行社正式成立后，申请人应当向当地税务部门办理开业税务登记，经税务部门审核同意，可获得税务登记证。税务登记完成后，旅行社即可开始正式营业。

（2）旅行社申请经营出境旅游业务的特别规定。依据《实施细则》第10条的规定，旅行社申请出境旅游业务的，应当向国务院旅游行政主管部门提交两项文件：①经营旅行社业务满两年，且连续两年未因侵害旅游者合法权益受到行政机关罚款以上处罚的承诺书；②经工商行政管理部门变更经营范围的企业法人营业执照。

依据《条例》第9条的规定，申请经营出境旅游业务的，应当向国务院旅游主管部门或者其委托的省级旅游主管部门提出申请，受理申请的旅游主管部门应当自受理申请之日起20个工作日内做出许可或者不予许可的决定。予以许可的，向申请人换发旅行社业务经营许可证；不予许可的，书面通知申请人并说明理由。

3. 通过网络经营旅行社业务的规定

通过网络经营旅行社业务属于在线旅游的范畴，为规范发展在线旅游，《旅游法》第 48 条规定，通过网络经营旅行社业务的，应当依法取得旅行社业务经营许可，并在其网站主页的显著位置标明其业务经营许可证信息。发布旅游经营信息的网站，应当保证其信息真实、准确。

通过网络经营旅游业务的旅行社按照法律规定，必须依法取得旅行社业务经营的许可，与此同时在其网站主页要标明其业务经营许可证信息，并应当载明旅行社的名称、法定代表人、许可证编号和业务经营范围，以及原许可的旅游行政管理部门的投诉电话。并且保证自己发布的旅游经营信息真实、准确，维护旅游者的合法权益并有利于行政部门与社会的有效监督。

4. 登记事项变更及注销登记

《条例》第 12 条规定：旅行社变更名称、经营场所、法定代表人等登记事项或者终止经营的，应当到工商行政管理部门办理相应的变更登记或者注销登记，并在登记办理完毕之日起 10 个工作日内，向原许可的旅游主管部门备案，换领或者交回旅行社业务经营许可证。

四、旅行社的分支机构

1. 分支机构的管理

（1）类别及法律属性。企业法人的分支机构，是企业法人依法在一定区域内设置的、隶属设立企业并在设立企业经营范围内从事经营活动，不能独立承担民事责任的经营单位。

旅行社分支机构包括旅行社分社（以下简称分社）和旅行社服务网点（以下简称服务网点）。分社和服务网点不具有法人资格，以设立分社、服务网点的旅行社（以下简称设立社）的名义从事《旅游法》《条例》及《实施细则》规定的业务经营活动，其经营活动的责任和后果，由设立社承担。

（2）备案登记。依据《条例》第 10 条及《实施细则》第 19、23 条，设立分社和服务网点的旅行社，在向分社或者服务网点所在地工商行政管理部门办理分社或者服务网点设立登记后，应当在 3 个工作日内持规定的文件向分社或者服务网点所在地与工商登记同级的旅游主管部门备案并领取备案登记证明。若没有同级旅游主管部门的，向上一级旅游主管部门备案。

分社、服务网点备案后，受理备案的旅游主管部门应当向旅行社颁发旅行社分社备案登记证明或者旅行社服务网点备案登记证明；分支机构登记证明与营业执照中所载明的经营范围与设立社应当一致。

2. 旅行社分社的设立

（1）设立条件。分社，指旅行社设立的不具备独立法人资格、以设立社名义开展旅游业务经营活动的分支机构。设立分社应符合下列条件：

①固定的经营场所：申请者拥有产权的营业用房，或者申请者租用的、租期不少于1年的营业用房；营业用房应当满足申请者业务经营的需要。

②必要的营业设施：2部以上的直线固定电话；传真机、复印机；具备与旅游主管部门及其他旅游经营者联网条件的计算机。

③分社的名称中应当包含设立社名称、分社所在地地名和"分社"或者"分公司"字样。

（2）设立登记与备案登记。

①设立登记。依据《实施细则》第19条，设立社应当向分社所在地的工商行政管理部门办理设立登记。

②备案登记。设立社应当在设立登记之后持法定文件办理备案登记。法定文件包括：分社的营业执照；分社经理的履历表和身份证明；增存质量保证金的证明文件。

分社的设立不受地域限制，但是其经营范围不得超出设立社的经营范围，不得设立服务网点。设立社应当加强对分社的管理，对分社实行统一的人事、财务、招徕、接待制度规范。

3. 服务网点的设立

（1）设立条件。服务网点，指旅行社设立的，为旅行社招徕旅游者，并以旅行社的名义与旅游者签订旅游合同的门市部等机构。

服务网点应当设在方便旅游者认识和出入的公众场所。服务网点的名称、标牌应当包括设立社名称、服务网点所在地地名等，不得含有使消费者误解为是旅行社或者分社的内容，也不得做易使消费者误解的简称。服务网点应当在设立社的经营范围内，招徕旅游者、提供旅游咨询服务。

（2）设立登记与备案登记。

①设立登记。依据《实施细则》第23条，设立社应当向服务网点所在地的工商行政管理部门办理设立登记。

②备案登记。设立社应当在设立登记之后，3个工作日之内，持法定文件办理备案登记。法定文件包括：服务网点的营业执照；服务网点经理的履历表和身份证明。

依据《实施细则》第21条规定：设立社可以在其所在地的省、自治区、直辖市行政区划内设立服务网点；设立社在其所在地的省、自治区、直辖市行政区划外设立分社的，可以在该分社所在地设区的市的行政区划内设立服务网点。设立社不得在前款规定的区域范围外，设立服务网点。

设立社应当加强对服务网点的管理，对服务网点实行统一管理、统一财务、统一招徕和统一咨询服务规范。

五、外商投资旅行社

由于外商投资旅行社在许可主体、许可程序和经营范围等方面的特殊性，《条例》专设"第三章外商投资旅行社"，本章没有规定的适用《条例》其他规定。

1. 外商投资旅行社的界定

依据《条例》第21条规定，外商投资旅行社包括中外合资经营旅行社、中外合作经营旅行社和外资旅行社。三类企业的投资方式、分配方式、风险方式、回收投资方式、承担责任方式、清算方式都有所不同。

（1）中外合资经营旅行社。中外合资经营旅行社，是指外国的服务提供者依照中国的法律、法规的规定，在境内与中国合营者共同投资开办的合资经营旅行社。其法律特征为：①具备企业法人资格，组织形式为有限责任公司；②为股权式合营企业，投资各方"共同投资、共同经营，按各自的出资比例共担风险、共负盈亏"；③采取税后分配原则；④董事会负责制。

（2）中外合作经营旅行社。中外合作经营旅行社，是指外国的服务提供者依照中国的法律、法规的规定，在境内同中国的合作者以合作企业合同为基础而共同开办的旅行社。其法律特征为：①契约式企业，以合作企业合同为合作基础；②合作各方达成的投资或者合作条件可以是现金、实物、土地

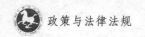

使用权、知识产权、非专利技术，也可以是其他财产权利。我国目前还没有出现这种形式的旅行社。

（3）外资旅行社。外资旅行社，是指依照中国法律、法规规定在中国境内设立的，全部资本由外国个人、公司、企业和其他经济组织投资的旅行社。其法律特征为：独立经营、独立核算，并以其认缴的出资额独立承担法律责任。

2.设立与经营范围

（1）设立条件。依据《旅游法》《条例》，我国对外商投资旅行社的设立已经实行了国民待遇，外商投资旅行社设立的条件与我国旅行社的设立条件相同。此外，《条例》第22条规定，设立外商投资旅行社，还应当遵守有关外商投资的法律、法规。

外商投资企业申请经营旅行社业务，应当向所在地省、自治区、直辖市旅游行政管理部门提出申请，并提交符合《条例》第6条规定条件的相关证明文件。省、自治区、直辖市旅游行政管理部门应当自收到受理申请之日起30个工作日内审查完毕。予以许可的，颁发旅行社业务经营许可证；不予许可的，书面通知申请人并说明理由。

（2）经营范围。外商投资旅行社可以经营入境旅游业务和国内旅游业务，不得经营中国内地居民出国旅游业务以及赴香港特别行政区、澳门特别行政区和台湾地区旅游的业务，但是国务院决定或者我国签署的自由贸易协定和内地与香港、澳门关于建立更紧密经贸关系的安排另有规定的除外。

第二节　旅行社管理法律制度

一、旅行社经营许可证管理制度

《旅游法》第28条规定，设立旅行社，应当具备规定的条件，取得旅游主管部门许可，依法办理工商登记。这表明，在我国旅行社业为许可经营行业。

1.旅行社业务经营许可证的定义

旅行社业务经营许可证（以下简称许可证），是指有许可权的旅游主管部门颁发的，证明持证人具有从事旅游业务经营资格的凭证。为保证许可证的权威性、严肃性和统一性，许可证和副本由国务院旅游主管部门制定统一样式，国家旅游主管部门和省级旅游主管部门分别印制。未取得旅行社业务经营许可证的，不得从事旅行社业务经营活动。

2. 旅行社业务经营许可证的管理

（1）旅行社业务经营许可证的明示。旅行社及其分社、服务网点应当将旅行社业务经营许可证、旅行社分社备案登记证明或旅行社服务网点备案登记证明，与营业执照一起悬挂在经营场所的显要位置，以便有关部门监督检查以及旅游者和其他企业识别。

《旅游法》第 95 条规定，旅行社违反本法规定，未经许可经营旅行社业务的，由旅游主管部门或者市场监督管理部门责令改正，没收违法所得，并处 1 万元以上 10 万元以下罚款；违法所得 10 万元以上的，并处违法所得 1 倍以上 5 倍以下罚款；对有关责任人员，处 2000 元以上 2 万元以下罚款。未经许可经营出境旅游、边境旅游业务的，除依照以上规定处罚外，并责令停业整顿；情节严重的，吊销旅行社业务经营许可证；对直接负责的主管人员，处 2000 元以上 2 万元以下罚款。依据《实施细则》第 57 条，旅行社及其分社、服务网点未悬挂旅行社业务经营许可证、备案登记证明的，由县级以上旅游主管部门责令改正，可以处 1 万元以下的罚款。

（2）旅行社业务经营许可证不得非法转让、出租或者出借。《旅游法》第 30 条规定，旅行社不得出租、出借旅行社业务经营许可证，或者以其他形式非法转让旅行社业务经营许可。

非法转让是指旅行社没有通过法律、法规允许的转让方式、程序等要求转让业务经营许可的非法行为。出租是指将旅行社业务经营许可证件租赁给他人使用并收取租金的非法行为。出借是指无偿将旅行社业务经营许可证借给他人使用的非法行为。

《旅游法》第 95 条规定，旅行社违反本法规定，出租、出借旅行社业务经营许可证，或者以其他方式非法转让旅行社业务经营许可证的，由旅游主管部门或者市场监督管理部门责令停业整顿，没收违法所得，并处 1 万元以上 10 万元以下罚款；违法所得 10 万元以上的，并处违法所得 1 倍以上 5 倍以下罚款；对有关责任人员，处 2000 元以上 2 万元以下罚款；情节严重的，吊销旅行社业务经营许可证；对直接负责的主管人员，处 2000 元以上 2 万元以下罚款。

违反《旅游法》《条例》及《实施细则》关于许可证规定的旅行社，被吊销旅行社业务经营许可证的，由做出处理决定的旅游主管部门通知市场监督管理部门吊销其营业执照。

《旅游法》第 103 条规定，旅行社违反本法规定受到吊销旅行社业务经营许可证处罚的旅行社的有关管理人员，自处罚之日起未逾 3 年的，不得重新从事旅行社业务。

二、旅游服务质量保证金制度

为加强对旅行社服务质量的监督和管理，保护旅游者的合法权益，《旅游法》第 31 条规定，旅行社应当按照规定交纳旅游服务质量保证金（以下简称保证金），用于旅游者权益损害赔偿和垫付旅游者人身安全遇有危险时紧急救助的费用。在《条例》《实施细则》《旅游服务质量保证金存取管理办法》（旅办发〔2013〕170 号，以下简称《办法》）中也都对旅行社质量保证金制度的内容进行了明确的规定与完善。

1. 保证金的使用

（1）保证金的定义。依据《办法》第 2 条规定，旅游服务质量保证金是指根据《旅游法》及《条例》，由旅行社在指定银行缴存或由银行担保提供的一定数额用于旅游服务质量赔偿支付和团队旅游者人身安全遇有危险时紧急救助费用垫付的资金。

（2）保证金的使用范围。依据《旅游法》第 31 条规定：旅行社应当按照规定交纳旅游服务质量保证金，用于旅游者权益损害赔偿和垫付旅游者人身安全遇有危险时紧急救助的费用。

2. 保证金的交纳

（1）保证金的交纳期限。依据《条例》第 13 条规定，旅行社应当自取得旅行社业务经营许可证之日起 3 个工作日内，在国务院旅游主管部门指定的银行开设专门的质量保证金账户，存入质量保证金，或者向做出许可的旅游行政管理部门提交依法取得的担保额度不低于相应质量保证金数额的银行担保。

（2）保证金的交纳标准。经营境内旅游业务和入境旅游业务的旅行社，应当存入保证金 20 万元；经营出境旅游业务的旅行社，应当增存保证金 120 万元，经营境内旅游业务、入境旅游业务和出境旅游业务的旅行社，应当存入保证金 140 万元。

旅行社每设立一个经营境内旅游业务和入境旅游业务的分社，应当向其保证金账户增存 5 万元；每设立一个经营出境旅游业务的分社，应当向其保证金账户增存 30 万元；每设立一个经营境内旅游业务、入境旅游业务和出境旅游业务的分社，应当向其保证金账户增存 35 万元。

（3）保证金的交纳方法。《条例》规定了两种保证金的交纳方法，旅行社可自行选择。

①将现金存入指定银行的专门账户。国务院旅游主管部门本着公开、公平、公正的原则，指定符合法律、法规规定并提出申请的中国境内商业银行作为保证金的存储银行。接受存储的银行应当为旅行社开设保证金专用账户。

②提交银行担保。由旅行社向做出许可的旅游主管部门提交担保数额不低于保证金交纳标准的银行担保。规定该交纳方法的目的，是降低旅行社的经营成本、避免资金闲置而允许的一种信用支持。

（4）保证金的存期。依据《实施细则》第 14 条，旅行社在指定范围内选择银行存入保证金的，应当设立独立账户，存期由旅行社确定，但不得少于 1 年。账户存期届满 1 个月前，旅行社应当办理续存手续或者提交银行担保。

3. 保证金的管理

（1）保证金的所有权归属。保证金属于交纳的旅行社所有。旅行社因解散或破产清算、业务变更或撤减分社减交、三年内未因侵害旅游者合法权益受到行政机关罚款以上处罚而降低保证金数额 50% 等原因，需要支取保证金时，须向许可的旅游行政主管部门提出，许可的旅游行政主管部门审核出具旅游服务质量保证金取款通知书。银行根据旅游服务质量保证金取款通知书，将相应数额的保证金退还给旅行社。

（2）保证金的动态管理。为激励旅行社合法经营，形成有序的市场环境，促进旅游业健康发展，我国实行了保证金动态管理。保证金动态管理包括降低交纳标准、退还已交纳的保证金和补足保证金两方面，通过这"一

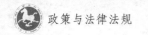

放、一收"两个方面实现有效的动态管理。

①保证金的标准降低和退还规定。旅行社自交纳或者补足质量保证金之日起 3 年内未因侵害旅游者合法权益受到行政机关罚款以上处罚的，旅游行政管理部门应当将旅游服务质量保证金的缴存数额降低 50%，并向社会公告。旅行社可凭省级旅游行政管理部门出具的凭证减少其质量保证金。

有权力降低保证金交纳标准的机关，应当是旅行社原许可的旅游行政管理部门，旅游行政管理部门在收到旅行社的请求后，应当在 10 个工作日内做出是否降低质量保证金交纳标准的决定。

②保证金的补足规定。旅行社在旅游行政管理部门使用质量保证金赔偿旅游者的损失，或者依法减少质量保证金后，因侵害旅游者合法权益受到行政机关罚款以上处罚的，应当在收到旅游行政管理部门补交质量保证金的通知之日起 5 个工作日内补足质量保证金。

③保证金的存入、续存、增存规定。旅行社存入、续存、增存保证金后 7 个工作日内，应当向做出许可的旅游行政管理部门提交存入、续存、增存保证金的证明文件，以及与银行达成的使用保证金的协议。

依据《条例》第 48 条，旅行社未在规定期限内向其质量保证金账户存入、增存、补足质量保证金或者提交相应的银行担保的，由旅游行政管理部门责令改正；拒不改正的，吊销旅行社业务经营许可证。

三、旅行社公告制度

1. 旅行社公告制度的定义

旅行社公告制度，是指相关行政管理部门对其具体行政行为，通过报刊、网络或者其他形式向社会公开发布告知的管理制度。

2. 旅行社公告制度的内容

依据《条例》第 42 条，旅游、工商、价格等行政管理部门应当及时向社会公告监督检查的情况。公告的内容包括旅行社业务经营许可证的颁发、变更、吊销、注销情况，旅行社的违法经营行为以及旅行社的诚信记录、旅游者投诉信息等。

（1）履行公告职责的部门。公告制度中，旅游、工商、价格等行政管理部门是履责部门，应当在县级以上或者上级旅游主管部门的政府网站向社会发布检查的公告。

（2）公告的具体内容和期限。

国家或者省级旅游主管部门应当在做出许可决定或者备案后 20 个工作日内向社会公告：保证金存缴数额降低，旅行社业务经营许可证颁发、变更和注销的。

做出处理决定的旅游主管部门，在处罚生效后 10 个工作日内向社会公告：旅行社违法经营或者被吊销旅行社业务经营许可证的。

处理投诉的旅游主管部门每季度向社会公告：旅游者对旅行社的投诉信息。

旅行社的诚信记录是一个系统的、综合相关要素形成的完整表现，可定期进行公告。

四、旅行社市场监督管理制度

1. 旅行社的监管部门及其职责

旅行社市场监督管理制度是指对旅行社及旅行社业务经营活动进行监督管理。实行以旅游管理部门为主管部门的分级管理、相关行政部门与旅游主管部门共同负责监管，在各自的权限范围内依法对旅行社行使监管权，对违法行为做出处理的制度。

（1）旅游主管部门及其职责。国务院旅游主管部门负责全国旅行社的监督管理工作。按照属地管理的原则，地方各级旅游主管部门负责本行政辖区内旅行社的监管工作。

①国务院旅游主管部门的主要监管职责是：贯彻执行相关旅行社的法律、法规；制定有关旅行社监管的部门规章、政策、标准；审批旅行社经营出境旅游业务；依法对旅行社及其业务经营活动行使监管权；负责查处违反条例并在全国范围内有重大影响的违法行为。

②县级以上地方人民政府旅游主管部门的主要监管职责是：贯彻执行相关旅行社的法律、法规和规章；依法对旅行社及其业务经营活动行使监管权；负责查处本行政区域内违反条例的违法行为。其中，对在全省或全市范围内有重大影响的，由省级或者市级旅游局负责查处。

（2）相关行政管理部门及其职责。市场监督、价格、商务、外汇等相关部门应按职责分工，依法对旅行社进行监管。例如，市场监督管理机关作为

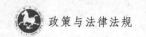

企业登记的主管部门，有权对旅行社相关登记事宜实施监管；企业低于成本经营的违法行为，价格部门依法有权监管。

2. 旅行社的监管部门的权利与义务

（1）监管部门的权利。

①依据《旅游法》第85条、第87条，县级以上人民政府旅游主管部门有权对下列事项实施监督检查：经营旅行社业务是否取得经营、执业许可；旅行社的经营行为。在实施监督检查时，可以对涉嫌违法的合同、票据、账簿以及其他资料进行查阅、复制。有关单位和个人应当配合依法实施的监督检查，如实说明情况并提供文件、资料，不得拒绝、阻碍和隐瞒。

②依据《条例》第44条，旅游主管部门对旅行社及其分社的旅游合同、服务质量、旅游安全、财务账簿等情况有权进行监督检查，旅行社应当按照国家有关规定向旅游主管部门报送经营和财务信息等统计资料。

（2）监管部门的义务。

①及时公告的义务。旅游主管部门和有关部门应当按照各自职责，及时向社会公布监督检查的情况。

②持证监管的义务。旅游主管部门和有关部门依法实施监督检查，其监督检查人员不得少于2人，并应当出示合法证件。监督检查人员少于2人或者未出示合法证件的，被检查单位和个人有权拒绝。

③秉公执法的义务。旅游主管部门履行监督管理职责，不得违反法律、行政法规的规定向监督管理对象收取费用。旅游主管部门及其工作人员不得参与任何形式的旅游经营活动。

④依法保密的义务。监督检查人员对在监督检查中知悉的被检查单位的商业秘密和个人信息应当依法保密。

3. 旅行社行业组织的监督管理

旅行社行业组织，指旅行社为实现本行业的共同利益和共同目标，在自愿加入的基础上组成的民间组织。

依据《旅游法》第90条，依法成立的旅行社行业组织依照法律、行政法规和章程的规定，应当制定行业经营规范和服务标准，对其会员的经营行为和服务质量进行自律管理，组织开展职业道德教育和业务培训，提高旅行社从业人员素质。

第三节　旅行社经营规则

一、旅行社的权利

1. 自主签订旅游合同的权利

旅行社有权自主地与任何团体和个人（旅游者）签订旅游服务合同。在此类合同关系中，旅行社与合同另一方当事人法律地位平等，应按平等、自愿、等价有偿的原则履行合同。

2. 收取合理旅游费用的权利

旅游费用是作为旅行社提供服务的报酬，也是合同价金。合理的旅游费用必须与旅行社提供的服务相称，必须符合国家有关法律和物价政策的规定。

3. 要求旅游者正确履行旅游合同的权利

旅行社有权要求旅游者按照包价旅游合同规定的时间、路线、方式进行旅游，有权要求旅游者遵守法律、法规的相关规定。具体包括：①要求旅游者如实提供旅游所必需的个人信息，按时提交相关证明文件；②要求旅游者遵守旅游合同约定的旅游行程安排，妥善保管随身物品；③出现突发公共事件或者其他危急情形，以及旅行社因违反旅游合同约定采取补救措施时，要求旅游者配合处理防止扩大损失，以将损失降到最低限度；④拒绝旅游者提出的超出旅游合同约定的不合理要求；⑤制止旅游者违背旅游目的地的法律、风俗习惯的言行；⑥对于损害其合法权益的旅游者，有权要求赔偿其合理损失。

二、旅行社的义务

1. 警示、告知义务

在旅游活动中，为了保障旅游者的人身、财产安全，规范旅行社的应急处置行为。依据《条例》第 39 条，旅行社对可能危及旅游者人身、财产安全的事项，应当向旅游者做出真实的说明和明确的警示，并采取防止危害发生的必要措施。发生危及旅游者人身安全的情形时，旅行社及其委派的导游人员、领队人员应当采取必要的处置措施并及时报告旅游行政主管部门；在境外发生的，还应当及时报告中华人民共和国驻该国使领馆、相关驻外机构、当地警方。

2. 报告及协助义务

为维护国家利益，保障旅游市场健康有序发展，《旅游法》第55条规定，旅游经营者组织、接待出入境旅游，发现旅游者从事违法活动；出境旅游者在境外非法滞留，随团出境的旅游者擅自分团、脱团；入境旅游者在境内非法滞留，随团入境的旅游者擅自分团、脱团的，应当及时向公安机关、旅游主管部门或者我国驻外机构报告。

《条例》第40条规定，旅游者在境外滞留不归的，旅行社委派的领队人员应当及时向旅行社和中华人民共和国驻该国使领馆、相关驻外机构报告。旅行社接到报告后应当及时向旅游行政管理部门和公安机关报告，并协助提供非法滞留者的身份、出境时间和地点、所属旅游团队、游览线路、滞留地点等信息。旅行社接待入境旅游发生旅游者非法滞留我国境内的，应当及时向旅游行政管理部门、公安机关和外事部门报告，并协助提供非法滞留者的身份、入境时间和地点、所属旅游团队、游览线路、滞留地点等信息。

《旅游法》第99条规定，旅行社未履行报告义务的，由旅游主管部门处5000元以上5万元以下罚款；情节严重的，责令停业整顿或者吊销旅行社业务经营许可证；对直接负责的主管人员和其他直接责任人员，处2000元以上2万元以下罚款，并暂扣或者吊销导游证。《条例》第64条规定，因妨害国（边）境管理受到刑事处罚的，在刑罚执行完毕之日起5年内不得从事旅行社业务经营活动；旅行社被吊销旅行社业务经营许可证的，其主要负责人在旅行社业务经营许可证被吊销之日起5年内不得担任任何旅行社的主要负责人。

3. 提示义务

（1）提示旅游意外险。《旅游法》第61条规定，旅行社应当提示参加团队旅游的旅游者按照规定投保人身意外伤害保险。《实施细则》第46条规定，为减少自然灾害等意外风险给旅游者带来的损害，旅行社在招徕、接待旅游者时，可以提示旅游者购买旅游意外保险。鼓励旅行社依法取得保险代理资格，并接受保险公司的委托，为旅游者提供购买人身意外伤害保险的服务。

（2）提示文明旅游。《实施细则》第48条规定，在旅游行程中，旅行社及其委派的导游人员、领队人员应当提示旅游者遵守文明旅游公约和礼仪。

三、旅行社的经营规范

1. 依法从事旅游经营活动

（1）按照核定的业务范围开展经营活动。《旅游法》《条例》《实施细则》规定了旅行社业务范围。旅行社应当按照核定的业务范围开展经营活动，严禁超范围经营。

超范围经营包括：①未取得相应的旅行社业务经营许可，经营境内旅游、出境旅游、边境旅游、入境旅游、其他旅游业务；②分社超出设立分社的旅行社的经营范围经营旅游业务的；③旅行社服务网点从事招徕、咨询以外的旅行社业务经营活动的；④外商投资旅行社违规经营中国内地居民出境、边境旅游业务及赴港、澳、台旅游业务；⑤经营出境、边境旅游业务的旅行社组织旅游者到国务院旅游主管部门公布的中国公民出境、边境旅游目的地之外的国家和地区旅游。

依据《旅游法》第95条规定，未经许可经营旅行社业务的，由旅游主管部门或者市场监督管理部门责令改正，没收违法所得，并处1万元以上10万元以下罚款；违法所得10万元以上的，并处违法所得1倍以上5倍以下罚款；对有关责任人员，处2000元以上2万元以下罚款。旅行社未经许可经营出境旅游、边境旅游业务的，除依照前款规定处罚外，并责令停业整顿；情节严重的，吊销旅行社业务经营许可证；对直接负责的主管人员，处2000元以上2万元以下罚款。

（2）安排的旅游活动不得含有违法或违反社会公德的内容。依据《旅游法》第33条，旅行社及其从业人员组织、接待旅游者，不得安排参观或者参与违反我国法律、法规和社会公德的项目或者活动。依据《条例》第26条，旅行社为旅游者安排或者介绍的旅游活动不得含有违反有关法律、法规规定的内容。

《旅游法》第101条规定，旅行社安排旅游者参观或者参与违反我国法律、法规和社会公德的项目或者活动的，由旅游主管部门责令改正，没收违法所得，责令停业整顿，并处2万元以上20万元以下罚款；情节严重的，吊销旅行社业务经营许可证；对直接负责的主管人员和其他直接责任人员，处 2000 元以上 2 万元以下罚款，并暂扣或者吊销导游证。

（3）选择合格的供应商。旅行社组织旅游活动所提供的旅游产品和服务，绝大多数是向旅游活动的要素供应商订购的。选择的餐饮、住宿、交通运输、景区景点、娱乐场所供应商所提供的旅游产品和服务的质量，直接影响旅游市场的经营秩序与旅游者的旅游权益。因此，《旅游法》第 34 条规定，旅行社组织旅游活动应当向合格的供应商订购产品和服务。

《旅游法》第 97 条规定，旅行社向不合格的供应商订购产品和服务的，由旅游主管部门或者有关部门责令改正，没收违法所得，并处 5000 元以上 5 万元以下的罚款；违法所得 5 万元以上的，并处违法所得 1 倍以上 5 倍以下罚款；情节严重的，责令停业整顿或者吊销旅行社业务经营许可证；对直接负责的主管人员和其他直接责任人员，处 2000 元以上 2 万元以下罚款。

（4）依法委托旅游业务。

①选择具有相应资质的旅行社。实践中，旅行社需要将在旅游目的地接待旅游者的业务委托给地接社，是旅行社业的通行做法。为保护旅游者合法权益，《条例》第 36 条规定，旅行社需要对旅游业务做出委托的，应当委托给具有相应资质的旅行社，征得旅游者的同意，并与接受委托的旅行社就接待旅游者的事宜签订委托合同，确定接待旅游者的各项服务安排及其标准，约定双方的权利、义务。

《条例》第 55 条规定，旅行社将旅游业务委托给不具有相应资质的旅行社，由旅游主管部门责令改正，处 2 万元以上 10 万元以下罚款；情节严重的，责令停业整顿 1 个月至 3 个月。

②支付合理的费用。依据《条例》第 37 条，旅行社将旅游业务委托给其他旅行社的，应当向接受委托的旅行社支付不低于接待和服务成本的费用；接受委托的旅行社不得接待不支付或者不足额支付接待和服务费用的旅游团队。

接受委托的旅行社违约，造成旅游者合法权益受到损害的，做出委托的旅行社应当承担相应的赔偿责任。做出委托的旅行社赔偿后，可以向接受委托的旅行社追偿。接受委托的旅行社故意或者重大过失造成旅游者合法权益受损害的，应当承担连带责任。

旅行社、接受委托的旅行社违反《条例》费用支付规定的，由旅游主管部门责令改正，停业整顿1个月至3个月；情节严重的，吊销旅行社业务经营许可证。

2. 依法提供诚信服务

（1）发布真实、准确的信息。依据《旅游法》第32条，旅行社为招徕、组织旅游者发布信息，必须真实、准确，不得进行虚假宣传，误导旅游者。第48条第2款规定，发布旅游经营信息的网站，应当保证其信息真实、准确。《条例》第24条规定，旅行社向旅游者提供的旅游服务信息必须真实可靠，不得做虚假宣传。

《旅游法》的规定既适用于通过网络经营旅行社业务的旅行社，也适用于不经营旅行社业务，仅为旅行社提供平台，代为发布线路、产品信息的互联网。此外，实体旅行社在其网站发布相关旅游经营信息也应当遵守该规定。

《旅游法》第97条规定，旅行社进行虚假宣传，误导旅游者的，由旅游主管部门或者有关部门责令改正，没收违法所得，并处5000元以上5万元以下罚款；违法所得5万元以上的，并处违法所得1倍以上5倍以下罚款；情节严重的，责令停业整顿或者吊销旅行社业务经营许可证；对直接负责的主管人员和其他直接责任人员，处2000元以上2万元以下罚款。

（2）合理报价。《旅游法》第35条规定，旅行社不得以不合理的低价组织旅游活动，诱骗旅游者，并通过安排购物或者另行付费旅游项目获取回扣等不正当利益。旅行社组织、接待旅游者，不得指定具体购物场所，不得安排另行付费旅游项目。但是，经双方协商一致或者旅游者要求，且不影响其他旅游者行程安排的除外。旅行社若违反上述规定，旅游者有权在旅游行程结束后30日内，要求旅行社为其办理退货并先行垫付退货货款，或者退还另行付费旅游项目的费用。

《条例》第27条规定，旅行社不得以低于旅游成本的报价招徕旅游者。未经旅游者同意，旅行社不得在旅游合同约定之外提供其他有偿服务。

《旅游法》第98条规定，旅行社违反本法第35条规定的，由旅游主管部门责令改正，没收违法所得，责令停业整顿，并处3万元以上30万元以下罚款；违法所得30万元以上的，并处违法所得1倍以上5倍以下罚款；情节严重的，吊销旅行社业务经营许可证；对直接负责的主管人员和其他直接责任人员，没收违法所得，处2000元以上2万元以下罚款，并暂扣或者

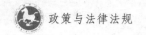

吊销导游证。

（3）安排持有效证件的领队或者导游全程陪同。《旅游法》第36条规定，旅行社组织团队出境旅游或者组织、接待团队入境旅游，应当按照规定安排领队或者导游全程陪同。《条例》第31条规定，旅行社为接待旅游者委派的导游人员，应当持有国家规定的导游证。取得出境旅游业务经营许可的旅行社为组织旅游者出境旅游委派的领队，应当取得导游证，具有相应的学历、语言能力和旅游从业经历，并与委派其从事领队业务的旅行社订立劳动合同。旅行社应当将本单位领队名单报所在地设区的市级旅游行政管理部门备案。

《旅游法》第96条规定，旅行社违反本法规定的，由旅游主管部门责令改正，没收违法所得，并处5000元以上5万元以下罚款；情节严重的，责令停业整顿或者吊销旅行社业务经营许可证；对直接负责的主管人员和其他直接责任人员，处2000元以上2万元以下罚款。

3. 依法规范内部管理

（1）维护导游、领队的合法权益。为提高导游、领队的服务质量，维护导游、领队的合法权益，《旅游法》第38条、《条例》第32、34条规定：①旅行社应当与其聘用的导游、领队依法订立劳动合同；②应当向其支付劳动报酬，不得低于当地最低工资标准，并且按照劳动合同约定和国家规定，进行及时足额的支付；③应当为其缴纳社会保险费用；④旅行社临时聘用导游为旅游者提供服务的，应当向导游全额支付在包价旅游合同中载明导游服务费用；⑤旅行社安排导游、领队为团队旅游提供服务的，不得要求导游、领队垫付或者向导游收取任何费用。

《旅游法》第96条规定，旅行社未向临时聘用的导游支付导游服务费用或要求导游垫付或者向导游收取费用的，由旅游主管部门责令改正，没收违法所得，并处5000元以上5万元以下罚款；情节严重的，责令停业整顿或者吊销旅行社业务经营许可证；对直接负责的主管人员和其他直接责任人员，处2000元以上2万元以下罚款。

（2）妥善保存旅游者信息。旅行社应当妥善保存招徕、组织、接待旅游者的各类合同及相关文件、资料，以备县级以上旅游行政管理部门核查。保存期应当不少于两年。旅行社不得向其他经营者或者个人，泄露旅游者因签订旅游合同提供的个人信息；超过保存期限的旅游者个人信息资料，应当妥善销毁。

未妥善保存各类旅游合同及相关文件、资料，保存期不够两年，或者泄露旅游者个人信息的，由县级以上旅游行政管理部门责令改正，没收违法所得，处违法所得 3 倍以下但最高不超过 3 万元的罚款；没有违法所得的，处 1 万元以下的罚款。

四、旅行社服务质量赔偿标准

1.《旅行社服务质量赔偿标准》的制定目的

为了提高旅游服务质量，规范旅行社经营，保护旅游者合法权益，2011 年 4 月 12 日，国务院旅游主管部门印发《旅行社服务质量赔偿标准》（旅办发〔2011〕44 号）。旅行社不履行合同或者履行合同不符合约定的服务质量标准，旅游者和旅行社对赔偿标准未做出合同约定的，旅游主管部门或者旅游质监执法机构在处理相关旅游投诉时，参照适用赔偿标准。

2.《旅行社服务质量赔偿标准》的具体内容

（1）因旅行社的原因不能成行的。旅行社与旅游者订立合同或收取旅游者预付旅游费用后，因旅行社原因不能成行的，旅行社应在合理期限内通知旅游者，否则按下列标准承担赔偿责任：

①境内旅游应提前 7 日（不含 7 日）通知旅游者，否则应向旅游者全额退还预付旅游费用，并按下述标准向旅游者支付违约金：出发前 7 日（含 7 日）至 4 日，支付旅游费用总额 10% 的违约金；出发前 3 日至 1 日，支付旅游费用总额 15% 的违约金；出发当日，支付旅游费用总额 20% 的违约金。

②出境旅游（含赴台游）应提前 30 日（不含 30 日）通知旅游者，否则应向旅游者全额退还预付旅游费用，并按下述标准向旅游者支付违约金：出发前 30 日至 15 日，支付旅游费用总额 2% 的违约金；出发前 14 日至 7 日，支付旅游费用总额 5% 的违约金；出发前 6 日至 4 日，支付旅游费用总额 10% 的违约金；出发前 3 日至 1 日，支付旅游费用总额 15% 的违约金；出发当日，支付旅游费用总额 20% 的违约金。

（2）旅行社擅自转、拼团的。旅行社未经旅游者同意，擅自将旅游者转团、拼团的，旅行社应向旅游者支付旅游费用总额 25% 的违约金。解除合同的，还应向未随团出行的旅游者全额退还预付旅游费用，向已随团出行的旅游者退还未实际发生的旅游费用。

（3）歧视性收费的。在同一旅游行程中，旅行社提供相同服务，因旅游者的年龄、职业等差异增收费用的，旅行社应返还增收的费用。

（4）因旅行社的原因未乘坐交通工具的。因旅行社原因造成旅游者未能乘坐预定的公共交通工具的，旅行社应赔偿旅游者的直接经济损失，并支付直接经济损失 20% 的违约金。

（5）安排的旅游活动和服务不符合约定的。旅行社安排的旅游活动及服务档次与合同不符，造成旅游者经济损失的，旅行社应退还旅游者合同金额与实际花费的差额，并支付同额违约金。

（6）提供的服务不符合标准的。领队未按照国家或旅游行业对旅游者服务标准提供导游或者领队服务，影响旅游服务质量的，旅行社应向旅游者支付旅游费用总额 1% ~ 5% 的违约金，本赔偿标准另有规定的除外。

（7）违反合同约定的。旅行社及导游或领队违反旅行社与旅游者的合同约定，损害旅游者合法权益的，旅行社按下述标准承担赔偿责任：

①擅自缩短游览时间、遗漏旅游景点、减少旅游服务项目的，旅行社应赔偿未完成约定旅游服务项目等合理费用，并支付同额违约金。遗漏无门票景点的，每遗漏一处旅行社向旅游者支付旅游费用总额 5% 的违约金。

②未经旅游者签字确认，擅自安排合同约定以外的用餐、娱乐、医疗保健、参观等另行付费项目的，旅行社应承担另行付费项目的费用。

③未经旅游者签字确认，擅自违反合同约定增加购物次数、延长停留时间的，每次向旅游者支付旅游费用总额 10% 的违约金。

④强迫或者变相强迫旅游者购物的，每次向旅游者支付旅游费用总额 20% 的违约金。

⑤旅游者在合同约定的购物场所所购物品系假冒伪劣商品的，旅行社应负责挽回或赔偿旅游者的直接经济损失。

⑥私自兜售商品，旅行社应全额退还旅游者购物价款。

（8）中止提供旅游服务的。旅行社违反合同约定，中止对旅游者提供住宿、用餐、交通等旅游服务的，应当负担旅游者在被中止旅游服务期间所订的同等级别的住宿、用餐、交通等必要费用，并向旅游者支付旅游费用总额 30% 的违约金。

第十章
导游管理法律制度

本章导读 ▶▶▶

【本章概述】 本章内容主要包括导游定义、导游管理及立法沿革，导游
资格考试与执业许可制度，导游的权利义务及相关法律责任，导游执业保障
制度等。

【学习要求】 熟悉《旅游法》《旅行社条例》《导游人员管理条例》《导
游管理办法》等法律、行政法规和部门规章关于导游资格考试制度的规定；
掌握导游执业许可和导游执业管理、导游执业保障与激励、导游从事领队服
务的条件、导游的权利和义务及其相关法律责任的规定。

第一节 概　　述

一、导游的概念

《导游人员管理条例》（以下简称《条例》）第 2 条规定，导游是指依照
条例规定取得导游证，接受旅行社委派，为旅游者提供向导、讲解及相关旅
游服务的人员。导游的概念具有以下三层含义：

（1）依法取得导游证，是担任导游工作的前提条件。只有参加导游资格
考试合格，并取得导游证的人，才能从事导游工作。

（2）接受旅行社委派，是导游的主要特征。只有接受旅行社的委派从事
导游活动的人，其合法从业权才能受到法律保护，私自承揽导游业务进行导

游活动的行为将受到法律的追究。根据《导游管理办法》(国家旅游局第44号令,以下简称《管理办法》)第19条规定,另有规定的除外,为导游自由执业提供了立法空间。

(3)为旅游者提供向导、讲解及相关旅游服务,是导游的工作范围。向导是指引路、带路;讲解是指解说、指点风景名胜;相关旅游服务一般是指代办各种旅行证件和手续、代购交通票据、安排旅游行程等与旅行游览有关的各种活动。

二、导游的管理主体

1.旅游主管部门

根据属地管理原则,旅游主管部门对导游实行分级管理。根据《旅游法》《条例》《管理办法》的规定,国务院旅游主管部门负责全国导游的管理工作,负责制定导游管理的有关政策、法规;依法行使国家权力,接受投诉,处罚违法导游;依法保护导游的合法权利并通过相关法律制度对导游进行管理。旅行社(含旅行社分社)、旅游行业组织所在地的省、自治区、直辖市旅游主管部门或者其委托的设区的市级旅游主管部门、县级旅游主管部门负责本行政区域内导游的管理工作,并根据国务院旅游主管部门的委托,行使相应管理权。

对于景区景点导游的管理,《条例》第26条规定,景区景点的导游人员管理办法,由各省、自治区、直辖市人民政府参照本条例制定。

2.旅行社

《旅游法》第38条规定,旅行社应当与其聘用的导游依法订立劳动合同,支付劳动报酬,缴纳社会保险费用。旅行社对导游的管理主要是通过订立劳动合同确立的,旅行社与导游之间不仅存在着劳动合同法律关系,还存在着内部管理的关系。导游在执行职务过程中因其过错给法人造成财产损失时,有义务向法人承担赔偿责任;造成的对第三人的损害则由法人承担。

同时,领队管理由审核制改为备案制以后,其监督管理重心向旅行社转移,根据《管理办法》第25条规定,具备领队条件的导游从事领队业务的,应当符合《旅行社条例实施细则》等法律、法规和规章的规定。旅行社应当按要求将本单位具备领队条件的领队信息及变更情况,通过全国旅游监管服务信息系统报旅游主管部门备案。

3. 旅游行业组织

《旅游法》第 37 条规定，参加导游资格考试成绩合格，与旅行社订立劳动合同或者在相关旅游行业组织注册的人员，可以申请取得导游证。所指旅游行业组织，根据《管理办法》第 39 条第二项的规定，是指依照《社会团体登记管理条例》成立的导游协会，以及在旅游协会、旅行社协会等旅游行业社会团体内设立的导游分会或者导游工作部门，具体由所在地旅游主管部门确定。旅游行业组织承担着导游注册职能，同时也应积极发挥行业组织的自律作用，建立健全以章程为核心的内部管理制度、会员约束制度，积极协调会员间利益，开展会员培训、权益维护、法律咨询等服务，切实把行业组织建设成"导游之家"。

三、导游管理立法的历史沿革

中国旅游管理法制化建设始于 20 世纪 80 年代后期，相关导游管理的法制建设成为继旅行社之后的重点。1987 年，国务院批准国家旅游局发布实施《导游人员管理暂行规定》。1997 年 7 月 1 日，经国务院批准，国家旅游局、公安部发布了《中国公民自费出国旅游管理暂行办法》。1999 年，国务院发布《导游人员管理条例》。2001 年颁布《导游人员管理实施办法》。2002 年颁布《出境旅游领队人员管理办法》，同年 7 月 1 日《中国公民出国旅游管理办法》正式实施。2006 年 4 月 16 日，国家旅游局、公安部、国务院台湾事务办公室公布《大陆居民赴台湾地区旅游管理办法》。

2013 年，《旅游法》将经过实践证明行之有效的政策、制度上升为法律制度，对导游证的申领（第 37、39 条）、导游的权益保障（第 38 条）、导游和领队的行为规范（第 40、41 条）、导游、领队的法律责任（第 102、103 条）等做出了明确规定。为保护导游权益、规范管理导游队伍提供了法律保障。2016 年 9 月 27 日，国务院旅游主管部门发布第 40 号令，废止《导游人员管理实施办法》，同时其规定的导游岗前培训考核制度、计分管理制度、年审管理制度和导游资格证 3 年有效等制度停止实施。2016 年 11 月 7 日，全国人大常委会修改《旅游法》的相关条款，取消领队证行政许可。

根据 2017 年 10 月 7 日国务院令第 687 号公布、自公布之日起施行的《国务院关于修改部分行政法规的决定》，对《条例》第 4 条进行了修改，与上位法相衔接，改"登记"为注册，取消临时导游证地方实施的行政许可。为规范导游执业行为，提升导游服务质量，保障导游合法权益，促进导游行业健康发展，2017 年 11 月 1 日国家旅游局发布第 44 号令，自 2018 年 1 月 1 日起正式实施《导游管理办法》。

第二节　导游资格考试与执业许可制度

一、导游资格考试制度

资格考试制度即导游从业资格核准制度，指欲从事导游职业者通过本人申请并按照规定的程序参加全国统一的导游资格考试，考试合格并经国务院旅游主管部门教育培训主管部门审核批准，方可取得从业资格的管理制度。

1. 导游资格考试的报考条件

根据《条例》第 3 条规定，报考导游资格考试应当符合以下条件：

（1）具有中华人民共和国国籍。对导游做国籍限制，要求申请人必须是本国公民并不是我国特有的，其他国家也有类似规定；将某些行业的从业权，规定只授予本国公民，也是国际上普遍接受的一种习惯做法。

（2）具有高级中学、中等专业学校或者以上学历。《条例》规定的学历条件，是参加导游资格考试时已经接受教育的程度，是最基本的受教育程度。通过资格考试，取得导游证之后，导游还应当不断地充实和提高自己，以适应工作需要。

（3）身体健康。导游工作是一项脑力和体力高度结合的工作，特别是各地气候条件、生活习俗不同，给导游的生活和工作带来诸多不便，只有具备良好的身体素质，才能适应导游工作，在工作中保持旺盛的精力和工作热情。

（4）具有适应导游需要的基本知识和语言表达能力。导游语言是对祖国名胜古迹的艺术表达，它要求导游按照规范化的语言解说，或以艺术化的语言表述，做到语言流畅、鲜明生动、活泼风趣、合乎礼仪，以吸引旅游者的注意力，形成轻松愉快、活泼有趣的氛围。

2.导游资格考试的监督管理

根据《管理办法》第 6 条规定，国务院旅游主管部门负责制定全国导游资格考试政策、标准，组织导游资格统一考试，以及对地方各级旅游主管部门导游资格考试实施工作进行监督管理。省、自治区、直辖市旅游主管部门负责组织、实施本行政区域内导游资格考试具体工作。

国务院旅游主管部门办公室《关于完善"导游人员从业资格证书核发"行政审批事项有关工作的通知》（旅办发〔2015〕202 号）中制定了《全国导游人员资格考试管理办法（试行）》，规定了报名组织、考区考点和考场设置、试卷管理、考试实施、评卷与成绩管理、收费等具体规定，为现行导游资格考试的实施提供了标准和依据。

3.导游资格证书的颁发

经导游人员资格考试合格的人员，方可取得导游资格证书。《条例》第 3 条规定，经考试合格的，由国务院旅游主管部门或者国务院旅游主管部门委托省、自治区、直辖市人民政府旅游主管部门颁发导游人员资格证书。导游资格证由国务院旅游主管部门统一印制，在中华人民共和国全国范围内使用。2016 年 8 月，国家旅游局《关于深化导游体制改革加强导游队伍建设的意见》（旅发〔2016〕104 号）提出改革导游注册制度，取消导游资格证三年有效的规定，明确导游资格证终身有效。2016 年 9 月 27 日，国家旅游局发布第 40 号令《关于废止〈导游人员管理实施办法〉的决定》，明确停止实施导游人员资格证 3 年有效制度。

二、导游执业许可制度

1.从事导游、领队服务的条件

（1）从事导游服务的从业条件。《旅游法》第 37 条规定，参加导游资格考试成绩合格，与旅行社订立劳动合同或者在相关旅游行业组织注册的人员，可以申请取得导游证。

第一，参加导游资格考试成绩合格。经过导游资格考试合格，取得国务院旅游主管部门颁发的导游资格证书，是从事导游职业的前提条件。导游资格是衡量一个公民是否具备从事导游业务应当具有的基本政治思想、道德品质、遵纪守法观念等基本素质，以及必备的专业知识和技能的标准。

第二，取得导游证。依法取得导游证是进行导游活动的必备条件，没有取得导游证，不得为谋取经济利益从事导游活动。申领导游证有两种途径：①与旅行社订立劳动合同；②在相关旅游行业组织注册。相关旅游行业组织可以是导游协会、旅游协会的导游分会或导游工作部门等。

（2）导游从事领队服务的从业条件。《旅游法》第39条规定，从事领队业务，应当取得导游证，具有相应的学历、语言能力和旅游从业经历，并与委派其从事领队业务的取得出境旅游业务经营许可的旅行社订立劳动合同。这表明，从事领队服务应当具备以下三个条件：

第一，取得导游证。这是导游从事领队服务的前提条件。领队的执业特点和导游类似，由于领队工作的区域有别于导游，因此对领队有更高的政策水平、语言、专业能力要求。取得导游证，表明具备了从事领队职业的基本素质。

第二，具有相应的学历、语言能力和旅游从业经历。根据《旅行社条例实施细则》第31条规定，导游从事领队业务应当具有大专以上学历；取得相关语言水平测试等级证书或通过外语语种导游资格考试，但为赴港澳台地区旅游委派的领队除外；具有两年以上旅行社业务经营、管理或导游等相关从业经历。

第三，与旅行社订立劳动合同。导游从事领队业务应与取得出境旅游业务经营许可的旅行社订立劳动合同，这也表明我国目前只允许旅行社的正式员工从事领队职业。

2. 导游证的申领

（1）导游证的申领条件。

第一，取得导游资格证书。通过全国导游资格统一考试并合格，是申请领取导游资格证书的前提条件。

第二，与旅行社订立劳动合同或者在相关旅游行业组织注册。与旅行社签订劳动合同的人员指专职导游，为旅行社的正式员工。导游与旅行社订立劳动合同，明确其在旅行社有完成担任的工作、遵守用人单位内部劳动规则的义务；旅行社则有按导游工作的数量和质量付给工资，并提供相应劳动条件的责任。相关旅游行业组织是指从事导游注册、业务管理、培训等工作，并为旅行社和导游提供供需信息等服务的部门，在导游和旅行社之间起桥梁作用，相关旅游行业组织可以是导游协会、旅游协会的导游分会或者导游工作部门等。

（2）不予颁发导游证的情形。《条例》第5条、《管理办法》第12条，规定了不予颁发导游执业证书的四种情形：

第一，无民事行为能力或者限制民事行为能力的。执业的导游要行使法定权利，承担法定义务，不具备完全民事行为能力的人是不能履行导游职务的。

第二，患有甲类、乙类以及其他可能危害旅游者人身健康安全的传染性疾病的。传染性疾病是指由病原体侵入生物体，使生物体产生病理反应而引起的疾病。根据《中华人民共和国传染病防治法》规定，甲类传染病是指鼠疫、霍乱；乙类传染病是指传染性非典型肺炎、艾滋病、病毒性肝炎、脊髓灰质炎、人感染高致病性禽流感、麻疹、流行性出血热、狂犬病、流行性乙型脑炎、登革热、炭疽、细菌性和阿米巴性痢疾、肺结核、伤寒和副伤寒、流行性脑脊髓膜炎、百日咳、白喉、新生儿破伤风、猩红热、布鲁氏菌病、淋病、梅毒、钩端螺旋体病、血吸虫病、疟疾。旅游主管部门不得向患有传染性疾病的申请人颁发导游证，是由导游这一职业的特性决定的。导游为旅游者提供向导、讲解及相关旅游服务，在旅游活动中与旅游者朝夕相处，若患有传染性疾病，就可能将其患有的疾病传染给旅游者，造成交叉传染。

第三，受过刑事处罚的。此类人员曾因其行为触犯了国家刑法依法受到刑罚制裁，旅游主管部门不对这类人员颁发导游证。《条例》及《管理办法》同时又规定"过失犯罪的除外"。规定除外情形的理由是，根据《中华人民共和国刑法》规定，犯罪分为故意犯罪和过失犯罪，明知自己的行为会发生危害社会的结果，并且希望或者放任这种结果发生，因而构成犯罪的，是故意犯罪；应当预见自己的行为可能发生危害社会的结果，因为疏忽大意而没有预见，或者已经预见而轻信能够避免，以致发生这种结果的是过失犯罪。因此，过失犯罪的人虽然也受到过刑罚的制裁，但仍然可以申请领取导游证，旅游主管部门也可以对其颁发导游证。

第四，被吊销导游证之日起未逾3年的。这是指曾经取得导游证的人员，因违反有关导游管理法律、法规，被旅游主管部门处以吊销导游证的处罚，需经过一段从业禁止的期限方可重新申请导游证。此类人员在进行导游活动中有过不良记录、受过被吊销导游证的处罚，表明已不适合继续从事该职业。关于导游的从业禁止期限，《旅游法》第 103 条规定，违反本法规定被吊销导游证的导游、领队，自处罚之日起未逾 3 年的，不得重新申请导游证。

3. 导游证的核发

（1）电子导游证。为进一步规范导游证管理，《管理办法》也对电子导游证做出了规范和要求。

根据《管理办法》第 7 条规定，导游证采用电子证件形式，由国务院旅游主管部门制定格式标准，由各级旅游主管部门通过全国旅游监管服务信息系统实施管理。电子导游证以电子数据形式保存于导游个人移动电话等移动终端设备中。导游在执业过程中应当携带电子导游证、佩戴导游身份标识，并开启导游执业相关应用软件。其中导游身份标识，是指标识有导游姓名、证件号码等导游基本信息，以便于旅游者和执法人员识别身份的工作标牌，具体标准也由国务院旅游主管部门制定。截至 2019 年 4 月，全国换发电子导游证人数近 65 万人。

（2）核发程序。根据《管理办法》第 10 条规定，申请取得导游证，申请人应当通过全国旅游监管服务信息系统填写申请信息，并提交规定的材料。

提交申请材料包括：①身份证的扫描件或者数码照片等电子版；②未患有传染性疾病的承诺；③无过失犯罪以外的犯罪记录的承诺；④与经常执业地区的旅行社订立劳动合同或者在经常执业地区的旅游行业组织注册的确认信息。

申请电子导游证者，可下载"全国导游之家"APP 申领电子导游证，也可登录网站"全国旅游监管服务平台"，进入"导游入口"在线申领电子导游证，旅游主管部门审核完毕后，导游可在 APP 上获取电子导游证。

根据新法优于旧法的原则，根据《管理办法》第 10、11 条规定，所在地旅行社或者旅游行业组织应当自申请人提交申请之日起 5 个工作日内确认劳动合同或注册信息。所在地旅游主管部门应当自受理申请之日起 10 个工作日内，做出准予核发或者不予核发导游证的决定，并依法出具受理或者不予受理的书面凭证。需补正相关材料的，应当自收到申请材料之日起 5 个工作日内一次性告知申请人需要补正的全部内容；逾期不告知的，收到材料之日起即为受理。

4. 导游证的变更

《管理办法》第 13、14、15 条规定了导游证变更信息的内容，导游证在有效期满前、与旅行社劳动合同或行业组织注册信息有变化时，应当通过全国旅游监管服务信息系统提出申请。导游申请变更导游证信息，应当在变更发生的 10 个工作日内，通过全国旅游监管服务信息系统提交相应材料。变更信息或情况包括：①姓名、身份证号、导游等级和语种等信息；②与旅行社订立的劳动合同解除、终止或者在旅游行业组织取消注册后，在 3 个月内与其他旅行社订立劳动合同或者在其他旅游行业组织注册的；③经常执业地区发生变化的；④其他导游身份信息发生变化的。

旅行社或者旅游行业组织应当自收到申请之日起 3 个工作日内对信息变更情况进行核实。所在地旅游主管部门应当自旅行社或者旅游行业组织核实信息之日起 5 个工作日内予以审核确认。

5. 导游证的撤销

导游证的撤销是指依法取消导游证行政许可法律效力的行为。根据《管理办法》第 16 条规定，所在地旅游主管部门应当对以下情形给予导游证撤销：①对不具备申请资格或者不符合法定条件的申请人核发导游证的；②申请人以欺骗、贿赂等不正当手段取得导游证的；③依法可以撤销导游证的其他情形。

6. 导游证的注销

导游证的注销是指一种程序性的行为，主要针对导游证行政许可已经失去法律效力或者在事实上导游证无法使用的情况下，行政机关履行取消登记的一种行政管理行为。

根据《管理办法》第 17 条规定，所在地旅游主管部门应当对以下情形给予导游证注销：①导游死亡的；②导游证有效期届满未申请换发导游证的；③导游证依法被撤销、吊销的；④导游与旅行社订立的劳动合同解除、终止或者在旅游行业组织取消注册后，超过 3 个月未与其他旅行社订立劳动合同或者未在其他旅游行业组织注册的；⑤取得导游证后出现无民事行为能力或限制行为能力，患有甲类、乙类以及其他可能危害旅游者人身健康安全的传染性疾病的，受过刑事处罚情形的；⑥依法应当注销导游证的其他情形。导游证被注销后，导游符合法定执业条件需要继续执业的，应当依法重新申请取得导游证。

第三节　导游的权利义务及执业管理制度

一、导游的权利

1.导游权利的含义与特征

（1）权利的含义。权利是指法律对公民在国家和社会生活中，能够做出或不做出一定行为，以及要求他人做出或不做出一定行为的许可和保障。

导游的权利，主要指导游的法律权利。它表现为权利享有者可以做出一定的行为，也可以要求他人做出或不做出一定的行为。例如，导游在旅游活动中享有调整或变更接待计划的权利；又如，导游进行导游活动时，有权拒绝旅游者提出的侮辱其人格尊严的要求。

导游的权利主要包括三个方面的内容：导游依法实施一定行为的可能性和限度；导游可以请求他人为一定行为或不为一定行为的范围；导游在权利受到侵犯时，有请求有关机关保护的可能性。法律、法规确定的导游的权利，是上述三方面内容的具体化。

（2）导游权利的特征。

第一，权利主要指导游在履行职务时所具有的权能，导游作为不同法律关系的主体，享受的权利内容是广泛的，本章所指导游的权利主要是指来自《旅游法》《条例》《管理办法》及有关法律所规定的权利，因而得到国家确认和保证。

第二，权利是保障权利人利益的法律手段，与利益有着密切联系，但权利并不等于利益，权利人实现其利益的行为是法律权利的社会内容，权利只是这一内容的法律形式。

第三，权利与义务是对立统一、相辅相成、缺一不可的。

第四，权利确定权利人从事法律允许的行为范围，在此范围内，权利人满足其利益的行为或者要求义务人从事一定的行为是合法的，超过这一范围，则是非法的或不受法律保护的。

第五，在有些情况下，导游的权利是与职责相连的，是履行职务时的权利，是代表所属企业的权利，因而与一般权利相比，具有不能轻易放弃的性质。

2. 导游的权利

（1）人身权。导游的人身权，指导游进行导游活动时，人身自由不受非法限制和剥夺、人格尊严不受侵犯、名誉不受损害的权利。

《条例》第 10 条、《管理办法》第 26 条规定，导游进行导游活动时，其人格尊严应当受到尊重，人身安全不受侵犯，合法权益受到保障。导游有权拒绝旅游者提出的侮辱其人格尊严、违反其职业道德、不符合我国民族风俗习惯或者危害其人身安全的不合理要求。旅行社等用人单位应当维护导游执业安全、提供必要的职业安全卫生条件，并为女性导游提供执业便利、实行特殊劳动保护。

（2）劳动报酬权。劳动报酬权是人权的重要内容之一，是维持和发展劳动者劳动力和供养其家人，从而实现劳动力再生产的重要保障。

为保护导游获取劳动报酬的权利，《旅游法》第 38 条规定，旅行社应当与其聘用的导游依法订立劳动合同，支付劳动报酬，缴纳社会保险费用。旅行社临时聘用导游为旅游者提供服务的，应当全额向导游支付在包价旅游合同中载明的导游服务费。旅行社安排导游为团队旅游提供服务的，不得要求导游垫付或者向导游收取任何费用。这表明：①旅行社对与其明确了劳动合同关系的导游，应当支付劳动报酬、缴纳社会保险费用。②旅行社对其临时聘用的导游，应当支付包价旅游合同约定的导游服务费。③为确保导游获取劳动报酬的权利，旅行社不得要求导游垫付或者向导游收取费用。

《旅游法》第 96 条规定，旅行社发生未向临时聘用的导游支付导游服务费用的；要求导游垫付或者向导游收取费用的行为的，旅游主管部门将责令改正，没收违法所得，并处 5000 元以上 5 万元以下罚款；情节严重的，责令停业整顿或者吊销旅行社业务经营许可证；对直接负责的主管人员和其他直接责任人员，处 2000 元以上 2 万元以下罚款。

（3）履行职务权。履行职务权指导游履行职务时所享有的权利。

根据《旅行社条例实施细则》第 49 条规定，履行职务权包括：①要求旅游者如实提供旅游所必需的个人信息，按时提交相关证明文件。②要求旅游者遵守旅游合同约定的旅游行程安排，妥善保管随身物品。③出现突发公共事件或者其他危急情形，以及旅行社因违反旅游合同约定采取补救措施时，要求旅游者配合处理防止扩大损失，以将损失降到最低限度。④拒绝旅

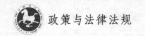

游者提出的超出旅游合同约定的不合理要求。⑤制止旅游者违背旅游目的地的法律、风俗习惯的言行。

（4）调整或变更接待计划权。《条例》第13条第2款规定，导游人员在引导旅游者旅行、游览过程中，遇有可能危及旅游者人身安全的紧急情形时，经征得多数旅游者的同意，可以调整或者变更接待计划，但是应当立即报告旅行社。

导游行使调整或变更接待计划权，应当特别注意四个限制条件：①必须在引导旅游者旅行、游览的过程中。即旅游活动开始后、结束前。在旅游合同订立后，旅游活动开始前出现不利于旅游活动的情形，应由旅行社与旅游者协商，达成一致意见后，由旅行社调整、变更旅游接待计划。②必须是遇到有可能危及人身安全的紧急情形。③必须征得多数旅游者同意。通常，旅游合同包括旅游接待计划一经双方确认后，应严格按约定履行，但发生了法定的紧急情形，为保证旅游者的人身安全，导游只要征得多数旅游者的同意，就可以行使该项权利。④必须立即报告旅行社。旅游接待计划是旅行社确定，并得到旅游者认可的，导游受旅行社委派执行旅游接待计划本无变更权，在法定情形下行使该权利应当立即报告旅行社，以得到旅行社的认可。

（5）诉权。诉权指起诉和诉愿的权利，具体分为申请复议权和起诉权。导游在导游活动中会因其合法权益受到损害而请求有关部门予以解决。

诉权是导游在履行职务过程中权利受到法律保护的有力保障。①申请复议权。导游对旅游主管部门的具体行政行为不服的，依法享有申请复议权。具体指：对罚款、吊销导游证、责令改正、暂扣导游证等行政处罚不服的；认为符合法定条件申领导游资格证书和导游证，旅游主管部门拒绝颁发或不予答复的；认为旅游主管部门违法要求导游履行义务的；认为旅游主管部门侵犯导游人身权、财产权的；法律、法规规定的其他可以申请复议的。②起诉权。对旅游主管部门的具体行政行为不服的，享有向人民法院提起行政诉讼的权利，具体内容同申请复议权范围。

二、导游的职责与义务

1. 职责与义务的含义

（1）职责。指任职者为履行一定的组织职能或完成工作使命，所负责的范围和承担的一系列工作任务，以及完成这些工作任务所需承担的相应责任。导游的职责指为完成工作任务，在执业过程中应承担的工作任务及完成这些需承担的法律责任。

（2）义务。指法律规定公民对国家和社会必须做出一定行为或不得做出一定行为的责任。导游的法律义务指导游必须依法履行的责任，包括必须做出的行为和不得做出的行为。

导游的义务同权利一样，都是国家以法律、法规的形式加以确认的，所不同的是，导游的义务是导游在进行导游活动时所必须行为的范围；而导游的权利则是导游可以行为的范围，这是导游义务区别于权利的最主要的特征。因为旅游业是凭借旅游资源，依靠从业人员提供服务来满足旅游者旅游需求的，导游必须为或不为一定行为，换言之，导游只有严格按照法律、法规的规定履行义务，才能使旅游者的旅游愿望得以实现，所以不履行义务应受到国家强制力的制裁。当然，导游的必要行为也是在一定范围内的，超过这一范围，则属于义务人的自由，导游有权拒绝旅游者在这一范围之外的利益要求。

2. 导游职责

（1）提高业务素质和职业技能。《条例》第7条第1款规定，导游人员应当不断提高自身业务素质和职业技能。导游自身业务素质的高低、职业技能的优劣，直接关系导游服务的质量，影响到能否为旅游者提供优良的导游服务。因此，提高导游业务素质及职业技能，对旅游业的发展至关重要。

（2）维护国家利益和民族尊严。《条例》第11条、《管理办法》第22条第1项规定，导游进行导游活动时，应当自觉维护国家利益和民族尊严，不得有损害国家利益和民族尊严的言行。热爱祖国、拥护社会主义制度、维护国家利益和民族尊严，不得有损害国家利益和民族尊严的言行，是导游必须具备的政治条件和业务要求。为此，导游在进行导游活动时，应当自觉履行该项义务。

《条例》第20条规定，导游人员进行导游活动时，有损害国家利益和民族尊严的言行的，由旅游主管部门责令改正；情节严重的，由省、自治区、直辖市人民政府旅游主管部门吊销导游证并予以公告；对该导游人员所在旅行社予以警告直至责令停业整顿。

（3）依约提供服务和讲解。《管理办法》第 22 条第 3 项规定，导游在执业过程中应按照旅游合同提供导游服务，讲解自然和人文资源知识、风俗习惯、宗教禁忌、法律法规和有关注意事项。根据《旅游法》第 58 条、《条例》第 13 条规定，包价旅游合同包含旅游行程安排，交通、住宿、餐饮等旅游服务安排和标准，游览、娱乐等项目的具体内容和时间，自由活动时间安排等内容，导游在执业过程中应当严格按照合同规定和旅行社确定的接待计划提供服务，安排旅游者的旅行、游览活动，不得擅自更改行程计划，不得诱导、欺骗、强迫或者变相强迫旅游者消费。

导游讲解是导游服务的核心，对导游服务质量起着决定作用。导游在执业过程中进行导游讲解，应当严格按照《导游服务规范》（GB/T 15971—2010）的要求，在行前、行中、行后各环节提供相应的景点讲解和注意事项的说明。《条例》第 12 条第 2 款规定，导游人员进行导游活动时，应当向旅游者讲解旅游地点的人文和自然情况，介绍风土人情和习俗；但是，不得迎合个别旅游者的低级趣味，在讲解、介绍中掺杂庸俗下流的内容。

《条例》第 22 条规定，导游擅自增加或者减少旅游项目的、擅自变更接待计划的、擅自中止导游活动的，由旅游行政部门责令改正，暂扣导游证 3 至 6 个月；情节严重的，由省、自治区、直辖市人民政府旅游行政部门吊销导游证并予以公告。

（4）尊重旅游者的权利。根据《旅游法》第二章对旅游者的权利义务所做的具体规定，旅游者的权利包含自主选择权、知情权、获得诚信服务权、被尊重权、遭遇危险与损害时要求救助和赔偿的权利等。

其中人格尊严、民族风俗习惯、宗教信仰应当得到尊重，是旅游者基本权利的重要体现，也与导游服务密切相关。根据《条例》第 12 条第 1 款、《管理办法》第 22 条第 4 项规定，导游人员进行导游活动时，应当遵守职业道德，着装整洁，礼貌待人，尊重旅游者的人格尊严、宗教信仰、民族风俗和生活习惯。

（5）引导文明旅游。《旅游法》第 41 条第 1 款规定，导游、领队应当向旅游者告知和解释旅游文明行为规范，引导旅游者健康、文明旅游，劝阻旅游者违反社会公德的行为。导游、领队在执业活动中，应当严格按照《导游领队引导文明旅游规范》（LB/T 039—2015）的规定，率先垂范遵守文明旅游行为，告知旅游者《中国公民国内旅游文明行为公约》和《中国公民出国（境）旅游文明行为指南》等所明确的旅游文明行为规范。

（6）警示、处置风险及突发事件。《条例》第14条规定，导游人员在引导旅游者旅行、游览过程中，应当就可能发生危及旅游者人身、财物安全的情况，向旅游者做出真实说明和明确警示，并按照旅行社的要求采取防止危害发生的措施。导游应当严格遵守《旅游安全管理办法》（国家旅游局第41号令）、《管理办法》第24条规定的旅游突发事件报告制度、突发事件应急处置措施进行处理。《管理办法》第33条规定，突发事件发生后导游未采取必要处置措施的，由县级以上旅游主管部门责令改正，并可以处1000元以下罚款；情节严重的，可以处1000元以上5000元以下罚款。

旅游项目中如含有危险因素，导游应事先将危险程度和安全防护措施向旅游者交代清楚，对于参加危险活动的旅游者要特别注意保护。说明和警示要真实、准确、通俗易懂，不致发生歧义。旅游突发事件发生后，导游应当立即采取必要措施，内容包括：①向本单位负责人报告，情况紧急或者发生重大、特别重大旅游突发事件时，可以直接向发生地、旅行社所在地县级以上旅游主管部门、安全生产监督管理部门和负有安全生产监督管理职责的其他相关部门报告；②救助或者协助救助受困旅游者；③根据旅行社、旅游主管部门及有关机构的要求，采取调整或者中止行程、停止带团前往风险区域、撤离风险区域等避险措施。

3. 导游义务

本章所指导游的义务，主要是指《旅游法》《条例》《管理办法》及有关法律所规定的义务。

（1）提供导游服务应当接受委派。《旅游法》第40条规定，导游为旅游者提供服务必须接受旅行社委派，不得私自承揽导游和领队业务。导游服务并不是独立的，而是从属于旅行社，必须经过旅行社委派方能执业。只有接受旅行社的委派从事导游活动的人，其合法从业权才能受到法律保护，私自承揽导游业务进行导游活动的行为将受到法律的追究。

《旅游法》第102条第2款规定，导游、领队违反规定，私自承揽业务的，由旅游主管部门责令改正，没收违法所得，处1000元以上1万元以下罚款，并暂扣或者吊销导游证。

（2）携带、佩戴有效执业证件。《旅游法》第41条第1款规定，导游和领队从事业务活动，应当佩戴导游证。根据《管理办法》第7、20条规定，导游证均采用电子导游证的形式，由国务院旅游主管部门制定格式标准，同时向导游发放导游身份标识。导游在执业过程中应当携带电子导游证、佩戴导游身份标识，并开启导游执业相关应用软件。以醒目、直观地向旅游者证明其具有合法资格，便于旅游者、旅游经营者和旅游主管部门识别和监管。

《条例》第21条规定，导游人员进行导游活动时未佩戴导游证的，由旅游行政部门责令改正；拒不改正的，处500元以下的罚款。

（3）不安排违反法律和社会公德的旅游活动。《旅游法》第33条、《旅行社条例》第26条、《管理办法》第23条第1项规定，旅行社及其从业人员组织、接待旅游者，不得安排参观或者参与涉及色情、赌博、毒品等违反我国法律、法规和社会公德的项目或者活动。

《旅行社条例实施细则》第30条将《条例》第26条的规定具体化，规定旅行社不得安排的活动包括：含有损害国家利益和民族尊严内容的；含有民族、种族、宗教歧视内容的；含有淫秽、赌博、涉毒内容的；其他含有违反法律、法规规定内容的行为。

（4）严格执行旅游行程安排。《旅游法》第41条第2款、《条例》第13条、《管理办法》第23条第2项规定，导游应当严格执行旅游行程安排，不得擅自变更旅游行程或者中止服务活动。旅游行程安排，是旅行社确定的接待计划，是经旅游者认可的，是旅行社与旅游者订立的旅游合同的一部分，对双方都有约束力。为保证旅游者合法权利，导游应当严格按照旅行社确定的接待计划安排旅游者的旅行游览活动。但导游在引导旅游者旅行、游览过程中，遇有可能危及旅游者人身安全的紧急情形时，经征得多数旅游者的同意，可以调整或者变更接待计划，并应立即报告旅行社。

导游不得擅自中止导游活动。通常，构成中止导游活动的行为，必须同时具备下列条件：①必须在导游活动已经开始尚未结束之前，是出现在执行接待计划过程中；②必须是擅自中止，这是中止导游活动的最主要特征。这就排除了由于旅行社的决定和其他外部作用的影响而导致的导游中止导游活动；③必须是彻底中止，即导游彻底放弃了原来的导游活动。如果导游因某种原因暂时放弃了正在进行的导游活动，待该原因消失后又继续进行导游活动的,是导游活动的中断。

根据《旅游法》第 100 条规定,在旅游行程中擅自变更旅游行程安排,严重损害旅游者权益的,由旅游主管部门对直接负责的主管人员和其他直接责任人员,处 2000 元以上 2 万元以下罚款,并暂扣或者吊销导游证。《条例》第 22 条规定,导游有擅自增加或者减少旅游项目的、擅自变更接待计划的、擅自中止导游活动情形之一的,由旅游主管部门责令改正,暂扣导游证 3 ~ 6 个月;情节严重的,由省、自治区、直辖市人民政府旅游主管部门吊销导游证并予以公告。

(5)不兜售物品及索要小费。《旅游法》第 41 条第 2 款、《条例》第 15 条、《管理办法》第 23 条第 8、9 项规定,导游不得向旅游者兜售物品或者购买旅游者的物品,不得向旅游者索要小费。

该义务的履行是以"不作为"的形式表现的,有两层含义:

第一,向旅游者兜售物品或购买旅游者的物品,不属于导游的职责范围,与其导游身份亦不相称。尤其是以导游这一特定身份向旅游者兜售物品或购买旅游者的物品,极易造成交易上的不公平和不公正,从而侵害旅游者的合法权益,损害导游的职业形象,并因此产生纠纷。

第二,索要小费,历来为我国旅游法规所禁止。无论导游采用语言、文字或其他直接表达意思的方法明确地向旅游者索要小费,还是采取其他方式索要小费,都是法律不允许的。

《旅游法》第 102 条规定,导游向旅游者索要小费的,由旅游主管部门责令退还,处 1000 元以上 1 万元以下罚款,情节严重的,并暂扣或者吊销导游证。《条例》第 23 条规定,导游向旅游者兜售物品或购买旅游者的物品,或者以明示或者暗示的方式向旅游者索要小费的,由旅游主管部门责令改正,处 1000 元以上 3 万元以下罚款;有违法所得的,并处没收违法所得;情节严重的,由省、自治区、直辖市人民政府旅游主管部门吊销导游证并予以公告;对委派该导游的旅行社予以警告,直至责令停业整顿。

(6)不诱导、欺骗、强迫或变相强迫消费。《旅游法》第 41 条第 2 款、《条例》第 16 条、《管理办法》第 23 条第 3 ~ 6 项规定,导游不得诱导、欺骗、强迫或者变相强迫旅游者购物或者参加另行付费旅游项目。诱导也是采用引诱和引导方式的一种欺骗;胁迫是指以给旅游者及其亲友的生命健康、名誉、荣誉、财产等造成损害为要挟，迫使旅游者做出违背真实消费意思表示的行为；欺骗是指故意告知旅游者虚假的情况，或者隐瞒真实情况，诱使旅游者做出错误消费意思表示的行为。诱导、欺骗、胁迫旅游者消费，是严重侵犯旅游者合法权益的行为，理应为法律、法规所禁止。

根据《旅游法》第 98 条规定，由旅游主管部门对直接负责的主管人员和其他直接责任人员，没收违法所得，处 2000 元以上 2 万元以下罚款，并暂扣或者吊销导游证。《条例》第 24 条规定，导游进行导游活动，欺骗、胁迫旅游者消费或者与经营者串通欺骗、胁迫旅游者消费的，由旅游主管部门责令改正，处 1000 元以上 3 万元以下的罚款；有违法所得的，并处没收违法所得；情节严重的，由省、自治区、直辖市人民政府旅游主管部门吊销导游证并予以公告；对委派该导游的旅行社予以警告，直至责令停业整顿；构成犯罪的，依法追究其刑事责任。

（7）法律法规规定的其他义务。导游除了要遵守以上义务，还应遵守按期报告信息变更情况、申请变更导游证信息、申请更换导游身份标识、依规参加培训、提供真实材料及信息等法律法规规定的其他义务。

三、执业保障制度

1. 签订劳动合同

导游劳动报酬及相关权益的实现，主要依靠劳动合同得以保障。《旅游法》第 38 条、《管理办法》第 28 条规定，旅行社应当与其聘用的导游依法订立劳动合同，旅行社应当与通过其取得导游证的导游订立不少于 1 个月期限的劳动合同，并支付基本工资、带团补贴等劳动报酬，缴纳社会保险费用。旅行社临时聘用在旅游行业组织注册的导游为旅游者提供服务的，应当依照旅游和劳动相关法律、法规的规定足额支付导游服务费用；旅行社临时聘用的导游与其他单位不具有劳动关系或者人事关系的，旅行社应当与其订立劳动合同。

2. 执业安全保障

导游带团过程中的安全事件频发引起了对导游执业安全保障的关注。《管理办法》第 26 条第 2 款、第 29 条就导游执业安全对旅行社提出了要求，旅行社等用人单位应当维护导游执业安全、提供必要的职业安全卫生条件，并为女性导游提供执业便利、实行特殊劳动保护。国家旅游局与交通运输部联合下发了《关于进一步规范导游专座等有关事宜的通知》(旅发〔2016〕51号),旅行社应当提供设置"导游专座"的旅游客运车辆,安排的旅游者与导游总人数不得超过旅游客运车辆核定乘员数。导游应当在旅游车辆"导游专座"就座,避免在高速公路或者危险路段站立讲解。

3. 星级评价

导游星级评价制度是一种与导游服务质量直接相关,通过市场化方式对导游服务水平进行标识的评价模式,以便于旅行社、旅游消费者对导游进行辨识和选择。星级评价与等级评价的不同之处在于,星级评价侧重于导游服务水平,而等级评价侧重于导游技能水平的评价和考量。星级评价制度有利于促进导游诚实劳动、至诚服务,赢得更好的社会评价,取得更高的星级,获取更多的就业机会。

导游星级以游客满意度为导向,包括若干客观性评价指标。《管理办法》第30条规定,星级评价指标由技能水平、学习培训经历、从业年限、奖惩情况、执业经历和社会评价等构成。导游服务星级根据星级评价指标通过全国旅游监管服务信息系统自动生成,并根据导游执业情况每年度更新一次。旅游主管部门、旅游行业组织和旅行社等单位应当通过全国旅游监管服务信息系统,及时、真实地备注各自获取的导游奖惩情况等信息。

4. 教育培训

国家鼓励支持旅游教育与培训,《旅游法》第27、90条,《"十三五"旅游人才发展规划》均对旅游培训教育做出了规定,《管理办法》第31条明确了旅游部门、旅行社、行业组织的培训义务,并对导游提出了接受培训的要求。首先,各级旅游主管部门应当积极组织开展导游培训,培训内容应当包括政策法规、安全生产、突发事件应对和文明服务等,培训方式可以包括培训班、专题讲座和网络在线培训等,每年累计培训时间不得少于24小时。培训不得向参加人员收取费用。其次,旅游行业组织和旅行社等应当对导游进行包括安全生产、岗位技能、文明服务和文明引导等内容的岗前培训和执业培训。最后,导游应当参加旅游主管部门、旅游行业组织和旅行社开展的有关政策法规、安全生产、突发事件应对和文明服务内容的培训;鼓励导游积极参加其他培训,提高服务水平。

第十一章
旅游安全管理与责任保险法律制度

本章导读 ▶▶▶

【本章概述】 本章内容主要包括：旅游安全与责任保险的定义与立法沿革；旅游经营者的概念界定及其安全责任与义务；政府及旅游相关部门的安全职责，旅游目的地安全风险提示制度，旅游突发事件的应急处理及相关罚则；旅行社责任保险与其他旅游经营者责任保险等。

【学习要求】 了解《旅游安全管理办法》关于旅游突发事件等级及相关罚则的规定；熟悉《旅游法》《旅行社条例》《旅游安全管理办法》《旅行社责任保险管理办法》关于安全管理、责任保险制度的规定；掌握《旅游安全管理办法》关于旅游经营者安全经营义务与责任、旅游目的地安全风险提示制度的规定。

第一节 概 述

一、旅游安全

1.旅游安全的概念

旅游安全，指旅游活动可以容忍的风险程度，是对旅游活动处于平衡、稳定、正常发展状态的一种统称，主要表现为旅游者、旅游企业和旅游地等

主体不受威胁和外界因素干扰而免于承受身心压力、伤害或财物损失的自然
状态。

　　旅游安全管理，指面向整个旅游行业，通过提高旅游行业的安全管理水
平，预防和减少旅游突发事件，以保障旅游者和旅游从业人员的人身、财产
安全，保障旅游企业安全运营为目标的各项工作的统称。

　　2. 旅游安全立法概况

　　我国历来重视旅游安全，通过立法和采取相关措施保障旅游业健康发
展。1990 年 2 月 20 日，国务院旅游主管部门发布了《旅游安全管理暂行办
法》，此后相继发布《重大旅游安全事故报告制度试行办法》《重大旅游安全
事故处理程序试行办法》《旅游安全管理暂行办法实施细则》等一系列配套
或相关规范性文件，初步形成了旅游安全管理的基本制度，这些制度在旅游
安全管理中发挥了重要作用。然而，随着旅游产业的快速发展和国内外安全
形势的动态变化，旅游行业亟待出台适应旅游安全管理新形势的管理制度。

　　2013 年出台的《旅游法》，旅游安全单设一章，使旅游安全管理规范日
趋完善，为构建我国旅游安全管理制度体系提供了法律依据和基础。2016 年
9 月 27 日，为了加强旅游安全管理，提高应对旅游突发事件的能力，保障旅
游者的人身、财产安全，促进旅游业持续健康发展，国务院旅游主管部门公
布了同年 12 月 1 日起施行的根据《旅游法》《安全生产法》《突发事件应对
法》《旅行社条例》和《生产安全事故报告和调查处理条例》等法律、行政
法规制定的《旅游安全管理办法》（以下简称《办法》）。《办法》共分为总
则、经营安全、风险提示、安全管理、罚则和附则六章，基本覆盖了旅游安
全管理的各项工作。依据《办法》第 2 条，旅游经营者的安全生产、旅游主
管部门的安全监督管理，以及旅游突发事件的应对应当遵守有关法律、法规
和本办法的规定。

　　我国旅游安全管理法律制度呈现以下特点：①从"安全第一、预防为
主"向"以人为本、安全第一、预防为主、综合治理"转变，更加注重以人
为本的立法理念和采取综合治理手段。②从"重监控"向"监管、协调、服
务并重"转变，更加注重旅游主管部门的协调职能和旅游安全服务的提供。
③从"重事中"向"事前、事中、事后并重"转变，事前的安全风险提示和
预警以及事后的应急处置、救援和报告受到关注。④从"重政府、企业"向

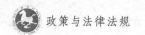

"政府、企业、社会和个人并重"转变，旅游安全服务社会化，旅游者需要承担旅游安全义务成为规范内容。

二、责任保险

1.责任保险的概念

《中华人民共和国保险法》（以下本书简称《保险法》）第 65 条第 4 款规定，责任保险是指以被保险人对第三者依法应负的赔偿责任为保险标的的保险，即保险人与投保人签订保险合同，约定由投保人缴纳保险费，由保险人承担投保人（被保险人）在生产、业务活动或日常生活中，由于疏忽、过失等行为造成他人财产或人身伤亡时所应承担的赔偿责任。

2.旅游经营者责任保险立法概况

在旅游行业安全管理中，旅游经营者保险制度经历了从外国旅游者旅游意外保险，旅游者旅游意外保险，旅行社责任保险到住宿、旅游交通、高风险旅游项目责任保险的四个阶段，这些保险形式是旅游经营者在特定历史时期的强制保险，对保障旅游者权益，化解旅游经营者与旅游者的矛盾纠纷发挥了重要作用。

第一阶段，旅行社专门为来华旅游的外国旅游者办理旅游意外保险。当时国家大力发展入境旅游，出境旅游和国内旅游尚处于起步阶段，1990 年 2 月 7 日，国务院旅游主管部门、中国人民保险公司发布了《关于旅行社接待的海外旅游者在华旅游期间统一实行旅游意外保险的通知》。

第二阶段，旅行社为所有旅游者办理旅游意外保险。随着我国改革开放步伐不断加快，国民经济实力不断提升，国内旅游得到了长足的发展，出境旅游逐渐走入寻常百姓家，为入境旅游者、国内旅游者和出境旅游者同时办理旅游保险被提到了议事日程上。1997 年 5 月 13 日，国务院旅游主管部门第 9 号局长令发布了《旅行社办理旅游意外保险暂行规定》。

第三阶段，旅行社投保旅行社责任保险。2001 年 5 月 15 日，国家旅游局第 14 号局长令发布了《旅行社投保旅行社责任保险规定》，开始实行旅行社责任保险制度。2010 年 10 月，由国务院旅游主管部门、中国保监会联合下发了更为科学、合理和人性化的《旅行社责任保险管理办法》。

第四阶段，住宿、旅游交通及高风险旅游项目的经营者应投保相关责任保险。《旅游法》第 56 条规定，国家根据旅游活动的风险程度，对住宿、旅游交通以及本法第 47 条规定的高风险旅游项目等经营者实施责任保险制度，其中第 47 条规定的高风险旅游项目包括高空、高速、水上、潜水、探险等高风险旅游项目。此外，根据《旅游法》第 61 条规定，旅行社应当提示参加团队旅游的旅游者按照规定投保人身意外伤害保险。因此，旅行社应当对旅游者可自行购买人身意外保险、保护自身利益做出提示，但这只是旅行社在包价旅游合同中的附随义务，不是承担为旅游者购买的义务。

第二节　旅游经营者安全责任

一、旅游经营者的界定

《旅游法》第 111 条第 1 项规定，旅游经营者是指旅行社、景区以及为旅游者提供交通、住宿、餐饮、购物、娱乐等服务的经营者。

旅游主管部门对部分旅游经营者并没有直接的安全监管权力和责任，因此《办法》第 2 条第 2 款规定，旅游经营者是指旅行社及地方性法规规定旅游主管部门负有行业监管职责的景区和饭店等单位。《办法》对旅游经营者的限制界定能够明确旅游主管部门的有效安全监管对象，使监管对象的设立更为合理，也更具有法律依据。

二、旅游经营者的安全责任

《办法》第 4 条规定，旅游经营者应当承担旅游安全的主体责任，加强安全管理，建立、健全安全管理制度，关注安全风险预警和提示，妥善应对旅游突发事件。旅游从业人员应当严格遵守本单位的安全管理制度，接受安全生产教育和培训，增强旅游突发事件防范和应急处理能力。

旅游经营者的安全保障能力是旅游活动顺利进行的保证，也是旅游活动安全开展的基础，更是旅游者选择旅游经营者的衡量标准之一。旅游经营者作为旅游安全保障的责任主体，加强安全管理，建立安全管理体系，严格按照国家法律、法规和标准的要求开展经营活动，理应成为其安全经营的基本要求。旅游从业人员直接为旅游者提供服务，其安全意识、素质和技能决定了旅游服务的安全程度，尤其是旅游突发事件预防和应急救助技能对具有异地性、流动性特点的旅游活动来说，更为重要，而安全生产教育和培训是提高旅游从业人员安全意识和能力的重要手段，是确保旅游服务产品安全性的重要前提。

三、旅游经营者的安全义务

1. 安全防范、管理和保障义务

《旅游法》第 79 条规定，旅游经营者应当严格执行安全生产管理和消防安全管理的法律、法规和国家标准、行业标准，具备相应的安全生产条件，制定旅游者安全保护制度和应急预案。旅游经营者应当对直接为旅游者提供服务的从业人员开展经常性应急救助技能培训，对提供的产品和服务进行安全检验、监测和评估，采取必要措施防止危害发生。旅游经营者组织、接待老年人、未成年人、残疾人等旅游者，应当采取相应的安全保障措施。

《办法》在《旅游法》上述具体内容的基础上进行了细化和补充。《办法》第 6 条规定，旅游经营者应当遵守下列要求：①服务场所、服务项目和设施设备符合有关安全法律、法规和强制性标准的要求；②配备必要的安全和救援人员、设施设备；③建立安全管理制度和责任体系；④保证安全工作的资金投入。第 7 条规定，旅游经营者应当定期检查本单位安全措施的落实情况，及时排除安全隐患；对可能发生的旅游突发事件及采取安全防范措施的情况，应当按照规定及时向所在地人民政府或者人民政府有关部门报告。

《办法》第 9 条规定，旅游经营者应当对从业人员进行安全生产教育和培训，保证从业人员掌握必要的安全生产知识、规章制度、操作规程、岗位技能和应急处理措施，知悉自身在安全生产方面的权利和义务。旅游经营者应建立安全生产教育和培训档案，如实记录安全生产教育和培训的时间、内容、参加人员以及考核结果等情况。未经安全生产教育和培训合格的旅游从业人员，不得上岗作业；特种作业人员必须按照国家有关规定经专门的安全作业培训，取得相应资格。第 11 条规定，旅行社组织和接待旅游者，应当合理安排旅游行程，向合格的供应商订购产品和服务。旅行社及其从业人员发现履行辅助人提供的服务不符合法律、法规规定或者存在安全隐患的，应当予以制止或者更换。

《办法》第 8 条第 2 款规定，经营高风险旅游项目或者向老年人、未成年人、残疾人提供旅游服务的，应当根据需要采取相应的安全保护措施。

2. 安全说明或警示义务

《旅游法》第 80 条规定，旅游经营者应当就旅游活动中的下列事项，以明示的方式事先向旅游者做出说明或者警示：①正确使用相关设施、设备的方法；②必要的安全防范和应急措施；③未向旅游者开放的经营、服务场所和设施、设备；④不适宜参加相关活动的群体；⑤可能危及旅游者人身、财产安全的其他情形。本条规定重在强调"明示"和"事先"，明示主要指旅游经营者或其从业人员用积极的、直接的、明确的方式，将说明或者警示的内容表达、告知给旅游者，具体包括口头明示、书面明示、警示牌标示等方式，与默示相对；事先主要是指预先防范，在旅游者开始进行某项旅游活动前的时间区间，包括旅游行程开始前或者某一个具体旅游项目开始前。

旅游经营者按照"明示"和"事先"的原则，合理履行说明或警示义务，既可以保证消费者知情权的实现，也体现了旅游经营者的安全保障义务。为此，《办法》第 8 条第 1 款规定，旅游经营者应当对其提供的产品和服务进行风险监测和安全评估，依法履行安全风险提示义务，必要时应当采取暂停服务、调整活动内容等措施。第 10 条规定，旅游经营者应当主动询问与旅游活动相关的个人健康信息，要求旅游者按照明示的安全规程，使用旅游设施和接受服务，并要求旅游者对旅游经营者采取的安全防范措施予以配合。第 12 条规定，旅行社组织出境旅游，应当制作安全信息卡。安全信息卡应当包括旅游者姓名、出境证件号码和国籍，以及紧急情况下的联系人、联系方式等信息，使用中文和目的地官方语言（或者英文）填写。旅行社应当将安全信息卡交由旅游者随身携带，并告知其自行填写血型、过敏药物和重大疾病等信息。可见，旅游经营者合理履行说明或警示义务，既可以保证消费者知情权的实现，也体现了旅游经营者的安全保障义务。

3. 安全救助、处置和报告义务

《旅游法》第 81 条规定，突发事件或者旅游安全事故发生后，旅游经营者应当立即采取必要的救助和处置措施，依法履行报告义务，并对旅游者做出妥善安排。旅游经营者作为旅游安全工作的责任主体，在突发事件或者旅游安全事故发生后，在第一现场、第一时间实施安全救助、处置，并报告相关情况，是其应当履行的基本义务，这也有利于有关部门第一时间掌握事件情况，启动相应的旅游应急处置方案，合理安排人力、物力、财力，顺利开展安全救援工作。

为落实贯彻《旅游法》的精神，进一步阐明安全救助、处置和报告的程序和内容，《办法》第13条规定，旅游经营者应当依法制定旅游突发事件应急预案，与所在地县级以上地方人民政府及其相关部门的应急预案相衔接，并定期组织演练。第14条规定，旅游突发事件发生后，旅游经营者及其现场人员应当采取合理、必要的措施救助受害旅游者，控制事态发展，防止损害扩大。旅游经营者应当按照履行统一领导职责或者组织处置突发事件的人民政府的要求，配合其采取的应急处置措施，并参加所在地人民政府组织的应急救援和善后处置工作。旅游突发事件发生在境外的，旅行社及其领队应当在中国驻当地使领馆或者政府派出机构的指导下，全力做好突发事件应对处置工作。

《办法》第15条规定，旅游突发事件发生后，旅游经营者的现场人员应当立即向本单位负责人报告，单位负责人接到报告后，应当于1小时内向发生地县级旅游主管部门、安全生产监督管理部门和负有安全生产监督管理职责的其他相关部门报告；旅行社负责人应当同时向单位所在地县级以上地方旅游主管部门报告。情况紧急或者发生重大、特别重大旅游突发事件时，现场有关人员可直接向发生地、旅行社所在地县级以上旅游主管部门、安全生产监督管理部门和负有安全生产监督管理职责的其他相关部门报告。旅游突发事件发生在境外的，旅游团队的领队应当立即向当地警方、中国驻当地使领馆或者政府派出机构，以及旅行社负责人报告。旅行社负责人应当在接到领队报告后1小时内，向单位所在地县级以上地方旅游主管部门报告。

第三节　旅游安全管理制度

一、政府及其部门的安全职责

1.政府的安全职责

根据《旅游法》第76条，县级以上人民政府统一负责旅游安全工作。

县级以上人民政府有关部门依照法律、法规履行旅游安全监管职责。旅游安全是一项综合性强、涉及面广、管理难度大的工作，需要由各级人民政府担当统一领导者和负责人，全面扎实推进旅游安全工作。县级以上人民政府统一负责旅游安全工作，主要体现在以下两个方面：①加强对旅游安全和应急工作的领导，督促有关部门履行旅游安全的监管职责；②对旅游安全监管和应急管理中存在的重大问题及时予以协调、解决。

2. 部门的安全职责

根据《旅游法》第 76 条，旅游安全工作涉及县级以上人民政府安监、公安、消防、交通、卫生、质监、农业、住建、旅游等众多管理部门，各有关部门应当在本级人民政府的统一领导下，按照本法及其他法律、法规和国务院规定的职责，切实履行旅游安全的监督管理和突发事件应对职能。

2015 年 8 月，国务院安全生产委员会印发了《国务院安全生产委员会成员单位安全生产工作职责分工》，在文件中落实了国务院旅游主管部门的安全生产工作职责分工，主要包括：①负责旅游安全监督管理工作，在职责范围内对旅游安全实施监督管理；②会同国家有关部门对旅游安全实行综合治理，配合有关部门加强旅游客运安全管理；③负责全国旅游安全管理的宣传、教育、培训工作；④负责旅游行业安全生产统计分析，依法参加有关事故的调查处理，按照职责分工对事故发生单位落实防范和整改措施的情况进行监督检查。为贯彻该文件精神，《办法》第 22 条规定，旅游主管部门应当加强下列旅游安全日常管理工作：①督促旅游经营者贯彻执行安全和应急管理的有关法律、法规，并引导其实施相关国家标准、行业标准或者地方标准，提高其安全经营和突发事件应对能力；②指导旅游经营者组织开展从业人员的安全及应急管理培训，并通过新闻媒体等多种渠道，组织开展旅游安全及应急知识的宣传普及活动；③统计分析本行政区域内发生旅游安全事故的情况；④法律、法规规定的其他旅游安全管理工作；⑤旅游主管部门应当加强对星级饭店和 A 级景区旅游安全和应急管理工作的指导。

二、目的地安全风险提示制度

1. 概念

《旅游法》第 77 条规定，国家建立旅游目的地安全风险提示制度。旅游目的地安全风险提示制度，主要指预先发现境内外旅游目的地对旅游者的人身、财产可能造成损害的自然灾害、事故灾难、公共卫生事件和社会安全事件等潜在的或者已经存在的安全风险，运用定性和定量分析相结合的方法，识别旅游安全风险的类别、等级，提出旅游出行的建议，并按规定的权限和程序，向社会发布相关提示信息的制度。

2. 安全风险提示的级别划分

《办法》第 16 条第 2、3 款规定，根据可能对旅游者造成的危害程度、紧急程度和发展态势，风险提示级别分为一级（特别严重）、二级（严重）、三级（较重）和四级（一般），分别用红色、橙色、黄色和蓝色标示。风险提示级别的划分标准，由国务院旅游主管部门会同外交、卫生、公安、国土、交通、气象、地震和海洋等有关部门制定或者确定。这些风险等级的划分为旅游目的地安全风险提示级别的划分提供了借鉴，国务院旅游主管部门应当会同有关部门按照本法规定，在综合各方面风险级别的基础上，划分旅游目的地的安全风险等级，并正式公开相关信息。

3. 风险提示信息的内容

《办法》第 17 条规定，风险提示信息，应当包括风险类别、提示级别、可能影响的区域、起始时间、注意事项、应采取的措施和发布机关等内容。一级、二级风险的结束时间能够与风险提示信息内容同时发布的，应当同时发布；无法同时发布的，待风险消失后通过原渠道补充发布。三级、四级风险提示可以不发布风险结束时间，待风险消失后自然结束。

4. 风险提示信息的应对措施

（1）旅行社。《办法》第 18 条第 1 款规定，风险提示发布后，旅行社应当根据风险级别采取下列措施：①四级风险的，加强对旅游者的提示。②三级风险的，采取必要的安全防范措施。③二级风险的，停止组团或者带团前往风险区域；已在风险区域的，调整或者中止行程。④一级风险的，停止组团或者带团前往风险区域，组织已在风险区域的旅游者撤离。

（2）其他旅游经营者。《办法》第 18 条第 2 款规定，其他旅游经营者应当根据风险提示的级别，加强对旅游者的风险提示，采取相应的安全防范措施，妥善安置旅游者，并根据政府或者有关部门的要求，暂停或者关闭易受风险危害的旅游项目或者场所。

（3）旅游者。《办法》第19条规定，风险提示发布后，旅游者应当关注相关风险，加强个人安全防范，并配合国家应对风险暂时限制旅游活动的措施，以及有关部门、机构或者旅游经营者采取的安全防范和应急处置措施。

5.风险提示信息的发布权限与发布渠道

（1）发布权限。《办法》第20条规定，国务院旅游主管部门负责发布境外旅游目的地国家（地区），以及风险区域范围覆盖全国或者跨省级行政区域的风险提示。发布一级风险提示的，需经国务院批准；发布境外旅游目的地国家（地区）风险提示的，需经外交部门同意。地方各级旅游主管部门应当及时转发上级旅游主管部门发布的风险提示，并负责发布前款规定之外涉及本辖区的风险提示。

（2）发布渠道。《办法》第21条规定，风险提示信息应当通过官方网站、手机短信及公众易查阅的媒体渠道对外发布。一级、二级风险提示应同时通报有关媒体。

三、旅游突发事件的应急处理

1.旅游突发事件的概念及分类

（1）旅游突发事件的概念。《办法》第39条第1款规定，旅游突发事件，是指突然发生，造成或者可能造成旅游者人身伤亡、财产损失，需要采取应急处置措施予以应对的自然灾害、事故灾难、公共卫生事件和社会安全事件。

（2）旅游突发事件的分类。《办法》第39条第2款规定，根据旅游突发事件的性质、危害程度、可控性以及造成或者可能造成的影响，旅游突发事件一般分为特别重大、重大、较大和一般四级。

①特别重大旅游突发事件包括下列情形：造成或者可能造成人员死亡（含失踪）30人以上或者重伤100人以上；旅游者500人以上滞留超过24小时，并对当地生产生活秩序造成严重影响；其他在境内外产生特别重大影响，并对旅游者人身、财产安全造成特别重大威胁的事件。

②重大旅游突发事件包括下列情形：造成或者可能造成人员死亡（含失踪）10人以上30人以下或者重伤50人以上100人以下；旅游者200人以上滞留超过24小时，对当地生产生活秩序造成较严重影响；其他在境内外产生重大影响，并对旅游者人身、财产安全造成重大威胁的事件。

③较大旅游突发事件包括下列情形：造成或者可能造成人员死亡（含失踪）3人以上10人以下或者重伤10人以上50人以下；旅游者50人以上200人以下滞留超过24小时，并对当地生产生活秩序造成较大影响；其他在境内外产生较大影响，并对旅游者人身、财产安全造成较大威胁的事件。

④一般旅游突发事件包括下列情形：造成或者可能造成人员死亡（含失踪）3人以下或者重伤10人以下；旅游者50人以下滞留超过24小时，并对当地生产生活秩序造成一定影响；其他在境内外产生一定影响，并对旅游者人身、财产安全造成一定威胁的事件。

2. 旅游突发事件的应急管理

加强旅游应急管理是我国旅游产业发展与旅游突发事件治理的要求，而旅游突发事件应对的基本要求是采取措施开展救援，特殊要求是协助旅游者返回。为此，《旅游法》第78条规定，县级以上人民政府应当依法将旅游应急管理纳入政府应急管理体系，制定应急预案，建立旅游突发事件应对机制。突发事件发生后，当地人民政府及其有关部门和机构应当采取措施开展救援，并协助旅游者返回出发地或者旅游者指定的合理地点。

《办法》第25条进一步规定，旅游突发事件发生后，发生地县级以上旅游主管部门应当根据同级人民政府的要求和有关规定，启动旅游突发事件应急预案，并采取下列一项或者多项措施：①组织或者协同、配合相关部门开展对旅游者的救助及善后处置，防止次生、衍生事件；②协调医疗、救援和保险等机构对旅游者进行救助及善后处置；③按照同级人民政府的要求，统一、准确、及时发布有关事态发展和应急处置工作的信息，并公布咨询电话。

3. 旅游突发事件的调查

《办法》第26条规定，旅游突发事件发生后，发生地县级以上旅游主管部门应当根据同级人民政府的要求和有关规定，参与旅游突发事件的调查，配合相关部门依法对应当承担事件责任的旅游经营者及其责任人进行处理。

4. 旅游突发事件的报告和通报

《办法》第27条规定，各级旅游主管部门应当建立旅游突发事件报告制度。第28条规定，旅游主管部门在接到旅游经营者依据本办法第15条规定的报告后，应当向同级人民政府和上级旅游主管部门报告。①一般旅游突发事件上报至设区的市级旅游主管部门；②较大旅游突发事件逐级上报至省级旅游主管部门；③重大和特别重大旅游突发事件逐级上报至国务院旅游主管部门。向上级旅游主管部门报告旅游突发事件，应当包括下列内容：①事件发生的时间、地点、信息来源；②简要经过、伤亡人数、影响范围；③事件涉及的旅游经营者、其他有关单位的名称；④事件发生原因及发展趋势的初步判断；⑤采取的应急措施及处置情况；⑥需要支持协助的事项；⑦报告人姓名、单位及联系电话。前款所列内容暂时无法确定的，应当先报告已知情况；报告后出现新情况的，应当及时补报、续报。

《办法》第29条规定，各级旅游主管部门应当建立旅游突发事件信息通报制度。旅游突发事件发生后，旅游主管部门应当及时将有关信息通报相关行业主管部门。

5. 旅游突发事件总结报告的提交

《办法》第30条规定，旅游突发事件处置结束后，发生地旅游主管部门应当及时查明突发事件的发生经过和原因，总结突发事件应急处置工作的经验教训，制定改进措施，并在30日内按照下列程序提交总结报告：①一般旅游突发事件向设区的市级旅游主管部门提交；②较大旅游突发事件逐级向省级旅游主管部门提交；③重大和特别重大旅游突发事件逐级向国务院旅游主管部门提交；④旅游团队在境外遇到突发事件的，由组团社所在地旅游主管部门提交总结报告。第31条规定，省级旅游主管部门应当于每月5日前，将本地区上月发生的较大旅游突发事件报国务院旅游主管部门备案，内容应当包括突发事件发生的时间、地点、原因及事件类型和伤亡人数等。

6. 旅游突发事件的统计分析

《办法》第32条规定，县级以上地方各级旅游主管部门应当定期统计分析本行政区域内发生旅游突发事件的情况，并于每年1月底前将上一年度相关情况逐级报国务院旅游主管部门。

四、相关罚则

1. 违反安全生产和消防安全管理

《旅游法》第107条规定，旅游经营者违反有关安全生产管理和消防安全管理的法律、法规或者国家标准、行业标准的，由有关主管部门依照有关法律、法规的规定处罚。《办法》第33条进一步规定，旅游经营者及其主要负责人、旅游从业人员违反法律、法规有关安全生产和突发事件应对规定的，依照相关法律、法规处理。

2. 未制止履行辅助人的非法或不规范行为

《办法》第34条规定，旅行社未制止履行辅助人的非法、不安全服务行为，或者未更换履行辅助人的，由旅游主管部门给予警告，可并处2000元以下罚款；情节严重的，处2000元以上10000元以下罚款。

3. 不按要求制作安全信息卡

《办法》第35条规定，旅行社不按要求制作安全信息卡，未将安全信息卡交由旅游者，或者未告知旅游者相关信息的，由旅游主管部门给予警告，可并处2000元以下罚款；情节严重的，处2000元以上10000元以下罚款。

4. 针对风险提示不采取相应措施

《办法》第36条规定，旅行社针对旅游目的地安全风险提示，不采取相应措施的，由旅游主管部门处2000元以下罚款；情节严重的，处2000元以上10000元以下罚款。

5. 按国家标准、行业标准评定的旅游经营者违法

《办法》第37条规定，按照旅游业国家标准、行业标准评定的旅游经营者违反本办法规定的，由旅游主管部门建议评定组织依据相关标准做出处理。

6. 旅游主管部门及其工作人员违法

《办法》第38条规定，旅游主管部门及其工作人员违反相关法律、法规及本办法规定，玩忽职守，未履行安全管理职责的，由有关部门责令改正，对直接负责的主管人员和其他直接责任人员依法给予处分。

第四节　责任保险管理制度

一、旅行社责任保险

1. 责任保险的法律依据

（1）《旅行社条例》第38条规定，旅行社应当投保旅行社责任险。旅行社责任险的具体方案由国务院旅游主管部门会同国务院保险监督管理机构另行制定。

（2）《旅行社责任保险管理办法》（以下简称《管理办法》）具体规定了旅行社责任险的含义，投保范围，保险合同的成立、变更和解除，发生保险事故的赔偿，行政机关的监督管理，以及违法的相应处罚。

（3）《旅游法》第56条规定，国家根据旅游活动的风险程度，对旅行社等经营者实施责任保险制度。可见，《旅游法》将责任保险法律制度进一步规范到高风险旅游项目，这将会极大地提高旅游经营者的风险防范和保险意识。

2. 旅行社责任保险的含义及监管

（1）含义与特征。《管理办法》所称旅行社责任保险，是指旅行社因其组织的旅游活动对旅游者和受其委派并为旅游者提供服务的导游或者领队人员依法应当承担的赔偿责任为保险标的的保险。旅行社责任保险是旅游保险中的重要险种之一，具有下列特征：

①旅行社责任保险属于强制保险。依据《旅行社条例》第38条规定，旅行社责任保险属于强制保险。旅行社从事旅游业务经营活动，应当履行投保责任险的义务。《旅游法》规定，国家根据旅游活动的风险程度，对旅行社等经营者实施责任保险制度。

旅行社未按照规定投保旅行社责任保险的，《旅游法》第97条规定，由旅游主管部门或者有关部门责令改正，没收违法所得，并处5000元以上5万元以下罚款；违法所得5万元以上的，并处违法所得1倍以上5倍以下罚款；情节严重的，责令停业整顿或者吊销旅行社业务经营许可证；对直接负责的主管人员和其他直接责任人员，处2000元以上2万元以下罚款。

②旅行社责任保险是财产保险。所谓财产保险是以财产及其有关利益为保险标的的保险。旅行社通过购买旅行社责任保险，将自身的赔偿风险转嫁给保险公司，保险公司所承保的是旅行社的赔偿责任，因此，旅行社责任保险属于财产保险。

③旅行社责任保险的投保人和被保险人是旅行社。旅行社向保险公司投保并支付保险费，目的在于转嫁赔偿责任的风险。根据谁投保谁受益的原则，旅行社在组织旅游活动中依法应承担的赔偿责任，属于保险责任的，保险公司将在责任限额内对旅行社予以赔偿，从而实现了集合危险、分散损失的保险的基本功能。

④旅行社责任保险的保险人是保险公司，因此责任险的赔付主体是保险公司。通过投保责任险，旅行社将发生事故之后的损害赔偿责任转移给保险公司。

（2）监管体制。《管理办法》为保监机构和旅游主管部门联合发布的部门规章，对旅游行业和保险行业都具有约束作用。为此，我国对责任险的监管实行"旅保合作"机制，两部门依法在各自职权范围内共同对责任险行使监管权。监管权包括监督检查和行使行政处罚权。

①监管主体及职责。一是县级以上旅游主管部门依法对旅行社投保责任险情况实施监督管理。二是中国保监会及其派出机构依法对旅行社责任险的保险条款和保险费率进行管理；依法对保险公司开展旅行社责任保险业务实施监督管理。

②行政处罚权限。一是县级以上旅游主管部门对旅行社解除保险合同但未同时订立新的保险合同，保险合同期满前未及时续保，或者人身伤亡责任限额低于20万元的，依据《旅行社条例》第49条规定责令改正；拒不改正的，吊销旅行社业务经营许可证。二是保监会或者其派出机构对保险公司经营旅行社责任保险，违反有关保险条款和保险费率管理规定的，依据《保险法》和中国保监会的有关规定予以处罚；保监会或者其派出机构对保险公司拒绝或者妨碍依法监督检查的，依据《保险法》的有关规定予以处罚。

3. 旅行社责任保险的投保

（1）赔偿责任。保险责任，是保险人依照保险合同的规定，在旅行社组织旅游业务经营活动中依法对旅游者的人身伤亡、财产损失承担的赔偿责任和依法对接受旅行社委派并为旅游者提供服务的导游或者领队人员的人身伤亡承担的赔偿责任。

保险责任范围是确定保险人合同义务的基本依据。保险公司是否向旅行社赔偿，以及赔偿的具体数额，要由双方在合同中约定，但不得小于《管理办法》第4条第2款所规定的赔偿范围：①因旅行社疏忽或过失应当承担赔偿责任的。②因发生意外事故旅行社应当承担赔偿责任的。③国务院旅游主管部门会同中国保险监督管理委员会规定的其他情形。

根据《管理办法》第4条第1款规定，保险责任包括两类：

一是对旅游者的责任。即旅行社在组织旅游活动中依法对旅游者的人身伤亡、财产损失承担的赔偿责任。对旅游者的责任包括：对旅游者的人身伤亡所承担的赔偿责任和对旅游者的财产损失所承担的赔偿责任。

二是对导游或者领队人员的责任。即依法对受旅行社委派并为旅游者提供服务的导游或者领队人员的人身伤亡所承担的赔偿责任。对导游或者领队人员的责任仅限于其人身伤亡所应承担的赔偿责任，而不包括导游或者领队人员的财产损失所应承担的赔偿责任。

（2）保险费率和赔偿限额。

①保险费率。是应缴纳保险费与保险金额的比率，换言之，是保险人用以计算保险费的标准，一般由纯费率和附加费率两部分组成。保险费率应当遵循市场化原则，并与旅行社经营风险相匹配。

②赔偿限额。是经保险人和投保人协商约定的、作为保险人承担保险责任的最高限额。旅行社在组织旅游活动中发生保险责任范围情形的，保险公司依法根据保险合同约定，在旅行社责任保险责任限额内予以赔偿。

依据《管理办法》第 18 条第 2 款规定，责任限额可以根据旅行社业务经营范围、经营规模、风险管控能力、当地经济社会发展水平和旅行社自身需要，由旅行社与保险公司协商确定，但每人人身伤亡责任限额不得低于 20 万元。此即构成了旅行社的最低投保义务，如果旅行社不足额投保，则需要承担相应的责任。

（3）投保旅行社责任保险当事人的义务。投保责任保险的当事人，是指旅行社（投保人）和保险公司（承保人）。双方应当依法订立书面旅行社责任保险合同（保险合同）；应当依照《保险法》的有关规定履行告知和说明义务。旅行社投保责任险，可以依法自主投保，也可以由组织统一投保。《管理办法》第 10 ~ 14 条做了相应的规定。

①旅行社的义务。一是保险合同成立后，按照约定交付保险费。二是解除保险合同的，应当同时订立新的保险合同，并书面通知所在地县级以上旅游主管部门，但因旅行社业务经营许可证被依法吊销或注销而解除合同的除外。三是名称、法定代表人或者业务经营范围等重要事项变更时，应及时通知保险公司，必要时，应办理责任险变更合同手续。

②保险公司的义务。一是订立保险合同时，不得强迫旅行社投保其他商

业保险。二是对旅行社按照约定交付保险费的，应当及时签发载明当事人约定的合同内容的保险单或者其他保险凭证，同时按照约定的时间开始承担保险责任。三是除符合《保险法》规定的情形，不得解除保险合同。四是保险合同解除的，应当收回保险单，并书面通知旅行社所在地县级以上旅游主管部门。

（4）保险期限。保险期限，又称保险期间，是指保险合同的有效期限，也叫保险责任的起讫期限。既是保险合同当事人履行义务的重要根据（只有在保险期限内发生的保险事故，才能导致保险人承担保险责任），又是计算保险费的根据。《管理办法》第15条规定，旅行社责任保险的保险期限为1年。即旅行社投保责任险后，在1年的保险期限内，如果发生投保范围内的赔偿责任，由承保的保险公司承担赔偿责任。

4. 旅行社责任保险的赔偿

《管理办法》规范了请求赔偿人在责任险索赔过程中旅行社与保险公司的责任与行为。请求赔偿人，是指旅行社、受害人（受害的旅游者、导游及领队人员）。

（1）旅行社的责任与行为。

①通知保险事故。在发生保险事故时，旅行社或者受害的旅游者、导游及领队人员应及时通知保险公司。

②提供证明和资料。保险事故发生后，按照保险合同请求保险公司赔偿保险金时，应当向保险公司提交其所能提供的与确认保险事故的性质、原因、损失程度等有关的证明和资料。

③依法解决争议。双方对赔偿有争议的，可以按照双方的约定申请仲裁，或者依法向人民法院提起诉讼。

（2）保险公司的责任与行为。

①及时告知。旅行社组织的旅游活动中发生保险事故，旅行社或受害的旅游者、导游及领队人员通知保险公司的，保险公司应当及时告知具体的赔偿程序等有关事项。

保险公司按照保险合同约定，认为有关证明和资料不完整的，应当及时一次性通知旅行社补充提供。

②直接赔偿。旅行社对受害人应负的赔偿责任确定的，根据旅行社的请

求，直接向受害人赔偿保险金。旅行社怠于请求的，受害人有权就其应获赔偿部分直接向保险公司请求赔偿。

③履行赔偿义务。《管理办法》第 21 条规定，保险公司收到赔偿保险金的请求和相关证明、资料后，应当及时做出核定；情形复杂的，应当在 30 日内做出核定，但合同另有规定的除外。保险公司应当及时将核定结果通知旅行社以及受害人；对属于保险责任的，在与旅行社达成赔偿保险金的协议后 10 日内，履行赔偿保险金义务。

④先行支付。《管理办法》第 22 条规定，因抢救受伤人员需要保险公司先行赔付保险金用于支付抢救费用的，保险公司在接到旅行社或者受害人通知后，经核定属于保险责任的，可以在责任限额内先向医疗机构支付必要的费用。

⑤代位请求赔偿权。《管理办法》第 23 条规定，因第三人损害而造成保险事故的，保险公司自直接赔偿保险金或者先行支付抢救费用之日起，在赔偿、支付金额范围内代为行使对第三者请求赔偿的权利。旅行社以及受害人应当向保险公司提供必要的文件和所知道的有关情况。

二、其他旅游经营者责任保险

依据《旅游法》第 56 条规定，国家根据旅游活动的风险程度，对住宿、旅游交通以及本法第 47 条规定的高风险旅游项目等经营者实施责任保险制度，即旅行社、住宿、旅游交通以及高空、高速、水上、潜水、探险等高风险旅游项目的经营者应投保责任保险。

旅游活动具有群体性、异地性的特点，旅游经营场所属于公众聚集场所，容易发生旅游安全事故。随着《旅行社条例》和《管理办法》对旅行社责任保险制度的规范，我国实行旅行社责任保险制度已有多年，特别是近年来在全国旅行社推广的责任险统保示范项目得到了社会的充分认可，积累了丰富的经验，因此《旅游法》在法律的层面上予以了确认。同样，在旅游交通方面，我国目前已经对客运经营者实行了承运人责任保险制度。《道路运输条例》第 36 条规定，客运经营者、危险货物运输经营者应当分别为旅客或危险货物投保承运人责任险，这一点在《旅游法》中也得以明确。此外，考虑到住宿场所容易发生群死群伤事件，一旦发生事故，住宿经营者难以赔偿对住宿客人造成的损害，需要通过责任保险的方式转移风险，而高风险旅游项目的风险程度以及发生事故的概率比较高，也宜采用责任保险法律制度。

具体而言，《旅游法》正是基于以下几点考虑，确认了现行的旅行社和旅游交通的责任保险制度，并对住宿和高风险旅游项目等经营者实施责任保险制度：

①有的经营场所属于人员密集场所，有的经营活动风险程度较高，一旦发生群体性伤亡事故，需要大量赔付资金。实行责任保险制度，有利于旅游经营者转移风险，提高赔付能力，保障旅游者的利益。

②法定强制责任险有利于降低单个经营者投保责任险的保费。责任保险费率的制定，通常根据责任保险的风险大小、损失率的高低及投保人的数量等来确定。目前，一些住宿、景区、高风险旅游项目经营者愿意投保责任险，但是由于投保人基数过低，导致保费数额巨大，企业难以承受。

③我国旅游者投保商业险的意识相对较低，规定强制责任保险制度，有利于提高经营者的风险防范和保险意识。

第十二章
出入境与交通法律制度

本章导读 ▶▶▶

【本章概述】 本章内容主要包括出境入境的含义和立法概况，旅游交通的含义、特点及立法概况，出入境证件制度、检查制度和管理制度，航空运输法律制度，铁路运输法律制度，道路运输法律制度，水路运输法律制度。

【学习要求】 了解《民用航空法》关于公共航空运输企业权利和义务及相关法律责任的规定，《铁路法》关于铁路运输企业权利和义务及相关法律责任的规定，《道路运输条例》关于道路运输企业权利和义务及相关法律责任的规定，《国内水路运输管理条例》关于水路运输企业权利和义务及相关法律责任的规定；熟悉《公民出境入境管理法》《护照法》关于中国公民出境入境和外国人入境出境的证件制度、义务性规定和禁止性规定及相关法律责任。

第一节 概 述

一、旅游出入境

1. 出境入境的含义

2018 年我国入境旅游人数 1.4 亿人次，比上年同期增长 1.2%；中国公民出境旅游人数 14972 万人次，比上年同期增长 14.7%。入境旅游市场稳步进入缓慢回升通道，出境旅游市场平稳发展 ①，继续保持世界第一大出境旅游

---

① 中华人民共和国文化和旅游部. 2018 年旅游市场基本情况［EB/OL］. 2019-02-12.

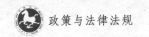

客源国和第四大入境旅游接待国地位。

出入国境不仅关系到国家的主权、安全、人民的健康等，而且直接关系到旅游者的合法权益。为了维护正常的国际交往秩序，保护旅游者的合法权益，对于旅游从业人员，应当掌握相关出入境管理法律知识。

通常，"出境入境"就是指出入国境。"境"是指中国大陆的国（边）境，既包括一般意义上的出入国境，也包括中国公民往来中国香港、澳门、台湾地区出入边境。具体而言，"出境"是指由中国内地前往其他国家或者地区，由中国内地前往香港、澳门特别行政区，由中国大陆前往台湾地区；"入境"是指由其他国家或者地区进入中国内地，由香港、澳门特别行政区进入中国内地，由台湾地区进入中国大陆。由香港特别行政区、澳门特别行政区、台湾地区前往其他国家和地区，以及由其他国家或地区进入香港特别行政区、澳门特别行政区、台湾地区的，不属于本法规定的"出境入境"。

2. 出入境立法概况

出入境法律、法规的内容有关国家主权、安全和社会秩序，尽管这些法律、法规并不是为旅游业的发展而制定的，但旅游业必须遵守，特别是对于经营入境旅游接待、出境旅游组团的旅行社而言。出入境法律、法规制度是与旅游业发展关系密切的相关法律制度的重要组成部分，主要涉及证件管理、旅游者出入境权利义务、边防检查、卫生检疫等制度，以及违反这些法律制度所应当承担的法律责任。

1985 年，我国颁布了《中华人民共和国公民出境入境管理法》（以下简称《中国公民出境入境管理法》）和《中华人民共和国外国人入境出境管理法》（以下简称《外国人入境出境管理法》）；2006 年颁布并于 2007 年 1 月 1 日起施行了《中华人民共和国护照法》（以下简称《护照法》）。

2012 年 6 月，为规范出入境管理制度，维护国家主权、安全和社会秩序，促进对外交往和对外开放，全国人大常委会通过了于 2013 年 7 月 1 日生效的《中华人民共和国出境入境管理法》（以下简称《出境入境管理法》），《中国公民出境入境管理法》和《外国人入境出境管理法》在该法生效时同时废止。

此外，规定出入境法律制度的法律法规，还包括国务院常委会通过的《中华人民共和国出境入境边防检查条例》（以下简称《边防检查条例》）、全国人大常委会通过的《中华人民共和国国境卫生检疫法》（以下简称《卫生检疫法》）等。

二、旅游交通

1. 旅游交通的含义及特点

（1）含义。旅游交通是构成旅游业的六大基础要素之一，也是旅游业三大支柱之一，是旅游者实现空间移动的主要手段。旅游交通是旅游业发展的重要基础。现代旅游之所以蓬勃发展，一个重要原因就是得益于现代交通的迅速发展。

旅游交通，是指利用一定的载运工具，通过一定的交通线路和场、站、港等设施，在约定的期限内，为旅游者提供空间位置转移的服务活动。通常包括航空运输、铁路运输、道路运输、水路运输等。

（2）特点。

①游览性。旅游交通追求"旅"的过程的游览性，旅游交通运输在线路安排上，十分注意将各旅游景区、景点连接起来，以便旅游者在旅行过程中游览多个景点、领略沿途风景。

②舒适性。在快捷、准时、舒适等方面比通用交通要求更高，旅游列车、旅游汽车、旅游船内的设备设施一般都优于一般交通列车、客车、客轮等，特别注重其舒适性；旅游交通运输的快捷、准时也是较之一般交通运输的一个特性，直接关系到旅游产品的设计、旅游行程的安排。

③旅游交通运输有明显的淡、旺季之分。旅游旺季、节假日期间，旅游交通客运量急剧增加，求大于供；而在旅游淡季，交通运送量则明显下降，供大于求，具有明显的不均衡性。

2. 旅游交通立法概况

（1）航空运输。为了维护国家的领空主权和民用航空权利，保障民用航空活动安全和有秩序地进行，保护民用航空活动当事人各方的合法权益，促进民用航空事业的发展，第八届全国人大常委会第十六次会议发布于1995年10月30日通过、次年3月1日起生效的《中华人民共和国民用航空法》（以下简称《航空法》）。随后在2009年8月27日、2015年4月24日、2016年11月7日、2017年11月4日全国人大常委会做了四次修改。从法律上明确了航空运输承运人的权利、义务，以及违反义务的法律责任。

（2）铁路运输。为了保障铁路运输和铁路建设的顺利进行，适应社会主义现代化建设和人民生活的需要，1990年9月7日，第七届全国人民代表大会常务委员会第十五次会议通过了于1991年5月1日起施行的《中华人民共和国铁路法》（以下简称《铁路法》）；此后，国务院、铁道部相继发布了《铁路交通运输应急救援和调查处理条例》《铁路旅客运输规程》《铁路交通事故调查处理规则》《铁路安全管理条例》等法规、部门规章，为规范管理铁路运输、保障旅客安全提供了法律依据，《铁路法》随后分别在2009年8月27日和2015年4月24日全国人大常委会做了两次修改。这些法律法规规定了铁路运输中旅客和承运人的权利、义务，以及违反义务的法律责任。

（3）道路运输。为了加强我国公路运输和公路建设的组织管理，促进公路运输的发展，1987年10月13日，国务院发布了《中华人民共和国公路管理条例》（2008年12月修订）；此后，国务院、全国人大常委会、交通部相继发布、修订了《中华人民共和国公路管理条例实施细则》、《中华人民共和国公路法》（最新2016年11月7日修订）、《中华人民共和国道路运输条例》（2019年3月2日修订）（以下简称《道路运输条例》）等法律法规、部门规章，为保障公路运输安全，保护公路运输有关各方当事人的合法权益，促进公路运输业的健康发展提供了保障。

（4）水路运输。为了加强我国水路运输管理，维护运输秩序，提高运输效益，国务院于1987年5月12日发布并多次修改《国内水路运输管理条例》（2017年3月11日修订）；之后，国务院、交通部又相继发布了《国内水路运输管理规定》（2016年12月10日修订）等法规、部门规章，为明确水路旅客运输中承运人、港口经营人、旅客之间的权利和责任的界限，维护水路运输各方当事人的合法权益提供了保障。

第二节　出入境管理法律制度

一、出入境证件制度

1. 出入境证件的含义

出入境证件，是指政府有关主管部门颁发给旅游者的，用于在旅行、旅游过程中证明旅游者合法身份的有效证件。我国与出入境旅游直接相关的旅行证件主要有护照、签证、入出境通行证、旅行证等。

2. 出入境证件的种类

《出境入境管理法》第9条第1、2款规定，中国公民出境入境，应当依法办理护照或者其他旅行证件。中国公民前往其他国家和地区，还需要取得前往国签证或者其他入境许可证明。但是，中国政府与其他国家政府签订互免签证协议或者公安部、外交部另有规定的除外。

（1）护照。《护照法》第2条规定，中华人民共和国护照是中华人民共和国公民出入国境和在国外证明国籍和身份的证件。任何组织或者个人不得伪造、变造、转让、故意损毁或者非法扣押护照。据此，护照是主权国家政府发给本国公民出入国境和在国外居留、旅行等合法的身份证件以其证明该公民的国籍、身份及出国目的。凡出国人员均须持有有效护照，以备有关当局查验。根据持照人的出国目的和颁证机关的不同，护照分为普通护照、外交护照和公务护照。旅游者参加出国旅游活动持普通护照。

《护照法》第4条规定，普通护照由公安机关出入境管理机构或者公安部委托的县级以上地方人民政府公安机关出入境管理机构以及中华人民共和国驻外使领馆和外交部委托的其他驻外机构签发。第7条规定，登记项目包括持有人的姓名、性别、出生日期、出生地，护照的签发日期、有效期、签发地点和签发机关。护照持有人未满16周岁的，有效期为5年；16周岁以上的，有效期为10年。

一是国内申请护照。《护照法》第5条规定，公民因前往外国定居、探亲、学习、就业、旅行、从事商务活动等非公务原因出国的，由本人向户籍所在地的县级以上地方人民政府公安机关出入境管理机构申请普通护照。第6条规定，公民申请普通护照，应当提交本人的居民身份证、户口簿、近期免冠照片以及申请事由的相关材料。国家工作人员因非公务原因出境申请普通护照的，还应当按照国家有关规定提交相关证明文件。公安机关出入境管理机构应当自收到申请材料之日起15日内签发普通护照；对不符合规定不予签发的，应当书面说明理由，并告知申请人享有依法申请行政复议或者提起行政诉讼的权利。在偏远地区或者交通不便的地区或者因特殊情况，不能按期签发护照的，经护照签发机关负责人批准，签发时间可以延长至30日。

公民因合理紧急事由请求加急办理的，公安机关出入境管理机构应当及时办理。二是境外申请护照。中国公民在境外申请护照，应当直接向我国驻外使领馆、外交代表机关及外交部授权的其他驻外机关提出申请，由这些机关或部门进行审核和颁发护照。

《护照法》第 11 条规定，有下列情形之一的，护照持有人可以按照规定申请换发或者补发：因护照有效期即将届满的、护照签证页即将使用完毕的、护照损毁不能使用的、护照遗失或者被盗的、有正当理由需要换发或者补发的其他情形。持证人可以在护照期满前申请延期。

《护照法》第 13 条规定，有下列情形之一的，护照签发机关不予签发护照：一是不具有中国国籍的，二是无法证明身份的，三是在申请过程中弄虚作假的，四是被判处刑罚正在服刑的，五是人民法院通知有未了结的民事案件不能出境的，六是属于刑事案件被告人或者犯罪嫌疑人的，七是国务院有关主管部门认为出境后将对国家安全造成危害或者对国家利益造成重大损失的。

《护照法》第 14 条规定，有下列情形之一的，护照签发机关自刑罚执行完毕或者被遣返回国之日起 6 个月至 3 年以内不予签发护照：一是因妨害国（边）境管理受到刑事处罚的；二是因非法出境、非法居留、非法就业被遣返回国的。

《护照法》第 15 条规定，人民法院、人民检察院、公安机关、国家安全机关、行政监察机关因办理案件需要，可以依法扣押案件当事人的护照。案件当事人拒不交出护照，前款规定的国家机关可以提请护照签发机关宣布护照作废。

（2）签证。《出境入境管理法》第 15 条规定，外国人入境，应当向驻外签证机关申请办理签证，但是本法另有规定的除外。签证是主权国家官方机构发给申请者出入该国国境或外国人在该国国内停留、居住的许可证明，是附签于申请人所持入出境通行证件上的文字注明，也是一个国家检查进入或经过这个国家的人员身份和目的的合法性证明。

《出境入境管理法》第 16 条第 1 款规定，签证分为外交签证、礼遇签证、公务签证、普通签证。对因外交、公务事由入境的外国人，签发外交、公务签证；对因身份特殊需要给予礼遇的外国人，签发礼遇签证。对因工作、学习、探亲、旅游、商务活动、人才引进等非外交、公务事由入境的外国人，签发相应类别的普通签证。

《出境入境管理法》第 17 条规定，签证的登记项目包括：签证种类，持有人姓名、性别、出生日期、入境次数、入境有效期、停留期限，签发日期、地点，护照或者其他国际旅行证件号码等。

《出境入境管理法》第 18 条规定，外国人申请办理签证，应当向驻外签证机关提交本人的护照或者其他国际旅行证件，以及申请事由的相关材料，按照驻外签证机关的要求办理相关手续、接受面谈。《出境入境管理法》第 20 条第 2 款规定，旅行社按照国家有关规定组织入境旅游的，可以向口岸签证机关申请办理团体旅游签证。

《出境入境管理法》第 22 条规定，外国人有下列情形之一的，可以免办签证：一是根据中国政府与其他国家政府签订的互免签证协议，属于免办签证人员的；二是持有效的外国人居留证件的；三是持联程客票搭乘国际航行的航空器、船舶、列车从中国过境前往第三国或者地区，在中国境内停留不超过 24 小时且不离开口岸，或者在国务院批准的特定区域停留不超过规定时限的；四是国务院规定的可以免办签证的其他情形。

《出境入境管理法》第 21 条规定，外国人有下列情形之一的，不予签发签证：一是被处驱逐出境或者被决定遣送出境，未满不准入境规定年限的；二是患有严重精神障碍、传染性肺结核病或者有可能对公共卫生造成重大危害的其他传染病的；三是可能危害中国国家安全和利益、破坏社会公共秩序或者从事其他违法犯罪活动的；四是在申请签证过程中弄虚作假或者不能保障在中国境内期间所需费用的；五是不能提交签证机关要求提交的相关材料的；六是签证机关认为不宜签发签证的其他情形。对不予签发签证的，签证机关可以不说明理由。

（3）其他证件。包括旅行证、中华人民共和国往来港澳通行证、大陆居民往来台湾通行证和中华人民共和国入出境通行证。

中华人民共和国旅行证分 1 年一次有效和 2 年多次有效两种，由中国驻外国的外交代表机关、领事机关或者外交部授权的其他驻外机关颁发。

中国公民往来内地与香港、澳门特别行政区，应当依法办理中华人民共和国往来港澳通行证；中国公民往来大陆与台湾地区，应当依法申请办理大陆居民往来台湾通行证。

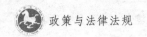

中华人民共和国入出境通行证，是入出中国国（边）境的通行证件，由省、自治区、直辖市公安厅（局）及其授权的公安机关签发。在有效期内一次或者多次入出境有效。一次有效的，在出境时由边防检查站收缴。

二、出入境检查制度

1. 海关监管

为了维护国家的主权和利益，加强海关监督管理，促进对外经济贸易和科技文化交往，实行海关监管。海关总署是国家的进出关境监督管理机关。

旅客对其所携带的行李物品，应当向海关申报，由海关查验行李物品并办理进出境物品征税或免税验放手续。

2. 卫生检疫

实施国境卫生检疫的目的，在于防止传染病（包括检疫传染病和检测传染病）由国外传入或者由国内传出，保护人体健康。国务院卫生行政部门主管全国国境卫生检疫工作。

入境、出境的人员、交通工具、运输设备以及可能传播检疫传染病的行李、货物、邮包等物品，都应当接受检疫，经国境卫生检疫机关许可，方准入境或者出境。

3. 动植物检疫

为防止动物传染病、寄生虫病和植物危险性病、虫、杂草以及其他有害生物传入、传出国境，保护农、林、牧、渔业生产和人体健康，促进对外经济贸易的发展，进出境的动植物产品要接受国家动植物检疫机关的动植物检疫。

动植物病原体（包括菌种、毒种等）、害虫及其他有害生物，动植物疫情流行的国家和地区的有关动植物、动植物产品和其他检疫物，动物尸体以及土壤，严禁进入我国国境。动植物、动植物产品和其他检疫物在出境前，检疫不合格又无有效方法做除害处理的，不准出境。

4. 边防检查

为维护中华人民共和国的主权、安全和社会秩序，便利出境、入境的人员和交通运输工具的通行，国家在对外开放的港口、航空港、车站和边境通道等口岸设立出境入境边防检查站，对出境、入境的人员和交通运输工具进行边防检查。公安部负责主管出入境的边防检查工作。

总之，国家机关有权对出入境的旅客的证件、行李物品等进行检查，这也是国家主权的体现。导游人员必须十分重视此项工作，以维护国家利益。出入境检查主要包括海关、边防、卫生防疫、动植物检疫方面的检查。

三、出入境管理制度

1. 义务性规定

（1）中国公民出入境，应当接受边防检查、申办证件、交验证件。

《出境入境管理法》第6条规定，中国公民、外国人以及交通运输工具应当从对外开放的口岸出境入境，特殊情况下，可以从国务院或者国务院授权的部门批准的地点出境入境。出境入境人员和交通运输工具应当接受出境入境边防检查。

《出境入境管理法》第9条规定，中国公民出境入境，应当依法申请办理护照或者其他旅行证件。中国公民前往其他国家或者地区，还需要取得前往国签证或者其他入境许可证明。但是，中国政府与其他国家政府签订互免签证协议或者公安部、外交部另有规定的除外。截至2019年5月，我国已与146个国家缔结了各类互免签证协议，[①] 与14个国家互免普通护照签证。43个国家和地区单方面给予中国公民落地签证便利，15个国家和地区单方面允许中国公民免签入境。[②]

《出境入境管理法》第10条规定，中国公民往来内地与香港特别行政区、澳门特别行政区，中国公民往来大陆与台湾地区，应当依法申请办理通行证件。

《出境入境管理法》第11条规定，中国公民出境入境，应当向出入境边防检查机关交验本人的护照或者其他旅行证件等出境入境证件，履行规定的手续，经查验准许，方可出境入境。

具备条件的口岸、出入境边防检查机关应当为中国公民出境入境提供专

---

① 中国领事服务网. 中国与外国互免签证协定一览表［EB/OL］. http://cs.mfa.gov.cn/zggmcg/cgqz/qzxx_660462/t833978.shtml，2019-5-2.

② 中国领事服务网. 持普通护照中国公民前往有关国家和地区入境便利待遇一［EB/OL］. http://cs.mfa.gov.cn/zggmcg/cgqz/qzxx_660462/t1185357.shtml，2019-5-9.

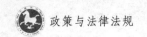

用通道等便利措施。

（2）外国人入出中国国境，合法权益受保护，应当遵守中国法律、接受边防检查、办理签证、交验证件。

《出境入境管理法》第3条规定，在中国境内的外国人的合法权益受法律保护。在中国境内的外国人应当遵守中国法律，不得危害中国国家安全、损害社会公共利益、破坏社会公共秩序。

《出境入境管理法》第6条规定，外国人以及交通运输工具应当从对外开放的口岸出境入境，特殊情况下，可以从国务院或者国务院授权的部门批准的地点出境入境。出境入境人员和交通运输工具应当接受出境入境边防检查。

《出境入境管理法》第15条规定，外国人入境，应当向驻外签证机关申请办理签证，但是本法另有规定的除外。

《出境入境管理法》第24条规定，外国人入境，应当向出入境边防检查机关交验本人的护照或者其他国际旅行证件、签证或者其他入境许可证明，履行规定的手续，经查验准许，方可入境。第27条规定，外国人出境，应当向出入境边防检查机关交验本人的护照或者其他国际旅行证件等出境入境证件，履行规定的手续，经查验准许，方可出境。

2. 禁止性规定

（1）中国公民的出境限制。《出境入境管理法》第12条规定，中国公民有下列情形之一的，不准出境：①未持有效出境入境证件或者拒绝、逃避接受边防检查的；②被判处刑罚尚未执行完毕或者属于刑事案件被告人、犯罪嫌疑人的；③有未了结的民事案件，人民法院决定不准出境的；④因妨害国（边）境管理受到刑事处罚或者因非法出境、非法居留、非法就业被其他国家或者地区遣返，未满不准出境规定年限的；⑤可能危害国家安全和利益，国务院有关主管部门决定不准出境的；⑥法律、行政法规规定不准出境的其他情形。

（2）《出境入境管理法》第25、28条，分别对外国人入境、出境的限制情形做了规定。

入境限制：①未持有效出境入境证件或者拒绝、逃避接受边防检查的；②具有《出境入境管理法》规定的不予签发签证情形的；③入境后可能从事与签证种类不符的活动的；④法律、行政法规规定不准入境的其他情形。对不准入境的，出入境边防检查机关可以不说明理由。

出境限制：①被判处刑罚尚未执行完毕或者属于刑事案件被告人、犯罪嫌疑人的，但是按照中国与外国签订的有关协议，移管被判刑人的除外；②有未了结的民事案件，人民法院决定不准出境的；③拖欠劳动者的劳动报酬，经国务院有关部门或省、自治区、直辖市人民政府决定不准出境的；④法律、行政法规规定不准出境的其他情形。

四、法律责任

（1）《出境入境管理法》第71条规定，有下列行为之一的，处1000元以上5000元以下罚款；情节严重的，处5日以上10日以下拘留，可以并处2000元以上1万元以下罚款：①持用伪造、变造、骗取的出境入境证件出境入境的；②冒用他人出境入境证件出境入境的；③逃避出境入境边防检查的；④以其他方式非法出境入境的。

（2）《出境入境管理法》第72条规定，协助他人非法出境入境的，处2000元以上1万元以下罚款；情节严重的，处10日以上15日以下拘留，并处5000元以上2万元以下罚款，有违法所得的，没收违法所得。

（3）《出境入境管理法》第73条规定，弄虚作假骗取签证、停留居留证件等出境入境证件的，处2000元以上5000元以下罚款；情节严重的，处10日以上15日以下拘留，并处5000元以上2万元以下罚款。

（4）《出境入境管理法》第74条规定，违反法律规定，为外国人出具邀请函件或者其他申请材料的，处5000元以上1万元以下罚款；有违法所得的，没收违法所得，并责令其承担所邀请外国人的出境费用。

（5）《出境入境管理法》第75条规定，中国公民出境后非法前往其他国家或者地区被遣返的，出入境边防检查机关应当收缴其出境入境证件，出境入境证件签发机关自其被遣返之日起6个月至3年以内不予签发出境入境证件。

（6）《出境入境管理法》第76条规定，有下列情形之一的，给予警告，可以并处2000元以下罚款：①外国人拒不接受公安机关查验其出境入境证件的；②外国人拒不交验居留证件的；③未按照规定办理外国人出生登记、死亡申报的；④外国人居留证件登记事项发生变更，未按照规定办理变更的；⑤在中国境内的外国人冒用他人出境入境证件的；⑥未按照《出境入境管理法》规定办理住宿登记的。

第三节　航空运输法律制度

一、民用航空运输

1. 民用航空运输的含义

旅客航空运输又称民用航空运输，分为国内航空运输和国际航空运输。《航空法》第107条规定，国内航空运输，是指根据当事人订立的航空运输合同，运输的出发地点、约定的经停地点和目的地地点均在中华人民共和国境内的运输。国际航空运输，是指根据当事人订立的航空运输合同，无论运输有无间断或者有无转运，运输的出发地点、目的地地点或者约定的经停地点之一不在中华人民共和国境内的运输。

2. 民用航空运输主管部门

《航空法》第3条规定，国务院民用航空主管部门对全国民用航空活动实施统一监督管理；根据法律和国务院的决定，在本部门的权限内，发布有关民用航空活动的规定、决定。

国务院民用航空主管部门设立的地区民用航空管理机构依照国务院民用航空主管部门的授权，监督管理该地区的民用航空活动。

二、旅客运输凭证及禁运规定

1. 旅客运输凭证

《航空法》第111条规定，客票是航空旅客运输合同订立和运输合同条件的初步证据。旅客乘坐民用航空器，应当交验有效客票。

《航空法》第110条规定，客票至少应当包括以下内容：出发地点和目的地地点；出发地点和目的地均在中华人民共和国境内，而在境外有一个或者数个约定的经停地点的，至少注明一个经停地点；旅客航程的最终目的地地点、出发地点或者约定的经停地点之一不在中华人民共和国境内，依照所适用的国际航空运输公约的规定，应当在客票上声明此项运输是适用于该公约的，客票上应当载有该项声明。

2. 禁运规定

为了保证航空运输的安全，我国对运输企业运送物品以及旅客航空运输携带行李、托运物品做出了明确规定。《航空法》第 100 条规定，公共航空运输企业不得运输法律、行政法规规定的禁运物品。具体是指：①不得运输法律、行政法规规定的禁运物品；②禁止旅客随身携带法律、行政法规规定的禁运物品乘坐民用航空器；③禁止以非危险品品名托运危险品；④禁止旅客随身携带危险品乘坐民用航空器，除因执行公务并按照国家规定经过批准外，禁止旅客携带枪支、管制刀具乘坐民用航空器；⑤禁止将危险品作为行李托运。

所谓禁运物品是指我国法律法规规定危害人民群众身体健康、社会公共秩序、社会经济秩序、社会道德水平的物品。禁运物品包括：毒品、黄色淫秽音像制品或书刊、反动宣传品、伪钞等。所谓危险品是指对运输安全构成危险的易燃、易爆、剧毒、易腐蚀、易污染和放射性物品。

三、公共航空运输企业的权利和义务

1. 权利

（1）拒绝载运权。在旅客乘机前，其人身及携带物品应当接受安全检查；对拒绝检查的乘客，民航可以拒绝运输。《航空法》第 102 条规定，民航不得运输拒绝接受安全检查的旅客，也不得运输未经安全检查的行李，可依法处罚携带禁运品和危险品的旅客。

（2）查验机票权。民航可以查验客票，对无票或持无效票乘机的旅客，在始发地被发现，可拒绝其乘机，在到达地被发现，可加倍收取自始发地至到达地的票款。

（3）索赔权。对因旅客过错造成航空公司损失的，承运人可以要求旅客赔偿损失。

（4）减轻、免除赔偿责任权。承运人如能证明旅客死亡、受伤是旅客本身健康状况造成的，或者是由于旅客本人重大过失或故意行为造成的，可以减轻或免除航空公司的责任。

2. 义务

（1）出具客票的义务。承运人运送旅客应当出具客票，客票应当包括出

发地点、目的地地点、承运人名称、出票人名称、旅客姓名、航班号、舱位等级、离站时间、票价、运输说明事项等。

《航空法》第109条规定，承运人运送旅客，应当出具客票。这是关于承运人出具客票和旅客交验客票的义务性规定。

（2）保证飞行安全、航班正常的义务。《航空法》第95条规定，公共航空运输企业应当以保证飞行安全和航班正常、提供良好服务为准则，采取有效措施，提高运输服务质量。

（3）告知义务。航班延误或取消时，承运人应迅速及时地将航班延误或取消等信息通知旅客，做好解释工作。

（4）补救义务。航班延误或取消时，承运人应根据旅客要求，优先安排旅客乘坐后续航班或签转其他承运人的航班，或退票，并不得收取退票费。因承运人自身原因导致航班延误或取消，承运人应当向旅客提供餐食或住宿等服务。

（5）赔偿义务。因发生在民用航空器上或者在旅客上、下民用航空器过程中的事件，造成旅客人身伤亡的，承运人应承担赔偿责任。

四、法律责任

1. 对旅客人身伤害的赔偿责任

《航空法》第124条规定，因发生在民用航空器上或者在旅客上、下民用航空器过程中的事件，造成旅客人身伤亡的，承运人应当承担责任；但是，若旅客的人身伤亡完全是由于旅客本人的健康状况造成的，承运人不承担责任。

（1）承运人的责任范围。承运人对旅客人身所承担的责任范围是旅客的死亡或肉体上的伤害。承运人承担责任的期间是旅客上、下民用航空器和在民用航空器内，在此期间内的事件造成旅客人身伤亡的，承运人承担赔偿责任。

"事件"的含义很广泛，如果旅客的人身伤亡是因为承运人的故意或过错行为造成的，属于法定的"事件"，承运人要承担赔偿责任。一些造成旅客人身伤亡的原因，承运人可能没有主观上的过错，例如劫机、气流造成的飞机颠簸等，也属于"事件"的范畴。

（2）承运人的免责理由。对旅客在承运人责任期间发生的人身伤亡，有正当的免责理由的，承运人可以不承担赔偿责任。

①如果该损害完全是因为旅客本人的健康状况造成的，承运人可以不承担赔偿责任。但是，如果是承运人的行为诱发了旅客在身体上的缺陷，因此导致损害的，即该损害是因为承运人的行为和旅客本人的健康状况共同导致的，承运人还应当承担赔偿责任。

②旅客本人有过错的。经承运人证明，损失是由于受伤害的旅客的过错造成或者促成的，应当根据旅客造成或者促成此种损失的过错的程度，相应免除或者减轻承运人的责任。

（3）承运人的责任限额。承运人应当对旅客的人身伤亡承担赔偿责任的，承运人可以引用责任限额的规定。在国际航空运输中，赔偿责任限额因在不同的国家地区采用不同的公约而各不相同，如《华沙公约》《蒙特利尔公约》等。在国内航空运输中，承运人对每名旅客的人身赔偿责任限额为40万元人民币。

如果承运人对旅客的人身伤亡应当承担赔偿责任，承运人在责任限额的范围内，按照旅客的实际损失进行赔偿；对旅客超出责任限额部分的损失，承运人有权不承担责任。法律规定的责任限额不适用的情形：①旅客可以同承运人书面约定高于赔偿责任限额的赔偿数额，在约定成立的前提下，承运人应当按照双方的约定对旅客进行赔偿。②承运人同意旅客不经其出票而乘坐民用航空器的，承运人无权援用赔偿责任限额的规定。③航空运输中的损失是由于承运人或者其受雇人、代理人的故意或者明知可能造成损失而轻率地作为或者不作为造成的，承运人无权援用赔偿责任限制的规定。

2. 对行李毁损的赔偿责任

（1）承运人的责任范围。行李包括托运行李和旅客随身携带的物品。承运人对这两类行李的责任范围是不同的。

《航空法》第125条第1款规定，因发生在民用航空器上或者在旅客上、下民用航空器过程中的事件，造成行李物品毁灭、遗失或者损坏的，承运人应当承担责任。因发生在航空运输期间的事件，造成旅客的托运行李毁灭、遗失或者损坏的，承运人应当承担责任。这里所指的航空运输期间，是指在机场内、民用航空器上或者机场外降落的任何地点，托运行李处于承运人掌

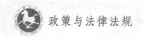

管之下的全部期间。

（2）承运人的免责理由。《航空法》第125条第2款规定，旅客随身携带物品或者托运行李的毁灭、遗失或者损坏完全是由于行李本身的自然属性、质量或者缺陷造成的，承运人不承担责任。

（3）承运人的责任限额。承运人在责任限额范围内对旅客的行李物品承担责任。

在国内航空运输中，对托运行李的赔偿责任限额，承运人按照每千克100元人民币承担责任；对每名旅客随身携带的物品，承运人的赔偿责任限额为每人3000元。承运人在责任限额范围内对旅客的行李物品承担责任。

（4）行李声明价值服务。承运人可以依据规定向旅客提供行李声明价值服务。旅客可对其超过承运人赔偿责任限额的托运行李办理声明价值，并支付声明价值附加费。对办理了声明价值交付托运的行李，承运人对旅客行李物品的损失，在声明价值的范围内进行赔偿；对超出声明价值的损失，承运人不承担责任。

3. 对延迟运输的赔偿责任

《航空法》第126条规定：旅客、行李或者货物在航空运输中因延误造成的损失，承运人应当承担责任；但是，承运人证明本人或者其受雇人、代理人为了避免损失的发生，已经采取一切必要措施或者不可能采取此种措施的，不承担责任。

（1）承运人的责任范围。承运人对旅客、行李延迟运输的责任，仅限于因此给旅客造成的经济损失，旅客对自己所受的损失要负举证责任。如果该损失属于直接损失，则属于承运人的责任范围。对于旅客因延误运输遭受的间接损失，承运人是否承担赔偿责任，目前法律没有明确的规定。

（2）承运人的免责理由。对延误运输导致的责任，如果承运人能够证明该延误是不可避免的，承运人无须承担责任。不可避免的延误包括承运人已经采取了一切措施或者是无法采取措施防止的延误。对此，承运人应当负举证责任，如果承运人不能证明自己已经采取了一切措施或者是无法采取措施，承运人就应当承担延误运输的责任。但即使承运人无须因延误运输对旅客承担赔偿责任，也应当为旅客安排其他航班以及食宿。

《航班正常管理规定》由交通运输部于2016年5月20日发布，自2017

年1月1日起施行。其中规定了航班出港延误。发生航班出港延误或者取消后，承运人或者地面服务代理人应当按照下列情形为旅客提供食宿服务：①由于机务维护、航班调配、机组等承运人自身原因，造成航班在始发地出港延误或者取消，承运人应当向旅客提供餐食或者住宿等服务。②由于天气、突发事件、空中交通管制、安检以及旅客等非承运人原因，造成航班在始发地出港延误或者取消，承运人应当协助旅客安排餐食和住宿，费用由旅客自理。③国内航班在经停地延误或者取消，无论何种原因，承运人均应当向经停旅客提供餐食或者住宿服务。④国内航班发生备降，无论何种原因，承运人均应当向备降旅客提供餐食或者住宿服务。⑤机上延误。机上延误超过2小时（含）的，应当为机上旅客提供饮用水和食品。

在航空飞行过程中，承运人有义务保护旅客的人身、财产安全，若旅客的人身、财产受到损害，承运人应当对旅客进行赔偿。此外，为了保护承运人的利益，法律对承运人的责任也进行了限制。

第四节　铁路运输法律制度

一、铁路运输

1. 铁路运输的含义

铁路运输是以铁道为交通线、旅客列车为交通工具、机车为动力的现代化交通旅游运输方式。铁路长期以来在中长途旅行客运中所占比重很大。铁路客运具有很多其他交通客运方式所不具备的优点，主要包括：运载能力大、票价低廉、在乘客心目中安全性较强、途中可沿途观赏风景、乘客能够在车厢内自由走动和放松、途中不会遇到交通堵塞以及对环境的污染较小等。近年来随着高速铁路的快速发展，铁路运输对于旅游者仍有其强大吸引力。

铁路的类别：①国家铁路，指由国务院铁路主管部门管理的铁路；②地方铁路，指由地方人民政府管理的铁路；③专用铁路，指由企业或者其他单位管理，专为本企业或者本单位内部提供运输服务的铁路；④铁路专用线，指由企业或者其他单位管理的与国家铁路或者其他铁路线路接轨的岔线。

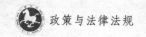
2. 铁路运输主管部门

《铁路法》第3条规定，国务院铁路主管部门主管全国铁路工作，对国家铁路实行高度集中、统一指挥的运输管理体制，对地方铁路、专用铁路和铁路专用线进行指导、协调、监督和帮助。

二、旅客运输凭证

车票是旅客乘车的凭证，同时是旅客加入铁路旅行意外伤害强制保险的凭证。车票票面（特殊票种除外）应当载明：发站和到站站名，座别、卧别，径路，票价，车次，乘车日期，有效期。

旅客乘车应持有有效车票。对无票乘车或者持失效车票乘车的，应当补收票款，并按照规定加收票款；拒不交付的，铁路运输企业可以责令其下车。

三、铁路运输企业的权利和义务

1. 权利

铁路运输企业是承运人。承运人的基本权利包括：①依照规定收取运输费用；②要求旅客遵守国家法令和铁路规章制度，保证安全；③对损害他人的利益和铁路设备、设施的行为有权制止、消除危险和要求赔偿。

2. 义务

承运人的义务包括：①为旅客提供良好的旅行环境和服务设施，不断提高服务质量；②应当保证旅客和货物运输的安全，保证列车正点到达；③对运送期间发生的旅客身体损害进行赔偿，对运送期间因承运人过错造成的旅客随身携带物品的损失予以赔偿。

四、法律责任

《铁路法》第10条规定，铁路运输企业应当保证旅客和货物运输的安全，做到列车正点到达。《铁路法》与《铁路旅客运输规程》规定了铁路运输企业对旅客及其所携带的行李物品应当承担的责任范围。

1. 对旅客人身伤害的赔偿责任

旅客在铁路运输过程中发生人身伤害，铁路运输企业应当予以赔偿。

在运送期间因承运人过错给旅客造成身体损害时，铁路运输企业应当予以赔偿，经承运人证明事故是由承运人和旅客或托运人的共同过错所致，应根据各自过错的程度分别承担责任；因不可抗力或旅客自身疾病或自身过错导致的损失，承运人不承担责任。根据《铁路交通事故应急救援和调查处理条例》第32条规定，违章通过平交道口或者人行过道，或者在铁路线路上行走、坐卧造成的人身伤亡，属于受害人自身的原因造成的人身伤亡。

因第三人责任造成旅客伤害时，应由第三人负责。第三人不明确或无赔偿能力，旅客要求承运人代为先行赔偿时，承运人应当先行代为赔偿。承运人代为赔偿后即取得向第三人追偿的权利。

2. 对行李损毁的赔偿责任

（1）逾期运输所导致的责任。《铁路法》第16条规定，铁路运输企业应当按期将旅客的行李运到目的站；逾期运到的，铁路运输企业应当支付违约金。铁路运输企业逾期30日仍未将货物、包裹、行李交付收货人或者旅客的，托运人、收货人或者旅客有权按货物、包裹、行李灭失向铁路运输企业要求赔偿。

（2）行李灭失所导致的责任。《铁路法》第17条规定，铁路运输企业应当对承运的货物、包裹、行李自接受承运时起到交付时止发生的灭失、短少、变质、污染或者损坏，承担赔偿责任。

根据《铁路旅客运输规程》第72条规定，行李、包裹事故赔偿标准为：按保价运输办理的物品全部灭失时按实际损失赔偿，但最高不超过声明价格。部分损失时，按损失部分所占的比例赔偿。分件保价的物品按所灭失该件的实际损失赔偿，最高不超过该件的声明价格。行李、包裹全部或部分灭失时，退还全部或部分运费。

但是铁路运输企业对下列行李损失的情形，不承担赔偿责任。《铁路法》第18条规定，由于下列原因造成的货物、包裹、行李损失的，铁路运输企业不承担赔偿责任：①不可抗力。②货物或者包裹、行李中的物品本身的自然属性，或者合理损耗。③托运人、收货人或者旅客的过错。

第五节　道路运输法律制度

一、道路运输

1.道路运输的含义

道路运输，是一种在道路上进行运输活动的运输方式，是一种能实现"门到门"的最快捷的陆上运输方式。道路运输不同于公路运输，公路运输属于道路运输的一种，公路运输仅仅为城际连线的运输，实际上还有城市内区间的运输。

公路按其在公路路网中的地位分为国家干线公路（以下简称国道），省、自治区、直辖市干线公路（以下简称省道），县公路（以下简称县道），乡公路（以下简称乡道）和专用公路五个行政等级。并按技术等级分为高速公路、一级公路、二级公路、三级公路和四级公路。

2.旅游客运

旅游客运，是指以运送旅游者游览观光为目的，其线路必须有一端位于名胜古迹、风景区等旅游点的一种营运方式。提供旅游综合服务的旅游客车上应备有饮用水、常用药等服务性物品，并根据实际需要，装配御寒或降温设备，随车配有导游人员。

3.道路运输主管部门

《道路运输条例》第7条规定，国务院交通主管部门主管全国道路运输管理工作。县级以上地方人民政府交通主管部门负责组织领导本行政区域的道路运输管理工作。县级以上道路运输管理机构负责具体实施道路运输管理工作。

二、道路运输企业的权利和义务

根据《道路运输条例》的规定，道路运输企业有以下的权利和义务。

1.权利

（1）车票查验。旅客应当持有效客票乘车，遵守乘车秩序，讲究文明卫生，不得携带国家规定的危险物品及其他禁止携带的物品乘车。

（2）行李检查。旅客不得携带国家规定的危险物品及其他禁止携带的物品乘车。

（3）知情权。县级以上道路运输管理机构应当定期公布客运市场供求状况。

2. 义务

（1）客运经营者应当为旅客提供良好的乘车环境，保持车辆清洁、卫生，并采取必要的措施防止在运输过程中发生侵害旅客人身、财产安全的违法行为。

（2）班线客运经营者取得道路运输经营许可证后，应当向公众连续提供运输服务，不得擅自暂停、终止或者转让班线运输。

（3）从事包车客运的，应当按照约定的起始地、目的地和线路运输。从事旅游客运的，应当在旅游区域按照旅游线路运输。

（4）客运经营者不得强迫旅客乘车，不得甩客、敲诈旅客；不得擅自更换运输车辆。

（5）客运经营者、货运经营者应当加强对从业人员的安全教育、职业道德教育，确保道路运输安全。道路运输从业人员应当遵守道路运输操作规程，不得违章作业。驾驶人员连续驾驶时间不得超过4小时。

（6）客运经营者、货运经营者应当使用符合国家规定标准的车辆从事道路运输经营。

（7）客运经营者、货运经营者应当加强对车辆的维护和检测，确保车辆符合国家规定的技术标准；不得使用报废的、擅自改装的和其他不符合国家规定的车辆从事道路运输经营。

（8）客运经营者、货运经营者应当制定有关交通事故、自然灾害以及其他突发事件的道路运输应急预案。应急预案应当包括报告程序、应急指挥、应急车辆和设备的储备以及处置措施等内容。

（9）发生交通事故、自然灾害以及其他突发事件，客运经营者和货运经营者应当服从县级以上人民政府或者有关部门的统一调度、指挥。

（10）道路运输车辆应当随车携带车辆营运证，不得转让、出租。

（11）道路运输车辆运输旅客的，不得超过核定的人数，不得违反规定载货；运输货物的，不得运输旅客，运输的货物应当符合核定的载重量，严禁超载；载物的长、宽、高不得违反装载要求。

（12）客运经营者、危险货物运输经营者应当分别为旅客或者危险货物投保承运人责任险。

三、法律责任

（1）《道路运输条例》第 63 条规定，未取得道路运输经营许可，擅自从事道路运输经营的，由县级以上道路运输管理机构责令停止经营；有违法所得的，没收违法所得，处违法所得 2 倍以上 10 倍以下的罚款；没有违法所得或者违法所得不足 2 万元的，处 3 万元以上 10 万元以下的罚款；构成犯罪的，依法追究刑事责任。

（2）《道路运输条例》第 64 条规定，不符合《道路运输条例》第 9 条、第 22 条规定条件的人员驾驶道路运输经营车辆的，由县级以上道路运输管理机构责令改正，处 200 元以上 2000 元以下的罚款；构成犯罪的，依法追究刑事责任。

（3）《道路运输条例》第 66 条规定，客运经营者、货运经营者、道路运输相关业务经营者非法转让、出租道路运输许可证件的，由县级以上道路运输管理机构责令停止违法行为，收缴有关证件，处 2000 元以上 1 万元以下的罚款；有违法所得的，没收违法所得。

（4）《道路运输条例》第 67 条规定，客运经营者、危险货物运输经营者未按规定投保承运人责任险的，由县级以上道路运输管理机构责令限期投保；拒不投保的，由原许可机关吊销道路运输经营许可证。

（5）《道路运输条例》第 68 条规定，客运经营者、货运经营者不按照规定携带车辆营运证的，由县级以上道路运输管理机构责令改正，处警告或者 20 元以上 200 元以下的罚款。

（6）《道路运输条例》第 69 条规定，客运经营者、货运经营者有下列情形之一的，由县级以上道路运输管理机构责令改正，处 1000 元以上 3000 元以下的罚款；情节严重的，由原许可机关吊销道路运输经营许可证：①不按批准的客运站点停靠或者不按规定的线路、公布的班次行驶的；②强行招揽旅客、货物的；③在旅客运输途中擅自变更运输车辆或者将旅客移交他人运输的；④未报告原许可机关，擅自终止客运经营的；⑤没有采取必要措施防止货物脱落、扬撒等的。

（7）《道路运输条例》第70条规定，客运经营者、货运经营者不按规定维护和检测运输车辆的，由县级以上道路运输管理机构责令改正，处1000元以上5000元以下的罚款。违反本条例的规定，客运经营者、货运经营者擅自改装已取得车辆营运证的车辆的，由县级以上道路运输管理机构责令改正，处5000元以上2万元以下的罚款。

（8）《道路运输条例》第71条第1款的规定，道路运输站（场）经营者允许无证经营的车辆进站从事经营活动以及超载车辆、未经安全检查的车辆出站或者无正当理由拒绝道路运输车辆进站从事经营活动的，由县级以上道路运输管理机构责令改正，处1万元以上3万元以下的罚款。

（9）《道路运输条例》第71条第2款的规定，道路运输站（场）经营者擅自改变道路运输站（场）的用途和服务功能，或者不公布运输线路、起止经停站点、运输班次、始发时间、票价的，由县级以上道路运输管理机构责令改正；拒不改正的，处3000元的罚款；有违法所得的，没收违法所得。

第六节　水路运输法律制度

一、水路运输

1.水路运输的含义

水路运输是利用自然和人工水域作为航线，以船舶作为主要交通工具载客的一种旅游运输方式。根据航线的不同，水路运输分为远洋航运、沿海航运和内河航运，水路运输具有运载量大、票价低、耗能少、舒适等优点。水路运输载客量较大，价格低廉，水路运输的单位成本为铁路运输的1/8～1/4；从旅游角度看，水运是融旅与游于一体的运输方式。旅游者可在航行途中欣赏沿途风光，是其他交通方式无法比拟的。

国内水路运输，又称水路运输，是指始发港、挂靠港和目的港均在中华人民共和国管辖的通航水域内的经营性旅客运输和货物运输。本节专指内河航运。

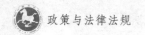

2. 水路运输主管部门

《国内水路运输管理条例》第 4 条规定，国务院交通运输主管部门主管全国水路运输管理工作。县级以上地方人民政府交通运输主管部门主管本行政区域的水路运输管理工作。

二、水路运输企业的权利和义务

根据《国内水路运输管理条例》《国内水路运输管理规定》的规定，水路运输企业有以下权利和义务。

1. 权利

（1）知情权。交通运输部对水路运输市场进行监测，分析水路运输市场运力状况，定期公布监测结果。对特定的旅客班轮运输等航线、水域暂停新增运力许可的决定，应当依据水路运输市场监测分析结果做出。

（2）其他权利。如行李检查等。水路旅客运输业务经营者应当拒绝携带国家规定的危险物品及其他禁止携带的物品的旅客乘船。船舶开航后发现旅客随船携带有危险物品及其他禁止携带的物品的，应当妥善处理，旅客应当予以配合。

2. 义务

（1）水路运输经营者应当保持相应的经营资质条件，按照国内水路运输经营许可证核定的经营范围从事水路运输经营活动。

（2）水路运输经营者不得出租、出借水路运输经营许可证，或者以其他形式非法转让水路运输经营资格。

（3）从事水路运输的船舶应当随船携带船舶营业运输证，不得转让、出租、出借或者涂改。船舶营业运输证遗失或者损毁的，应当及时向原配发机关申请补发。

（4）水路运输经营者应该按照船舶营业运输证标定的载客定额、载货定额和经营范围从事旅客和货物运输，不得超载。

水路运输经营者使用客货船或者滚装客船载运危险货物时，不得载运旅客，但按照相关规定随船押运货物的人员和滚装车辆的司机除外。

（5）水路运输经营者不得擅自改装客船、危险品船增加载客定额、载货定额或者变更从事散装液体危险货物运输的种类。

（6）水路运输经营者应当使用规范的、符合有关法律法规和交通运输部规定的客票和运输单证。

（7）水路旅客班轮运输业务经营者应当自取得班轮航线经营许可之日起60日内开航，并在开航的15日前通过媒体在该航线停靠的各客运站点的明显位置向社会公布所使用的船舶、班期、班次、票价等信息，同时报原许可机关备案。

（8）旅客班轮应当按照公布的班期、班次运行。变更班期、班次、票价的，水路旅客班轮运输业务经营者应当在变更的15日前向社会公布，并报原许可机关备案。停止经营部分或者全部班轮航线的，经营者应当在停止经营的30日前向社会公布，并报原许可机关备案。

（9）水路旅客运输业务经营者应当以公布的票价销售客票，不得对相同条件的旅客实施不同的票价，不得以搭售、现金返还、加价等不正当方式变相变更公布的票价并获取不正当利益，不得低于客票载明的舱室或者席位等级安排旅客。

（10）水路运输经营者从事水路运输经营活动，应当依法经营，诚实守信，禁止以不合理的运价或者其他不正当方式、不规范行为争抢客源、货源及提供运输服务。水路旅客运输业务经营者为招揽旅客发布信息，必须真实、准确，不得进行虚假宣传，误导旅客，对其在经营活动中知悉的旅客个人信息，应当予以保密。

（11）水路旅客运输业务经营者应当就运输服务中的安全事项，以明示的方式向旅客做出说明或者警示。

三、法律责任

（1）《国内水路运输管理规定》第46条规定，水路运输经营者未按照本规定要求配备海务、机务管理人员的，由其所在地县级以上人民政府水路运输管理部门责令改正，处1万元以上3万元以下的罚款。

（2）《国内水路运输管理规定》第47条规定，水路运输经营者或其船舶在规定期限内，经整改仍不符合本规定要求的经营资质条件的，由其所在地县级以上人民政府水路运输管理部门报原许可机关撤销其经营许可或者船舶营运证件。

（3）《国内水路运输管理规定》第 48 条规定，从事水路运输经营的船舶超出船舶营业运输证核定的经营范围，或者擅自改装客船、危险品船增加船舶营业运输证核定的载客定额、载货定额或者变更从事散装液体危险货物运输种类的，按照《国内水路运输管理条例》第 34 条第 1 款的规定予以处罚。

（4）《国内水路运输管理规定》第 49 条规定，水路运输经营者违反本规定，有下列行为之一的，由其所在地县级以上人民政府水路运输管理部门责令改正，处 2000 元以上 1 万元以下的罚款；一年内累计三次以上违反的，处 1 万元以上 3 万元以下的罚款：①未履行备案义务；②未以公布的票价或者变相变更公布的票价销售客票；③进行虚假宣传，误导旅客或者托运人；④以不正当方式或者不规范行为争抢客源、货源及提供运输服务扰乱市场秩序；⑤使用的运输单证不符合有关规定。

（5）《国内水路运输管理规定》第 50 条规定，水路运输经营者拒绝管理部门根据本规定进行的监督检查或者隐匿有关资料或瞒报、谎报有关情况的，由其所在地县级以上人民政府水路运输管理部门予以警告，并处 2000元以上 1 万元以下的罚款。

第十三章
食品安全、住宿与娱乐法律制度

本章导读 ▶▶▶

【本章概述】 本章内容主要包括食品安全、住宿业和娱乐业立法概况，以及食品安全法律制度、住宿管理法律制度和娱乐场所管理法律制度等。

【学习要求】 熟悉《食品安全法》关于食品安全保障法律制度及相关法律责任的规定，《旅游法》《旅馆业治安管理办法》及有关法律法规关于饭店经营者权利和义务及相关责任的规定，《娱乐场所管理条例》关于娱乐场所的设立和经营规则、监督管理及相关法律责任的规定；掌握食品安全事故处理制度及相关法律责任。

第一节 概　　述

一、食品安全立法

1.食品安全立法概况

我国对食品安全的法治化管理始于 20 世纪 50 年代。1965 年，国务院颁布《食品卫生管理试行条例》。随着经济社会的发展，五届全国人大常委会第二十五次会议于 1982 年 11 月 19 日通过了《中华人民共和国食品卫生法（试行）》；试行 13 年后，八届全国人大常委会第十六次会议于 1995 年 10 月30 日审议通过了《中华人民共和国食品卫生法》；2009 年 2 月 28 日，十一届全国人大常委会第七次会议通过了于同年 6 月 1 日起施行的《中华人民共和国食品安全法》。为贯彻党的十八届三中全会关于建立最严格的食品安全监管制度的要求，2015年4月24日，十二届全国人大常委会第十四次会议修订通过了于同年10月1日起施行的新的《中华人民共和国食品安全法》。2018年12月29日，第十三届全国人民代表大会常务委员会第七次会议通过了全国人民代表大会常务委员会关于修改《中华人民共和国产品质量法》等五部法律的决定，对《中华人民共和国食品安全法》（以下简称《食品安全法》）的部分条款做了修正。该法是我国食品安全的基本法，其颁布施行对于保证食品安全、保障公众身体健康和生命安全具有重要的意义。

2. 食品安全的立法体系

我国食品安全的法律体系由法律、行政法规、部门规章组成。

除《食品安全法》外，现行的食品安全专门法律还包括2006年4月29日通过的《中华人民共和国农产品质量安全法》（以下简称《农产品质量安全法》）。《食品安全法》明确指出，供食用的源于农业的初级产品的质量安全管理，遵守《农产品质量安全法》，但是食用农产品的市场销售、有关质量安全标准的制定、有关安全信息的公布和《食品安全法》对农业投入品做出规定的，应当遵守《食品安全法》。与食品安全相关的法律还有《中华人民共和国产品质量法》《消费者权益保护法》《合同法》《侵权责任法》及规范旅游业的综合性法律《旅游法》等。

在行政法规层面，主要是国务院颁布的《中华人民共和国食品安全法实施条例》（以下简称《食品安全法实施条例》）。[①] 关于食品安全的部门规章数量较多，诸如卫生部发布的《食品添加剂新品种管理办法》《食品安全国家标准管理办法》《新食品原料安全性审查管理办法》等，国家食品药品监督管理总局发布的《食品召回管理办法》《食品生产许可管理办法》《食品经营许可管理办法》等，国家质量监督检验检疫总局发布的《食品添加剂生产监督管理规定》，农业部发布的《食用菌菌种管理办法》等。

3. 食品安全标准

我国的食品安全标准具有明确的法律授权，制定过程与公告程序严密，对食品生产与销售等企业具有一定的强制约束力，可以作为行政执法的依

---

① 2016年2月6日国务院发布并于同日生效的《国务院关于修改部分行政法规的决定》，其中"第58"对《中华人民共和国食品安全法实施条例》第20条做了修改。

据。食品安全标准本身不具有法律效力，但是作为非正式法源的技术标准，仍然具有一定的外在效力。

2009年《中华人民共和国食品安全法》通过之前，我国有食品、食品添加剂、食品相关产品国家标准2000余项、行业标准2900余项、地方标准1200余项。2015年新的《食品安全法》通过后，卫生行政部门对食品相关标准进行了清理，重点梳理了标准间的矛盾、交叉、重复等问题。截至2015年年底，国务院卫生行政部门已经基本完成了食品安全国家标准的整合工作，并公布了近500项食品安全国家标准，包括通用标准、产品标准、生产经营规范、检验方法四类，涉及上万项安全指标和参数，基本覆盖了从农田到餐桌的食品生产加工各个主要环节及食品安全控制要求。

二、住宿业立法

1. 住宿业立法的历史沿革

我国目前尚无适用于住宿业的基本法，也没有关于住宿业的综合性行政法规，住宿业经营中发生的相关法律问题依据相关法律解决。1951年8月15日，国务院颁布了我国最早的旅馆业专门法规《城市旅栈业暂行管理规则》。1987年11月10日，经国务院批准，公安部发布了《旅馆业治安管理办法》，《城市旅栈业暂行管理规则》同时废止。2011年1月8日，《旅馆业治安管理办法》又做了修订，并自公布之日起施行，此办法为我国旅馆业治安管理工作提供了法律依据，并在保障住宿旅客生命财产安全和旅馆业的正常经营秩序、维护社会治安秩序等方面发挥了积极作用。

2. 住宿业的立法体系

住宿业在我国虽然已经取得了长足的发展，但其立法体系并不完善，相关管理规范主要散见于通用性和专门性法律法规中，还没有形成统一的饭店法律体系。饭店业经营管理中的法律问题，依据所发生的法律关系由相关法律解决。

全国人大及其常委会制定的一些法律适用于饭店业的经营与管理，属于通用性法律，主要有《中华人民共和国民法总则》（以下简称《民法总则》）、《合同法》《侵权责任法》《食品安全法》《中华人民共和国消防法》（以下简称《消防法》）、《治安管理处罚法》，以及规范旅游业的综合性法律《旅游法》等。《旅游法》第54条规定，住宿经营者对实际经营者造成旅游者的损

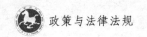

失承担连带责任，第 75 条规定，住宿经营者为团队旅游者提供住宿服务违约，按照实际履行合同的责任原则承担违约责任等。

行政法规层面，主要是经国务院批准、公安部发布的《旅馆业治安管理办法》。此外，与饭店业经营活动相关的还有诸如《娱乐场所管理条例》《公共场所卫生管理条例》等。

部门规章层面，主要指涉及文化和旅游部、公安部、卫计委、财政部、物价局、税务局等部门发布的部门规章，内容包括食品安全管理、治安管理、娱乐场所管理、消防安全管理、饭店收费、价格、税务等方面，主要有《旅游安全管理暂行办法》《旅游投诉处理办法》《住宿业卫生规范》《营业性歌舞娱乐场所管理办法》《机关、团体、企业、事业单位消防安全管理规定》等。

为了促进国际饭店业的健康发展，有关国家的政府、有关国际组织尤其是国际旅馆协会、国际统一私法协会做了大量的工作，制定了若干旅游饭店业方面的国际公约和国际协定，用于调整有关旅游饭店业的各种关系。其中国际公约包括《国际饭店协会和世界旅行社协会联合会公约》《关于旅馆经营者对旅客携带物品之责任的公约》等，国际协定包括《国际旅馆法规》《关于饭店合同的国际协定》等，还有一些国际惯例也可能被适用，例如饭店客房预订的规则等。

此外，中国旅游饭店业协会制定的《中国旅游饭店行业规范》也是调整饭店行为的重要行为规范，虽然在性质上不具有法律效力，没有强制执行力，但对于约束协会的会员饭店及行业管理发挥着重要的作用。为适应行业管理的需要，由国务院旅游主管部门提出，国家市场监督管理总局、国家标准化管理委员会发布了一系列技术标准，例如《旅游饭店星级的划分与评定》等，但是此类标准不是强制性标准，饭店可以自由选择是否进入该标准系统。

综上，我国目前对住宿业直接进行规范的主要是纵向的法律关系，即政府主管部门和住宿业之间的关系；对于住宿业发生的大量的横向法律关系，诸如饭店经营者与旅客之间、饭店经营者与其他经营者之间的法律关系，由通用性法律规范调整。

三、娱乐业立法

娱乐是旅游六要素之一，是文化休闲活动的重要组成部分，娱乐场所已成为满足人民群众多样化精神文化需求的重要途径，娱乐市场秩序是否规范，直接关系到旅游业的健康发展和社会主义精神文明建设。为此，1999 年 3 月 26 日国务院发布《娱乐场所管理条例》。随着我国经济社会的迅速发展，针对娱乐场所出现的新情况、新问题，以及治安状况日益复杂的现状，2006 年 1 月 18 日国务院公布了修订后并于同年 3 月 1 日起施行的《娱乐场所管理条例》。2016 年 1 月 13 日，国务院第 119 次常务会议通过《国务院关于修改部分行政法规的决定》（国务院令第 666 号），对《娱乐场所管理条例》（以下简称《条例》）（国务院令第 458 号）的相关条款进行了调整，并于 2016 年 3 月 1 日起施行。

为加强娱乐场所治安管理，维护娱乐场所经营者、消费者和从业人员的合法权益，维护社会治安秩序，保障公共安全，根据《治安管理处罚法》《娱乐场所管理条例》等法律、法规的规定，2008 年 4 月 21 日公安部通过了自同年 10 月 1 日起施行的《娱乐场所治安管理办法》。为加强娱乐场所经营活动管理，维护娱乐场所健康发展，满足人民群众文化娱乐消费需求，根据《娱乐场所管理条例》，文化部在 2013 年 1 月 25 日通过了自同年 3 月 11 日起施行的《娱乐场所管理办法》。

此外，与食品安全、住宿业一样，一些通用性法律、法规也能适用于娱乐业，例如规范旅游业的综合性法规《旅游法》等。

四、食品安全、住宿、娱乐与旅游业

1. 旅游业的要素

食品安全、住宿、娱乐涉及旅游六大要素"食、住、行、游、购、娱"中的"食、住、娱"三要素。其中旅游住宿业也称"旅馆业"，是指为旅游者提供食宿及购物、娱乐等其他综合服务的行业。我国一直高度重视食品安全的法治建设，同时也在不断完善住宿、娱乐方面的法律制度，从而为旅客身体健康和生命安全提供一定的制度性保障，促进旅游业的健康发展。

2. 旅游经营者和履行辅助人

《旅游法》第 111 条第 1、6 项规定，旅游经营者是指旅行社、景区以及为旅游者提供交通、住宿、餐饮、购物、娱乐等服务的经营者；履行辅助人是指与旅行社存在合同关系，协助其履行包价旅游合同义务，实际提供相

关服务的法人或者自然人。据此，餐饮、住宿、娱乐等经营者为旅游者提供食、住、娱等服务，依据所产生的法律关系的不同，可能是旅游经营者，也可能成为履行辅助人。

实践中，基于旅游目的地的分散、市场化分工发展及经营成本控制等诸多因素，旅行社可能需要将包价旅游合同的部分义务通过预先订购相关服务而由相关经营者向旅游者实际提供服务的方式，完成合同义务。此时，这些诸如餐饮、住宿、娱乐等服务项目的经营者就成为履行辅助人，他们是与旅行社存在合同关系，协助其履行包价旅游合同的法人或者自然人。

《旅游法》第71条规定，由于地接社、履行辅助人的原因导致违约的，由组团社承担责任；组团社承担责任后可以向地接社、履行辅助人追偿。由于地接社、履行辅助人的原因造成旅游者人身损害、财产损失的，旅游者可以要求地接社、履行辅助人承担赔偿责任，也可以要求组团社承担赔偿责任；组团社承担责任后可以向地接社、履行辅助人追偿。

第二节 食品安全法律制度

一、食品安全与管理

1.食品和食品安全的含义

食品，指各种供人食用或者饮用的成品和原料以及按照传统既是食品又是中药材的物品，但是不包括以治疗为目的的物品。食品安全，指食品无毒、无害，符合应当有的营养要求，对人体健康不造成任何急性、亚急性或者慢性危害。即食品的种植、养殖、加工、包装、储藏、运输、销售、消费等活动符合国家强制标准和要求，不存在可能损害或威胁人体健康的有毒、有害物质致消费者病亡或者危及消费者及其后代的隐患。①

2.食品安全的工作原则

《食品安全法》第3条规定，食品安全工作实行预防为主、风险管理、全程控制、社会共治，建立科学、严格的监督管理制度。

---

① 李援.《中华人民共和国食品安全法》释义及实用指南［M］.北京：中国民主法制出版社，2013.

3. 食品安全的管理体制

《食品安全法》第 5 条规定，国务院设立食品安全委员会，其职责由国务院规定。国务院食品安全监督管理部门依照本法和国务院规定的职责，对食品生产经营活动实施监督管理。国务院卫生行政部门依照本法和国务院规定的职责，组织开展食品安全风险监测和风险评估，会同国务院食品安全监督管理部门制定并公布食品安全国家标准。国务院其他有关部门依照本法和国务院规定的职责，承担有关食品安全工作。

二、食品安全保障制度

1. 食品安全风险监测和评估制度

《食品安全法》第 14 条规定，国家建立食品安全风险监测制度，对食源性疾病、食品污染以及食品中的有害因素进行监测。国务院卫生行政部门会同国务院食品安全监督管理等部门，制定、实施国家食品安全风险监测计划。

《食品安全法》第 17 条规定，国家建立食品安全风险评估制度，运用科学方法，根据食品安全风险监测信息、科学数据以及有关信息，对食品、食品添加剂、食品相关产品中生物性、化学性和物理性危害因素进行风险评估。国务院卫生行政部门负责组织食品安全风险评估工作，成立由医学、农业、食品、营养、生物、环境等方面的专家组成的食品安全风险评估专家委员会进行食品安全风险评估。食品安全风险评估结果由国务院卫生行政部门公布。

2. 食品安全国家标准制度

《食品安全法》第 24 条规定，制定食品安全标准，应当以保障公众身体健康为宗旨，做到科学合理、安全可靠。第 25 条规定，食品安全标准是强制执行的标准。除食品安全标准外，不得制定其他食品强制性标准。

《食品安全法》第 27 条规定，食品安全国家标准由国务院卫生行政部门会同国务院食品安全监督管理部门制定、公布，国务院标准化行政部门提供国家标准编号。

《食品安全法》第 29 条规定，对地方特色食品，没有食品安全国家标准的，省、自治区、直辖市人民政府卫生行政部门可以制定并公布食品安全地方标准，报国务院卫生行政部门备案。食品安全国家标准制定后，该地方标准即行废止。《食品安全法》第 30 条规定，国家鼓励食品生产企业制定严于

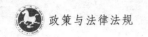

食品安全国家标准或者地方标准的企业标准，在本企业适用，并报省、自治区、直辖市人民政府卫生行政部门备案。

《食品安全法》第92条规定，进口的食品、食品添加剂、食品相关产品应当符合我国食品安全国家标准。

3.食品生产经营许可制度

《食品安全法》第35条规定，国家对食品生产经营实行许可制度。从事食品生产、食品销售、餐饮服务，应当依法取得许可。但是，销售食用农产品，不需要取得许可。

《食品安全法》第39条规定，国家对食品添加剂生产实行许可制度。从事食品添加剂生产，应当具有与所生产食品添加剂品种相适应的场所、生产设备或者设施、专业技术人员和管理制度，并依照本法第35条第2款规定的程序，取得食品添加剂生产许可。

《食品安全法实施条例》第20条规定，食品生产经营许可的有效期为3年。

4.食品安全全程追溯制度

《食品安全法》第42条规定，食品生产经营者应当依照本法的规定，建立食品安全追溯体系，保证食品可追溯。国家鼓励食品生产经营者采用信息化手段采集、留存生产经营信息，建立食品安全追溯体系。国务院食品安全监督管理部门会同国务院农业行政等有关部门建立食品安全全程追溯协作机制。

5.食品从业人员健康管理制度

《食品安全法》第45条规定，食品生产经营者应当建立并执行从业人员健康管理制度。患有国务院卫生行政部门规定的有碍食品安全疾病的人员，不得从事接触直接入口食品的工作。从事接触直接入口食品工作的食品生产经营人员应当每年进行健康检查，取得健康证明后方可上岗工作。

6.食品安全自查制度

《食品安全法》第47条规定，食品生产经营者应当建立食品安全自查制度，定期对食品安全状况进行检查评价。生产经营条件发生变化，不再符合食品安全要求的，食品生产经营者应当立即采取整改措施；有发生食品安全事故潜在风险的，应当立即停止食品生产经营活动，并向所在地县级人民政府食品安全监督管理部门报告。

7. 食品出厂检验记录制度

《食品安全法》第51条规定，食品生产企业应当建立食品出厂检验记录制度，查验出厂食品的检验合格证和安全状况，如实记录食品的名称、规格、数量、生产日期或者生产批号、保质期、检验合格证号、销售日期以及购货者名称、地址、联系方式等内容，并保存相关凭证。第52条规定，食品、食品添加剂、食品相关产品的生产者，应当按照食品安全标准对所生产的食品、食品添加剂、食品相关产品进行检验，检验合格后方可出厂或者销售。

8. 食品召回制度

《食品安全法》第63条规定，国家建立食品召回制度。食品生产者发现其生产的食品不符合食品安全标准或者有证据证明可能危害人体健康的，应当立即停止生产，召回已经上市销售的食品，通知相关生产经营者和消费者，并记录召回和通知情况。

食品经营者发现其经营的食品有前款规定情形的，应当立即停止经营，通知相关生产经营者和消费者，并记录停止经营和通知情况。食品生产者认为应当召回的，应当立即召回。由于食品经营者的原因造成其经营的食品有前款规定情形的，食品经营者应当召回。

9. 特殊食品严格监管制度

《食品安全法》第74条规定，国家对保健食品、特殊医学用途配方食品和婴幼儿配方食品等特殊食品实行严格监督管理。

《食品安全法》第75条规定，保健食品声称保健功能，应当具有科学依据，不得对人体产生急性、亚急性或者慢性危害。第78条规定，保健食品的标签、说明书不得涉及疾病预防、治疗功能，内容应当真实，与注册或者备案的内容相一致，载明适宜人群、不适宜人群、功效成分或者标识性成分及其含量等，并声明"本品不能代替药物"。保健食品的功能和成分应当与标签、说明书相一致。

《食品安全法》第80条规定，特殊医学用途配方食品应当经国务院食品安全监督管理部门注册。注册时，应当提交产品配方、生产工艺、标签、说明书以及表明产品安全性、营养充足性和特殊医学用途临床效果的材料。

《食品安全法》第81条规定，生产婴幼儿配方食品使用的生鲜乳、辅料等食品原料、食品添加剂等，应当符合法律、行政法规的规定和食品安全国

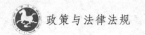

家标准，保证婴幼儿生长发育所需的营养成分。

10. 民事赔偿优先制度

《食品安全法》第 147 条规定，违反本法规定，造成人身、财产或者其他损害的，依法承担赔偿责任。生产经营者财产不足以同时承担民事赔偿责任和缴纳罚款、罚金时，先承担民事赔偿责任。

11. 首负责任制和惩罚性赔偿制度

《食品安全法》第 148 条规定，消费者因食用不符合食品安全标准的食品受到损害的，可以向经营者要求赔偿损失，也可以向生产者要求赔偿损失。接到消费者赔偿要求的生产经营者，应当实行首负责任制，先行赔付，不得推诿；属于生产者责任的，经营者赔偿后有权向生产者追偿；属于经营者责任的，生产者赔偿后有权向经营者追偿。生产不符合食品安全标准的食品或者经营明知是不符合食品安全标准的食品，消费者除要求赔偿损失外，还可以向生产者或者经营者要求支付价款 10 倍或者损失 3 倍的赔偿金；增加赔偿的金额不足 1000 元的，为 1000 元。但是，食品的标签、说明书存在不影响食品安全且不会对消费者造成误导的瑕疵的除外。

惩罚性赔偿制度有利于制裁消费领域的欺诈行为，维护消费者的合法权益。值得注意的是，即使消费者购买后尚未食用不符合食品安全标准的食品，没有造成实际损失，仍可要求生产经营者支付价款 10 倍的赔偿金。

三、食品安全事故处置

1. 食品安全事故的含义

《食品安全法》第 150 条规定，食品安全事故，指食源性疾病、食品污染等源于食品，对人体健康有危害或者可能有危害的事故。也就是指，在食物种植、养殖、生产加工、包装、仓储、运输、销售、消费等环节发生食源性疾患、食物中毒，造成社会公众病亡或者可能对人体健康构成潜在危害的事故。

2. 建立健全食品安全事故应急预案体系

《食品安全法》第 102 条规定，国务院组织制定国家食品安全事故应急预案。县级以上地方人民政府应当根据有关法律、法规的规定和上级人民政府的食品安全事故应急预案以及本行政区域的实际情况，制定本行政区域的食品安全事故应急预案，并报上一级人民政府备案。食品安全事故应急预案应当对食品安全事故分级、事故处置组织指挥体系与职责、预防预警机制、处置程序、应急保障措施等做出规定。

食品生产经营企业是食品安全的第一责任人，有防范食品安全事故发生的义务。为了从源头上消除事故隐患，将事故危害控制在可控范围，需要将食品生产经营企业纳入食品安全事故应急预案体系中。《食品安全法》第102条规定，食品生产经营企业应当制定食品安全事故处置方案，定期检查本企业各项食品安全防范措施的落实情况，及时消除事故隐患。

3. 食品安全事故的处置和法律责任

（1）事故单位的应急处置。事故发生单位是食品安全事故的源头，处在事故第一线，其反应是否快速，采取的措施是否得当，直接影响到事故的涉及面和危害程度。《食品安全法》第103条规定，发生食品安全事故的单位应当立即采取措施，防止事故扩大。

（2）履行报告、通报义务。《食品安全法》第103条规定，事故单位和接收病人进行治疗的单位应当及时向事故发生地县级人民政府食品安全监督管理、卫生行政部门报告。县级以上人民政府农业行政等部门在日常监督管理中发现食品安全事故或者接到事故举报，应当立即向同级食品安全监督管理部门通报。

《食品安全法》第103条规定，发生食品安全事故，接到报告的县级人民政府食品安全监督管理部门应当按照应急预案的规定向本级人民政府和上级人民政府食品安全监督管理部门报告。县级人民政府和上级人民政府食品安全监督管理部门应当按照应急预案的规定上报。任何单位和个人不得对食品安全事故隐瞒、谎报、缓报，不得隐匿、伪造、毁灭有关证据。

《食品安全法》第104条规定，医疗机构发现其接收的病人属于食源性疾病病人或者疑似病人的，应当按照规定及时将相关信息向所在地县级人民政府卫生行政部门报告。县级人民政府卫生行政部门认为与食品安全有关的，应当及时通报同级食品安全监督管理部门。县级以上人民政府卫生行政部门在调查处理传染病或者其他突发公共卫生事件中发现与食品安全相关的信息，应当及时通报同级食品安全监督管理部门。

（3）采取行政处理措施。《食品安全法》第105条规定，县级以上人民政府食品安全监督管理部门接到食品安全事故的报告后，应当立即会同同级卫生行政、农业行政等部门进行调查处理，并采取下列措施，防止或者减轻社会危害：一是开展应急救援工作，组织救治因食品安全事故导致人身伤害的人员；二是封存可能导致食品安全事故的食品及其原料，并立即进行检验，对确认属于被污染的食品及其原料，责令食品生产经营者依照本法第63条的规定召回或者停止经营；三是封存被污染的食品相关产品，并责令进行清洗消毒；四是做好信息发布工作，依法对食品安全事故及其处理情况进行发布，并对可能产生的危害加以解释、说明。

《食品安全法》第105条规定，发生食品安全事故需要启动应急预案的，县级以上人民政府应当立即成立事故处置指挥机构，启动应急预案，依照前款和应急预案的规定进行处置。

《食品安全法》第105条规定，发生食品安全事故，县级以上疾病预防控制机构应当对事故现场进行卫生处理，并对与事故有关的因素开展流行病学调查，有关部门应当予以协助。县级以上疾病预防控制机构应当向同级食品安全监督管理、卫生行政部门提交流行病学调查报告。

（4）法律责任。

①事故单位。《食品安全法》第128条规定，违反本法规定，事故单位在发生食品安全事故后未进行处置、报告的，由有关主管部门按照各自职责分工责令改正，给予警告；隐匿、伪造、毁灭有关证据的，责令停产停业，没收违法所得，并处10万元以上50万元以下罚款；造成严重后果的，吊销许可证。

②县级以上地方人民政府的直接责任人。《食品安全法》第142条规定，县级以上地方人民政府有下列行为之一的，对直接负责的主管人员和其他直接责任人员给予记大过处分；情节较重的，给予降级或者撤职处分；情节严重的，给予开除处分；造成严重后果的，其主要负责人还应当引咎辞职：一是对发生在本行政区域内的食品安全事故，未及时组织协调有关部门开展有效处置，造成不良影响或者损失；二是对本行政区域内涉及多环节的区域性食品安全问题，未及时组织整治，造成不良影响或者损失；三是隐瞒、谎报、缓报食品安全事故；四是本行政区域内发生特别重大食品安全事故，或者连续发生重大食品安全事故。

③县级以上人民政府食品安全监督管理、卫生行政等部门的直接责任人。《食品安全法》第144条规定，违反本法规定，县级以上人民政府食品

安全监督管理、卫生行政、农业行政等部门有下列行为之一的，对直接负责的主管人员和其他直接责任人员给予记大过处分；情节较重的，给予降级或者撤职处分；情节严重的，给予开除处分；造成严重后果的，其主要负责人还应当引咎辞职：一是隐瞒、谎报、缓报食品安全事故；二是未按规定查处食品安全事故，或者接到食品安全事故报告未及时处理，造成事故扩大或者蔓延；三是经食品安全风险评估得出食品、食品添加剂、食品相关产品不安全结论后，未及时采取相应措施，造成食品安全事故或者不良社会影响；四是对不符合条件的申请人准予许可，或者超越法定职权准予许可；五是不履行食品安全监督管理职责，导致发生食品安全事故。

第三节　住宿管理法律制度

一、旅游住宿与住宿业

1.旅游住宿业的含义

旅游住宿业，是指为旅游者提供住宿、餐饮及多种综合服务的行业。在旅游业六大要素中，旅游住宿业是一个十分重要的环节。在我国，旅游住宿业的业态形式包括旅馆、饭店、宾馆、酒店、招待所、客栈等。

2.旅游住宿业的发展

旅游住宿业，起源于古罗马和中国的驿站。随着旅行游览活动的出现、发展，旅游住宿业在国际上大体经历了从设备简易、只供睡眠和食物的客栈时期，到专为王室和贵族享乐而建筑豪华的大饭店时期，再到为商业旅行者服务的方便、舒适、价格合理的商业旅馆时期，发展到主要是为观光旅游者服务的新型旅馆时期。在新型旅馆时期，为了满足旅馆业行业发展和管理的需要，各国在进一步完善与旅馆业相关的法律、法规、行业规范的同时，也增强了旅馆业立法的国际合作。

二、饭店经营者的权利与义务

饭店是旅游住宿业中的主体，在旅游业的发展中起着重要的作用。饭店的权利、义务与旅客的权利、义务密切相关，不可分割。旅客的权利往往通过饭店的义务体现出来，旅客的义务则是由饭店的权利加以限定的。依照《旅游法》及有关法律法规和我国饭店行业规范、国际惯例等规定，本章仅介绍饭店与旅客法律关系中饭店的权利和义务。

1. 饭店经营者的权利

（1）向旅客收取费用的权利。饭店提供的服务一般都是有偿服务，这是由饭店自身的企业性质决定的。因此，当饭店向旅客提供住宿客房及相关配套服务时，旅客有义务承担住宿费和法律允许或双方约定的服务费用，例如餐饮、洗衣、电话等费用。当旅客无力支付或拒绝支付时，饭店有权留置旅客的财物，从旅客的财物中受偿住宿等费用。但是，旅客被留置的财物价值只能是相当于旅客所欠缴的实际费用，同时饭店的留置权在旅客付清所欠费用时终止。

（2）合理拒绝接待旅客的权利。饭店在接待旅客的过程中，不得因旅客的种族、国籍、肤色、宗教信仰等原因对旅客加以歧视，甚至拒绝接待。但在有正当理由的前提下，饭店可以合理地拒绝接待旅客，即不与旅客签订住宿合同或者终止与旅客的住宿合同。一般而言，发生下列情形饭店可以拒绝接待旅客：①旅客已满，无客房出租；②旅客的行为违反饭店制定的合理规则；③旅客自身状态不适合于住店；④不可抗力发生的情况下；⑤旅客从事赌博、卖淫、盗窃等违反法律法规的活动；⑥旅客无力或者拒绝支付饭店费用；⑦旅客被饭店列为黑名单；⑧法律法规规定的其他情况。饭店在依法拒绝接待旅客时，行为应当慎重，要使用足够谨慎、合理的方式，否则容易引起新的纠纷。对于旅客的违法犯罪行为，饭店应当及时向公安机关报告。

（3）制止旅客在饭店内不良行为的权利。对于旅客在饭店内从事违背社会公序良俗但未构成犯罪的行为，以及给其他大多数旅客带来不良感受的行为，饭店有权加以制止，但是制止的方式不宜粗暴，不得使旅客受到不必要的强制或屈辱。对于旅客在饭店里进行的违法犯罪活动，饭店经营者和工作人员应当举报，并配合公安机关的执法行为。

（4）要求旅客遵守饭店规则的权利。饭店有权要求旅客正确使用饭店提供的设施、设备，爱护饭店的公共财物，遵守饭店作息时间，登记时查验旅客身份证明，旅客不得私自留客住宿或转让床位，不得卧床吸烟等。

（5）要求旅客赔偿合理损失的权利。旅客不履行合同的约定造成饭店损失的，饭店可以要求旅客赔偿合理的损失。旅客预订客房不住宿又不及时通知，给饭店造成不必要的损失的，应当向饭店承担违约责任，饭店有权在合理的范围内要求旅客赔偿其损失。在饭店内住宿的旅客，不遵守合同的约定和饭店有关规定，造成饭店设施、设备损坏等情形的，饭店也有权向旅客索赔，视情况要求旅客承担相应的赔偿责任。

2. 饭店经营者的义务

（1）按照合同约定提供服务的义务。饭店和旅客的住宿合同一旦成立，就必须按照合同约定提供住宿以及与饭店性质相适应的其他服务；提供的服务应当符合国家或行业标准，否则应当承担违约责任；造成旅客人身损害或者财产损失的，应当支付赔偿金。

因某种客观原因不能向旅客提供预订房间的，在征得旅客同意的前提下，饭店可以在本饭店内另换标准相近的房间，或将其转移至其他饭店，为其提供相同等级的服务，因此增加的合理费用，由饭店承担。《旅游法》第75条规定，住宿经营者应当按照旅游服务合同的约定为团队旅游者提供住宿服务。住宿经营者未能按照旅游服务合同提供服务的，应当为旅游者提供不低于原定标准的住宿服务，因此增加的费用由住宿经营者承担；但由于不可抗力、政府因公共利益需要采取措施造成不能提供服务的，住宿经营者应当协助安排旅游者住宿。

《合同法》第107条规定，当事人一方不履行合同义务或者履行合同义务不符合约定的，应当承担继续履行、采取补救措施或者赔偿损失等违约责任。因此，住宿经营者未能按照合同提供住宿服务的，应当承担继续履行、采取补救措施或者赔偿损失等违约责任。由于住宿服务具有特殊性，要求饭店继续按照约定提供住宿服务，且其标准不得低于约定的服务标准，是最符合旅客利益的，因此《旅游法》要求饭店对违约承担继续履行的责任。当然，由于不可抗力、政府因公共利益需要采取措施造成饭店不能提供服务的，应当免除其实际履行的责任，但是依然应当协助安排旅客住宿。

（2）保障旅客人身安全的义务。保障旅客人身安全是人类基本权利在旅游领域中的体现。在饭店经营中，有多种因素可能影响旅客的人身安全，诸如设备故障损坏、火灾、食物中毒、工作人员疏忽大意、第三人在饭店范围内实施侵权行为等。因此，饭店应当把保障旅客的人身安全放在首要位置，预防损害旅客人身安全的各类事故的发生。

《侵权责任法》第37条规定，宾馆、商场、银行、车站、娱乐场所等公共场所的管理人或者群众性活动的组织者，未尽到安全保障义务，造成他人损害的，应当承担侵权责任。因第三人的行为造成他人损害的，由第三人承担侵权责任；管理人或者组织者未尽到安全保障义务的，承担相应的补充责任。

饭店在实际经营过程中，常常将其部分经营项目或者场地交由他人从事住宿、餐饮、购物、娱乐等经营，从而在饭店与实际经营者之间形成租赁合同、承包合同等法律关系。实际经营者向旅客提供住宿、餐饮、购物、娱乐等服务时，会形成相应的合同法律关系。《旅游法》第54条规定，景区、住宿经营者将其部分经营项目或者场地交由他人从事住宿、餐饮、购物、游览、娱乐、旅游交通等经营的，应当对实际经营者的经营行为给旅游者造成的损害承担连带责任。因此，当实际旅游经营者的经营行为给旅客造成人身损害或财产损失时，旅客既有权向饭店和实际经营者要求共同承担责任，也可以要求其中的任何一方承担全部责任，任何一方均不得拒绝。

（3）保障旅客财产安全的义务。饭店在保障旅客人身安全的同时，还应当保护旅客的财产安全。当饭店和旅客之间的服务合同成立后，饭店对旅客的财产安全即负有责任。因此，旅客可以依照合同要求饭店保护自身财物的安全。饭店有义务对旅客寄存的贵重财物进行保管，并设置保险箱、柜、室，指定专人负责，建立登记、领取和交接制度。同时，饭店还应当保护旅客在饭店停车场内车辆的安全，并提醒旅客保管好放置在汽车内的物品，贵重财物需要寄存。由于饭店的原因造成旅客财物灭失、毁损的，饭店应当承担赔偿责任；由于旅客自己的行为造成损害的，饭店不承担赔偿责任；双方均有过错的，应当各自承担相应的责任。

当旅客离店后，如果在客房内发现旅客遗留下来的财物，饭店应当将其记录在登记册上，并写明旅客的姓名、房号、离店时间、物品名称及拾得者姓名，交领班送客房部妥善保管，然后根据旅客登记所留下的地址或联系方式设法将遗留财物归还原主，决不能占为己有。当旅客索取时，饭店应当无条件返还，但是可以收取一定数量的保管费。

（4）尊重旅客隐私权的义务。隐私权作为一种基本人格权利，是指公民享有私人生活安宁与私人信息依法受到保护，不被他人非法侵扰、知悉、搜集、利用和公开的一种人格权。旅客租用饭店的客房，依法享有在客房里独处和安宁地使用客房的权利，并且私人信息受到饭店的保护。因此，饭店应当充分尊重旅客的隐私权。非经旅客的允许或者法定的事由，饭店的工作人员不得随意进入旅客的房间，也不得将旅客的住宿信息告诉他人或者将旅客的房间钥匙交给他人。因工作需要，执行公务的人员对旅客的房间进行搜查，应当出示规定的证件，符合法律规定的程序。

三、旅游住宿业治安管理制度

住宿业的治安状况直接影响旅游业的发展。为了保障旅馆业的正常经营和旅客的生命财物安全，1987 年 11 月 10 日，经国务院批准，公安部发布并于同日施行了《旅馆业治安管理办法》（以下简称《办法》）。2011 年 1 月 8 日，根据《国务院关于废止和修改部分行政法规的决定》对《办法》部分条款做出修改并以国务院令（第 588 号）公布，自公布之日起施行。

1. 适用范围

《办法》第 2 条规定，凡经营接待旅客住宿的旅馆、饭店、宾馆、招待所、客货栈、车马店、浴池等，不论是国营、集体经营，还是合伙经营、个体经营、中外合资、中外合作经营，不论是专营还是兼营，不论是长年经营，还是季节性经营，都必须遵守本办法。这表明，《办法》适用于所有经营接待旅客住宿的主体。

2. 公安机关的治安管理职责

《办法》第 14 条规定，公安机关对旅馆治安管理的职责是，指导、监督旅馆建立各项安全管理制度和落实安全防范措施，协助旅馆对工作人员进行安全业务知识的培训，依法惩办侵犯旅馆和旅客合法权益的违法犯罪分子。这表明，公安机关是旅馆业治安管理的主体，依法履行管理职责。

（1）饭店开办中的治安管理。《办法》第 3 条规定，开办旅馆，其房屋建筑、消防设备、出入口和通道等，必须符合《中华人民共和国消防法》等有关规定，并且要具备必要的防盗安全设施。因此，开办饭店的申请人应当向公安机关出具消防部门开具的验收合格证明，并检查安全保卫设施。

《办法》第 4 条规定，申请开办旅馆，应经主管部门审查批准，经当地公安机关签署意见，向工商行政管理部门申请登记，领取营业执照后，方准开业。经批准开业的旅馆，如有歇业、转业、合并、迁移、改变名称等情况，应当在工商行政管理部门办理变更登记后 3 日内，向当地的县、市公安局、公安分局备案。

（2）饭店经营中的治安管理。

①监督饭店健全各项制度。《办法》第 5 条规定，经营旅馆，必须遵守国家的法律，建立各项安全管理制度，设置治安保卫组织或者指定安全保卫人员。

②严格饭店的住宿登记制度。《办法》第 6 条规定，旅馆接待旅客住宿必须登记。登记时，应当查验旅客的身份证件，按规定的项目如实登记。接待境外旅客住宿，还应当在 24 小时内向当地公安机关报送住宿登记表。

③完善饭店的财物保管制度。《办法》第 7 条规定，旅馆应当设置旅客财物保管箱、柜或者保管室、保险柜，指定专人负责保管工作。对旅客寄存的财物，要建立登记、领取和交接制度。第 8 条规定，旅馆对旅客遗留的物品，应当妥为保管，设法归还原主或揭示招领；经招领 3 个月后无人认领的，要登记造册，送当地公安机关按拾遗物品处理，对违禁物品和可疑物品，应当及时报告公安机关处理。

④依法对饭店进行检查。公安机关建立定期和不定期的检查制度，检查饭店的经营行为是否符合特种行业的治安管理要求。《办法》第 14 条规定，公安人员到旅馆执行公务时，应当出示证件，严格依法办事，要文明礼貌待人，维护旅馆的正常经营和旅客的合法权益。旅馆工作人员和旅客应当予以协助。

⑤依法要求饭店配合查处犯罪行为。《办法》第 9 条规定，旅馆工作人员发现违法犯罪分子，形迹可疑的人员和被公安机关通缉的罪犯，应当立即向当地公安机关报告，不得知情不报或隐瞒包庇。

⑥依法处理旅客和其他人员的违法行为。进入饭店的旅客和其他人员，要遵守法律的规定，不得在饭店内从事违法犯罪行为。《办法》第 11、12、13 条规定，严禁旅客将易燃、易爆、剧毒、腐蚀性和放射性等危险物品带入旅馆；严禁卖淫、嫖宿、赌博、吸毒、传播淫秽物品等违法犯罪活动；不得酗酒滋事、大声喧哗，影响他人休息，旅客不得私自留客住宿或者转让床位。

3. 法律责任

（1）饭店的开办人。《办法》第 15 条规定，违反本办法第 4 条规定，申请开办饭店，未经公安机关审查批准，也未向工商行政管理部门申请登记，未领取营业执照而开办旅馆的，公安机关可以酌情给予警告或者处以 200 元以下罚款；未经登记，私自开业的，公安机关应当协助工商行政管理部门依法处理。

（2）饭店的工作人员和负责人。《办法》第 16 条规定，违反本办法第 9 条规定，饭店工作人员发现违法犯罪分子、形迹可疑的人员和被公安机关通缉的罪犯，未向当地公安机关报告，知情不报或隐瞒包庇的，公安机关可以酌情给予警告或者处以 200 元以下罚款；情节严重构成犯罪的，依法追究刑事责任。旅馆负责人参与违法犯罪活动，其所经营的旅馆已成为犯罪活动场所的，公安机关除依法追究其责任外，还应当会同工商行政管理部门对该旅馆依法处理。

《办法》第 17 条规定，饭店接待旅客住宿不按规定登记的，依照《治安管理处罚法》有关条款的规定，处罚有关人员；发生重大事故、造成严重后果构成犯罪的，依法追究刑事责任。

（3）旅客。《办法》第 17 条规定，旅客将易燃、易爆、剧毒、腐蚀性和放射性等危险物品带入旅馆，在旅馆内从事卖淫、嫖宿、赌博、吸毒、传播淫秽物品等违法犯罪活动的，依照《治安管理处罚法》有关条款的规定，处罚有关人员；发生重大事故、造成严重后果构成犯罪的，依法追究刑事责任。

第四节 娱乐场所管理法律制度

一、娱乐场所及其管理

1. 娱乐场所

旅游过程中的娱乐活动对旅游者具有独特的吸引力，能够使旅游者放松心情，缓解疲劳并得到精神上的愉悦。为加强对娱乐场所的管理，保障娱乐场所的健康发展，国务院发布了《娱乐场所管理条例》（以下简称《条例》），规定了相应的法律制度，对于加强对娱乐场所的管理，保障娱乐业健康发展具有重大意义。

《条例》第 2 条规定，娱乐场所，是指以营利为目的，并向公众开放、消费者自娱自乐的歌舞、游艺等场所。这表明，娱乐场所具有下列特点：是营业性的，以营利为目的；是对公众开放的，不包括家庭或单位的娱乐活动；是消费者自娱自乐的场所，不涵盖电影院、剧院等观赏场所；适用范围是歌舞、游艺等场所的经营活动。

2. 娱乐场所管理部门及其职责

《条例》第3条规定，县级以上人民政府文化主管部门负责对娱乐场所日常经营活动的监督管理；县级以上公安部门负责对娱乐场所消防、治安状况的监督管理。

3. 国家机关及其工作人员的禁止性规定和法律责任

（1）禁止性规定。《条例》第4条规定，国家机关及其工作人员不得开办娱乐场所，不得参与或者变相参与娱乐场所的经营活动。与文化主管部门、公安部门的工作人员有夫妻关系、直系血亲关系、三代以内旁系血亲关系以及近姻亲关系的亲属，不得开办娱乐场所，不得参与或者变相参与娱乐场所的经营活动。

（2）法律责任。《条例》第55条规定，国家机关及其工作人员开办娱乐场所，参与或者变相参与娱乐场所经营活动的，对直接负责的主管人员和其他直接责任人员依法给予撤职或者开除的行政处分。文化主管部门、公安部门的工作人员明知其亲属开办娱乐场所或者发现其亲属参与、变相参与娱乐场所的经营活动，不予制止或者制止不力的，依法给予行政处分；情节严重的，依法给予撤职或者开除的行政处分。

二、娱乐场所的管理制度

1. 娱乐场所设立的限制性规定

（1）人员的限制。《条例》第5条规定，有下列情形之一的人员，不得开办娱乐场所或者在娱乐场所内从业：曾犯有组织、强迫、引诱、容留、介绍卖淫罪，制作、贩卖、传播淫秽物品罪，走私、贩卖、运输、制造毒品罪，强奸罪，强制猥亵、侮辱妇女罪，赌博罪，洗钱罪，组织、领导、参加黑社会性质组织罪的；因犯罪曾被剥夺政治权利的；因吸食、注射毒品曾被强制戒毒的；因卖淫、嫖娼曾被处以行政拘留的。

（2）外商投资者的限制。《条例》第6条规定，外国投资者可以与中国投资者依法设立中外合资经营、中外合作经营的娱乐场所，不得设立外商独资经营的娱乐场所。

（3）娱乐场所设立地点的限制。《条例》第7条规定，娱乐场所不得设在下列地点：居民楼、博物馆、图书馆和被核定为文物保护单位的建筑物内；居民住宅区和学校、医院、机关周围；车站、机场等人群密集的场所；建筑物地下一层以下；与危险化学品仓库毗连的区域。

（4）娱乐场所边界噪声标准的限制。《条例》第7条规定，娱乐场所的边界噪声，应当符合国家规定的环境噪声标准。

（5）娱乐场所设立面积的限制。《条例》第8条规定，娱乐场所的使用面积，不得低于国务院文化主管部门规定的最低标准；设立含有电子游戏机的游艺娱乐场所，应当符合国务院文化主管部门关于总量和布局的要求。

2. 申请从事娱乐场所经营活动的程序性规定和法律责任

（1）程序性规定。

①申请。《条例》第9条规定，娱乐场所申请从事娱乐场所经营活动，应当向所在地县级人民政府文化主管部门提出申请；中外合资经营、中外合作经营的娱乐场所申请从事娱乐场所经营活动，应当向所在地省、自治区、直辖市人民政府文化主管部门提出申请。

《条例》第9条还规定，娱乐场所申请从事娱乐场所经营活动，应当提交投资人员、拟任的法定代表人和其他负责人没有本条例规定的资格限制情形的书面声明。申请人应当对书面声明内容的真实性负责。

②核查、检查和决定。《条例》第9条规定，受理申请的文化主管部门应当就书面声明向公安部门或者其他有关单位核查，公安部门或者其他有关单位应当予以配合；经核查属实的，文化主管部门应当依据本条例第7条、第8条对娱乐场所的设立地点、边界噪声和使用面积进行实地检查，做出决定。予以批准的，颁发娱乐经营许可证，并根据国务院文化主管部门的规定核定娱乐场所容纳的消费者数量；不予批准的，应当书面通知申请人并说明理由。

③听证。《条例》第10条规定，文化主管部门审批娱乐场所应当举行听证。有关听证的程序，依照《中华人民共和国行政许可法》的规定执行。

④备案。《条例》第11条规定，娱乐场所依法取得营业执照和相关批准文件、许可证后，应当在15日内向所在地县级公安部门备案。第12条规定，

娱乐场所改建、扩建营业场所或者变更场地、主要设施设备、投资人员，或者变更娱乐经营许可证载明的事项，应当向原发证机关申请重新核发娱乐经营许可证，并向公安部门备案；需要办理变更登记的，应当依法向工商行政管理部门办理变更登记。

（2）法律责任。《条例》第41条规定，违反本条例规定，擅自从事娱乐场所经营活动的，由文化主管部门依法予以取缔；公安部门在查处治安、刑事案件时，发现擅自从事娱乐场所经营活动的，应当依法予以取缔。

《条例》第42条规定，以欺骗等不正当手段取得娱乐经营许可证的，由原发证机关撤销娱乐经营许可证。

《条例》第47条规定，娱乐场所取得营业执照后，未按照规定向公安部门备案的，由县级公安部门责令改正，给予警告。

《条例》第49条规定，娱乐场所变更有关事项，未按照规定申请重新核发娱乐经营许可证的，由县级人民政府文化主管部门责令改正，给予警告；情节严重的，责令停业整顿1个月至3个月。

3.娱乐场所经营活动规则和法律责任

（1）禁止性规定。

①禁止内容。《条例》第13条规定，国家倡导弘扬民族优秀文化，禁止娱乐场所内的娱乐活动含有下列内容：违反宪法确定的基本原则的；危害国家统一、主权或者领土完整的；危害国家安全，或者损害国家荣誉、利益的；煽动民族仇恨、民族歧视，伤害民族感情或者侵害民族风俗、习惯，破坏民族团结的；违反国家宗教政策，宣扬邪教、迷信的；宣扬淫秽、赌博、暴力以及与毒品有关的违法犯罪活动，或者教唆犯罪的；违背社会公德或者民族优秀文化传统的；侮辱、诽谤他人，侵害他人合法权益的；法律、行政法规禁止的其他内容。

②禁止行为。《条例》第14条规定，娱乐场所及其从业人员不得实施下列行为，不得为进入娱乐场所的人员实施下列行为提供条件：贩卖、提供毒品，或者组织、强迫、教唆、引诱、欺骗、容留他人吸食、注射毒品；组织、强迫、引诱、容留、介绍他人卖淫、嫖娼；制作、贩卖、传播淫秽物品；提供或者从事以营利为目的的陪侍；赌博；从事邪教、迷信活动；其他违法犯罪行为。

娱乐场所的从业人员不得吸食、注射毒品，不得卖淫、嫖娼；娱乐场所及其从业人员不得为进入娱乐场所的人员实施上述行为提供条件。

　　（2）娱乐场所的环境规则。

　　①闭路电视监控设备。《条例》第15条规定，歌舞娱乐场所应当按照国务院公安部门的规定在营业场所的出入口、主要通道安装闭路电视监控设备，并应当保证闭路电视监控设备在营业期间正常运行，不得中断。歌舞娱乐场所应当将闭路电视监控录像资料留存30日备查，不得删改或者挪作他用。

　　②包厢、包间门窗装置。《条例》第16条规定，歌舞娱乐场所的包厢、包间内不得设置隔断，并应当安装展现室内整体环境的透明门窗。包厢、包间的门不得有内锁装置。

　　③亮度标准。《条例》第17条规定，营业期间，歌舞娱乐场所内亮度不得低于国家规定的标准。

　　④音像制品或电子产品。《条例》第18条规定，娱乐场所使用的音像制品或者电子游戏应当是依法出版、生产或者进口的产品。歌舞娱乐场所播放的曲目和屏幕画面以及游艺娱乐场所的电子游戏机内的游戏项目，不得含有本条例禁止的内容；歌舞娱乐场所使用的歌曲点播系统不得与境外的曲库相连接。

　　⑤游戏设施设备。《条例》第19条规定，游艺娱乐场所不得设置具有赌博功能的电子游戏机机型、机种、电路板等游戏设施设备，不得以现金或者有价证券作为奖品，不得回购奖品。

　　⑥消防安全。《条例》第20条规定，娱乐场所的法定代表人或者主要负责人应当对娱乐场所的消防安全和其他安全负责。娱乐场所应当确保其建筑、设施符合国家安全标准和消防技术规范，定期检查消防设施状况，并及时维护、更新。娱乐场所应当制订安全工作方案和应急疏散预案。第21条规定，营业期间，娱乐场所应当保证疏散通道和安全出口畅通，不得封堵、锁闭疏散通道和安全出口，不得在疏散通道和安全出口设置栅栏等影响疏散的障碍物。娱乐场所应当在疏散通道和安全出口设置明显指示标志，不得遮挡、覆盖指示标志。

　　⑦安全检查。《条例》第22条规定，任何人不得非法携带枪支、弹药、

管制器具或者携带爆炸性、易燃性、毒害性、放射性、腐蚀性等危险物品和传染病病原体进入娱乐场所。迪斯科舞厅应当配备安全检查设备，对进入营业场所的人员进行安全检查。

⑧警示标识。《条例》第30条规定，娱乐场所应当在营业场所的大厅、包厢、包间内的显著位置悬挂含有禁毒、禁赌、禁止卖淫嫖娼等内容的警示标志，未成年人禁入或者限入标志。标志应当注明公安部门、文化主管部门的举报电话。

⑨保安人员。《条例》第26条规定，娱乐场所应当与保安服务企业签订保安服务合同，配备专业保安人员；不得聘用其他人员从事保安工作。

⑩消费者。《条例》第23条规定，歌舞娱乐场所不得接纳未成年人。除国家法定节假日外，游艺娱乐场所设置的电子游戏机不得向未成年人提供。

（3）娱乐场所的营业规则。

①文明执业。《条例》第27条规定，营业期间，娱乐场所的从业人员应当统一着工作服，佩戴工作标识并携带居民身份证或者外国人就业许可证。从业人员应当遵守职业道德和卫生规范，诚实守信，礼貌待人，不得侵害消费者的人身和财产权利。

②限定营业时间。《条例》第28条规定，每日凌晨2时至上午8时，娱乐场所不得营业。

③公平交易。《条例》第29条规定，娱乐场所提供娱乐服务项目和出售商品，应当明码标价，并向消费者出示价目表；不得强迫、欺骗消费者接受服务、购买商品。

④建立巡查制度。《条例》第31条规定，娱乐场所应当建立巡查制度，发现娱乐场所内有违法犯罪活动的，应当立即向所在地县级公安部门、县级人民政府文化主管部门报告。

（4）法律责任。

①违反娱乐活动禁止性规定。《条例》第43条规定，娱乐场所实施本条例禁止的违法犯罪行为或者为违法犯罪分子提供条件的，由县级公安部门没收违法所得和非法财物，责令停业整顿3个月至6个月；情节严重的，由原发证机关吊销娱乐经营许可证，对直接负责的主管人员和其他直接责任人员处1万元以上2万元以下的罚款。

②违反娱乐场所环境规则。《条例》第 44 条规定，违反本条例规定，有下列情形之一的，由县级公安部门责令改正，给予警告；情节严重的，责令停业整顿 1 个月至 3 个月：照明设施、包厢、包间的设置以及门窗的使用不符合本条例规定的；未按照本条例规定安装闭路电视监控设备或者中断使用的；未按照本条例规定留存监控录像资料或者删改监控录像资料的；未按照本条例规定配备安全检查设备或者未对进入营业场所的人员进行安全检查的；未按照本条例规定配备保安人员的。

《条例》第 45 条规定，娱乐场所违反本条例规定，有下列情形之一的，由县级公安部门没收违法所得和非法财物，并处违法所得 2 倍以上 5 倍以下的罚款；没有违法所得或者违法所得不足 1 万元的，并处 2 万元以上 5 万元以下的罚款；情节严重的，责令停业整顿 1 个月至 3 个月：设置具有赌博功能的电子游戏机机型、机种、电路板等游戏设施设备的；以现金、有价证券作为奖品，或者回购奖品的。

《条例》第 48 条规定，娱乐场所违反本条例规定，有下列情形之一的，由县级人民政府文化主管部门没收违法所得和非法财物，并处违法所得 1 倍以上 3 倍以下的罚款；没有违法所得或者违法所得不足 1 万元的，并处 1 万元以上 3 万元以下的罚款；情节严重的，责令停业整顿 1 个月至 6 个月：歌舞娱乐场所的歌曲点播系统与境外的曲库连接的；歌舞娱乐场所播放的曲目、屏幕画面或者游艺娱乐场所电子游戏机内的游戏项目含有娱乐活动禁止内容的；歌舞娱乐场所接纳未成年人的；游艺娱乐场所设置的电子游戏机在国家法定节假日外向未成年人提供的；娱乐场所容纳的消费者超过核定人数的。

《条例》第 51 条规定，娱乐场所未按照规定悬挂警示标志、未成年人禁入或者限入标志的，由县级人民政府文化主管部门、县级公安部门依据法定职权责令改正，给予警告。

③违反娱乐场所营业规则。《条例》第 49 条规定，违反本条例规定，有下列情形之一的，由县级人民政府文化主管部门责令改正，给予警告；情节严重的，责令停业整顿 1 个月至 3 个月：变更有关事项，未按照本条例规定申请重新核发娱乐经营许可证的；在本条例规定的禁止营业时间内营业的；从业人员在营业期间未统一着装并佩戴工作标志的。

4.娱乐场所的监督管理制度和法律责任

（1）监督管理制度。

①警示记录公开制度。《条例》第34条规定，文化主管部门、公安部门和其他有关部门应当建立娱乐场所违法行为警示记录系统；对列入警示记录的娱乐场所，应当及时向社会公布，并加大监督检查力度。

②信息通报制度。《条例》第36条规定，文化主管部门、公安部门和其他有关部门应当建立相互间的信息通报制度，及时通报监督检查情况和处理结果。

③信用监管制度。《条例》第35条规定，文化主管部门应当建立娱乐场所的经营活动信用监管制度，建立健全信用约束机制，并及时公布行政处罚信息。

④及时处理举报制度。《条例》第32条规定，各级文化主管部门、公安部门和其他有关部门的工作人员依法履行监督检查职责时，有权进入娱乐场所。娱乐场所应当予以配合，不得拒绝、阻挠。第37条规定，任何单位或者个人发现娱乐场所内有违反《条例》规定行为的，有权向文化主管部门、公安部门等有关部门举报。文化主管部门、公安部门等有关部门接到举报，应当记录，并及时依法调查、处理；对不属于本部门职责范围的，应当及时移送有关部门。

（2）法律责任。《条例》第56条规定，文化主管部门、公安部门、工商行政管理部门和其他有关部门的工作人员有下列行为之一的，对直接负责的主管人员和其他直接责任人员依法给予行政处分，其中构成犯罪的，依法追究刑事责任：向不符合法定设立条件的单位颁发许可证、批准文件、营业执照的；不履行监督管理职责，或者发现擅自从事娱乐场所经营活动不依法取缔，或者发现违法行为不依法查处的；接到对违法行为的举报、通报后不依法查处的；利用职务之便，索取、收受他人财物或者谋取其他利益的；利用职务之便，参与、包庇违法行为，或者向有关单位、个人通风报信的；有其他滥用职权、玩忽职守、徇私舞弊行为的。

第十四章
旅游资源保护法律制度

【本章概述】 本章内容主要包括风景名胜区、自然保护区、博物馆和文化生态保护区的设立、规划、保护、合理利用和管理制度及其相关法律责任，野生动植物、文物、非物质文化遗产和世界遗产的保护、管理及其相关法律责任。

【学习要求】 了解《风景名胜区条例》关于风景名胜区设立、规划、保护、合理利用和管理及相关法律责任的规定；《自然保护区条例》关于自然保护区设立条件、区域构成、管理制度、保护和合理利用及相关法律责任的规定；《野生动物保护法》《野生植物保护条例》关于野生动植物的保护、管理及相关法律责任的规定；《文物保护法》关于不可移动文物、馆藏文物、民间收藏文物、文物出境及相关法律责任的规定。熟悉《国家级文化生态保护区管理办法》关于国家级文化生态保护区及其建设理念、申报与设立、建设与管理的规定，《非物质文化遗产法》关于非物质文化遗产保护原则、非物质文化遗产代表性项目传承与传播及相关法律责任的规定，《博物馆条例》《博物馆管理办法》关于博物馆设立、管理、社会服务及相关法律责任的规定；《保护世界文化和自然遗产公约》《保护非物质文化遗产公约》关于世界文化遗产和自然遗产名录、非物质文化遗产名录以及缔约国义务的规定。

第一节 风景名胜区法律制度

一、风景名胜区的概念及其管理

1. 风景名胜区的概念

《风景名胜区条例》(以下简称《条例》)第2条规定,风景名胜区,是指具有观赏、文化或者科学价值,自然景观、人文景观比较集中,环境优美,可供人们游览或者进行科学、文化活动的区域。

2. 管理原则

《条例》第3条规定,国家对风景名胜区实行科学规划、统一管理、严格保护、永续利用的原则。

3. 管理部门

《条例》第5条规定,国务院建设主管部门负责全国风景名胜区的监督管理工作。国务院其他有关部门按照国务院规定的职责分工,负责风景名胜区的有关监督管理工作。省、自治区人民政府建设主管部门和直辖市人民政府风景名胜区主管部门,负责本行政区域内风景名胜区的监督管理工作。省、自治区、直辖市(以下简称省级)人民政府其他有关部门按照规定的职责分工,负责风景名胜区的有关监督管理工作。

《条例》第4条规定,风景名胜区所在地县级以上地方人民政府设置的风景名胜区管理机构,负责风景名胜区的保护、利用和统一管理工作。

二、风景名胜区的设立与划分

1. 风景名胜区的设立

《条例》第7条规定,设立风景名胜区,应当有利于保护和合理利用风景名胜资源。新设立的风景名胜区与自然保护区不得重合或者交叉;已设立的风景名胜区与自然保护区重合或者交叉的,风景名胜区规划与自然保护区规划应当相协调。

《条例》第10条规定,设立国家级风景名胜区,由省、自治区、直辖市人民政府提出申请,国务院建设主管部门会同国务院环境保护主管部门、林业主管部门、文物主管部门等有关部门组织论证，提出审查意见，报国务院批准公布。设立省级风景名胜区，由县级人民政府提出申请，省、自治区人民政府建设主管部门或者直辖市人民政府风景名胜区主管部门，会同其他有关部门组织论证，提出审查意见，报省、自治区、直辖市人民政府批准公布。

2. 风景名胜区的划分

《条例》第 8 条规定，风景名胜区划分为国家级风景名胜区和省级风景名胜区。自然景观和人文景观能够反映重要自然变化过程和重大历史文化发展过程，基本处于自然状态或者保持历史原貌，具有国家代表性的，可以申请设立国家级风景名胜区；具有区域代表性的，可以申请设立省级风景名胜区。

三、风景名胜区的规划

1. 风景名胜区规划的类别

《条例》第 12 条规定，风景名胜区规划分为总体规划和详细规划。

《条例》第 14 条规定，风景名胜区应当自设立之日起 2 年内编制完成总体规划，规划期一般为 20 年。第 13 条规定，总体规划主要包括以下内容：①风景资源评价；②生态资源保护措施、重大建设项目布局、开发利用强度；③风景名胜区的功能结构和空间布局；④禁止开发和限制开发的范围；⑤风景名胜区的游客容量；⑥有关专项规划。

《条例》第 15 条规定，风景名胜区详细规划应当根据核心景区和其他景区的不同要求编制，确定基础设施、旅游设施、文化设施等建设项目的选址、布局与规模，并明确建设用地范围和规划设计条件。风景名胜区详细规划，应当符合风景名胜区总体规划。

2. 风景名胜区规划的审批

《条例》第 19 条规定，国家级风景名胜区的总体规划，由省、自治区、直辖市人民政府审查后，报国务院审批。国家级风景名胜区的详细规划，由省、自治区人民政府建设主管部门或者直辖市人民政府风景名胜区主管部门报国务院建设主管部门审批。

《条例》第 20 条规定，省级风景名胜区的总体规划，由省、自治区、直辖市人民政府审批，报国务院建设主管部门备案。省级风景名胜区的详细规划，由省、自治区人民政府建设主管部门或者直辖市人民政府风景名胜区主管部门审批。

四、风景名胜区的保护制度

依法保护风景名胜区是风景名胜区各项工作的核心，也是颁布《条例》的主要目的。风景名胜区保护制度包括保护的原则、保护机构及其职责、居民及游览者的义务、开展的活动范围和限制禁止性行为、重大建设工程的审核及活动的审批等。

1. 严格保护原则

《条例》第24条规定，风景名胜区内的景观和自然环境，应当根据可持续发展的原则，严格保护，不得破坏或者随意改变。

2. 保护机构及其职责

《条例》第24、25条规定，风景名胜区管理机构是风景名胜资源保护的责任主体，应当建立健全风景名胜资源保护的各项管理制度，对区内的重要景观进行调查、鉴定，并制定相应的保护措施。

3. 居民及游览者的义务

《条例》第24条规定，风景名胜区内的居民和游览者应当保护风景名胜区的景物、水体、林木植被、野生动物和各项设施。

4. 禁止性行为

（1）《条例》第26条规定，在风景名胜区内禁止进行的活动包括：①开山、采石、开矿、开荒、修坟立碑等破坏景观、植被和地形地貌的活动；②修建储存爆炸物、易燃物、放射物、毒害性、腐蚀性物品的设施；③在景物或者设施上刻画、涂污；④乱扔垃圾。

（2）《条例》第27条规定，禁止违反风景名胜区规划，在风景名胜区内设立各类开发区和在核心区内建设宾馆、招待所、培训中心、疗养院以及与风景名胜资源保护无关的其他建筑物；已经建设的，应当按照风景名胜区规划，逐步迁出。

5. 活动的审批

（1）《条例》第28条规定，在风景名胜区内的建设活动应当符合《条例》

规定，经风景名胜区管理机构审核后，依照有关法律、法规的规定办理审批手续。在国家级风景名胜区内修建缆车、索道等重大建设工程，项目的选址方案应当报省、自治区人民政府建设主管部门和直辖市人民政府风景名胜区主管部门核准。

（2）《条例》第 29 条规定，从事下列活动，应当经风景名胜区管理机构审核后，依照有关法律、法规的规定报有关主管部门批准：①设置、张贴商业广告；②举办大型游乐等活动；③改变水资源、水环境自然状态的活动；④其他影响生态和景观的活动。

6. 管理信息系统

《条例》第 31 条规定，国家应建立风景名胜区管理信息系统，对风景名胜区规划实施和资源保护情况进行动态监控。国家级风景名胜区所在地的风景名胜区管理机构应当每年向国务院建设主管部门报送风景名胜区规划实施和土地、森林等自然资源保护的情况；国务院建设主管部门应当及时抄送国务院有关部门。

7. 法律责任

（1）《条例》第 40 条规定，有下列行为之一的，由风景名胜区管理机构责令停止违法行为、恢复原状或者限期拆除，没收违法所得，并处 50 万元以上 100 万元以下的罚款：①在风景名胜区内进行开山、采石、开矿等破坏景观、植被、地形地貌的活动的；②在风景名胜区内修建储存爆炸物、易燃性、放射性、毒害性、腐蚀性物品设施的；③在核心景区内建设宾馆、招待所、培训中心、疗养院以及与风景名胜资源保护无关的其他建筑物的。

县级以上地方人民政府及其有关主管部门批准实施上述行为的，对直接负责的主管人员和其他直接责任人员依法给予降级或撤职的处分；构成犯罪的，依法追究刑事责任。

（2）《条例》第 41 条规定，在风景名胜区内从事禁止范围以外的建设活动的，未经风景名胜区管理机构审核的，由风景名胜区管理机构责令停止建设、限期拆除，对个人处 2 万元以上 5 万元以下的罚款，对单位处 20 万元以上 50 万元以下的罚款。

（3）《条例》第 42 条规定，在国家级风景名胜区内修建缆车、索道等重大建设工程，项目的选址方案未经省、自治区人民政府建设主管部门和直辖市人民政府风景名胜区主管部门核准，县级以上地方人民政府有关部门核发选址意见书的，对直接负责的主管人员和其他责任人依法给予处分；构成犯罪的，依法追究刑事责任。

（4）《条例》第43条规定，个人在风景名胜区内进行开荒、修坟立碑等破坏景观、植被、地形地貌活动的，由风景名胜区管理机构责令停止违法行为、限期恢复原状或者采取其他补救措施，没收违法所得，并处1000元以上1万元以下罚款。

（5）《条例》第44条规定，在景物、设施上刻画、涂污或者在风景名胜区内乱扔垃圾的，由风景名胜区管理机构责令恢复原状或者采取其他补救措施，处50元的罚款；刻画、涂污或者以其他方式故意损坏国家保护的文物、名胜古迹的，按照《治安管理处罚法》的有关规定予以处罚；构成犯罪的，追究刑事责任。

（6）《条例》第45条规定，未经风景名胜区管理机构审核，在风景名胜区内进行下列活动的，由风景名胜区管理机构责令停止违法行为、限期恢复原状或者采取其他补救措施，没收违法所得，并处5万元以上10万元以下的罚款；情节严重的，并处10万元以上20万元以下的罚款：①设置、张贴商业广告的；②举办大型游乐等活动的；③改变水资源、水环境自然状态的；④其他影响生态和景观的活动。

五、风景名胜资源的利用和管理制度

1. 开发利用原则

《条例》第32条规定，风景名胜区管理机构应当根据风景名胜区的特点，保护民族民间传统文化，开展健康有益的游览观光和文化娱乐活动，普及历史文化和科学知识。

2. 监督检查和评估

《条例》第35条规定，国务院建设主管部门应当对国家级风景名胜区的规划实施情况、资源保护状况进行监督检查和评估，对发现的问题及时纠正、处理。

3. 安全保障

《条例》第36条规定，风景名胜区管理机构应当建立健全安全保障制度，加强安全管理，保障游览安全，并督促风景名胜区内经营单位接受有关部门依据法律、法规进行的监督检查。禁止超过允许容量接纳游客和在没有安全保障的区域开展游览活动。

4. 门票和资源有偿使用

《条例》第37条规定，进入风景名胜区的门票，由风景名胜区管理机构负责出售。门票价格依照有关价格的法律、法规的规定执行。风景名胜区的门票收入和风景名胜资源有偿使用费，实行收支两条线管理，收入和使用费应当专门用于风景名胜资源的保护和管理以及对风景名胜区内财产的所有权人、使用权人损失的补偿。

5. 经营项目的管理

《条例》第37条规定，风景名胜区内的交通、服务等项目，应当由风景名胜区管理机构依照法律、法规和风景名胜区规划，采用招标等公平竞争方式确定经营者。风景名胜区管理机构应当与经营者签订合同，依法确定各自的权利义务。经营者应当缴纳风景名胜资源有偿使用费。第39条规定，风景名胜区管理机构不得从事以营利为目的的经营活动，不得将规划、管理和监督等行政管理职能委托给企业或者个人行使。管理机构的工作人员不得在区内的企业兼职。

6. 法律责任

（1）《条例》第46条规定，施工单位在施工过程中，对周围景物、水体、林木植被、野生动物资源和地形地貌造成破坏的，由风景名胜区管理机构责令停止违法行为、限期恢复原状或者采取其他补救措施，并处2万元以上10万元以下的罚款；逾期未恢复原状或者未采取有效措施的，由风景名胜区管理机构责令停止施工。

（2）《条例》第48条规定，风景名胜区管理机构有下列行为之一的，由设立该风景名胜区管理机构县级以上地方人民政府责令改正；情节严重的，对直接负责的主管人员和其他责任人员给予降级或者撤职的处分；构成犯罪的，依法追究刑事责任：①超过允许容量接纳游客或者在没有安全保障的区域开展游览活动的；②未设置风景名胜区标识和路标、安全警示等标牌的；③从事以营利为目的的经营活动的；④将规划、管理和监督等行政管理职能委托给企业或者个人行使的；⑤允许风景名胜区管理机构的工作人员在风景

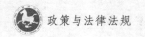

名胜区内兼职的；⑥审核同意在风景名胜区内进行不符合风景名胜区规划的建设活动的；⑦发现违法行为不查处的。

第二节　自然保护区法律制度

一、自然保护区的概念及其设立条件

1. 自然保护区的概念

根据我国 1994 年 10 月 9 日颁布并于同年 12 月 1 日起实施的《中华人民共和国自然保护区条例》(以下简称《条例》)第 2 条的规定，自然保护区，是指对有代表性的自然生态系统，珍稀濒危野生动植物物种的天然集中分布区和有特殊意义的自然遗址等保护对象所在的陆地、水体或者海域，依法划出一定面积予以特殊保护和管理的区域。

2. 自然保护区的设立条件

《条例》第 10 条规定，凡具有下列条件之一的，应当建立自然保护区：①典型的自然地理区域、有代表性的自然生态系统区域以及已经遭受破坏但经保护能够恢复的同类自然生态系统区域；②珍稀、濒危野生动植物物种的天然集中分布区域；③具有特殊保护价值的海域、海岸、岛屿、湿地、内陆水域、森林、草原和荒漠；④具有重大科学文化价值的地质构造、著名溶洞、化石分布区、冰川、温泉等自然遗址；⑤经国务院或者省、自治区、直辖市人民政府批准，需要予以特殊保护的其他自然区域。

二、自然保护区的等级与区域构成

1. 自然保护区的等级

《条例》第 11 条规定，自然保护区分为国家级自然保护区和地方级自然保护区。国家级自然保护区指在国内外有典型意义，在科学上有重大国际影响或者有特殊科学研究价值的自然保护区。地方级自然保护区指除国家级自然保护区外，其他具有典型意义或者重要科学研究价值的自然保护区。

2. 自然保护区的区域构成

《条例》第 18 条规定，自然保护区划分为核心区、缓冲区和实验区。

（1）核心区。核心区是自然保护区内保存完好的天然状态的生态系统以及珍稀、濒危动植物的集中分布区。该区非经省级以上人民政府有关自然保护区行政管理部门批准，禁止任何单位和个人进入，一般也不允许进入从事科学研究活动。

（2）缓冲区。缓冲区是在核心区外围划定的一定面积的区域。这里只准进入从事科学研究和观测活动。

（3）实验区。实验区指缓冲区的外围区域。这里可进入从事科学实验、教学实习、参观考察、旅游以及驯化、繁殖珍稀、濒危野生动植物活动等。

三、自然保护区的管理及其法律责任

1. 自然保护区的管理机构

《条例》第8条规定，国家对自然保护区实行综合管理与分部门管理相结合的管理体制。国务院环境保护行政主管部门负责全国自然保护区的综合管理。国务院林业、农业、地质矿产、水利、海洋等有关行政主管部门在各自职责范围内，主管有关的自然保护区。县级以上地方人民政府负责自然保护区管理部门的设置和职责，由省级人民政府根据当地具体情况确定。

《条例》第21条规定，国家级自然保护区，由其所在地的省级人民政府有关自然保护区行政主管部门或者国务院有关自然保护区行政主管部门管理。地方级自然保护区，由其所在地的县级以上人民政府有关自然保护区行政主管部门管理。有关自然保护区行政主管部门应当在自然保护区内设立专门管理机构，配备专业技术人员，负责自然保护区的具体管理工作。

2. 自然保护区的管理制度

凡在中华人民共和国领域和中华人民共和国管辖的其他海域内建设和管理自然保护区，都必须遵守《条例》。

对自然保护区的管理，《条例》主要规定了以下三个方面的内容：

（1）范围和界线的确定。《条例》第14条规定，自然保护区的范围和界线由批准建立自然保护区的人民政府确定，并标明区界，予以公告。

（2）自然保护区的规划。《条例》第17条规定，国务院环境行政主管部门会同国务院有关自然保护区行政主管部门，在对全国自然环境和自然资源状况进行调查评价的基础上，拟定国家自然保护区发展规划，经国务院计划

部门综合平衡后，报国务院批准实施。

（3）自然保护区管理的禁止性和义务性规定。①《条例》第26条规定，禁止在自然保护区内进行砍伐、放牧、狩猎、捕捞、采药、开垦、烧荒、开矿、采石、挖沙等活动，但法律、行政法规另有规定的除外。②《条例》第28条规定，禁止在自然保护区的缓冲区开展旅游和生产经营活动。因教学科研需要进入该缓冲区进行工作的，须经保护区管理机构批准。③《条例》第32条规定，在自然保护区的核心区和缓冲区内，不得建设任何生产设施。在自然保护区的实验区内，不得建设污染环境、破坏环境或者景观的生产设施。④《条例》第25条规定，经批准在自然保护区的实验区开展旅游、参观活动的，应当服从自然保护区管理机构的管理。⑤《条例》第31条规定，外国人进入地方级自然保护区的，应当事先向自然保护区管理机构提交活动计划，并经自然保护区管理机构批准；其中，进入国家级自然保护区的，应当经省、自治区、直辖市环境保护、海洋、渔业等有关自然保护区行政主管部门按照各自职责批准。进入自然保护区的外国人，应当遵守有关自然保护区的法律、法规和规定，未经批准，不得在自然保护区内从事采集标本等活动。

3. 法律责任

（1）《条例》第34条规定，有下列行为之一的单位和个人，由自然保护区管理机构责令其改正，并可以根据不同情节处以100元以上5000元以下的罚款：①擅自移动或者破坏自然保护区界标的；②未经批准进入自然保护区或者在自然保护区内不服从管理机构管理的；③经批准在自然保护区的缓冲区内从事科学研究、教学实习和标本采集，不向自然保护区管理机构提交活动成果副本的。

（2）《条例》第35条规定，在自然保护区进行砍伐、放牧、狩猎、捕捞、采药、开垦、烧荒、开矿、采石、挖沙等活动的单位和个人，除可以依照有关法律、行政法规规定给予处罚的以外，由县级以上人民政府有关自然保护区行政主管部门或者其授权的自然保护区管理机构没收违法所得，责令停止违法行为，限期恢复原状或者采取其他补救措施；对自然保护区造成破坏的，可以处以300元以上10000元以下的罚款。

（3）《条例》第36条规定，自然保护区管理机构违反《条例》规定，拒绝环境保护行政主管部门或者有关自然保护区行政主管部门监督检查，或者在被检查时弄虚作假的，由县级以上人民政府环境保护行政主管部门或者有关自然保护区行政主管部门给予 300 元以上 3000 元以下的罚款。

第三节 野生动植物保护法律制度

一、概述

1.野生动植物的概念

（1）野生动物的概念。为保护野生动物，拯救珍贵、濒危野生动物，维护生物多样性和生态平衡，推进生态文明建设，我国于 2016 年 7 月 2 日修订通过，并于 2017 年 1 月 1 日起施行《中华人民共和国野生动物保护法》（以下简称《野生动物保护法》）。根据该法第 2 条规定，野生动物是指珍贵、濒危的陆生、水生野生动物和有重要生态、科学、社会价值的陆生野生动物。

（2）野生植物的概念。为保护、发展和合理利用野生植物资源，保护生物多样性，维护生态平衡，我国于 2017 年 10 月 7 日重新修订，并于公布之日起施行《中华人民共和国野生植物保护条例》（以下简称《野生植物保护条例》）。根据该条例第 2 条规定，野生植物是指原生地天然生长的珍贵植物和原生地天然生长并具有重要经济、科学研究、文化价值的濒危、稀有植物。

2.管理方针原则

（1）野生动物的管理原则。《野生动物保护法》第 4 条规定，国家对野生动物实行保护优先、规范利用、严格监管的原则，鼓励开展野生动物科学研究，培育公民保护野生动物的意识，促进人与自然和谐发展。

（2）野生植物的管理方针。《野生植物保护条例》第 3 条规定，国家对野生植物资源实行加强保护、积极发展、合理利用的方针。国家保护依法开发利用和经营管理野生植物资源的单位和个人的合法权益，鼓励和支持野生植物科学研究、野生植物的就地保护和迁地保护，在野生植物资源保护、科学研究、培育利用和宣传教育方面成绩显著的单位和个人，由人民政府给予

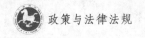

奖励。

3. 主管部门

（1）野生动物的主管部门。《野生动物保护法》第7条规定，国务院林业草原、渔业主管部门分别主管全国陆生、水生野生动物保护工作。县级以上地方人民政府林业草原、渔业主管部门分别主管本行政区域内陆生、水生野生动物保护工作。第5条规定，县级以上人民政府应当制定野生动物及其栖息地相关保护规划和措施，并将野生动物保护经费纳入预算。

（2）野生植物的主管部门。《野生植物保护条例》第8条规定，国务院林业行政主管部门主管全国林区内野生植物和林区外珍贵野生树木的监督管理工作；国务院农业行政主管部门主管全国其他野生植物的监督管理工作。国务院建设行政部门负责城市园林、风景名胜区内野生植物的监督管理工作；国务院环境保护部门负责对全国野生植物环境保护工作的协调和监督；国务院其他有关部门依照职责分工负责有关的野生植物保护工作。县级以上地方人民政府负责野生植物管理工作的部门及其职责，由省、自治区、直辖市人民政府根据当地具体情况规定。

二、野生动植物的保护

1. 野生动物的保护

（1）分类分级保护制度。《野生动物保护法》第10条规定，国家对珍贵、濒危的野生动物实行重点保护。

国家重点保护的野生动物分为一级保护野生动物和二级保护野生动物。国家重点保护野生动物名录，由国务院野生动物保护主管部门组织科学评估后制定，并每5年根据评估情况确定对名录进行调整，后报国务院批准公布。

地方重点保护野生动物，是指国家重点保护野生动物以外，由省、自治区、直辖市重点保护的野生动物。地方重点保护野生动物名录，由省、自治区、直辖市人民政府组织科学评估后制定、调整并公布。

有重要生态、科学、社会价值的陆生野生动物名录，由国务院野生动物保护主管部门组织科学评估后制定、调整并公布。

（2）调查监测评估制度。《野生动物保护法》第11条规定，县级以上人民政府野生动物保护主管部门，应定期组织或者委托有关科学研究机构对野生动物及其栖息地状况进行调查、监测和评估，建立健全野生动物及其栖息地档案。

对野生动物及其栖息地状况的调查、监测和评估应包括以下内容：①野生动物野外分布区域、种群数量及结构；②野生动物栖息地的面积、生态状况；③野生动物及其栖息地的主要威胁因素；④野生动物人工繁育情况等其他需要调查、监测和评估的内容。

（3）各方参与的保护制度。《野生动物保护法》第6条规定，任何组织和个人都有保护野生动物及其栖息地的义务。任何组织和个人都有权向有关部门和机关举报或者控告违反《野生动物保护法》的行为。第5条规定，国家鼓励公民、法人和其他组织依法通过捐赠、资助、志愿服务等方式参与野生动物保护活动，支持野生动物保护公益事业。第8条规定，各级人民政府应当加强野生动物保护的宣传教育和科学知识普及工作，鼓励和支持基层群众性自治组织、社会组织、企业事业单位、志愿者开展野生动物保护法律法规和保护知识的宣传活动。教育行政部门、学校应当对学生进行野生动物保护知识教育。新闻媒体应当开展野生动物保护法律法规和保护知识的宣传，对违法行为进行舆论监督。

（4）应急救助制度。

①应急救助与收容救护。《野生动物保护法》第15条规定，国家或者地方重点保护野生动物受到自然灾害、重大环境污染事故等突发事件威胁时，当地人民政府应当及时采取应急救助措施。县级以上人民政府野生动物保护主管部门应当按照国家有关规定组织开展野生动物收容救护工作。

②疫源疫病防控。《野生动物保护法》第16条规定，县级以上人民政府野生动物保护主管部门、兽医主管部门，应当按照职责分工对野生动物疫源疫病进行监测，组织开展预测、预报等工作，并按照规定制定野生动物疫情应急预案，报同级人民政府批准或者备案。县级以上人民政府野生动物保护主管部门、兽医主管部门、卫生主管部门，应当按照职责分工负责与人畜共患传染病有关的动物传染病的防治管理工作。

③遗传资源管理。《野生动物保护法》第17条规定，国家加强对野生动物遗传资源的保护，对濒危野生动物实施抢救性保护。国务院野生动物保护

主管部门应当会同国务院有关部门制定有关野生动物遗传资源保护和利用规划，建立国家野生动物遗传资源基因库，对原产我国的珍贵、濒危野生动物遗传资源实行重点保护。

（5）危害预防与致害补偿制度。《野生动物保护法》第18条规定，有关地方人民政府应当采取措施，预防、控制野生动物可能造成的危害，保障人畜安全和农业、林业生产。第19条规定，因保护本法规定保护的野生动物，造成人员伤亡、农作物或者其他财产损失的，由当地人民政府给予补偿。有关地方人民政府采取预防、控制国家重点保护野生动物造成危害的措施以及实行补偿所需经费，由中央财政按照国家有关规定予以补助。

2. 野生植物的保护

（1）分类分级保护制度。《野生植物保护条例》第9条规定，国家保护野生植物及其生长环境。禁止任何单位和个人非法采集野生植物或者破坏其生长环境。

依据《野生植物保护条例》第10条，野生植物分为国家重点保护野生植物和地方重点保护野生植物。其中国家重点保护野生植物又分为国家一级保护野生植物和国家二级保护野生植物。国家重点保护野生植物名录，由国务院林业行政主管部门、农业行政主管部门商国务院环境保护、建设等有关部门制定，报国务院批准公布；地方重点保护野生植物，是指国家重点保护野生植物以外，由省、自治区、直辖市保护的野生植物。地方重点保护野生植物名录，由省、自治区、直辖市人民政府制定并公布，报国务院备案。

（2）保护区（点）制度。《野生植物保护条例》第11条规定，在国家重点保护野生植物物种和地方重点保护野生植物物种的天然集中分布区域，应当依照有关法律、行政法规的规定，建立自然保护区；在其他区域，县级以上地方人民政府野生植物行政主管部门和其他有关部门可以根据实际情况建立国家重点保护野生植物和地方重点保护野生植物的保护点或者设立保护标志。禁止破坏国家重点保护野生植物和地方重点保护野生植物的保护点的保护设施和保护标志。

（3）监测调查评价制度。《野生植物保护条例》第12条规定，野生植物行政主管部门及其他有关部门应当监视、监测环境对国家重点保护野生植物生长和地方重点保护野生植物生长的影响，并采取措施，维护和改善国家重点保护野生植物和地方重点保护野生植物的生长条件。由于环境影响对国家重点保护野生植物和地方重点保护野生植物的生长造成危害时，野生植物行政主管部门应当会同其他有关部门调查并依法处理。

依据《野生植物保护条例》第 13 条，建设项目对国家重点保护野生植物和地方重点保护野生植物的生长环境产生不利影响的，建设单位提交的环境影响报告书中必须对此做出评价；环境保护部门在审批环境影响报告书时，应当征求野生植物行政主管部门的意见。第 14 条规定，野生植物行政主管部门和有关单位对生长受到威胁的国家重点保护野生植物和地方重点保护野生植物应当采取拯救措施，保护或者恢复其生长环境，必要时应当建立繁育基地、种质资源库或者采取迁地保护措施。

三、野生动植物的管理

1. 野生动物的管理

（1）禁止妨碍野生动物生息繁衍活动。《野生动物保护法》第 20 条规定，在相关自然保护区域和禁猎（渔）区、禁猎（渔）期内，禁止猎捕以及其他妨碍野生动物生息繁衍的活动，但法律法规另有规定的除外。野生动物迁徙洄游期间，在前款规定区域外的迁徙洄游通道内，禁止猎捕并严格限制其他妨碍野生动物生息繁衍的活动。

（2）禁止猎捕、杀害国家重点保护野生动物。《野生动物保护法》第 21 条规定，因科学研究、种群调控、疫源疫病监测或者其他特殊情况，需要猎捕国家一级保护野生动物的，应当向国务院野生动物保护主管部门申请特许猎捕证；需要猎捕国家二级保护野生动物的，应当向省、自治区、直辖市人民政府野生动物保护主管部门申请特许猎捕证。第 22 条规定，猎捕非国家重点保护野生动物的，应当依法取得县级以上地方人民政府野生动物保护主管部门核发的狩猎证，并且服从猎捕量限额管理。第 23 条规定，猎捕者应当按照特许猎捕证、狩猎证规定的种类、数量、地点、工具、方法和期限进行猎捕。持枪猎捕的，应当依法取得公安机关核发的持枪证。

（3）禁止使用杀伤性捕猎工具和方法猎捕野生动物。《野生动物保护法》第 24 条规定，禁止使用毒药、爆炸物、电击或者电子诱捕装置以及猎套、猎夹、地枪、排铳等工具进行猎捕，禁止使用夜间照明行猎、歼灭性围猎、捣毁巢穴、火攻、烟熏、网捕等方法进行猎捕，但因科学研究确需网捕、电子诱捕的除外。

（4）禁止出售、购买、利用国家重点保护野生动物及其制品。《野生动物保护法》第27条规定，因科学研究、人工繁育、公众展示展演、文物保护或者其他特殊情况，需要出售、购买、利用国家重点保护野生动物及其制品的，应当经省、自治区、直辖市人民政府野生动物保护主管部门批准，并按照规定取得和使用专用标识，保证可追溯，但国务院对批准机关另有规定的除外。

（5）禁止生产经营和滥食野生动物及其制品。《野生动物保护法》第30条规定，禁止生产、经营使用国家重点保护野生动物及其制品制作的食品，或者使用没有合法来源证明的非国家重点保护野生动物及其制品制作的食品。禁止为食用非法购买国家重点保护的野生动物及其制品。第31条规定，禁止为出售、购买、利用野生动物或者禁止使用的猎捕工具发布广告。禁止为违法出售、购买、利用野生动物制品发布广告。第32条规定，禁止网络交易平台、商品交易市场等交易场所，为违法出售、购买、利用野生动物及其制品或者禁止使用的猎捕工具提供交易服务。

（6）禁止伪造、变造批准文件。《野生动物保护法》第39条规定，禁止伪造、变造、买卖、转让、租借特许猎捕证、狩猎证、人工繁育许可证及专用标识，出售、购买、利用国家重点保护野生动物及其制品的批准文件，或者允许进出口证明书、进出口等批准文件。

2. 野生植物的管理

（1）调查建档制度。依据《野生植物保护条例》第15条，野生植物行政主管部门应当定期组织国家重点保护野生植物和地方重点保护野生植物资源调查，建立资源档案。

（2）采集管理制度。《野生植物保护条例》第16条规定，禁止采集国家一级保护野生植物。

因科学研究、人工培育、文化交流等特殊需要，采集国家一级保护野生植物的，应当按照管理权限向国务院林业行政主管部门或者其授权的机构申请采集证；或者向采集地的省、自治区、直辖市人民政府农业行政主管部门或者其授权的机构申请采集证。采集国家二级保护野生植物的，必须经采集地的县级人民政府野生植物行政主管部门签署意见后，向省、自治区、直辖市人民政府野生植物行政主管部门或者其授权的机构申请采集证。

采集城市园林或者风景名胜区内的国家一级或者二级保护野生植物的，须先征得城市园林或者风景名胜区管理机构同意并申请采集证；采集珍贵野生树木或者林区内、草原上的野生植物的，依照森林法、草原法的规定办理。野生植物行政主管部门发放采集证后，应当抄送环境保护部门备案；采集证的格式由国务院野生植物行政主管部门制定。

依据《野生植物保护条例》第17条，采集国家重点保护野生植物的单位和个人，必须按照采集证规定的种类、数量、地点、期限和方法进行采集。县级人民政府野生植物行政主管部门对在本行政区域内采集国家重点保护野生植物的活动，应当进行监督检查，并及时报告批准采集的野生植物行政主管部门或者其授权的机构。

（3）出售、收购制度。《野生植物保护条例》第18条规定，禁止出售、收购国家一级保护野生植物。出售、收购国家二级保护野生植物的，必须经省、自治区、直辖市人民政府野生植物行政主管部门或者其授权的机构批准。

（4）进出口管理制度。依据《野生植物保护条例》第20条，出口国家重点保护野生植物或者进出口中国参加的国际公约所限制进出口的野生植物的，应当按照管理权限经国务院林业行政主管部门批准，或者经进出口者所在地的省、自治区、直辖市人民政府农业行政主管部门审核后报国务院农业行政主管部门批准，并取得国家濒危物种进出口管理机构核发的允许进出口证明书或者标签。海关凭允许进出口证明书或者标签查验放行。国务院野生植物行政主管部门应当将有关野生植物进出口的资料抄送国务院环境保护部门。

国家禁止出口未定名的或者新发现并有重要价值的野生植物。

（5）外国人管理制度。依据《野生植物保护条例》第21条，外国人不得在中国境内采集或者收购国家重点保护野生植物。

外国人在中国境内对农业行政主管部门管理的国家重点保护野生植物进行野外考察的，应当经农业行政主管部门管理的国家重点保护野生植物所在地的省、自治区、直辖市人民政府农业行政主管部门批准。

四、法律责任

1.野生动物管理的法律责任

（1）监管部门及工作人员的法律责任。《野生动物保护法》第42条规定，野生动物保护主管部门或者其他有关部门、机关不依法做出行政许可决定，发现违法行为或者接到对违法行为的举报不予查处或者不依法查处，或者有滥用职权等其他不依法履行职责的行为的，由本级人民政府或者上级人民政府有关部门、机关责令改正，对负有责任的主管人员和其他直接责任人员依法给予记过、记大过或者降级处分；造成严重后果的，给予撤职或者开除处分，其主要负责人应当引咎辞职；构成犯罪的，依法追究刑事责任。

（2）禁止行为及其法律责任。

①《野生动物保护法》第44条规定，以收容救护为名买卖野生动物及其制品的，由县级以上人民政府野生动物保护主管部门没收野生动物及其制品、违法所得，并处野生动物及其制品价值2倍以上10倍以下的罚款，将有关违法信息记入社会诚信档案，向社会公布；构成犯罪的，依法追究刑事责任。

②《野生动物保护法》第48条规定，未经批准、未取得或者未按照规定使用专用标识，或者未持有、未附有人工繁育许可证、批准文件的副本或者专用标识出售、购买、利用、运输、携带、寄递国家重点保护野生动物及其制品或者人工繁育技术成熟稳定的野生动物及其制品的，由县级以上人民政府野生动物保护主管部门或者市场监督管理部门按照职责分工没收野生动物及其制品和违法所得，并处野生动物及其制品价值2倍以上10倍以下的罚款；情节严重的，吊销人工繁育许可证、撤销批准文件、收回专用标识；构成犯罪的，依法追究刑事责任。

未持有合法来源证明出售、利用、运输非国家重点保护野生动物的，由县级以上地方人民政府野生动物保护主管部门或者市场监督管理部门按照职责分工没收野生动物，并处野生动物价值1倍以上5倍以下的罚款。

③《野生动物保护法》第50条规定，为出售、购买、利用野生动物及其制品或者禁止使用的猎捕工具发布广告的，依照《中华人民共和国广告法》的规定处罚。

④《野生动物保护法》第 51 条规定，为违法出售、购买、利用野生动物及其制品或者禁止使用的猎捕工具提供交易服务的，由县级以上人民政府市场监督管理部门责令停止违法行为，限期改正，没收违法所得，并处违法所得 2 倍以上 5 倍以下的罚款；没有违法所得的，处 1 万元以上 5 万元以下的罚款；构成犯罪的，依法追究刑事责任。

⑤《野生动物保护法》第 52 条规定，非法进出口野生动物或者其制品的，由海关、公安机关、海洋执法部门依照法律、行政法规和国家有关规定处罚；构成犯罪的，依法追究刑事责任。

2. 野生植物管理的法律责任

（1）监管部门及工作人员的法律责任。《野生植物保护条例》第 29 条规定，野生植物行政主管部门的工作人员滥用职权、玩忽职守、徇私舞弊，构成犯罪的，依法追究刑事责任；尚不构成犯罪的，依法给予行政处分。

（2）禁止行为及其法律责任。

①《野生植物保护条例》第 23 条规定，未取得采集证或者未按照采集证的规定采集国家重点保护野生植物的，由野生植物行政主管部门没收所采集的野生植物和违法所得，可以并处违法所得 10 倍以下的罚款；有采集证的，并可以吊销采集证。

②《野生植物保护条例》第 24 条规定，违反本条例规定，出售、收购国家重点保护野生植物的，由工商行政管理部门或者野生植物行政主管部门按照职责分工没收野生植物和违法所得，可以并处违法所得 10 倍以下的罚款。

③《野生植物保护条例》第 25 条规定，非法进出口野生植物的，由海关依照《海关法》的规定处罚。

④《野生植物保护条例》第 26 条规定，伪造、倒卖、转让采集证、允许进出口证明书或者有关批准文件、标签的，由野生植物行政主管部门或者工商行政管理部门按照职责分工收缴，没收违法所得，可以并处 5 万元以下的罚款。

⑤《野生植物保护条例》第 27 条规定，外国人在中国境内采集、收购国家重点保护野生植物，或者未经批准对农业行政主管部门管理的国家重点保护野生植物进行野外考察的，由野生植物行政主管部门没收所采集、收购的野生植物和考察资料，可以并处 5 万元以下的罚款。

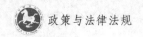

第四节 文物保护法律制度

一、文物及其保护范围

1. 文物的概念

文物是指人们在社会生产和生活中所形成的历史文化遗产，包括古代建筑、历史遗迹、生产和生活用品、工艺美术品等。

2. 文物的保护范围

我国《宪法》第 22 条规定："国家保护名胜古迹、珍贵文物和其他重要历史文化遗产。"《中华人民共和国文物保护法》（以下简称《文物保护法》）第 2 条明确规定下列文物受国家法律保护：①具有历史、艺术、科学价值的古文化遗址、古墓葬、古建筑、石窟寺和石刻、壁画；②与重大历史事件、革命运动或者著名人物有关的以及具有重要纪念意义、教育意义或者史料价值的近现代重要史迹、实物、代表性建筑；③历史上各时代珍贵的艺术品、工艺美术品；④历史上各时代重要的文献资料以及具有历史、艺术、科学价值的手稿和图书资料等；⑤反映历史上各时代、各民族社会制度、社会生产、社会生活的代表性实物。此外，具有科学价值的古脊椎动物化石和古人类化石同文物一样受国家的保护。

二、文物的分类

1. 不可移动文物与可移动文物

（1）不可移动文物。《文物保护法》第 3 条规定，古文化遗址、古墓葬、古建筑、石窟寺、石刻、壁画、近代现代重要史迹和代表性建筑等不可移动文物，根据它们的历史、艺术、科学价值，可以分别确定为全国重点文物保护单位，省级文物保护单位，市、县级文物保护单位。

（2）可移动文物。《文物保护法》第 3 条规定，历史上各时代重要实物、艺术品、文献、手稿、图书资料、代表性实物等可移动文物，分为珍贵文物和一般文物；珍贵文物分为一级文物、二级文物、三级文物。

2. 馆藏文物与民间收藏文物

（1）馆藏文物是指博物馆、图书馆和其他文物收藏单位收藏的文物。《文物保护法》第 36 条规定，对馆藏文物必须区分文物等级，设置藏品档案，建立严格的管理制度，并向文物行政主管部门备案。县级以上地方人民政府文物行政部门应当分别建立本行政区域内的馆藏文物档案；国务院文物行政部门应当建立国家一级文物藏品档案和其主管的国有文物收藏单位馆藏文物档案。第 37 条规定，文物收藏单位可以通过下列方式取得文物：①购买；②接受捐赠；③依法交换；④法律、行政法规规定的其他方式；⑤国有文物收藏单位还可以通过文物行政部门指定保管或者调拨方式取得文物。

（2）民间收藏文物是指文物收藏单位以外的公民、法人和其他组织通过一定方式取得的收藏的文物。《文物保护法》第 50 条规定，民间收藏文物可以通过下列方式取得：①依法继承或者接受赠予；②从文物商店购买；③从经营文物拍卖的拍卖企业购买；④公民个人合法所有的文物相互交换或者依法转让；⑤国家规定的其他合法方式。文物收藏单位以外的公民、法人和其他组织合法收藏的文物可以依法流通。但是，国有文物，非国有馆藏珍贵文物，国有不可移动文物中的壁画、雕塑、建筑构件（依法拆除的国有不可移动文物中的壁画、雕塑、建筑构件等不属于应由文物收藏单位收藏的除外），来源不合法的文物不得买卖。

三、文物出境进境法律制度

《文物保护法》第 60 条规定，国有文物、非国有文物中的珍贵文物和国家规定禁止出境的其他文物，不得出境；但是依照法律规定出境展览或者因特殊需要经国务院批准出境的除外。

《文物保护法》第 61 条规定，文物出境，应当经国务院文物行政部门指定的文物进出境审核机构审核。经审核允许出境的文物，由国务院文物行政部门发给文物出境许可证，从国务院文物行政部门指定的口岸出境。任何单位或者个人运送、邮寄、携带文物出境，应当向海关申报；海关凭文物出境许可证放行。

《文物保护法》第 62 条规定，文物出境展览，应当报国务院文物行政部门批准；一级文物超过国务院规定数量的，应当报国务院批准。一级文物中的孤品和易损品，禁止出境展览。出境展览的文物出境，由文物进出境审核

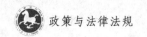

机构审核、登记。海关凭国务院文物行政部门或者国务院的批准文件放行。出境展览的文物复进境，由原文物进出境审核机构审核查验。

《文物保护法》第63条规定，文物临时进境，应当向海关申报，并报文物进出境审核机构审核、登记。临时进境的文物复出境，必须经原审核、登记的文物进出境审核机构审核查验；经审核查验无误的，由国务院文物行政部门发给文物出境许可证，海关凭文物出境许可证放行。

四、法律责任

1. 民事责任

《文物保护法》第65条规定，违反法律规定，造成文物灭失、损毁的单位和个人，应当依法承担民事责任。

2. 行政责任

《文物保护法》第65条规定，违反本法的规定，情节尚不严重的，由有关机关给予行政处罚。构成违反治安管理行为的，由公安机关依法给予治安管理处罚。违反法律规定，构成走私行为，尚不构成犯罪的，由海关依照有关法律、行政法规的规定给予处罚。

3. 刑事责任

《文物保护法》第64条规定，有下列行为之一，构成犯罪的，依法追究刑事责任：①盗掘古文化遗址、古墓葬的；②故意或者过失损毁国家保护的珍贵文物的；③擅自将国有馆藏文物出售或者私自送给非国有单位或者个人的；④将国家禁止出境的珍贵文物私自出售或者送给外国人的；⑤以谋利为目的倒卖国家禁止经营的文物的；⑥走私文物的；⑦盗窃、哄抢、私分或者非法侵占国有文物的；⑧应当追究刑事责任的其他妨害文物管理的行为。

第五节　博物馆管理法律制度

一、概述

1. 博物馆的概念及其分类

为促进博物馆事业发展，发挥博物馆功能，满足公民精神文化需求，提高公民思想道德和科学文化素质，国务院于 2015 年 2 月 9 日发布《博物馆条例》（以下简称《条例》）；为规范博物馆管理工作，促进博物馆事业发展，文化部于 2005 年 12 月 22 日发布《博物馆管理办法》（以下简称《办法》）。

《条例》第 2 条规定，博物馆是指以教育、研究和欣赏为目的，收藏、保护并向公众展示人类活动和自然环境的见证物，经登记管理机关依法登记的非营利组织。

博物馆包括国有博物馆和非国有博物馆。其中利用或者主要利用国有资产设立的博物馆为国有博物馆；利用或者主要利用非国有资产设立的博物馆为非国有博物馆。国家在博物馆的设立条件、提供社会服务、规范管理、专业技术职称评定、财税扶持政策等方面，公平对待国有和非国有博物馆。

2. 服务原则

《条例》第 3 条规定，博物馆开展社会服务应当坚持为人民服务、为社会主义服务的方向和贴近实际、贴近生活、贴近群众的原则，丰富人民群众精神文化生活。

二、博物馆的设立

1. 设立条件

《条例》第 10 条规定，设立博物馆，应当具备下列条件：①固定的馆址以及符合国家规定的展室、藏品保管场所；②相应数量的藏品以及必要的研究资料，并能够形成陈列展览体系；③与其规模和功能相适应的专业技术人员；④必要的办馆资金和稳定的运行经费来源；⑤确保观众人身安全的设施、制度及应急预案。

2. 制定章程

根据《条例》第 11 条规定，设立博物馆，应当制定章程。章程应当包括下列事项：①博物馆名称、馆址；②办馆宗旨及业务范围；③组织管理制度，包括理事会或者其他形式决策机构的产生办法、人员构成、任期、议事规则等；④藏品展示、保护、管理、处置的规则；⑤资产管理和使用规则；⑥章程修改程序；⑦终止程序和终止后资产的处理；⑧其他需要由章程规定的事项。

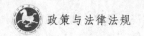

3. 备案制度

（1）国有博物馆。《条例》第 12 条规定，国有博物馆的设立、变更、终止依照有关事业单位登记管理法律、行政法规的规定办理，并应当向馆址所在地省、自治区、直辖市人民政府文物主管部门备案。

（2）古生物化石博物馆。《条例》第 13 条规定，藏品属于古生物化石的博物馆，其设立、变更、终止应当遵守有关古生物化石保护法律、行政法规的规定，并向馆址所在地省、自治区、直辖市人民政府文物主管部门备案。

（3）非国有博物馆。《条例》第 14 条规定，设立藏品不属于古生物化石的非国有博物馆的，应当向馆址所在地省、自治区、直辖市人民政府文物主管部门备案，并提交下列材料：①博物馆章程草案；②馆舍所有权或者使用权证明，展室和藏品保管场所的环境条件符合藏品展示、保护、管理需要的论证材料；③藏品目录、藏品概述及藏品合法来源说明；④出资证明或者验资报告；⑤专业技术人员和管理人员的基本情况；⑥陈列展览方案。

《条例》第 15 条规定，设立藏品不属于古生物化石的非国有博物馆的，应当到有关登记管理机关依法办理法人登记手续；有变更、终止行为的，应当到有关登记管理机关依法办理变更登记、注销登记，并向馆址所在地省、自治区、直辖市人民政府文物主管部门备案。

三、博物馆的管理

1. 管理部门

《条例》第 7 条规定，国家文物主管部门负责全国博物馆监督管理工作。国务院其他有关部门在各自职责范围内负责有关的博物馆管理工作。

县级以上地方人民政府文物主管部门负责本行政区域的博物馆监督管理工作。县级以上地方人民政府其他有关部门在各自职责范围内负责本行政区域内有关的博物馆管理工作。

2. 管理制度

（1）组织管理制度。《条例》第 17 条规定，博物馆应当完善法人治理结构，建立健全有关组织管理制度。第 18 条规定，博物馆专业技术人员按照国家有关规定评定专业技术职称。

（2）使用管理制度。《条例》第 19 条规定，博物馆依法管理和使用的资产，任何组织或者个人不得侵占。博物馆不得从事文物等藏品的商业经营活动。博物馆从事其他商业经营活动，不得违反办馆宗旨，不得损害观众利益。博物馆从事其他商业经营活动的具体办法由国家文物主管部门制定。

（3）捐赠管理制度。《条例》第20条规定，博物馆接受捐赠的，应当遵守有关法律、行政法规的规定。博物馆可以依法以举办者或者捐赠者的姓名、名称命名博物馆的馆舍或者其他设施；非国有博物馆还可以依法以举办者或者捐赠者的姓名、名称作为博物馆馆名。第21条规定，博物馆可以通过购买、接受捐赠、依法交换等法律、行政法规规定的方式取得藏品，不得取得来源不明或者来源不合法的藏品。

（4）档案管理制度。《条例》第22条规定，博物馆应当建立藏品账目及档案。藏品属于文物的，应当区分文物等级，单独设置文物档案，建立严格的管理制度，并报文物主管部门备案。未依照前款规定建账、建档的藏品，不得交换或者出借。

（5）安全管理制度。《条例》第23条规定，博物馆法定代表人对藏品安全负责。博物馆法定代表人、藏品管理人员离任前，应当办结藏品移交手续。

《条例》第24条规定，博物馆应当加强对藏品的安全管理，定期对保障藏品安全的设备、设施进行检查、维护，保证其正常运行。对珍贵藏品和易损藏品应当设立专库或者专用设备保存，并由专人负责保管。

（6）出入境及买卖管理制度。《条例》第25条规定，博物馆藏品属于国有文物、非国有文物中的珍贵文物和国家规定禁止出境的其他文物的，不得出境，不得转让、出租、质押给外国人。国有博物馆藏品属于文物的，不得赠与、出租或者出售给其他单位和个人。

《条例》第27条规定，博物馆藏品属于文物或者古生物化石的，其取得、保护、管理、展示、处置、进出境等还应当分别遵守有关文物保护、古生物化石保护的法律、行政法规的规定。

四、博物馆的社会服务

1. 陈列展览

《条例》第30条规定，博物馆举办陈列展览，应当遵守下列规定：①主题和内容应当符合宪法所确定的基本原则和维护国家安全与民族团结、弘扬爱国主义、倡导科学精神、普及科学知识、传播优秀文化、培养良好风尚、促进社会和谐、推动社会文明进步的要求；②与办馆宗旨相适应，突出藏品特色；③运用适当的技术、材料、工艺和表现手法，达到形式与内容的和谐统一；④展品以原件为主，使用复制品、仿制品应当明示；⑤采用多种形式提供科学、准确、生动的文字说明和讲解服务；⑥法律、行政法规的其他有关规定。陈列展览的主题和内容不适宜未成年人的，博物馆不得接纳未成年人。

《条例》第 31 条规定，博物馆举办陈列展览的，应当在陈列展览开始之日 10 个工作日前，将陈列展览主题、展品说明、讲解词等向陈列展览举办地的文物主管部门或者其他有关部门备案。各级人民政府文物主管部门和博物馆行业组织应当加强对博物馆陈列展览的指导和监督。

2. 公众开放制度

《条例》第 28 条规定，博物馆应当自取得登记证书之日起 6 个月内向公众开放。第 29 条规定，博物馆应当向公众公告具体开放时间。在国家法定节假日和学校寒暑假期间，博物馆应当开放。

《条例》第 33 条规定，国家鼓励博物馆向公众免费开放。县级以上人民政府应当对向公众免费开放的博物馆给予必要的经费支持。博物馆未实行免费开放的，其门票、收费的项目和标准按照国家有关规定执行，并在收费地点的醒目位置予以公布。博物馆未实行免费开放的，应当对未成年人、成年学生、教师、老年人、残疾人和军人等实行免费或者其他优惠。博物馆实行优惠的项目和标准应当向公众公告。

3. 社会教育与服务制度

（1）博物馆的义务。《条例》第 32 条规定，博物馆应当配备适当的专业人员，根据不同年龄段的未成年人接受能力进行讲解；学校寒暑假期间，具备条件的博物馆应当增设适合学生特点的陈列展览项目。

《条例》第 34 条规定，博物馆应当根据自身特点、条件，运用现代信息技术，开展形式多样、生动活泼的社会教育和服务活动，参与社区文化建设和对外文化交流与合作。国家鼓励博物馆挖掘藏品内涵，与文化创意、旅游等产业相结合，开发衍生产品，增强博物馆发展能力。

《条例》第 36 条规定，博物馆应当发挥藏品优势，开展相关专业领域的理论及应用研究，提高业务水平，促进专业人才的成长。博物馆应当为高等学校、科研机构和专家学者等开展科学研究工作提供支持和帮助。

（2）主管部门的义务。根据《条例》第 35 条规定，国务院教育行政部门应当会同国家文物主管部门，制定利用博物馆资源开展教育教学、社会实践活动的政策措施。地方各级人民政府教育行政部门应当鼓励学校结合课程设置和教学计划，组织学生到博物馆开展学习实践活动。博物馆应当对学校开展各类相关教育教学活动提供支持和帮助。

（3）社会公众的义务。《条例》第 37 条规定，公众应当爱护博物馆展品、设施及环境，不得损坏博物馆的展品、设施。

五、法律责任

1. 主管部门及工作人员的法律责任

《条例》第 43 条规定，县级以上人民政府文物主管部门或者其他有关部门及其工作人员玩忽职守、滥用职权、徇私舞弊或者利用职务上的便利索取或者收受他人财物的，由本级人民政府或者上级机关责令改正，通报批评；对直接负责的主管人员和其他直接责任人员依法给予处分。

2. 违法经营责任

《条例》第 41 条规定，博物馆自取得登记证书之日起 6 个月内未向公众开放，或者未依照本条例的规定实行免费或者其他优惠的，由省、自治区、直辖市人民政府文物主管部门责令改正；拒不改正的，由登记管理机关撤销登记。

《条例》第 42 条规定，博物馆违反有关价格法律、行政法规规定的，由馆址所在地县级以上地方人民政府价格主管部门依法给予处罚。

《条例》第 39 条规定，博物馆取得来源不明或者来源不合法的藏品，或者陈列展览的主题、内容造成恶劣影响的，由省、自治区、直辖市人民政府文物主管部门或者有关登记管理机关按照职责分工，责令改正，有违法所得的，没收违法所得，并处违法所得 2 倍以上 5 倍以下罚款；没有违法所得的，处 5000 元以上 2 万元以下罚款；情节严重的，由登记管理机关撤销登记。

《条例》第 40 条规定，博物馆从事文物藏品的商业经营活动的，由工商行政管理部门依照有关文物保护法律、行政法规的规定处罚。博物馆从事非文物藏品的商业经营活动，或者从事其他商业经营活动违反办馆宗旨、损害

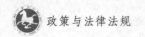

观众利益的，由省、自治区、直辖市人民政府文物主管部门或者有关登记管理机关按照职责分工，责令改正，有违法所得的，没收违法所得，并处违法所得 2 倍以上 5 倍以下罚款；没有违法所得的，处 5000 元以上 2 万元以下罚款；情节严重的，由登记管理机关撤销登记。

第六节 国家级文化生态保护区管理法律制度

一、概述

1. 国家级文化生态保护区的概念

为加强非物质文化遗产区域性整体保护，维护和培育文化生态，传承弘扬中华优秀传统文化，坚定文化自信，满足人民日益增长的美好生活需要，文化和旅游部于 2019 年 3 月 1 日起施行《国家级文化生态保护区管理办法》（文化和旅游部令第 1 号，以下称《办法》）。

《办法》第 2 条规定，国家级文化生态保护区指以保护非物质文化遗产为核心，对历史文化积淀丰厚、存续状态良好，具有重要价值和鲜明特色的文化形态进行整体性保护，并经文化和旅游部同意设立的特定区域。

2. 指导思想

《办法》第 3 条指出，国家级文化生态保护区建设要以习近平新时代中国特色社会主义思想为指导，充分尊重人民群众的主体地位，贯彻新发展理念，弘扬社会主义核心价值观，推动中华优秀传统文化创造性转化、创新性发展。

3. 管理目标

《办法》第 4 条指出，国家级文化生态保护区建设应坚持保护优先、整体保护、见人见物见生活的理念，既保护非物质文化遗产，也保护孕育发展非物质文化遗产的人文环境和自然环境，实现"遗产丰富、氛围浓厚、特色鲜明、民众受益"的目标。

二、申报与设立制度

1. 区域范围

《办法》第 5 条规定，国家级文化生态保护区依托相关行政区域设立，

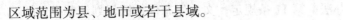

区域范围为县、地市或若干县域。

2. 申报设立的条件和程序

（1）申报设立原则。《办法》第6条规定，申报和设立国家级文化生态保护区应本着少而精的原则，坚持公开、公平、公正，履行申报、审核、论证、批准等程序。

（2）申报条件。《办法》第7条规定，申报国家级文化生态保护区应具备以下条件：①传统文化历史积淀丰厚，具有鲜明地域或民族特色，文化生态保持良好；②非物质文化遗产资源丰富，是当地生产生活的重要组成部分；③非物质文化遗产传承有序，传承实践富有活力、氛围浓厚，当地民众广泛参与，认同感强；④与非物质文化遗产密切相关的实物、场所保存利用良好，其周边的自然生态环境能为非物质文化遗产提供良性的发展空间；⑤所在地人民政府重视文化生态保护，对非物质文化遗产项目集中、自然生态环境基本良好、传统文化生态保持较为完整的乡镇、村落、街区等重点区域以及开展非物质文化遗产传承所依存的重要场所开列清单，并已经制定实施保护办法和措施；⑥有文化生态保护区建设管理机构和工作人员；⑦在省（区、市）内已实行文化生态区域性整体保护两年以上，成效明显。

（3）申报程序。《办法》第8条规定，申报地区人民政府向省级人民政府文化主管部门提出申报国家级文化生态保护区的申请；省级人民政府文化主管部门组织开展审核论证，经省级人民政府同意后，向文化和旅游部提出设立国家级文化生态保护区的申请。

（4）申报材料。《办法》第9条规定，申报国家级文化生态保护区，应当提交下列材料：①省级人民政府文化主管部门设立国家级文化生态保护区的申请和省级人民政府同意申请的相关文件；②文化生态保护区规划纲要；③省级人民政府文化主管部门组织的专家评审论证意见；④本省（区、市）内实行文化生态区域性整体保护的相关文件；⑤其他有关材料。

（5）规划纲要编制。

①编制部门。《办法》第10条规定，文化生态保护区规划纲要由省级人民政府文化主管部门、相关地区人民政府负责编制。编制工作应广泛听取非物质文化遗产传承人和当地民众意见，吸收非物质文化遗产保护、地方文化研究、规划等方面的专家学者参与。

②编制内容。《办法》第11条规定，文化生态保护区规划纲要应包括下列内容：一是对文化形态形成的地理环境、历史沿革、现状、鲜明特色、文化内涵与价值的描述和分析；二是保护区域范围及重点区域，区域内县级以上非物质文化遗产代表性项目、文物保护单位、相关实物和重要场所清单等；三是建设目标、工作原则、保护内容、保护方式等；四是保障措施及保障机制；五是其他有关资料。

（6）审批与设立。

①材料审核与实地考察。《办法》第12条规定，文化和旅游部组织对申报材料进行审核。对申报材料齐全且符合要求的申请地区，文化和旅游部根据年度工作计划组织考察组进行实地考察。考察组应当吸收非物质文化遗产保护、地方文化研究、规划等方面的专家学者参加。

②设立国家级文化生态保护实验区。《办法》第13条规定，文化和旅游部根据实地考察情况，对文化生态保护区规划纲要组织专家论证。根据论证意见，文化和旅游部将符合条件的申请地区设立为国家级文化生态保护实验区。

③编制国家级文化生态保护区总体规划。《办法》第14条规定，国家级文化生态保护实验区设立后一年内，所在地区人民政府应当在文化生态保护区规划纲要的基础上，细化形成国家级文化生态保护区总体规划，经省级人民政府文化主管部门审核，报省级人民政府审议通过后发布实施，并报文化和旅游部备案。《办法》第15条规定，国家级文化生态保护区总体规划应纳入本省（区、市）国民经济与社会发展总体规划，要与相关的生态保护、环境治理、土地利用、旅游发展、文化产业等专门性规划和国家公园、国家文化公园、自然保护区等专项规划相衔接。

④设立国家级文化生态保护区。《办法》第16条规定，国家级文化生态保护区总体规划实施三年后，由省级人民政府文化主管部门向文化和旅游部提出验收申请；文化和旅游部根据申请组织开展国家级文化生态保护实验区建设成果验收。验收合格的，正式公布为国家级文化生态保护区并授牌。

三、建设与管理制度

1.责任主体

《办法》第17条规定，国家级文化生态保护区建设管理机构负责统筹、指导、协调、推进国家级文化生态保护区的建设工作。

2. **主要职责**

《办法》第 18 条规定，国家级文化生态保护区建设管理机构承担以下主要职责：

（1）贯彻落实国家有关文化建设、非物质文化遗产保护的法律、法规和方针、政策；

（2）制定实施国家级文化生态保护区的各项建设管理制度，创新工作机制和保护方式、措施；

（3）负责实施国家级文化生态保护区总体规划；

（4）组织或委托有关机构开展文化生态保护理论和实践研究；

（5）开展文化生态保护的宣传教育和培训；

（6）评估、报告和公布国家级文化生态保护区建设情况和成效。

3. **建设管理制度**

（1）完善工作保障机制。

①制定落实保护办法和行动计划。《办法》第 19 条规定，国家级文化生态保护区建设管理机构应当根据非物质文化遗产各个项目、文化遗产与人文和自然环境之间的关联性，依照确定的保护区域范围、重点区域和重要场所保护清单，制定落实保护办法和行动计划。

②严格管理制度。《办法》第 20 条规定，国家级文化生态保护区建设管理机构应当尊重当地居民的意愿，保护当地居民权益，建立严格的管理制度，保持重点区域和重要场所的历史风貌。

③加强工作机构和队伍建设。《办法》第 31 条规定，国家级文化生态保护区建设管理机构应当加强工作机构和队伍建设，配备一定数量的专职工作人员；定期组织开展文化生态保护培训，提高工作人员的业务水平和工作能力；委托相关高等院校或机构，培养一批文化生态保护专业人才；建立一支文化生态保护志愿者队伍，鼓励和引导社会力量参与文化生态保护工作。

④加强理论与实践研究。《办法》第 22 条规定，国家级文化生态保护区建设管理机构应当依托相关研究机构和高等院校，组织或委托开展与当地非物质文化遗产保护传承和文化生态整体性保护理论和实践研究。

⑤形成中央财政补贴、地方财政支持、社会资金参与的多元投入机制。

《办法》第32条规定，国家级文化生态保护区建设经费应当纳入省市级当地公共财政经常性支出预算，并作为重要评估指标。文化和旅游部通过中央财政对国家级文化生态保护区建设予以补贴。鼓励社会资金参与国家级文化生态保护区建设工作。

⑥建立评估管理制度。一是自评制度。《办法》第33条规定，国家级文化生态保护区建设管理机构应当依据总体规划，每年对总体规划实施情况和建设工作成效开展自评，将年度重点工作清单和自评报告广泛征求区域内民众的意见，并报送文化和旅游部备案。二是动态管理制度。《办法》第34条规定，文化和旅游部不定期对国家级文化生态保护区建设情况进行检查；每五年对国家级文化生态保护区开展一次总体规划实施情况和建设成效评估，评估报告向社会公布。《办法》第35条规定，对建设成绩突出的国家级文化生态保护区，文化和旅游部予以通报表扬，并给予重点支持。因保护不力使文化生态遭到破坏的，文化和旅游部将严肃处理，并予以摘牌。

（2）加强传承实践能力建设制度。

①加强调查工作，实施非物质文化遗产记录工程。《办法》第21条规定，国家级文化生态保护区建设管理机构应当进一步加强非物质文化遗产调查工作，建立完善非物质文化遗产档案和数据库，妥善保存非物质文化遗产珍贵实物资料，实施非物质文化遗产记录工程，促进记录成果广泛利用和社会共享。

②开展存续状况评测和保护绩效评估。《办法》第23条规定，国家级文化生态保护区建设管理机构应当开展非物质文化遗产代表性项目存续状况评测和保护绩效评估，制定落实分类保护政策措施，优先保护急需保护的非物质文化遗产代表性项目，不断提高非物质文化遗产代表性项目的传承实践能力，弘扬当代价值，促进发展振兴。

③建立非物质文化遗产传承人的培养激励制度。《办法》第24条规定，国家级文化生态保护区建设管理机构应当制定相关制度，为各级非物质文化遗产代表性传承人开展传习活动创造条件、提供支持，资助传承人开展授徒传艺、教学、交流等活动。组织实施非物质文化遗产传承人群研修研习培训，帮助非物质文化遗产传承人群提高传承能力，增强传承后劲。对传承工作有突出贡献的非物质文化遗产代表性传承人予以表彰、奖励，采取助学、奖学等方式支持从业者学习非物质文化遗产相关技艺。

（3）建立传播宣传制度。

①建设综合性非物质文化遗产展示场所。《办法》第25条规定，在国家级文化生态保护区内，应当建设综合性非物质文化遗产展示场所，根据当地实际建设非物质文化遗产专题馆，根据传习需要设立各级非物质文化遗产代表性项目传习所或传习点。鼓励将具有地域、民族特色的传统文化元素或符号运用在当地城乡规划和设施建设中。

②将非物质文化遗产保护知识纳入当地国民教育体系。《办法》第26条规定，国家级文化生态保护区建设管理机构应当整合多方资源，推动将非物质文化遗产保护知识纳入当地国民教育体系，编写非物质文化遗产传承普及辅导读本，在保护区内的中小学开设非物质文化遗产乡土课程，在职业学校和高等院校设立非物质文化遗产相关专业或开设选修课，推进非物质文化遗产进校园、进课堂、进教材。

③定期举办非物质文化遗产展示展演活动。《办法》第27条规定，国家级文化生态保护区建设管理机构应当每年定期组织举办有影响力的非物质文化遗产展示展演活动，利用传统节日、文化和自然遗产日等重要节点开展非物质文化遗产宣传传播活动。鼓励和支持当地民众按照当地习俗依法依规举办传统文化活动。

（4）强化引领带动作用制度。

①推动传统工艺振兴，助力区域扶贫。《办法》第28条规定，国家级文化生态保护区建设管理机构应当挖掘区域内传统工艺项目资源，培养一批能工巧匠，培育一批知名品牌，推动传统工艺振兴；组织开展区域内建档立卡贫困人口参加传统工艺相关技能培训，带动就业，精准助力区域内贫困群众脱贫增收。

②积极开展旅游活动。《办法》第29条规定，国家级文化生态保护区建设管理机构应当依托区域内独具特色的文化生态资源，开展文化观光游、文化体验游、文化休闲游等多种形式的旅游活动。

③提升乡村文明水平，助力乡村振兴。《办法》第30条规定，国家级文化生态保护区建设管理机构应当深入挖掘、阐释非物质文化遗产蕴含的优秀思想观念、人文精神、道德规范，培育文明乡风、良好家风、淳朴民风，提升乡村文明水平，助力乡村振兴。

第七节　非物质文化遗产保护法律制度

一、非物质文化遗产的概念及其保护原则

1.概念及内容

为继承和弘扬中华民族优秀传统文化，促进社会主义精神文明建设，加强非物质文化遗产保护、保存工作，第十一届全国人民代表大会常务委员会第十九次会议于 2011 年 2 月 25 日通过，并于 2011 年 6 月 1 日起施行《中华人民共和国非物质文化遗产法》（以下简称《非物质文化遗产法》）。

《非物质文化遗产法》第 2 条规定，非物质文化遗产，是指各族人民世代相传并视为其文化遗产组成部分的各种传统文化表现形式，以及与传统文化表现形式相关的实物和场所。包括：①传统口头文学以及作为其载体的语言；②传统美术、书法、音乐、舞蹈、戏剧、曲艺和杂技；③传统技艺、医药和历法；④传统礼仪、节庆等民俗；⑤传统体育和游艺；⑥其他非物质文化遗产。

2.保护原则

《非物质文化遗产法》第 4 条规定，保护非物质文化遗产，应当注重其真实性、整体性和传承性，有利于增强中华民族的文化认同，有利于维护国家统一和民族团结，有利于促进社会和谐和可持续发展。

二、非物质文化遗产代表性项目名录建立制度

《非物质文化遗产法》第 18 条规定，国务院建立国家级非物质文化遗产代表性项目名录，将体现中华民族优秀传统文化，具有重大历史、文学、艺术、科学价值的非物质文化遗产项目列入名录予以保护。省、自治区、直辖市人民政府建立地方非物质文化遗产代表性项目名录，将本行政区域内体现中华民族优秀传统文化，具有历史、文学、艺术、科学价值的非物质文化遗产项目列入名录予以保护。

1.申请程序

（1）推荐。《非物质文化遗产法》第 19 条规定，省、自治区、直辖市人

民政府可以从本省、自治区、直辖市非物质文化遗产代表性项目名录中向国务院文化主管部门推荐列入国家级非物质文化遗产代表性项目名录的项目。推荐时应当提交下列材料：①项目介绍，包括项目的名称、历史、现状和价值；②传承情况介绍，包括传承范围、传承谱系、传承人的技艺水平、传承活动的社会影响；③保护要求，包括保护应当达到的目标和应当采取的措施、步骤、管理制度；④有助于说明项目的视听资料等材料。

《非物质文化遗产法》第20条规定，公民、法人和其他组织认为某项非物质文化遗产体现中华民族优秀传统文化，具有重大历史、文学、艺术、科学价值的，可以向省、自治区、直辖市人民政府或者国务院文化主管部门提出列入国家级非物质文化遗产代表性项目名录的建议。

（2）评审。《非物质文化遗产法》第22条规定，国务院文化主管部门应当组织专家评审小组和专家评审委员会，对推荐或者建议列入国家级非物质文化遗产代表性项目名录的非物质文化遗产项目进行初评和审议。初评意见应当经专家评审小组成员过半数通过。专家评审委员会对初评意见进行审议，提出审议意见。评审工作应当遵循公开、公平、公正的原则。

（3）公示、批准与公布。《非物质文化遗产法》第23条规定，国务院文化主管部门应当将拟列入国家级非物质文化遗产代表性项目名录的项目予以公示，征求公众意见。公示时间不得少于20日。

《非物质文化遗产法》第24条规定，国务院文化主管部门根据专家评审委员会的审议意见和公示结果，拟订国家级非物质文化遗产代表性项目名录，报国务院批准、公布。

2. 规划保护

《非物质文化遗产法》第25条规定，国务院文化主管部门应当组织制定保护规划，对国家级非物质文化遗产代表性项目予以保护。省、自治区、直辖市人民政府文化主管部门应当组织制定保护规划，对本级人民政府批准公布的地方非物质文化遗产代表性项目予以保护。制定非物质文化遗产代表性项目保护规划，应当对濒临消失的非物质文化遗产代表性项目予以重点保护。

《非物质文化遗产法》第26条规定，对非物质文化遗产代表性项目集中、特色鲜明、形式和内涵保持完整的特定区域，当地文化主管部门可以制定专项保护规划，报经本级人民政府批准后，实行区域性整体保护。确定对非物质文化遗产实行区域性整体保护，应当尊重当地居民的意愿，并保护属于非物质文化遗产组成部分的实物和场所，避免遭受破坏。实行区域性整体保护涉及非物质文化遗产集中地村镇或者街区空间规划的，应当由当地城乡规划主管部门依据相关法规制定专项保护规划。

《非物质文化遗产法》第27条规定，国务院文化主管部门和省、自治区、直辖市人民政府文化主管部门应当对非物质文化遗产代表性项目保护规划的实施情况进行监督检查；发现保护规划未能有效实施的，应当及时纠正、处理。

三、非物质文化遗产的传承与传播制度

1. 代表性传承人

（1）认定条件。根据《非物质文化遗产法》第28条规定，国家鼓励和支持开展非物质文化遗产代表性项目的传承、传播。

根据《非物质文化遗产法》第29条规定，国务院文化主管部门和省、自治区、直辖市人民政府文化主管部门对本级人民政府批准公布的非物质文化遗产代表性项目，可以认定代表性传承人。非物质文化遗产代表性项目的代表性传承人应当符合下列条件：①熟练掌握其传承的非物质文化遗产；②在特定领域内具有代表性，并在一定区域内具有较大影响；③积极开展传承活动。

（2）支持措施。根据《非物质文化遗产法》第30条规定，县级以上人民政府文化主管部门根据需要，采取下列措施，支持非物质文化遗产代表性项目的代表性传承人开展传承、传播活动：①提供必要的传承场所；②提供必要的经费资助其开展授徒、传艺、交流等活动；③支持其参与社会公益性活动；④支持其开展传承、传播活动的其他措施。

（3）传承义务。根据《非物质文化遗产法》第31条规定，非物质文化遗产代表性项目的代表性传承人应当履行下列义务：①开展传承活动，培养后继人才；②妥善保存相关的实物、资料；③配合文化主管部门和其他有关部门进行非物质文化遗产调查；④参与非物质文化遗产公益性宣传。非物质文化遗产代表性项目的代表性传承人无正当理由不履行前款规定义务的，文

化主管部门可以取消其代表性传承人资格，重新认定该项目的代表性传承人；丧失传承能力的，文化主管部门可以重新认定该项目的代表性传承人。

2.传播教育

（1）宣传展示。《非物质文化遗产法》第32条规定，县级以上人民政府应当结合实际情况，采取有效措施，组织文化主管部门和其他有关部门宣传、展示非物质文化遗产代表性项目。

（2）研究出版。《非物质文化遗产法》第33条规定，国家鼓励开展与非物质文化遗产有关的科学技术研究和非物质文化遗产保护、保存方法研究，鼓励开展非物质文化遗产的记录和非物质文化遗产代表性项目的整理、出版等活动。

（3）宣传教育。《非物质文化遗产法》第34条规定，学校应当按照国务院教育主管部门的规定，开展相关的非物质文化遗产教育。新闻媒体应当开展非物质文化遗产代表性项目的宣传，普及非物质文化遗产知识。

《非物质文化遗产法》第35条规定，图书馆、文化馆、博物馆、科技馆等公共文化机构和非物质文化遗产学术研究机构、保护机构以及利用财政性资金举办的文艺表演团体、演出场所经营单位等，应当根据各自业务范围，开展非物质文化遗产的整理、研究、学术交流和非物质文化遗产代表性项目的宣传、展示。

（4）民间传承。《非物质文化遗产法》第36条规定，国家鼓励和支持公民、法人和其他组织依法设立非物质文化遗产展示场所和传承场所，展示和传承非物质文化遗产代表性项目。

四、法律责任

1.民事责任

《非物质文化遗产法》第40条规定，违反本法规定，破坏属于非物质文化遗产组成部分的实物和场所的，依法承担民事责任；构成违反治安管理行为的，依法给予治安管理处罚。

《非物质文化遗产法》第41条规定，境外组织在我国境内进行相关违法活动的，由文化主管部门责令改正，给予警告，没收违法所得及调查中取得的实物、资料；情节严重的，并处10万元以上50万元以下的罚款。

境外个人在我国境内进行相关违法活动的，由文化主管部门责令改正，给予警告，没收违法所得及调查中取得的实物、资料；情节严重的，并处 1 万元以上 5 万元以下的罚款。

2. 行政责任

《非物质文化遗产法》第 38 条规定，文化主管部门和其他有关部门的工作人员在非物质文化遗产保护、保存工作中玩忽职守、滥用职权、徇私舞弊的，依法给予处分。

《非物质文化遗产法》第 39 条规定，文化主管部门和其他有关部门的工作人员进行非物质文化遗产调查时侵犯调查对象风俗习惯，造成严重后果的，依法给予处分。

3. 刑事责任

《非物质文化遗产法》第 42 条规定，违反本法规定，构成犯罪的，依法追究刑事责任。

第八节　保护世界遗产、非物质文化遗产公约

一、概述

1. 世界遗产的含义和类别

（1）世界遗产的含义。世界遗产是指被联合国教科文组织和世界遗产委员会确认的人类罕见的、目前无法替代的财富，是全人类公认的具有突出意义和普遍价值的文物古迹及自然景观。申请世界遗产须具备两个前提：备选项目具有"真实性"和"完整性"；制定相关法律法规，设立保护机构，有经费。

世界遗产的基本特征包括：稀缺性、不可替代性、杰出性、多样性。《保护世界文化和自然遗产公约》（以下简称《公约》）规定，世界遗产包括世界文化遗产、世界自然遗产、世界文化与自然遗产和文化景观。截至 2018 年 7 月 3 日，世界遗产总数达到 1092 处，其中包括 845 处文化遗产、209 处自然遗产以及 38 处自然与文化遗产，遍布世界 167 个国家。其中，中国世界遗产已达 53 项，包括世界文化遗产 36 项、世界文化与自然遗产 4 项、世

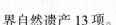

界自然遗产 13 项。

（2）世界遗产的类别。

①世界文化遗产。《公约》第 1 条规定，世界文化遗产，包括从历史、艺术或科学角度看具有突出的普遍价值的建筑物、碑雕和碑画，具有考古性质成分或结构的铭文、窟洞以及联合体；从历史、艺术或科学角度看在建筑式样、分布均匀或与环境景色结合方面具有突出的普遍价值的单立或连接的建筑群；从历史、审美、人种学或人类学角度看具有突出的普遍价值的人类工程或自然与人联合工程以及考古地址等地方。

②世界自然遗产。《公约》第 2 条规定，世界自然遗产，包括从审美或科学角度看具有突出的普遍价值的由物质和生物结构或这类结构群组成的自然面貌；从科学或保护角度看具有突出的普遍价值的地质和自然地理结构以及明确划为受威胁的动物和植物区；从科学、保护或自然美角度看具有突出的普遍价值的天然名胜或明确划分的自然区域。

③世界文化与自然遗产。世界文化与自然遗产，指自然和文化价值相结合的遗产。

④文化景观。文化景观，是 1994 年才正式确立的一种文化遗产类型，是指自然与人类的共同作品。

2. 非物质文化遗产的含义与类别

（1）非物质文化遗产的含义。根据 2003 年 10 月，在联合国教科文组织第 32 届大会上通过的《保护非物质文化遗产公约》（以下简称《非物质文化遗产公约》）第 2 条第 1 款规定，非物质文化遗产是指被各社区、群体，有时是个人，视为其文化遗产组成部分的各种社会实践、观念表述、表现形式、知识、技能以及相关的工具、实物、手工艺品和文化场所。这种非物质文化遗产世代相传，在各社区和群体适应周围环境以及与自然和历史的互动中，被不断地再创造，为这些社区和群体提供认同感和持续感，从而增强对文化多样性和人类创造力的尊重。

（2）非物质文化遗产的类别。根据《非物质文化遗产公约》第 2 条第 2 款规定，非物质文化遗产主要包括以下方面：①口头传统和表现形式，包括作为非物质文化遗产媒介的语言；②表演艺术；③社会实践、仪式、节庆活动；④有关自然界和宇宙的知识和实践；⑤传统手工艺。

二、缔约国的义务

1.文化和自然遗产

《公约》第5条规定，为确保公约各缔约国为保护、保存和展出本国领土内的文化遗产和自然遗产采取积极有效的措施，各缔约国应视本国具体情况尽力做到以下几点：

（1）通过一项旨在使文化和自然遗产在社会生活中起一定作用并把遗产保护纳入全面规划计划的总政策。

（2）如本国内尚未建立负责文化和自然遗产的保护、保存和展出的机构，则建立一个或几个此类机构，配备适当的工作人员和为履行其职能所需的手段。

（3）发展科学和技术研究，并制定出能够抵抗威胁本国自然遗产的危险的实际方法。

（4）采取为确定、保护、保存、展出和恢复这类遗产所需的适当的法律、科学、技术、行政和财政措施。

（5）促进建立或发展有关保护、保存和展出文化和自然遗产的国家或地区培训中心，并鼓励这方面的科学研究。

2.非物质文化遗产

《非物质文化遗产公约》第11条规定，各缔约国应该采取必要措施确保其领土上的非物质文化遗产受到保护，并由各社区、群体和有关非政府组织参与，确认和确定其领土上的各种非物质文化遗产。

（1）拟定清单。《非物质文化遗产公约》第12条规定，为了使其领土上的非物质文化遗产得到确认以便加以保护，各缔约国应根据自己的国情拟订一份或数份关于这类遗产的清单，并应定期加以更新；各缔约国在定期向委员会提交报告时，应提供有关这些清单的情况。

（2）保护措施。《非物质文化遗产公约》第13条规定，为了确保其领土上的非物质文化遗产得到保护、弘扬和展示，各缔约国应努力做到：①制定一项总的政策，使非物质文化遗产在社会中发挥应有的作用，并将这种遗产的保护纳入规划工作。②指定或建立一个或数个主管保护其领土上的非物质文化遗产的机构。③鼓励开展有效保护非物质文化遗产，特别是濒危非物质文化遗产的科学、技术和艺术研究以及方法研究。④采取适当的法律、技术、行政和财政措施，以便促进建立或加强培训管理非物质文化遗产的机构以及通过为这种遗产提供活动和表现的场所和空间，促进这种遗产的传承；确保对非物质文化遗产的享用，同时对享用这种遗产的特殊方面的习俗做法予以尊重；建立非物质文化遗产文献机构并创造条件促进对它的利用。

（3）教育、宣传和能力培养。《非物质文化遗产公约》第14条规定，各缔约国应竭力采取种种必要的手段，以便：①使非物质文化遗产在社会中得到确认、尊重和弘扬，主要通过：第一，向公众，尤其是向青年进行宣传和传播信息的教育计划；第二，有关社区和群体的具体的教育和培训计划；第三，保护非物质文化遗产，尤其是管理和科研方面的能力培养活动；第四，非正规的知识传播手段。②不断向公众宣传对这种遗产造成的威胁以及根据本公约所开展的活动。③促进保护表现非物质文化遗产所需的自然场所和纪念地点的教育。

（4）社区、群体和个人的参与。根据《非物质文化遗产公约》第15条规定，缔约国在开展保护非物质文化遗产活动时，应努力确保创造、延续和传承这种遗产的社区、群体，有时是个人的最大限度的参与，并吸收他们积极地参与有关的管理。

第十五章
解决旅游纠纷的法律制度

本章导读 ▶▶▶

【本章概述】 本章内容主要包括旅游纠纷及其特点、解决途径,消费者权益的立法保护,旅游投诉受理和处理制度,旅游不文明行为记录管理、旅游市场黑名单管理及治安管理相关法律制度,民事证据法律规定,审理旅游纠纷案件适用法律的规定等。

【学习要求】 了解旅游纠纷及其特点、《最高人民法院关于审理旅游纠纷案件适用法律若干问题的规定》;《旅游市场黑名单管理办法(试行)》关于黑名单管理及其适用范围的规定;《治安管理处罚法》关于治安管理处罚种类及适用的规定,违反治安管理的行为和处罚。熟悉《消费者权益保护法》的基本原则,消费者权利、经营者义务、消费者权益的国家保护、消费者协会的公益性职责和禁止行为及其相关法律责任,关于消费者权益争议的解决的规定;《旅游投诉处理办法》关于旅游投诉及其构成要件的规定;《旅游不文明行为记录管理暂行办法》关于旅游者、旅游从业人员被纳入"旅游不文明行为记录"的主要行为,旅游不文明行为记录的信息内容以及评审、申辩和动态管理制度;《旅游市场黑名单管理办法(试行)》关于黑名单列入和移除原则、程序、基本信息、动态管理、修复信用的规定,对列入黑名单的旅游市场主体和从业人员实施的惩戒措施;《民事诉讼法》关于民事证据的种类、证明对象、证明责任和证明标准的规定。掌握旅游投诉案件的受理和处理,《旅游市场黑名单管理办法(试行)》关于列入黑名单情形的规定。

第一节　概　　述

一、旅游纠纷及其特点

旅游纠纷，泛指在旅游活动中，旅游关系的当事人之间所发生的矛盾和冲突。与一般纠纷相比，旅游纠纷因旅游及旅游消费的特性具有以下特点：①旅游纠纷的法律关系复杂，涵盖民事法律关系、行政法律关系和刑事法律关系。②旅游纠纷的内容广泛多样，除了与旅游合同、旅游服务等有关外，还会涉及住宿、餐饮、购物、安全、卫生、交通、保险等诸多方面。③旅游消费需求属于精神和文化消费的范畴，与有形产品的消费显然不同，其所涉的实际标的额较小。④旅游纠纷的双方地位不平等，旅游活动"先付费、后服务"的行业特点以及旅游合同违约难以通过修理、退换、重做等方式予以有效救济，造成旅游纠纷风险防范成本高、旅游者维权难度大，旅游者的弱者地位较为明显。

二、旅游纠纷的解决途径

《旅游法》第92条规定，旅游者与旅游经营者发生纠纷，可以通过下列途径解决：①双方协商；②向消费者协会、旅游投诉受理机构或者有关调解组织申请调解；③根据与旅游经营者达成的仲裁协议提请仲裁机构仲裁；④向人民法院提起诉讼。因此，旅游者可以根据自身需要，自愿选择协商、调解、仲裁和诉讼等解决途径，并且在旅游纠纷发生过程中注意收集和保留证据，从而切实维护自身的合法权益。

旅游者在维护自身合法权益的同时，还需要履行法定或者约定的义务，承担相应的社会责任，否则也易引发旅游纠纷。特别是旅游活动中旅游者或者旅游从业人员的不文明旅游行为，不仅行为自身可能违法或者违反道德规范，也可能成为引发旅游纠纷的原因。可见，在民事责任范围内，旅游纠纷主要由旅游者通过上述四种途径解决，但是在行政责任范围内，如果不文明旅游行为违反社会治安秩序，则由公安部门对旅游者及旅游从业人员实施行政处罚，同时由旅游主管部门将该行为纳入"旅游不文明行为记录"，并实施动态管理。据此，旅游纠纷尤其是不文明旅游行为的解决以旅游者自愿选

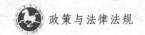
择协商、调解、仲裁和诉讼为基础，以旅游主管部门的记录管理和公安机关的治安管理处罚为补充。

第二节　消费者权益保护法律制度

一、消费者及消费者权益保护立法概况

1. 消费者的含义

《消费者权益保护法》第 2 条规定，消费者为生活消费需要而购买、使用商品或者接受服务，其权益受本法保护；本法未做规定的，受其他有关法律、法规保护。第 62 条规定，农民购买、使用直接用于农业生产的生产资料，参照本法执行。这表明：①生活消费是一个广义、开放的概念，既包括生存性消费，也包括发展性消费，还包括精神或者休闲消费。②消费者既包括商品的购买者，也包括商品的使用者，还包括服务的接受者，不限于与经营者达成合意的相对方，购买商品一方的家庭成员、受赠人等使用商品的主体都是消费者。③从性质上说，农民购买、使用农资产品是生产消费，但为了体现对农民权益的特别保护，对于农民的上述消费行为参照《消费者权益保护法》执行。①

2. 消费者权益保护立法概况

为保护消费者的合法权益，维护社会经济秩序，促进社会主义市场经济健康发展，1993 年 10 月 31 日第八届全国人大常委会第四次会议通过并公布了《消费者权益保护法》。针对伴随经济社会发展带来的消费方式、消费结构和消费理念所发生的变化，以及在消费者权益保护领域中出现的新情况、新问题，全国人大常委会对《消费者权益保护法》进行了修正，并于 2013 年 10 月 25 日由第十二届全国人大常委会第五次会议通过，于 2014 年 3 月 15 日正式实施。新法对旧法做了三十多处修改，充实细化了消费者的权益，强化了经营者的义务，对发挥消费者协会作用、行政部门的监管职责做了明确规定，进一步完善了消费者权益保护法律制度。

---

① 孔慧. 消费者权益保护法及配套规定适用与解析 [M]. 北京：法律出版社，2014.

二、消费者权益的保护

1. 基本原则

（1）自愿、平等、公平、诚实信用原则。《消费者权益保护法》第4条规定，经营者与消费者进行交易，应当遵循自愿、平等、公平、诚实信用的原则。经营者与消费者进行交易，双方法律地位平等；要充分尊重消费者的意愿；应当符合等价交换的商业规则；应善意、实事求是、恪守信用，不得欺诈、胁迫、乘人之危。

（2）对消费者特别保护的原则。在商品经济，特别是市场经济条件下，由于消费者在经济上的弱势地位，以及消费者利益的特殊性等原因，国家应对消费者给予特别保护，即在法律中全面规定消费者的权利，在适用法律时向消费者倾斜，优先保护消费者。

（3）国家保护消费者合法权益不受侵犯原则。《消费者权益保护法》第5条规定，国家保护消费者的合法权益不受侵害。国家采取措施，保障消费者依法行使权利，维护消费者的合法利益。国家倡导文明、健康、节约资源和保护环境的消费方式，反对浪费。

（4）全社会共同保护消费者合法权益的原则。《消费者权益保护法》第6条规定，保护消费者的合法权益是全社会的共同责任。国家鼓励、支持一切组织和个人对损害消费者合法权益的行为进行社会监督。大众传媒应当做好维护消费者合法权益的宣传，对损害消费者合法权益的行为进行舆论监督。

2. 消费者的权利与经营者的义务

（1）消费者的权利。是指消费者在购买、使用商品或者接受服务时依法享有的受法律保护的利益。《消费者权益保护法》第7至15条规定了消费者的9项权利。据此，消费者的权利是法定的权利，与消费者的身份相连，具体包括：安全保障权、知情权、自主选择权、公平交易权、获得赔偿权、结社权、获得有关知识权、受尊重权及监督批评权。

（2）经营者的义务。是指经营者在经营活动中应当履行的责任。为了更好地保护消费者的合法权益，《消费者权益保护法》第16至29条规定了经营者的14项义务。包括：履行法定或约定的义务；听取意见和接受消费者监督的义务；安全保障义务；提供真实信息的义务；标明真实名称和标记的义务；出具购货凭证或服务单据的义务；保证商品或服务质量的义务；承担售后服务的义务；不得以格式合同等方式限制消费者权利的义务；尊重消费者人格权的义务；召回缺陷商品的义务；无理由退货的义务；非现场购物信息披露的义务；个人信息保护的义务。

3. 国家对消费者权益的保护

国家是公权力的代表，维护消费者利益、对消费领域实施适当的干预，以矫正市场经济条件下经营者与消费者之间的不平等是其应尽的职责。国家对消费者权益的保护主要通过以下三个途径：①立法保护，是指国家立法机关通过制定、修改、颁布、废止等立法活动来保护消费者的利益。②行政保护，是通过行政执法和监督活动来实现的。③司法保护，指司法机关通过审判活动维护消费者的合法权益。

4. 消费者组织对消费者权益的保护

《消费者权益保护法》第 36~38 条规定，消费者协会和其他消费者组织是依法成立的对商品和服务进行社会监督的保护消费者合法权益的社会组织。消费者协会应当认真履行保护消费者合法权益的职责，听取消费者的意见和建议，接受社会监督，并且依照法律、法规及其章程的规定，开展保护消费者合法权益的活动，不得从事商品经营和营利性服务，不得以收取费用或其他谋取利益的方式向消费者推荐商品和服务。

三、消费者权益争议的解决

1. 解决途径

《消费者权益保护法》第 39 条规定，消费者和经营者发生消费者权益争议的，可以通过下列途径解决：①与经营者协商和解；②请求消费者协会或者依法成立的其他调解组织调解；③向有关行政部门投诉；④根据与经营者达成的仲裁协议提请仲裁机构仲裁；⑤向人民法院提起诉讼。

《消费者权益保护法》与《旅游法》都属于法律，因此在效力的等级上是相同的，且其关于纠纷解决途径的规定也是一致的，只不过前者针对的是消费者，后者针对的是旅游者，旅游者属于消费者的一种类型。

2. 责任主体的确定

（1）购买、使用商品权益受损害的责任主体。《消费者权益保护法》第

40条规定，消费者购买、使用商品其合法权益受到损害的，可以向销售者要求赔偿。销售者赔偿后，属于生产者的责任或者属于向销售者提供商品的其他销售者的责任的，销售者有权向生产者或者其他销售者追偿。消费者或者其他受害人因商品缺陷造成人身、财产损害的，可以向销售者要求赔偿，也可以向生产者要求赔偿。属于生产者责任的，销售者赔偿后，有权向生产者追偿。属于销售者责任的，生产者赔偿后，有权向销售者追偿。消费者在接受服务时，其合法权益受到损害的，可以向服务者要求赔偿。

（2）原企业分立、合并的责任主体。《消费者权益保护法》第41条规定，消费者在购买、使用商品或者接受服务时，其合法权益受到损害，因原企业分立、合并的，可以向变更后承受其权利、义务的企业要求赔偿。

（3）非营业执照持有人造成损害的责任主体。《消费者权益保护法》第42条规定，使用他人营业执照的违法经营者提供商品或者服务，损害消费者合法权益的，消费者可以向其要求赔偿，也可以向营业执照的持有人要求赔偿。

（4）在展销会、租赁柜台购买商品、接受服务受到损害的责任主体。《消费者权益保护法》第43条规定，消费者在展销会、租赁柜台购买商品或者接受服务，合法权益受到损害的，可以向销售者或者服务者要求赔偿。展销会结束或者柜台租赁期满后，有权向销售者或者服务者追偿。

（5）网络购物受到损害的责任主体。《消费者权益保护法》第44条规定，消费者通过网络交易平台购买商品或者接受服务，其合法权益受到损害的，可以向销售者或者服务者要求赔偿。网络交易平台提供者不能提供销售者或者服务者的真实名称、地址和有效联系方式的，消费者也可以向网络交易平台提供者要求赔偿；网络交易平台提供者做出更有利于消费者的承诺的，应当履行承诺。网络交易平台提供者赔偿后，有权向销售者或者服务者追偿。网络交易平台提供者明知或者应知销售者或者服务者利用其平台侵害消费者合法权益、未采取必要措施的，依法与该销售者或者服务者承担连带责任。

（6）因虚假广告受到损害的责任主体。《消费者权益保护法》第45条规定，消费者因经营者利用虚假广告提供商品或者服务，其消费者合法权益受到损害的，可以向经营者要求赔偿。广告的经营者发布虚假广告的，消费者可以请求行政主管部门予以惩处。广告的经营者不能提供经营者真实名称、地址的，应承担赔偿责任。广告经营者、发布者设计、制作、发布关系消费者生命健康商品或者服务的虚假广告，造成消费者损害的，应当与提供该商品或服务的经营者承担连带责任。社会团体或者其他组织、个人在关系消费者生命健康商品或者服务的虚假广告或者其他虚假宣传中向消费者推荐商品或者服务，造成消费者有损害的，应当与提供该商品或者服务的经营者承担连带责任。

3. 责任承担的方式

（1）提供的商品或服务存在不当情形。《消费者权益保护法》第48条第1款规定，经营者提供商品或者服务有下列情形之一的，除本法另有规定外，应当依照其他有关法律、法规的规定，承担民事责任：①商品或者服务存在缺陷的；②不具备商品应当具备的使用性能而出售时未做说明的；③不符合在商品或者其包装上注明采用的商品标准的；④不符合商品说明、实物样品等方式表明的质量状况的；⑤生产国家明令淘汰的商品或者销售失效、变质的商品的；⑥销售的商品数量不足的；⑦服务的内容和费用违反约定的；⑧对消费者提出的修理、重做、更换、退货、补足商品数量、退还货款和服务费用或者赔偿损失的要求，故意拖延或者无理拒绝的；⑨法律、法规规定的其他损害消费者权益的情形。

（2）未尽安全保障义务。《消费者权益保护法》第48条第2款规定，经营者对消费者未尽到安全保障义务，造成消费者损害的，应当承担侵权责任。

（3）提供的商品或服务造成人身伤害。《消费者权益保护法》第49条规定，经营者提供商品或者服务，造成消费者或者其他受害人人身伤害的，应当赔偿医疗费、护理费、交通费等为治疗和康复支出的合理费用，以及因误工减少的收入。造成残疾的，还应当赔偿残疾生活辅助具费和残疾赔偿金。造成死亡的，还应当赔偿丧葬费和死亡赔偿金。

（4）侵害消费者的人格、人身和隐私安全。《消费者权益保护法》第50条规定，经营者侵害消费者的人格尊严、侵犯消费者人身自由或者侵害消费者个人信息依法得到保护的权利的，应当停止侵害、恢复名誉、消除影响、赔礼道歉，并赔偿损失。

（5）侵害消费者人身权益造成严重精神损害。《消费者权益保护法》第51条规定，经营者有侮辱诽谤、搜查身体、侵犯人身自由等侵害消费者或者其他受害人人身权益的行为，造成严重精神损害的，受害人可以要求精神损害赔偿。

（6）提供的商品或服务造成消费者财产损害。《消费者权益保护法》第52条规定，经营者提供商品或者服务，造成消费者财产损害的，应当依照法律规定或者当事人约定承担修理、重做、更换、退货、补足商品数量、退还货款和服务费用或者赔偿损失等民事责任。

（7）未按照约定提供商品或服务。《消费者权益保护法》第53条规定，经营者以预收款方式提供商品或者服务的，应当按照约定提供。未按照约定提供的，应当按照消费者的要求履行约定或者退回预付款；并应当承担预付款的利息、消费者必须支付的合理费用。

（8）退货责任。《消费者权益保护法》第54条规定，依法经有关行政部门认定为不合格的商品，消费者要求退货的，经营者应当负责退货。

（9）欺诈行为责任。《消费者权益保护法》第55条规定，经营者提供商品或者服务有欺诈行为的，应当按照消费者的要求增加赔偿其受到的损失，增加赔偿的金额为消费者购买商品的价款或者接受服务的费用的3倍；增加赔偿的金额不足500元的，为500元。法律另有规定的，依照其规定。经营者明知商品或者服务存在缺陷，仍然向消费者提供，造成消费者或者其他受害人死亡或者健康严重损害的，受害人有权要求经营者依照本法第49、51条等法律规定赔偿损失，并有权要求所受损失2倍以下的惩罚性赔偿。

（10）民事赔偿责任优先。《消费者权益保护法》第58条规定，经营者违反本法规定，应当承担民事赔偿责任和缴纳罚款、罚金，其财产不足以同时支付的，先承担民事赔偿责任。

第三节　旅游投诉受理和处理制度

一、旅游投诉及其构成要件

1. 旅游投诉立法概况

为维护旅游者和旅游经营者的合法权益，依法公正处理旅游投诉，1991年6月，国务院旅游主管部门颁布了《旅游投诉暂行规定》，初步建立了旅游投诉制度。随着《旅行社条例》的颁布，2010年5月5日，国务院旅游主管部门颁布了于同年7月1日生效的《旅游投诉处理办法》（以下简称《办法》）。《旅游法》将旅游投诉制度法律化，为解决旅游纠纷提供了法律保障。

2. 旅游投诉的含义

（1）定义。《办法》第2条规定，旅游投诉是指旅游者认为旅游经营者损害其合法权益，请求旅游行政管理部门、旅游质量监督管理机构或者旅游执法机构（以下统称"旅游投诉处理机构"），对双方发生的民事争议进行处理的行为。

旅游投诉具有如下特征：①投诉主体只能是旅游者；②被投诉主体只能是旅游经营者；③请求解决的纠纷属于民事争议；④受理旅游投诉的是规定的旅游投诉处理机构；⑤处理旅游投诉是旅游投诉处理机构的具体行政行为；⑥处理旅游纠纷是旅游投诉处理机构法定职权内的行为。

（2）类别。①以投诉人的数量为依据，旅游投诉可以分为单独投诉和共同投诉两类。旅游投诉通常是单个的个体行为；《办法》第14条规定，投诉人4人以上，以同一事由投诉同一被投诉人的，为共同投诉。共同投诉可以由投诉人推选1至3名代表进行投诉。代表人参加旅游投诉处理机构处理投诉过程的行为，对全体投诉人发生效力，但代表人变更、放弃投诉请求或者进行和解，应当经全体投诉人同意。②以是否以自己的行为行使投诉权为依据，旅游投诉可以分为亲自投诉和委托投诉两种。《办法》第13条规定，投诉人委托代理人进行投诉活动的，应当向旅游投诉处理机构提交授权委托书，并载明委托权限。

（3）当事人。①旅游投诉者。是指认为旅游经营者损害其合法权益，请求旅游投诉处理机构对双方发生的民事争议进行处理以维护其合法权益因而使投诉成立的人。在旅游投诉过程中，旅游投诉者享有如下权利：有权了解处理的情况；投诉不予受理、投诉转办的，有权获得书面告知的权利；有权请求调解；有权要求旅游投诉处理机构在规定的时间处理投诉；有权与被投诉人和解；调解不成或者调解书生效后没有执行的，有权依法申请仲裁或者向人民法院提起诉讼。此外，旅游投诉者应当积极配合旅游投诉处理机构处理投诉的工作，按照规定的形式要件提交书面投诉状；对投诉事实提供证据；接受并配合旅游投诉处理机构的调查；按照约定承担鉴定、检测费用；与被投诉人和解的，应当将和解结果告知旅游投诉处理机构。②旅游被投诉者。是指与旅游投诉者相对应的一方当事人，被控损害旅游投诉者权益，需要追究民事责任，并经旅游投诉处理机构通知其应诉的人。在旅游投诉中，被投诉者只能是为旅游者提供服务的旅游经营者。在旅游投诉过程中，旅游被投诉者享有如下权利：有权了解处理的情况；与投诉者自行和解；依据事实和相关法规、合同约定反驳投诉请求；提出申辩，保护其合法权益。在旅游投诉中，被投诉者应当积极配合旅游投诉处理机构的工作，在接到旅游投诉受理通知书之日起 10 日内做出书面答复，提出答辩的事实、理由和证据；对自己的答辩提供证据；接受旅游投诉处理机构的调查；按照约定承担鉴定、检测费用；与被投诉人和解的，应当将和解结果告知旅游投诉处理机构。

3. 旅游投诉的构成要件

（1）受理旅游投诉案件的实质要件。《办法》第 10 条规定，旅游投诉应当符合下列条件：①投诉人与被投诉事项有直接利害关系。②有明确的被投诉人。③有具体的投诉请求、事实和理由。

（2）受理旅游投诉案件的形式要件。①形式。《办法》第 11 条规定，旅游投诉一般应当采用书面形式，一式两份，并载明规定的内容。第 12 条规定，投诉事项比较简单的，投诉人可以口头投诉，由旅游投诉处理机构进行记录或者登记，并告知被投诉人；对于不符合受理条件的投诉，旅游投诉处理机构可以口头告知投诉人不予受理及其理由，并进行记录或者登记。②投诉状的内容。《办法》第 11 条规定，投诉状应当记明以下事项：一是投诉人的基本情况。包括旅游投诉者的姓名、性别、国籍、通信地址、联系电话及投诉日期。二是被投诉人的名称、所在地。三是投诉的要求、理由及相关的事实根据。

二、旅游投诉的受理

1. 旅游投诉受理机构及其职责

《旅游法》第 91 条规定，县级以上人民政府应当指定或者设立统一的旅游投诉受理机构。受理机构接到投诉，应当及时处理或者移交有关部门处理，并告知投诉者。该规定表明：①设置统一的旅游投诉受理机构是县级以上人民政府的义务；②旅游投诉受理机构的主要职能是：统一接受旅游者的投诉；自行处理或将投诉转交各有关部门进行处理；对投诉人履行告知义务。

《办法》第4条规定，在处理旅游投诉中，旅游投诉处理机构发现被投诉人或者其从业人员有违法或者犯罪行为的，应当按照法律、法规和规章的规定，做出行政处罚、向有关行政管理部门提出行政处罚建议或者移送司法机关。第27～29条规定，旅游投诉处理机构应当每季度公布旅游者的投诉信息，使用统一规范的旅游投诉处理信息系统，为受理的投诉制作档案并妥善保管相关资料。

2. 旅游投诉受理及其范围

（1）旅游投诉受理的含义。旅游投诉的受理是指有管辖权的旅游投诉处理机构，接到旅游投诉者的投诉状或者口头投诉，经审查认为符合投诉受理条件，在法定期限内予以立案，或者认为投诉不符合投诉受理条件，决定不予受理的行政行为。

（2）投诉案件受理的范围。《办法》第8条规定了旅游投诉案件的受理范围和除外情形。投诉人可以就下列事项向旅游投诉处理机构投诉：①认为旅游经营者违反合同约定的。②因旅游经营者的责任致使投诉人人身、财产受到损害的。③因不可抗力、意外事故致使旅游合同不能履行或者不能完全履行，投诉人与被投诉人发生争议的。④其他损害旅游者合法权益的。

3. 旅游投诉案件的管辖

（1）旅游投诉案件的管辖及其原则。旅游投诉案件的管辖，指各级旅游投诉处理机构和同级旅游投诉处理机构之间，在受理旅游投诉案件时的分工和权限。《办法》确立了以一般地域管辖为主、特殊地域管辖为辅的原则，充分体现和发挥旅游投诉工作及时、快速化解纠纷，避免矛盾扩大的特点和优势。

（2）地域管辖。地域管辖，是指同级旅游投诉处理机构之间横向划分在各辖区内处理旅游投诉案件的分工和权限，即确定旅游投诉处理机构实施其行政权力的地域范围。《办法》第5条规定，旅游投诉由旅游合同签订地或者被投诉人所在地县级以上地方旅游投诉处理机构管辖。

根据我国的实际情况以及旅游的特点，《办法》确定了三个标准：①旅游合同签订地。旅游者与旅行社签订旅游合同的所在地，通常指组团社所在地。②被投诉者所在地。被投诉者是公民的，所在地是其长久居住地场所。《民法通则》第15条规定，公民以其户籍所在地的居住地为住所，经常居住地与住所不一致的，经常居住地视为住所。据此，被投诉者是法人的，以其主要办事机构所在地为住所。法人的办事机构可以有一个，也可以有多个。旅游企业法人以其主要办事机构所在地或主要营业场所所在地为其所在地。③损害行为发生地。导致投诉人人身、财产权利或其他权利受到损害的被投诉人的过错行为发生地。

《办法》第5条规定，需要立即制止、纠正被投诉人的损害行为的，应当由损害行为发生地旅游投诉处理机构管辖。

（3）级别管辖与指定管辖。①级别管辖，是划分上下级旅游投诉处理机构之间对处理投诉案件的分工和权限。《办法》第6条规定，上级旅游投诉处理机构有权处理下级旅游投诉处理机构管辖的投诉处理案件。②指定管辖，是指上级旅游投诉处理机构以决定方式指定下一级投诉处理机构对某一案件行使管辖权。《办法》第7条规定，发生管辖争议的，旅游投诉处理机构可以协商确定，或者报请共同的上级旅游投诉处理机构指定管辖。

三、旅游投诉案件的处理

1. 旅游投诉处理机构对接到投诉的处理

（1）一般规定。《办法》第15条规定，旅游投诉处理机构，应当在5个工作日内做出以下处理：投诉符合受理条件的，予以受理；投诉不符合受理条件的，应当向投诉人送达旅游投诉不予受理通知书，告知不予受理的理由。旅游投诉受理通知书与旅游投诉不予受理通知书均由国务院旅游主管部门统一制作。

不符合受理条件的情形主要是指：①人民法院、仲裁机构、其他行政管理部门或者社会调解机构已经受理或者处理的；②旅游投诉处理机构已经做出处理，且没有新情况、新理由的；③不属于旅游投诉处理机构职责范围或者管辖范围的；④超过旅游合同结束之日90天的；⑤不符合《办法》第10条规定的旅游投诉的实质要件的；⑥《办法》规定情形之外的其他经济纠纷。

（2）转办制度。《办法》第15条规定了旅游投诉案件的转办制度：依照有关法律、法规或者办法规定，接到投诉的旅游投诉处理机构无管辖权的，应当以旅游投诉转办通知书或者旅游投诉转办函，将投诉材料转交有管辖权的旅游投诉处理机构或者其他有关行政部门，并书面告知投诉人。旅游投诉转办通知书与旅游投诉转办函均由国务院旅游主管部门统一制作。

2. 投诉者在投诉时效期间内提起投诉

投诉时效，是指依照相关规定，投诉者在法定有效期限内不行使权利，就丧失了请求旅游投诉处理机构保护其合法旅游权益的权利。超过投诉规定的，旅游主管机关不予受理。

《办法》第9条第4项规定当事人向旅游投诉处理机构请求保护合法权益的投诉时效期间为90天，从旅游合同结束之日起算。投诉时效从权利人知道或者应当知道合同结束之日起开始计算。应当知道，这是一种法律上的推定，即不问当事人实际上是否知道合同结束，而是根据当事人客观上存在知道的条件和可能，来推定当事人可以意识到合同结束。

3. 处理旅游投诉的程序

（1）简易程序。《办法》第17条第2款规定了处理旅游投诉案件的简易程序：旅游投诉处理机构对于事实清楚、应当即时制止或者纠正被投诉人损害行为的，可以不填写旅游投诉立案表和向被投诉人送达旅游投诉受理通知书，但应当对处理情况进行记录存档。

（2）一般程序。《办法》第17至25条规定了处理旅游投诉案件的一般程序。旅游投诉处理机构处理旅游投诉的先后顺序，包括立案、答复、调查取证、鉴定检测、和解、处理等。

①立案。《办法》第17条第1款规定，旅游投诉处理机构处理旅游投诉，应当立案办理，填写旅游投诉立案表，并附有关投诉材料，在受理投诉之日起5个工作日内，将旅游投诉受理通知书和投诉书副本送达被投诉人。

②被投诉人的书面答复。《办法》第18条规定，被投诉人应当在接到通知之日起10日内做出书面答复，提出答辩的事实、理由和证据。书面答复，是指被投诉人为维护其合法权益，针对投诉者提出的事实、理由、根据和请求事项，用对己有利的事实、理由、根据和请求事项回答、辩解、反驳时制作的一种书状。

③调查取证。《办法》第20、21条规定，旅游投诉处理机构应当对双方当事人提出的事实、理由及证据进行审查。投诉人和被投诉人应当对自己的投诉和答辩提供证据。旅游投诉处理机构认为有必要收集新的证据，可以根据有关法律、法规的规定，自行收集或者召集有关当事人进行调查。需要

委托其他投诉处理机构协助调查、取证的，应当出具旅游投诉调查取证委托书，受委托的旅游投诉处理机构应当予以协助。旅游投诉调查取证委托书应当由国务院旅游主管部门统一制作。

④鉴定检测。《办法》第22条规定，对专门性事项需要鉴定或者检测的，可以由当事人双方约定的鉴定或者检测部门鉴定。没有约定的，当事人一方可以自行向法定鉴定或者检测机构申请鉴定或者检测。鉴定、检测费用按双方约定承担。没有约定的，由鉴定、检测申请方先行承担；达成调解协议后，按调解协议承担。

⑤和解。《办法》第23条规定，在投诉处理过程中，投诉人与被投诉人自行和解的，应当将和解的结果告知旅游投诉处理机构；旅游投诉处理机构在核实后应当予以记录并由双方当事人、投诉处理人员签名或者盖章。

⑥投诉处理。《办法》第25条规定，旅游投诉处理机构应当在受理旅游投诉之日起60日内，做出处理。鉴定、检测的时间不计入投诉处理时间。对于双方达成调解协议的，应当制作旅游投诉调解书，载明投诉请求、查明事实、处理过程和调解结果，由当事人双方签字并加盖旅游投诉处理机构印章；对于调解不成的，终止调解，旅游投诉处理机构应当向双方当事人出具旅游投诉终止调解书。调解不成的，或者调解书生效后没有执行的，投诉人可以按照国家法律、法规的规定，向仲裁机构申请仲裁或者向人民法院提起诉讼。旅游投诉终止调解书应当由国务院旅游主管部门统一制作。

第四节　旅游不文明行为记录管理与治安管理相关法律制度 ①

一、旅游不文明行为与违反治安管理行为

1. 旅游不文明行为

根据《国家旅游局关于旅游不文明行为记录管理暂行办法》（以下简称《办法》）第2、3条的规定，旅游者和从事旅游经营管理与服务的工作人员（以下简称"旅游从业人员"）的旅游不文明行为分别是：①旅游者在旅游过

---

① 柯良练，刘国祥，华敬锋. 治安管理处罚法释义与实务指南 [M]. 北京：人民公安大学出版社，2014.

程中发生的，因违反境内外法律法规、公序良俗，造成严重社会不良影响的行为；②旅游从业人员在从事旅游经营管理和服务过程中，因违反法律法规、工作规范、公序良俗、职业道德，造成严重社会不良影响的行为。

2.违反治安管理行为

根据《治安管理处罚法》第2条的规定，违反治安管理行为主要包括各种扰乱社会秩序，妨害公共安全，侵犯人身权利、财产权利及妨害社会管理，具有社会危害性，且尚不构成刑事处罚的行为。据此，旅游不文明行为一旦违反社会治安管理，就从道德调整转化为法律调整，由公安机关依照《治安管理处罚法》对相关行为人给予处罚。

二、旅游不文明行为记录管理制度

1.纳入范围

（1）旅游者。《办法》第2条规定，纳入"旅游不文明行为记录"的旅游者行为主要包括：①扰乱航空器、车船或者其他公共交通工具秩序；②破坏公共环境卫生、公共设施；③违反旅游目的地社会风俗、民族生活习惯；④损毁、破坏旅游目的地文物古迹；⑤参与赌博、色情、涉毒活动；⑥不顾劝阻、警示从事危及自身以及他人人身财产安全的活动；⑦破坏生态环境，违反野生动植物保护规定；⑧违反旅游场所规定，严重扰乱旅游秩序；⑨国务院旅游主管部门认定的造成严重社会不良影响的其他行为。因监护人存在重大过错导致被监护人发生旅游不文明行为，将监护人纳入"旅游不文明行为记录"。

（2）旅游从业人员。《办法》第3条规定，纳入"旅游不文明行为记录"的旅游从业人员行为主要包括：①价格欺诈、强迫交易、欺骗诱导游客消费；②侮辱、殴打、胁迫游客；③不尊重旅游目的地或游客的宗教信仰、民族习惯、风俗禁忌；④传播低级趣味、宣传迷信思想；⑤国务院旅游主管部门认定的其他旅游不文明行为。

2.管理制度

（1）记录信息。《办法》第4条规定，"旅游不文明行为记录"信息内容包括：①不文明行为当事人的姓名、性别、户籍省份；②不文明行为的具体表现、不文明行为所造成的影响和后果；③对不文明行为的记录期限。

（2）评审。《办法》第8条规定，"旅游不文明行为记录"形成前应经"旅游不文明行为记录评审委员会"评审通过。评审主要事项包括：①事件是否应当纳入"旅游不文明行为记录"；②确定记录的信息保存期限；③记录是否通报相关部门；④对已经形成的记录的期限进行动态调整。

（3）动态管理。《办法》第9条规定，"旅游不文明行为记录"信息保存期限为1~5年，实行动态管理。①行为当事人违反刑法的，信息保存期限为3~5年；②行为当事人受到行政处罚或法院判决承担责任的，信息保存期限为2~4年；③行为未受到法律法规处罚，但造成严重社会影响的，信息保存期限为1~3年。《办法》第12条规定，"旅游不文明行为记录"形成后，根据被记录人采取补救措施挽回不良影响的程度、对文明旅游宣传引导的社会效果，经评审委员会审议后可缩短记录期限。

（4）申辩。《办法》第11条规定，"旅游不文明行为记录"形成后，旅游主管部门应当将相关信息通报或送达当事人本人，并告知其有申辩的权利，当事人在接到申辩通知后30个工作日内，有权利进行申辩。旅游主管部门在接到申辩后30个工作日内予以书面回复。申辩理由被采纳的，可依据当事人申辩的理由调整记录期限或取消记录。当事人申辩期间不影响信息公布。

三、旅游市场黑名单管理制度

为维护旅游市场秩序，加快旅游领域信用体系建设，促进旅游业高质量发展，依据《旅游法》《中华人民共和国行政许可法》《中华人民共和国政府信息公开条例》《旅行社条例》和《国务院关于印发社会信用体系建设规划纲要（2014—2020年）的通知》（国发〔2014〕21号）、《国务院关于建立完善守信联合激励和失信联合惩戒制度加快推进社会诚信建设的指导意见》（国发〔2016〕33号）等有关规定，文化与旅游部于2018年12月21日制定发布了《旅游市场黑名单管理办法（试行）》（以下简称《办法》）。

1. 黑名单管理及其适用范围

《办法》第2条规定，旅游市场黑名单管理是指文化和旅游行政部门或者文化市场综合执法机构将严重违法失信的旅游市场主体和从业人员、人民法院认定的失信被执行人列入全国或者地方旅游市场黑名单，在一定期限内向社会公布，实施信用约束、联合惩戒等措施的统称。

适用对象包括三类：①严重违法失信的旅游市场主体，这里的"旅游市场主体"包括旅行社、景区、旅游住宿等从事旅游经营服务的企业、个体工商户和通过互联网等信息网络从事提供在线旅游服务或者产品的经营者；②严重违法失信的从业人员，这里的"从业人员"包括上述市场主体的法定代表人、主要负责人以及导游等其他从业人员；③人民法院认定的失信被执行人，是指被执行人具有履行能力而不履行生效法律文书确定的义务，被人民法院纳入失信被执行人名单的人员。

2. 列入黑名单的情形

（1）具有下列情形之一的旅游市场主体和从业人员。《办法》第4条第1款规定，将具有下列情形之一的旅游市场主体和从业人员列入本辖区旅游市场黑名单：①因侵害旅游者合法权益，被人民法院判处刑罚的；②在旅游经营活动中因妨害国（边）境管理受到刑事处罚的；③受到文化和旅游行政部门或者文化市场综合执法机构吊销旅行社业务经营许可证、导游证处罚的；④旅游市场主体发生重大安全事故，属于旅游市场主体主要责任的；⑤因侵害旅游者合法权益，造成游客滞留或者严重社会不良影响的；⑥连续12个月内两次被列入旅游市场重点关注名单的；⑦法律法规规章规定的应当列入旅游市场黑名单的其他情形。

（2）人民法院认定的失信被执行人。《办法》第4条第2款规定，将人民法院认定的失信被执行人列入旅游市场黑名单。

3. 黑名单列入和移出原则、程序、信息、动态管理、信用修复

（1）黑名单列入和移出的原则。《办法》第12条规定，文化和旅游行政部门或者文化市场综合执法机构应当按照"谁列入、谁负责，谁移出、谁负责"的原则，及时将旅游市场黑名单列入、移出信息录入全国旅游市场黑名单系统。同时，《办法》第4条单独强调了黑名单列入原则，即地市级及以上文化和旅游行政部门或者文化市场综合执法机构按照属地管理及"谁负责、谁列入，谁处罚、谁列入"的原则，将符合情形的旅游市场主体和从业人员列入本辖区旅游市场黑名单。

（2）黑名单的列入程序。①相关失信信息获取。《办法》第5条规定，各级文化和旅游行政部门可以通过政府信息共享机制、人民法院网站等多种渠道获取符合第4条第1款第1项、第2项和第2款规定情形的信息。

②履行事前告知或者公示程序。《办法》第6条规定，将旅游市场主体和从业人员列入旅游市场黑名单前，列入机关应履行告知或者公示程序，明确列入的事实、理由、依据、约束措施和当事人享有的陈述、申辩权利。自然人被列入旅游市场黑名单的，应事前告知。③申辩与受理时限。《办法》第6条规定，旅游市场主体和从业人员在被告知或者信息公示后的10个工作日内，有权向列入机关提交书面陈述、申辩及相关证明材料，列入机关应当在15个工作日内给予书面答复。陈述、申辩理由被采纳的，不列入黑名单。陈述、申辩理由不予以采纳的，列入黑名单。④列前对比"红名单"，是"黑"否"红"。《办法》第6条规定，列入前，列入机关应将旅游市场主体和从业人员信息与全国信用信息共享平台各领域"红名单"和地方设立的各领域"红名单"进行交叉比对，如"黑名单"主体之前已被列入"红名单"，应将相关信息告知"红名单"列入部门，列入部门将其从"红名单"中删除。⑤书面告知。《办法》第7条规定，文化和旅游行政部门或者文化市场综合执法机构向严重违法失信当事人下达《行政处罚决定书》时，应当提示其被列入旅游市场黑名单的风险，或者告知其被列入市场黑名单。⑥跨区通报。《办法》第8条规定，旅游市场主体和导游跨区域从事违法违规经营活动，被违法行为发生地文化和旅游行政部门或者文化市场综合执法机构发现具有本办法第4条第1款第3项情形的，应当通报旅游市场主体所在地和导游证核发地同级文化和旅游行政部门或者文化市场综合执法机构，由旅游市场主体所在地和导游证核发地相应机构负责列入旅游市场黑名单。

（3）黑名单的移出时限。《办法》第11条规定，列入旅游市场黑名单所依据的行政处罚决定被撤销的，文化和旅游行政部门或者文化市场综合执法机构应当自行政处罚决定被撤销之日起30个工作日内，将相关市场主体和从业人员信息移出旅游市场黑名单。

（4）黑名单信息记录与发布共享。①信息记录。《办法》第9条规定，旅游市场主体黑名单信息包括基本信息（法人和其他组织名称、统一社会信用代码、全球法人机构识别编码、法定代表人姓名及其身份证件类型和号码）、列入事由（认定严重违法失信行为的事实、认定部门、认定依据、认定日期、有效期）和其他信息（联合奖惩、信用修复、退出信息等）。从业人员黑名单信息包括基本信息（姓名、公民身份证号码、港澳台居民的公民社会信用代码、外国籍人身份号码）、列入事由（认定严重违法失信行为的事实、认定部门、认定依据、认定日期、有效期）和其他信息（联合奖惩、信用修复、退出信息等）。②发布共享。《办法》第12条规定，各级文化和旅游行政部门应当通过其门户网站、地方政府信用网站、全国旅游监管服务平台、国家企业信用信息公示系统、"信用中国"网站等渠道发布本辖区旅游市场黑名单，实现信息共享。对涉及企业商业秘密和个人隐私的信息，发布前应进行必要的技术处理。

（5）黑名单动态管理。《办法》第10条规定，旅游市场黑名单实行动态管理。①三类情形及要求时限：一是因本办法第4条第1款第2项情形列入黑名单的，黑名单信息自公布之日起满5年，由列入机关自届满之日起30个工作日内移出旅游市场黑名单；二是因本办法第4条第2款情形被列入黑名单的，在人民法院将其失信信息删除后10个工作日内由列入机关移出旅游市场黑名单（同时符合本办法第4条第1款情形的除外）；三是因本办法其他情形列入黑名单的，黑名单信息自公布之日起满3年，或者在规定期限内纠正失信行为、消除不良影响的（不含本办法第4条第1款第3项规定之情形），由列入机关自届满之日起30个工作日内移出旅游市场黑名单。②上报与撤销。省级、地市级旅游市场黑名单信息移出前，移出机关须向上一级文化和旅游行政部门报告。上级文化和旅游行政部门有权撤销下级文化和旅游行政部门的黑名单移出决定。

（6）信用修复。①方式。《办法》第15条规定，鼓励黑名单主体通过纠正失信行为、消除不良影响等方式修复信用。黑名单主体修复信用后，文化和旅游行政部门按照相应程序将其移出黑名单。因本办法第4条第1款第5、6项情形被列入黑名单的，可在列入之日起3个月内向列入机关提出信用修复申请，并在3个月内完成信用修复。②内容。修复信用由列入机关组织，包括以下内容：一是公开信用承诺。承诺内容包括依法诚信经营的具体要求、自愿接受社会监督、违背承诺自愿接受联合惩戒等。信用承诺书须通过当地文化和旅游行政部门网站、全国旅游监管服务平台、"信用中国"网站同步向社会公布。二是参加信用修复专题培训。培训时长不少于3小时，接受信用修复培训情况记入失信主体信用记录，纳入全国信用信息共享平台。

4.对列入黑名单的旅游市场主体和从业人员实施的惩戒

（1）具体惩戒措施。《办法》第13条规定，文化和旅游行政部门、文化市场综合执法机构应当对列入旅游市场黑名单的旅游市场主体和从业人员实施下列惩戒措施：①作为重点监管对象，增加检查频次，加大监管力度，发现再次违法违规经营行为的，依法从重处罚；②法定代表人或者主要负责人列入黑名单期间，依法限制其担任旅游市场主体的法定代表人或者主要负责人，已担任相关职务的，按规定程序要求变更，限制列入黑名单的市场主体变更名称；③对其新申请的旅游行政审批项目从严审查；④对其参与评比表彰、政府采购、财政资金扶持、政策试点等予以限制；⑤将其严重违法失信信息通报相关部门，实施联合惩戒。同时，文化和旅游行政部门应对列入旅游市场黑名单的失信被执行人及其法定代表人、主要负责人、实际控制人、影响债务履行的直接责任人员在高消费旅游方面实施惩戒，限制其参加由旅行社组织的团队出境旅游。

（2）实施惩戒范围。《办法》第14条规定：①省级、地市级文化和旅游行政部门认为部分违法失信行为确需列入上一级旅游市场黑名单、实施更大范围惩戒的，应向上一级文化和旅游行政部门申请并经其复核确认后列入；②省级文化和旅游行政部门可直接将部分严重违法失信行为列入省级旅游市场黑名单，在本省辖区内实施惩戒；③文化和旅游部可直接将部分严重违法失信行为列入全国旅游市场黑名单，在全国范围内实施惩戒。

四、治安管理相关法律制度

1.治安管理处罚的种类及适用

（1）种类。《治安管理处罚法》第10条规定，治安管理处罚的种类分为：①警告；②罚款；③行政拘留；④吊销公安机关发放的许可证。对违反治安管理的外国人，可以附加适用限期出境或者驱逐出境。

（2）适用。

①未成年人。《治安管理处罚法》第12条规定，已满14周岁不满18周岁的人违反治安管理的，从轻或者减轻处罚；不满14周岁的人违反治安管理的，不予处罚，但是应当责令其监护人严加管教。

②精神病人。《治安管理处罚法》第13条规定，精神病人在不能辨认或

者不能控制自己行为的时候违反治安管理的，不予处罚，但是应当责令其监护人严加看管和治疗。间歇性的精神病人在精神正常的时候违反治安管理的，应当给予处罚。

③盲人或聋哑人。《治安管理处罚法》第 14 条规定，盲人或者又聋又哑的人违反治安管理的，可以从轻、减轻或者不予处罚。

④醉酒的人。《治安管理处罚法》第 15 条规定，醉酒的人违反治安管理的，应当给予处罚。醉酒的人在醉酒状态中，对本人有危险或者对他人的人身、财产或者公共安全有威胁的，应当对其采取保护性措施约束至酒醒。

⑤有两种以上违法行为。《治安管理处罚法》第 16 条规定，有两种以上违反治安管理行为的，分别决定，合并执行。行政拘留处罚合并执行的，最长不超过 20 日。

⑥共同违法行为。《治安管理处罚法》第 17 条规定，共同违反治安管理的，根据违反治安管理行为人在违反治安管理行为中所起的作用，分别处罚。教唆、胁迫、诱骗他人违反治安管理的，按照其教唆、胁迫、诱骗的行为处罚。

⑦单位违法行为。《治安管理处罚法》第 18 条规定，单位违反治安管理的，对其直接负责的主管人员和其他直接责任人员依照本法的规定处罚。其他法律、行政法规对同一行为规定给予单位处罚的，依照其规定处罚。

⑧减轻处罚或不予处罚的情形。《治安管理处罚法》第 19 条规定，违反治安管理有下列情形之一的，减轻处罚或者不予处罚：情节特别轻微的；主动消除或者减轻违法后果，并取得被侵害人谅解的；出于他人胁迫或者诱骗的；主动投案，向公安机关如实陈述自己的违法行为的；有立功表现的。

⑨从重处罚的情形。《治安管理处罚法》第 20 条规定，违反治安管理有下列情形之一的，从重处罚：有较严重后果的；教唆、胁迫、诱骗他人违反治安管理的；对报案人、控告人、举报人、证人打击报复的；6 个月内曾受过治安管理处罚的。

⑩不予执行行政拘留处罚的情形。《治安管理处罚法》第 21 条规定，违反治安管理行为人有下列情形之一，依照本法应当给予行政拘留处罚的，不执行行政拘留处罚：已满 14 周岁不满 16 周岁的；已满 16 周岁不满 18 周岁，初次违反治安管理的；70 周岁以上的；怀孕或者哺乳自己不满 1 周岁婴儿的。

⑪ 追究时效。《治安管理处罚法》第 22 条规定，违反治安管理行为在 6 个月内没有被公安机关发现的，不再处罚。前款规定的期限，从违反治安管理行为发生之日起计算；违反治安管理行为有连续或者继续状态的，从行为终了之日起计算。

2. 违反治安管理的行为与处罚

旅游者在旅游活动中的不文明行为情节严重的，可能违反《治安管理处罚法》，执法者将依据法律对违反治安管理的行为给予相应的行政处罚。

（1）扰乱公共秩序。①《治安管理处罚法》第 23 条规定：扰乱公共汽车、电车、火车、船舶、航空器或者其他公共交通工具上的秩序的，处警告或者 200 元以下罚款；情节较重的，处 5 日以上 10 日以下拘留，可以并处 500 元以下罚款。聚众实施前款行为的，对首要分子处 10 日以上 15 日以下拘留，可以并处 1000 元以下罚款。②扰乱车站、港口、码头、机场、商场、公园、展览馆或者其他公共场所秩序的，同扰乱公共交通工具秩序一样，依照《治安管理处罚法》第 23 条规定予以处罚。③扰乱文化、体育等大型群众性活动秩序。《治安管理处罚法》第 24 条规定，有下列行为之一，处警告或者 200 以下罚款；情节严重的，处 5 日以上 10 日以下拘留，可以并处 500 元以下罚款：强行进入场内的；违反规定，在场内燃放烟花爆竹或者其他物品的；展示侮辱性标语、条幅等物品的；围攻裁判员、运动员或者其他工作人员的；向场内投掷杂物，不听制止的；扰乱大型群众性活动秩序的其他行为。因扰乱体育比赛秩序被处以拘留处罚的，可以同时责令其 12 个月内不得进入体育场馆观看同类比赛；违反规定进入体育场馆的，强行带离现场。

（2）妨害公共安全。①盗窃、损毁公共设施。根据《治安管理处罚法》第 33 条规定，盗窃、损毁油气管道设施、电力电信设施、广播电视设施、水利防汛工程设施或者水文监测、测量、气象测报、环境监测、地质监测、地震监测等公共设施的，处 10 日以上 15 日以下拘留。②盗窃、损害航空设施。《治安管理处罚法》第 34 条规定，盗窃、损坏、擅自移动使用中的航空设施，处 10 日以上 15 日以下拘留。在使用中的航空器上使用可能影响导航系统正常功能的器具、工具，不听劝阻的，处 5 日以下拘留或者 500 元以下罚款。③盗窃、损毁铁路设施。《治安管理处罚法》第 35 条规定，盗窃、损毁或者擅自移动铁路设施、设备、机车车辆配件或者安全标志的以及在铁路线路上放置障碍物，或者故意向列车投掷物品的，处 5 日以上 10 日以下拘留，可以并处 500 元以下罚款；情节较轻的，处 5 日以下拘留或者 500 元以下罚款。

（3）侵犯他人人身权利、财产权利。①偷窥、偷拍、窃听、散布他人隐私。根据《治安管理处罚法》第 42 条规定，对此可处 5 日以下拘留或者 500 元以下罚款；情节较重的，处 5 日以上 10 日以下拘留，可以并处 500 元以下罚款。②殴打他人或者故意伤害他人身体。根据《治安管理处罚法》第 43 条规定，对此可处 5 日以上 10 日以下拘留，并处 200 元以上 500 元以下罚款；情节较轻的，处 5 日以下拘留或者 500 元以下罚款。③猥亵他人或在公共场所裸露身体。《治安管理处罚法》第 44 条规定，猥亵他人的，或者在公共场所故意裸露身体，情节恶劣的，处 5 日以上 10 日以下拘留；猥亵智力残疾人、精神病人、不满 14 周岁的人或者有其他严重情节的，处 10 日以上 15 日以下拘留。④侵犯公私财物。《治安管理处罚法》第 49 条规定，盗窃、诈骗、哄抢、抢夺、敲诈勒索或者故意损毁公私财物的，处 5 日以上 10 日以下拘留，可以并处 500 元以下罚款；情节较重的，处 10 日以上 15 日以下拘留，可以并处 1000 元以下罚款。

（4）妨害社会管理。①制造噪声干扰他人生活。《治安管理处罚法》第 58 条规定，违反关于社会生活噪声污染防治的法律规定，制造噪声干扰他人正常生活的，处警告；警告后不改正的，处 200 元以上 500 元以下罚款。②妨害文物管理。《治安管理处罚法》第 63 条规定，刻划、涂污或者以其他方式故意损坏国家保护的文物、名胜古迹的，处警告或者 200 元以下罚款；情节较重的，处 5 日以上 10 日以下拘留，并处 200 元以上 500 元以下罚款。③嫖娼。《治安管理处罚法》第 66 条规定，卖淫、嫖娼的，处 10 日以上 15 日以下拘留，可以并处 5000 元以下罚款；情节较轻的，处 5 日以下拘留或者 500 元以下罚款。④参与淫秽活动。《治安管理处罚法》第 69 条规定，参与聚众淫乱活动的，处 10 日以上 15 日以下拘留，并处 500 元以上 1000 元以下罚款。⑤赌博。《治安管理处罚法》第 70 条规定，参与赌博赌资较大的，处 5 日以下拘留或者 500 元以下罚款；情节严重的，处 10 日以上 15 日以下拘留，并处 500 元以上 3000 元以下罚款。⑥非法持有或吸食毒品。《治安管理处罚法》第 72 条规定，非法持有鸦片不满 200 克、海洛因或者甲基

苯丙胺不满 10 克或者其他少量毒品的，或吸食、注射毒品的，处 10 日以上
15 日以下拘留，可以并处 2000 元以下罚款；情节较轻的，处 5 日以下拘留
或者 500 元以下罚款。

<h1 style="text-align:center">第五节　民事证据法律规定 ①</h1>

一、证据法立法概述

我国尚未出台统一的证据法法典。广义的证据法是指诉讼中证明活动
的法律规范，有关证据的法律散见于诉讼法（《民事诉讼法》《刑事诉讼法》
《行政诉讼法》）、组织法（《人民法院组织法》《检察院组织法》等）及其司
法解释中。

关于民事诉讼证据，1991 年 4 月 9 日第七届全国人民代表大会第四次
会议通过《中华人民共和国民事诉讼法》（以下简称《民事诉讼法》），并于
2007 年和 2012 年先后两次进行修正，该法第 6 章对“证据”进行了专章规
定。此外，最高人民法院 2001 年和 2014 年通过的《关于民事诉讼证据的若
干规定》（以下简称《规定》）和《关于适用〈中华人民共和国民事诉讼法〉
的解释》（以下简称《解释》），也是有关证据的法律解释。

二、民事证据及其种类

1. 证据的含义

“证据”是人民法院用以证明案件真实情况及正确处理案件的根据。因
此，当事人提供的或者人民法院依职权调查收集的用以证明案件事实的各种
材料，必须查证属实，才能作为认定事实的根据，称之为证据。

2. 证据的类别

《民事诉讼法》中第 6 章第 63 条规定了民事证据的种类，包括八种：“当
事人的陈述、书证、物证、视听资料、电子数据、证人证言、鉴定意见、勘

---

① 全国人大常委会法制工作委员会编，王胜明主编. 中华人民共和国民事诉讼法释义（最新修
正版）[M]. 北京：法律出版社，2012.

验笔录。"《解释》中第4部分第116条对视听资料和电子数据进行了补充规定："视听资料包括录音资料和影像资料；电子数据是指通过电子邮件、电子数据交换、网上聊天记录、博客、微博客、手机短信、电子签名、域名等形成或者存储在电子介质中的信息。存储在电子介质中的录音资料和影像资料，适用电子数据的规定。"

三、民事证据的证明对象

民事证据的证明对象，是指在民事诉讼中需要运用证据加以证明的案件事实。在民事诉讼中，需要运用证据加以证明的案件事实包括四种：

（1）当事人主张的实体事实，包括权利产生所依据的事实、权利消灭的事实、阻碍权利产生的事实、权利变更的事实等。

（2）当事人主张的程序事实，如管辖权问题、当事人资格以及行为能力等。

（3）证据事实，如书证、物证等是否客观真实等。

（4）外国法律和地方性法规，即在审理涉外案件的时候，如果涉及适用外国实体法，或者在审理国内案件时适用地方性法规，必须要将法律法规出示出来就其合法性加以证明。

四、民事证据的证明责任

民事证据的证明责任包括两个方面的内容：①举证责任，即当事人的主张由当事人提供证据加以证明；②当事人因不履行举证责任而应当承担的法律后果。

《民事诉讼法》第64条规定，当事人对自己提出的主张，有责任提供证据。当事人及其诉讼代理人由于客观原因不能自行收集的证据，或者人民法院认为审理案件需要的证据，人民法院应当调查收集。人民法院应当按照法定程序，全面地、客观地审查核实证据。第65条规定，当事人对自己提出的主张应当及时提供证据。人民法院根据当事人的主张和案件审理情况，确定当事人应当提供的证据及其期限。当事人在该期限内提供证据确有困难的，可以向人民法院申请延长期限，人民法院根据当事人的申请适当延长。当事人逾期提供证据的，人民法院应当责令其说明理由；拒不说明理由或者理由不成立的，人民法院根据不同情形可以不予采纳该证据，或者采纳该证据但予以训诫、罚款。

五、民事证据的证明标准

民事诉讼的证明标准是指承担证明责任的当事人提出证据证明案件事实应当达到的程度，《民事诉讼法》及其《解释》中确立了相应的证明标准。

1. 对不同种类证据证明标准的要求

（1）书证和物证。《民事诉讼法》第70条规定，书证应当提交原件。物证应当提交原物。提交原件或者原物确有困难的，可以提交复制品、照片、副本、节录本。提交外文书证，必须附有中文译本。

（2）视听资料和电子数据。《民事诉讼法》第71条规定，人民法院对视听资料，应当辨别真伪，并结合本案的其他证据，审查确定能否作为认定事实的根据。

（3）证人证言。《民事诉讼法》第72条规定，不能正确表达意思的人，不能做证。第73条规定，经人民法院通知，证人应当出庭做证。有下列情形之一的，经人民法院许可，可以通过书面证言、视听传输技术或者视听资料等方式做证：①因健康原因不能出庭的；②因路途遥远，交通不便不能出庭的；③因自然灾害等不可抗力不能出庭的；④其他有正当理由不能出庭的。

（4）陈述。《民事诉讼法》第75条规定，人民法院对当事人的陈述，应当结合本案的其他证据，审查确定能否作为认定事实的根据。当事人拒绝陈述的，不影响人民法院根据证据认定案件事实。

（5）鉴定意见。《民事诉讼法》第77条规定，鉴定人应当提出书面鉴定意见，在鉴定书上签名或者盖章。

（6）勘验笔录。《民事诉讼法》第80条规定，勘验人应当将勘验情况和结果制作笔录，由勘验人、当事人和被邀参加人签名或者盖章。

2. 人民法院对证据有无证明力和证明力大小的判断

（1）未经当事人质证的证据。《解释》第103条规定，证据应当在法庭上出示，由当事人互相质证。未经当事人质证的证据，不得作为认定案件事实的根据。

（2）法律规定的应当确认其证明力的证据。《解释》第104条规定，能够反映案件真实情况、与待证事实相关联、来源和形式符合法律规定的证据，应当作为认定案件事实的根据。

（3）非法来源的证据。《解释》第106条规定，对以严重侵害他人合法权益、违反法律禁止性规定或者严重违背公序良俗的方法形成或者获取的证据，不得作为认定案件事实的根据。

（4）当事人为达成调解或和解做出妥协而认可的事实不视同为不利证据。《解释》第107条规定，在诉讼中，当事人为达成调解协议或者和解协议做出妥协而认可的事实，不得在后续的诉讼中作为对其不利的根据，但法律另有规定或者当事人均同意的除外。

（5）存在具有高度可能性的待证事实。《解释》第108条规定，对负有举证证明责任的当事人提供的证据，人民法院经审查并结合相关事实，确信待证事实的存在具有高度可能性的，应当认定该事实存在。对一方当事人为反驳负有举证证明责任的当事人所主张事实而提供的证据，人民法院经审查并结合相关事实，认为待证事实真伪不明的，应当认定该事实不存在。法律对于待证事实所应达到的证明标准另有规定的，从其规定。

（6）对欺诈、胁迫、恶意串通事实及口头遗嘱或者赠与事实的证明。《解释》第109条规定，当事人对欺诈、胁迫、恶意串通事实的证明，以及对口头遗嘱或者赠与事实的证明，人民法院确信该待证事实存在的可能性能够排除合理怀疑的，应当认定该事实存在。

第六节　审理旅游纠纷案件适用法律的规定

一、适用范围、诉权与诉讼地位

1.制定背景

随着旅游业的迅猛发展，旅游市场中旅游经营者损害旅游者利益的情况时有发生，大量旅游纠纷形成诉讼进入司法领域。人民法院在审理旅游纠纷案件中面临许多具体适用法律的难点问题，及时出台相关司法解释，是促进旅游业发展、规范旅游市场、维护旅游者权益的必然要求。为统一法律适用及裁判尺度，指导各级人民法院准确、及时地审理旅游纠纷案件，最高人民法院于 2010 年 9 月 13 日通过了《最高人民法院关于审理旅游纠纷案件适用法律若干问题的规定》（以下简称《规定》），并于同年 11 月 1 日正式实施，这是我国第一个专门处理旅游民事纠纷的司法解释。

2. 适用范围

《规定》第 1 条规定了旅游纠纷案件的受理范围：本规定所称的旅游纠纷，是指旅游者与旅游经营者、旅游辅助服务者之间因旅游发生的合同纠纷或者侵权纠纷。其中，"旅游经营者"是指以自己的名义经营旅游业务，向公众提供旅游服务的人，包括合法设立的旅行社和非法经营旅行社业务的机构；"旅游辅助服务者"是指与旅游经营者存在合同关系，协助旅游经营者履行旅游合同义务，实际提供交通、游览、住宿、餐饮、娱乐等旅游服务的人，但不包括导游、领队以及公共交通提供者；旅游者在自行旅游过程中与旅游景点经营者因旅游发生的纠纷，参照适用本规定。

3. 集体旅游合同中旅游者的个人诉权

《规定》第 2 条明确了集体旅游合同中旅游者的个人诉权，即以单位、家庭等集体形式与旅游经营者订立旅游合同，在履行过程中发生纠纷，除集体以合同一方当事人名义起诉外，旅游者个人提起旅游合同纠纷诉讼的，人民法院应予受理。上述规定表明[1]：

（1）单位、家庭等集体旅游合同中的任何一位游客，均可以自己的名义起诉。

（2）以家庭等集体形式签订的旅游合同，虽然合同仅有一名代表人签字，但该集体名单中的任何一人均视为旅游合同的当事人，合同对其均具有普遍法律约束力。

（3）人民法院在受诉时，如旅游集体提起以旅游经营者为被告的民事诉讼，人民法院做出的实体判决足以保护旅游集体每个组成人员的合法权益，该集体中的个体旅游者再提起诉讼的，人民法院应判决驳回诉讼请求。

4. 保险公司的诉讼地位

《规定》第 5 条规定了保险公司的诉讼地位，即旅游经营者已投保责任

---

① 奚晓明. 最高人民法院审理旅游纠纷案件司法解释理解与适用［M］. 北京：人民法院出版社，2010.

险，旅游者因保险责任事故仅起诉旅游经营者的，人民法院可以应当事人的请求将保险公司列为第三人。上述规定表明[①]：

（1）保险公司可以第三人的身份参加诉讼，将保险公司列为第三人可以简化责任险的理赔程序和时间。

（2）关于"应当事人的请求"，旅游者和旅游经营者均可提出这种请求。

二、旅游者权益保护

1. 明确规定旅游经营者和旅游辅助服务者的义务

（1）安全保障义务。《规定》第7条规定，旅游经营者、旅游辅助服务者未尽到安全保障义务，造成旅游者人身损害、财产损失，旅游者请求旅游经营者、旅游辅助服务者承担责任的，人民法院应予支持。因第三人的行为造成旅游者人身损害、财产损失，由第三人承担责任；旅游经营者、旅游辅助服务者未尽安全保障义务，旅游者请求其承担相应补充责任的，人民法院应予支持。

（2）告知义务。《规定》第8条规定，旅游经营者、旅游辅助服务者对可能危及旅游者人身、财产安全的旅游项目未履行告知、警示义务，造成旅游者人身损害、财产损失，旅游者请求旅游经营者、旅游辅助服务者承担责任的，人民法院应予支持。

（3）保密义务。《规定》第9条规定，旅游经营者、旅游辅助服务者泄露旅游者个人信息或者未经旅游者同意公开其个人信息，旅游者请求其承担相应责任的，人民法院应予支持。

2. 全方位维护旅游者的合法权益

（1）请求权竞合。《规定》第3条规定，因旅游经营者方面的同一原因造成旅游者人身损害、财产损失，旅游者选择要求旅游经营者承担违约责任或者侵权责任的，人民法院应当根据当事人选择的案由进行审理。

（2）霸王条款无效。《规定》第6条规定，旅游经营者以格式合同、通知、声明、告示等方式做出对旅游者不公平、不合理的规定，或者减轻、免除其损害旅游者合法权益的责任，旅游者请求依据《消费者权益保护法》第24条的规定认定该内容无效的，人民法院应予支持。

---

① 奚晓明. 最高人民法院审理旅游纠纷案件司法解释理解与适用［M］. 北京：人民法院出版社，2010.

（3）不得擅自转让合同。《规定》第 10 条规定，旅游经营者将旅游业务转让给其他旅游经营者，旅游者不同意转让，请求解除旅游合同、追究旅游经营者违约责任的，人民法院应予支持。旅游经营者擅自将其旅游业务转让给其他旅游经营者，旅游者在旅游过程中遭受损害，请求与其签订旅游合同的旅游经营者和实际提供旅游服务的旅游经营者承担连带责任的，人民法院应予支持。

（4）转让合同的效力。《规定》第 11 条规定，除合同性质不宜转让或者合同另有约定之外，在旅游行程开始前的合理期间内，旅游者将其在旅游合同中的权利义务转让给第三人，请求确认转让合同效力的，人民法院应予支持。因前款所述原因，旅游者请求旅游经营者退还减少的费用的，人民法院应予支持。

（5）解除合同及其费用处理。《规定》第 12 条规定，旅游行程开始前或者进行中，因旅游者单方解除合同，旅游者请求旅游经营者退还尚未实际发生的费用，人民法院应予支持。

（6）有权要求退还未发生费用。①因不可抗力等客观原因导致变更旅游行程。《规定》第 13 条第 2 款规定，因不可抗力等不可归责于旅游经营者、旅游辅助服务者的客观原因变更旅游行程，在征得旅游者同意后，旅游者请求旅游经营者退还因此减少的旅游费用的，人民法院应予支持。②公共交通工具延误。《规定》第 18 条规定，因飞机、火车、班轮、城际客运班车等公共客运交通工具延误，导致合同不能按照约定履行，旅游者请求旅游经营者退还未实际发生的费用的，人民法院应予支持。③证照纠纷。《规定》第 24 条规定，旅游经营者因过错致其代办的手续、证件存在瑕疵，或者未尽妥善保管义务而遗失、毁损，旅游者请求旅游经营者补办或者协助补办相关手续、证件并承担相应费用的，人民法院应予支持。因上述行为影响旅游行程，旅游者请求旅游经营者退还尚未发生的费用、赔偿损失的，人民法院应予支持。

（7）有权请求违约赔偿。《规定》第 17 条规定，旅游经营者违反合同约定，有擅自改变旅游行程、遗漏旅游景点、减少旅游服务项目、降低旅游服务标准等行为，旅游者请求旅游经营者赔偿未完成约定旅游服务项目等合理费用的，人民法院应予支持。

（8）欺诈旅游者要双倍赔偿损失。《规定》第 17 条第 2 款规定，旅游经营者提供服务时有欺诈行为，旅游者请求旅游经营者2倍赔偿其遭受的损失的，人民法院应予支持。

（9）拒绝购物、增收费用的退还。《规定》第23条规定，旅游者要求旅游经营者返还下列费用的，人民法院应予支持：①因拒绝旅游经营者安排的购物活动或者另行付费的项目被增收的费用；②在同一旅游行程中，旅游经营者提供相同服务，因旅游者的年龄、职业等差异而增收的费用。

三、旅游经营者的责任与权益保护

1. 合理界定旅游经营者的责任

（1）旅游经营者的连带责任。①旅游经营者擅自转团。《规定》第10条第2款规定，旅游经营者擅自将其旅游业务转让给其他旅游经营者，旅游者在旅游过程中遭受损害，请求与其签订旅游合同的旅游经营者和实际提供旅游服务的旅游经营者承担连带责任的，人民法院应予支持。②旅游经营者准许挂靠的责任承担。《规定》第16条规定，旅游经营者准许他人挂靠其名下从事旅游业务，造成旅游者人身损害、财产损失，旅游者请求旅游经营者与挂靠人承担连带责任的，人民法院应予支持。

（2）旅游经营者的补充责任。《规定》第14条第2款规定，旅游经营者对旅游辅助服务者未尽谨慎选择义务，旅游者请求旅游经营者承担相应补充责任的，人民法院应予支持。

（3）地接社违约的旅游经营者责任。《规定》第15条规定，签订旅游合同的旅游经营者将其部分旅游业务委托旅游目的地的旅游经营者，因受托方未尽旅游合同义务，旅游者在旅游过程中受到损害，要求做出委托的旅游经营者承担赔偿责任的，人民法院应予支持。旅游经营者委托除前款规定以外的人从事旅游业务，发生旅游纠纷，旅游者起诉旅游经营者的，人民法院应予受理。

（4）自行安排活动期间旅游经营者的责任。《规定》第19条规定，旅游者在自行安排活动期间遭受人身损害、财产损失，旅游经营者未尽到必要的提示义务、救助义务，旅游者请求旅游经营者承担相应责任的，人民法院应予支持。同时，前款规定的自行安排活动期间，包括旅游经营者安排的在旅游行程中独立的自由活动期间、旅游者不参加旅游行程的活动期间以及旅游者经导游或者领队同意暂时离队的个人活动期间等。

（5）旅游者脱团时旅游经营者的责任。《规定》第20条规定，旅游者在旅游行程中未经导游或者领队许可，故意脱离团队，遭受人身损害、财产损失，请求旅游经营者赔偿损失的，人民法院不予支持。

（6）旅游者行李丢失时旅游经营者的责任。《规定》第22条规定，旅游经营者或者旅游辅助服务者为旅游者代管的行李物品损毁、灭失，旅游者请求赔偿损失的，人民法院应予支持。同时列举了四种除外情形：①损失是由于旅游者未听从旅游经营者或者旅游辅助服务者的事先声明或者提示，未将现金、有价证券、贵重物品由其随身携带而造成的；②损失是由于不可抗力、意外事件造成的；③损失是由于旅游者的过错造成的；④损失是由于物品的自然属性造成的。

（7）"自由行"过程中旅游经营者的责任。《规定》第25条规定，旅游经营者事先设计，并以确定的总价提供交通、住宿、游览等一项或者多项服务，不提供导游和领队服务，由旅游者自行安排游览行程的旅游过程中，旅游经营者提供的服务不符合合同约定，侵害旅游者合法权益，旅游者请求旅游经营者承担相应责任的，人民法院应予支持。

2. 旅游经营者的权益保护

（1）追加旅游辅助服务者为第三人。《规定》第4条规定，因旅游辅助服务者的原因导致旅游经营者违约，旅游者仅起诉旅游经营者的，人民法院可以将旅游辅助服务者追加为第三人。

（2）旅游经营者、旅游辅助服务者的免责情形。①旅游者未履行如实告知义务的。《规定》第8条第2款规定，旅游者未按旅游经营者、旅游辅助服务者的要求提供与旅游活动相关的个人健康信息并履行如实告知义务，或者不听从旅游经营者、旅游辅助服务者的告知、警示，参加不适合自身条件的旅游活动，导致旅游过程中出现人身损害、财产损失，旅游者请求旅游经营者、旅游辅助服务者承担责任的，人民法院不予支持。②因不可抗力等客观原因导致旅游合同无法履行的。《规定》第13条规定，因不可抗力等不可归责于旅游经营者、旅游辅助服务者的客观原因导致旅游合同无法履行，旅游经营者、旅游者请求解除旅游合同的，人民法院应予支持。旅游经营者、旅游者请求对方承担违约责任的，人民法院不予支持。③旅游者擅自脱团的。《规定》第 20 条规定，旅游者在旅游行程中未经导游或者领队许可，故意脱离团队，遭受人身损害、财产损失，请求旅游经营者赔偿损失的，人民法院不予支持。④旅游者自行安排旅游活动的。《规定》第 25 条第 2 款规定，旅游者在自行安排的旅游活动中合法权益受到侵害，请求旅游经营者、旅游辅助服务者承担责任的，人民法院不予支持。

（3）旅游经营者有权转让合同。《规定》第 10 条规定，旅游经营者将旅游业务转让给其他旅游经营者，旅游者不同意转让，请求解除旅游合同、追究旅游经营者违约责任的，人民法院应予支持。这表明，《规定》并无禁止旅行社转团，但前提是必须事先征得旅游者同意。

（4）旅游经营者有权要求旅游者支付合理费用。①旅游者转让旅游合同的。《规定》第 11 条第 2 款规定，在旅游行程开始前的合理期间内，因旅游者将其在旅游合同中的权利义务转让给第三人的原因，旅游经营者请求旅游者、第三人给付增加的费用，人民法院应予支持。②旅游者单方解除合同的。《规定》第 12 条规定，旅游行程开始前或者进行中，因旅游者单方解除合同，旅游经营者请求旅游者支付合理费用的，人民法院应予支持。③因不可抗力等客观因素变更旅游行程的。《规定》第 13 条第 2 款规定，因不可抗力等不可归责于旅游经营者、旅游辅助服务者的客观原因变更旅游行程，在征得旅游者同意后，旅游经营者请求旅游者分担因此增加的旅游费用的，人民法院应予支持。

参考文献

［1］中共中央文献研究室. 习近平关于全面依法治国论述摘编［M］. 北京：中央文献出版社，2015.

［2］习近平. 加快建设社会主义法治国家［J］. 求是，2015（1）.

［3］公丕祥. 全面依法治国［M］. 南京：江苏人民出版社，2015.

［4］吴军. 依法治国新常态［M］. 北京：人民日报出版社，2015.

［5］姜明安. 法治国家［M］. 北京：社会科学文献出版社，2015.

［6］许安标. 宪法学习读本［M］. 北京：中国法制出版社，2016.

［7］高晖云，季宏. 万国宪法专题讲座［M］. 北京：中国法制出版社，2015.

［8］本书编写组. 党的十九大报告辅导读本［M］. 北京：人民出版社，2017.

［9］罗明义. 关于建立健全我国旅游政策的思考［J］. 旅游学刊，2008，23（10）：6–7.

［10］唐晓云. 中国旅游发展政策的历史演进（1949—2013）—— 一个量化研究的视角. 旅游学刊［J］. 2014，8（29）：15–27.

［11］石培华.《国务院关于加快发展旅游业的意见》的重要突破和里程碑意义［N］. 中国旅游报，2010–02–24.

［12］班若川. 以人为本造福民生——国家旅游局、国家发改委官员解读《国民旅游休闲纲要》》［N］. 中国旅游报，2013–02–20.

［13］邹爱勇. 对《关于加强旅游市场综合监管的通知》的认识和理解［N］. 中国旅游报，2016–03–07.

［14］齐中熙，叶昊鸣，李金早. 全域旅游正式上升为国家战略［N］. 新华社，2018–03–24.

［15］王德刚. 构建与全域旅游发展相匹配的公共服务体系［N］. 中国旅游报，2018–

04–09.

［16］窦群. 以"旅游+"推动全域融合发展［N］. 中国旅游报，2018–03–30.

［17］程啸. 侵权责任法［M］. 北京：法律出版社，2016.

［18］王利明. 侵权责任法［M］. 北京：中国人民大学出版社，2016.

［19］张新宝. 侵权责任法［M］. 北京：中国人民大学出版社，2016.

［20］吴高盛.《〈中华人民共和国侵权责任法〉释义及实用指南》［M］. 北京：中国民主法制出版社，2014.

［21］最高人民法院侵权责任法研究小组.《中华人民共和国侵权责任法》条文理解与适用［M］. 北京：人民法院出版社，2016.

［22］韩玉灵. 旅游法教程［M］. 北京：高等教育出版社，2013.

［23］《〈中华人民共和国旅游法〉解读》编写组.《中华人民共和国旅游法》解读［M］. 北京：中国旅游出版社，2013.

［24］黄恢月. 旅游法规解读［M］. 北京：中国旅游出版社，2014.

［25］江涛. 旅游政策与法规［M］. 北京：中国旅游出版社，2013.

［26］李援.《中华人民共和国食品安全法》释义及实用指南［M］. 北京：中国民主法制出版社，2013.

［27］孔慧. 消费者权益保护法及配套规定适用与解析［M］. 北京：法律出版社，2014.

［28］柯良练，刘国祥，华敬锋. 治安管理处罚法释义与实务指南（2014年版）［M］. 北京：人民公安大学出版社，2014.

［29］全国人大常委会法制工作委员会编，王胜明主编. 中华人民共和国民事诉讼法释义（最新修正版）［M］. 北京：法律出版社，2012.

［30］奚晓明. 最高人民法院审理旅游纠纷案件司法解释理解与适用［M］. 北京：人民法院出版社，2010.

后 记

　　党的十八届四中全会提出了全面推进依法治国、实现建设中国特色社会主义法治体系、建设社会主义法治国家的总目标。依法治国是党领导人民治理国家的基本方略，法治是党和国家在新时期领导人民治国理政的基本方式。建设法治中国的关键，不仅要以科学立法作为基础，以严格实施法律作为前提，以司法公正公平作为保障，以优秀的法律工作者队伍作为引导，更需要全民守法作为目标。导游在全民守法中扮演着重要角色，不仅要率先垂范、以身作则做一名遵纪守法的好公民，还要在带领旅游者参加旅游活动的过程中，引导旅游者守法，及时制止旅游者可能发生的不文明行为，劝阻可能发生的违法违纪行为。从这个意义上说，具备相应的法律知识、了解国家的大政方针对未来的导游而言十分重要。

　　自 2016 年起，国家旅游主管部门依法收回分散在全国各省、自治区、直辖市的导游资格考试权限，实行由其统一发布考试大纲、统一组织全国考试。中国旅游出版社及时组织国内相关专家成立全国导游资格考试统编教材专家编写组，依据统考大纲编写了三门理论统编教材：《政策与法律法规》《导游业务》和《全国导游基础知识》。2019 年 6 月，《政策与法律法规》专家编写组面对党的十九大和十九届二中、三中全会的召开，过去一年国家立法部门、国务院完善法律、法规，国务院发布相关旅游业发展的文件，以及旅游业发生新变化等现实，潜心研究考试大纲，在去年教材的基础上增加了《文化和旅游部关于实施旅游服务质量提升计划的指导意见》（文旅市场发〔2019〕12 号）、《文化和旅游部等 17 部门关于印发〈关于促进乡村旅游可持续发展的指导意见〉的通知》（文旅资源发〔2018〕98号）、《国家级文化生态保护区管理办法》（文化和旅游部令第1号）和《旅游市场黑名单管理办法（试行）》等政策法规的新内容，删减了《国民旅游休闲纲要（2013—2020年）》《关于进一步促进旅游投资和消费的若干意见》（国办发〔2015〕62号）的内容，以及时反映十九大精神和法律法规的新变化。此外，还更新了书中的相关数据，修改了一些文字措辞，使语言更加严谨简练，努力为考生呈现一本优秀的考试用书。

《政策与法律法规》一书的编者们本着严谨认真的态度，遵循科学性、规范性、新颖性、知识性、实用性的原则承担编写工作。所谓科学性，是指编入教材的观点、材料的取舍采用官方和学术界公认的、有定论的，而有争议尚需进一步深入研究的内容和观点一般不选入；所谓规范性，是指在兼顾本书通俗易懂的同时，突出法律法规特有的表述方式和逻辑关系，使用语言力求准确、编写体例力求严谨；所谓新颖性，是指本书编写既依据考试大纲，又不拘泥于大纲，及时反映编写期间国家对法律法规立、改、废的最新成果，体现时代特色；所谓知识性，是指本教材不仅注意法律法规条文的规范表述，也有通俗易懂的些许解释和知识传递，使考生在掌握法律法规的同时，能够掌握一定的法律知识；所谓实用性，是指作为专门为参加全国导游资格考试而编写的教材，为便于考生复习，既在行文上简明扼要、通俗易懂，又不过于追求学术上的体系和完整性，力求做到让考生看得懂、记得住，更重要的是今后能用得上。

本书在编写过程中，得到了国务院旅游主管部门及相关部门领导的大力支持，得到了北京第二外国语学院、南京旅游职业学院、河南牧业经济学院、中国劳动关系学院、浙江旅游职业学院、山东旅游职业学院、郑州旅游职业学院、苏州旅游与财经高等职业技术学校、北京经济管理职业学院、北京财贸职业学院、上海旅游高等专科学校等相关兄弟院校的大力支持；特别要感谢中国旅游出版社领导和编辑同人对本教材的编写与出版付出的心血；本书还参考了许多专家和部分省市旅游局编写的相关教材和资料，限于篇幅，恕不一一注明，在此一并表示衷心感谢。

编写一本受欢迎的考试用书是我们全体编写人员和编辑的共同心愿，为

此我们不敢懈怠。由于时间紧、任务重，书中难免存在不足，真诚希望各位
读者不吝赐教，以便再版时修正。

《政策与法律法规》专家编写组

2019 年 6 月 20 日

项目统筹：谯　洁
责任编辑：刘志龙
责任印制：冯冬青
封面设计：中文天地

图书在版编目（CIP）数据

政策与法律法规/全国导游资格考试统编教材专家
编写组编. —— 4版. —— 北京：中国旅游出版社，2019.7（2019.12重印）
全国导游资格考试统编教材
ISBN 978-7-5032-6256-2

Ⅰ.①政…　Ⅱ.①全…　Ⅲ.①旅游业—方针政策—中
国—资格考试—教材　②旅游业—法规—中国—资格考试—
教材　Ⅳ.①F592.0　②D922.296

中国版本图书馆CIP数据核字（2019）第083021号

书　　名：政策与法律法规

作　　者：全国导游资格考试统编教材专家编写组编
出版发行：中国旅游出版社
　　　　　（北京建国门内大街甲9号　邮编：100005）
　　　　　http://www.cttp.net.cn　E-mail:cttp@mct.gov.cn
　　　　　营销中心电话：010-85166536
排　　版：北京中文天地文化艺术有限公司
印　　刷：河北省三河市灵山芝兰印刷有限公司
版　　次：2019年7月第4版　2019年12月第7次印刷
开　　本：720毫米×970毫米　1/16
印　　张：24.5
字　　数：400千
定　　价：36.00元
ＩＳＢＮ　978-7-5032-6256-2